21世纪高校网络与新媒体专业系列教材

丛书主编 石长顺
丛书副主编 郭 可 支庭荣

全媒体新闻采访写作教程

李军 著

图书在版编目(CIP)数据

全媒体新闻采访写作教程/李军著.—北京：北京大学出版社，2020.9
21世纪高校网络与新媒体专业系列教材
ISBN 978-7-301-31592-7

Ⅰ.①全… Ⅱ.①李… Ⅲ.①新闻采访—高等学校—教材②新闻写作—高等学校—教材 Ⅳ.①G212

中国版本图书馆CIP数据核字(2020)第169297号

书　　　名	全媒体新闻采访写作教程
	QUANMEITI XINWEN CAIFANG XIEZUO JIAOCHENG
著作责任者	李　军　著
责任编辑	刘清愔　张亚如
标准书号	ISBN 978-7-301-31592-7
出版发行	北京大学出版社
地　　　址	北京市海淀区成府路205号　100871
网　　　址	http://www.pup.cn　新浪微博：@北京大学出版社
电子信箱	zyl@pup.pku.edu.cn
电　　　话	邮购部 010-62752015　发行部 010-62750672　编辑部 010-62750539
印　刷　者	河北滦县鑫华书刊印刷厂
经　销　者	新华书店
	787毫米×1092毫米　16开本　24.5印张　488千字
	2020年9月第1版　2023年4月第3次印刷
定　　　价	59.00元

未经许可，不得以任何方式复制或抄袭本书之部分或全部内容。
版权所有，侵权必究
举报电话：010-62752024　电子信箱：fd@pup.pku.edu.cn
图书如有印装质量问题，请与出版部联系，电话：010-62756370

作者简介

李军,首届全国百佳新闻工作者,首届湖北新闻出版名人奖·湖北名记者,长江日报报业集团高级记者(正高二级)。新闻作品曾获中国新闻奖一等奖、全国现场短新闻一等奖、中国晚报新闻奖一等奖。新闻学专著曾获湖北新闻奖(论文论著)一等奖。主要著作有《突发新闻教程》《新闻快速采写论》《现场短新闻采写51法》《全媒体新闻作品评析教程》等。从事新闻工作和高校新闻教育工作40余年,历任武钢工人报记者科科长、《武汉晚报》经济部副主任、《今日快报》副总编辑,考试指南报社社长兼总编辑,现为武昌首义学院(原华中科技大学武昌分校)新闻与文法学院教授、学科带头人。

总　　序

教育部在 2012 年公布的本科专业目录中,首次在新闻传播学学科中列入特设专业"网络与新媒体",这是自 1998 年以来为适应社会发展需要,该学科新增的两个专业之一(另一个为数字出版专业)。实际上,早在 1998 年,华中科技大学就面对互联网新媒体的迅速崛起和新闻传播业界对网络新媒体人才的急迫需求,率先在全国开办了网络新闻专业(方向)。当时,该校新闻与信息传播学院在新闻学本科专业中采取"2+2"方式,开办了一个网络新闻专业(方向)班,面向华中科技大学理工科招考二年级学生,然后在新闻与信息传播学院继续学习两年专业课程。首届毕业学生受到了业界的青睐。

在教育部新颁布《普通高等学校本科专业目录(2012)》之后,全国首次有 28 所高校申办了网络与新媒体专业并获得教育部批准,继而开始正式招生。招生学校涵盖"985"高校、"211"高校和省属高校、独立学院四个层次。这 28 所高校的网络与新媒体专业,不包括同期批准的 45 个相关专业——数字媒体艺术和此前全国高校业已存在的 31 个基本偏向网络新闻方向的传播学专业。2014 年、2015 年、2016 年、2017 年又先后批准了 20、29、47 和 36 所高校网络与新媒体专业招生,加上 2011 年和 2012 年批准的 9 所高校新媒体与信息网络专业招生,到 2018 年全国已有 169 所高校开设了网络与新媒体专业。

媒体已成为当代人们生活的一部分,并逐渐走向 21 世纪的商业和文化中心。数字化媒体不但改变了世界,改变了人们的通信手段和习惯,也改变了媒介传播生态,推动着基于网络与新媒体的新闻传播学教育改革与发展,成为当代社会与高等教育研究的重要领域。尼葛洛庞帝于《数字化生存》一书中提出的"数字化将决定我们的生存"的著名预言(1995 年),在网络与新媒体的快速发展中得到应验。

据中国互联网络信息中心(CNNIC)2019 年 8 月发布的《第 44 次中国互联网络发展状况统计报告》显示,截至 2019 年 6 月,我国网民规模已达 8.54 亿,较 2018 年年底增长 2598 万,互联网普及率达 61.2%,较 2018 年底提升 1.6 个百分点。互联网用户规模的迅速发展,标志着网络与新媒体技术正处在一个不断变化的流动状态,且其低门槛的进入使人与人之间的交往变得更为便捷,世界已从"地球村"走向了"小木屋",时空概念的消解正在打破国家与跨地域之间的界限。加上我国手机网民数量持续增长,手机网民规模已达 8.47 亿,较 2018 年年底增长 2984 万,网民使用手机上网的比例达 99.1%,较 2018 年年底提升 0.5 个百分点。这是否更加证明移动互联网时代已经到来,"人人都是记者"已成为现实？

网络与新媒体的发展重新定义了新媒体形态。新媒体作为一个相对的概念,已从早期的广播与电视转向互联网。随着数字技术的发展,新媒体更新的速度与形态的变化时间越来越短(见图1)。当代新媒体的内涵与外延已从单一的互联网发展到网络广播电视、手机电视、微博、微信、互联网电视等。在网络环境下,一种新的媒体格局正在出现。

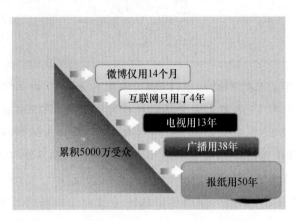

图1　各类媒体形成"规模"的标志时间

　　基于网络与新媒体的全媒体转型也正在迅速推行,并在四个方面改变着新闻业,即改变着新闻内容、改变着记者的工作方式、改变着新闻编辑室和新闻业的结构、改变着新闻机构与公众和政府之间的关系。相应地也改变着新闻和大众传播教育,包括新闻和大众传播教育的结构、教育者的工作方式和新闻传播学专业讲授的内容。

　　为使新设的"网络与新媒体"专业从一开始就走向规范化、科学化的发展建设之路,加强和完善课程体系建设,探索新专业人才培养模式,促进学界之间的教学交流,共同推进网络与新媒体专业教育,由华中科技大学广播电视与新媒体研究院及华中科技大学武昌分校(现更名为"武昌首义学院")主办,北京大学出版社承办的"全国高校网络与新媒体专业学科建设"研讨会,于2013年5月25—26日在武汉举行。参加会议的70多名高校代表就议题网络与新媒体专业培养模式、网络与新媒体专业主干课程体系等展开了研讨,通过全国高校之间的学习对话,在网络与新媒体专业主干课和专业选修课的设置方面初步达成一致意见,形成了网络与新媒体专业新建课程体系。

　　网络与新媒体主干课程共14门:网络与新媒体(传播)概论、网络与新媒体发展史、网络与新媒体研究方法、网络与新媒体技术、网页设计与制作、网络与新媒体编辑、全媒体新闻采写、视听新媒体节目制作教程、融合新闻学、网络与新媒体运营与管理、网络与新媒体用户分析、网络与新媒体广告策划、网络法规与伦理、新媒体与社会等。

　　选修课程初定8门:西方网络与新媒体理论、网络与新媒体舆情监测、网络与新媒体经典案例、网络与新媒体文学、动画设计、数字出版、数据新闻挖掘与报道、网络媒介数据分析与应用等。

　　这些课程的设计是基于当时全国28所高校网络与新媒体专业申报目录、网络与新媒体专业的社会调查,以及长期相关教学研究的经验讨论而形成的,也算是首届会议的一大收获。新专业建设应教材先行,因此,在这次会议上应各高校的要求,组建了全国高校网络与新媒体专业"十二五"规划教材编写委员会,全国参会的26所高校中有50多位学者申报参编教材。在北京大学出版社领导和李淑方编辑的大力支持下,经过个人申报、会议集体审议,初步确立了30余种教材编写计划。这套网络与新媒体专业"十二五"规划系列教材包括:

《网络与新媒体概论》《西方网络与新媒体理论》《新媒体研究方法》《融合新闻学》《网页设计与制作》《全媒体新闻采写》《网络与新媒体编辑》《网络与新媒体评论》《新媒体视听节目制作》《视听评论》《视听新媒体导论》《出镜记者案例分析》《网络与新媒体技术应用》《网络与新媒体经营》《网络与新媒体广告》《网络与新媒体用户分析》《网络法规与伦理》《新媒体与社会》《数字媒体导论》《数字出版导论》《网络与新媒体游戏导论》《网络媒体实务》《网络舆情监测与分析》《网络与新媒体经典案例评析》《网络媒介数据分析与应用》《网络播音主持》《网络与新媒体文学》《网络与新媒体营销传播》《网络与新媒体实验教学》《网络文化教程》《全媒体动画设计赏析》《突发新闻教程》《文化产业概论》等。

这套教材是我国高校新闻教育工作者探索"网络与新媒体"专业建设规范化的初步尝试,它将在网络与新媒体的高等教育中不断创新和实践,不断修订完善。希望广大师生、业界人士不吝赐教,以便这套教材更加符合网络与新媒体的发展规律和教学改革理念。

石长顺

2014年7月

2019年9月修改

(作者系华中科技大学广播电视与新媒体研究院院长、教授;

武昌首义学院副校长,兼任新闻与文法学院院长)

全国高校网络与新媒体专业规划教材编委会

总 主 编　石长顺
副 主 编　郭　可　支庭荣
主编单位　华中科技大学
　　　　　上海外国语大学
　　　　　暨南大学
　　　　　华南理工大学
　　　　　武汉理工大学
　　　　　河南工业大学
　　　　　沈阳体育学院
　　　　　广州大学
编委会成员　（按英文字母顺序排序）
　　　　　陈冠兰　陈沛芹　陈少华　郭　可　韩　锋
　　　　　何志武　黄少华　惠悲荷　季爱娟　李　芳
　　　　　李　军　李文明　李秀芳　梁冬梅　鲁佑文
　　　　　单文盛　尚恒志　石长顺　唐东堰　王　艺
　　　　　肖赞军　杨　娟　杨　溟　尹章池　于晓光
　　　　　余　林　张合斌　张晋升　张　萍　郑传洋
　　　　　郑勇华　支庭荣　周建青　邹　英

前　言

什么是全媒体？任国杰的《童子问易》给出的定义是："所谓全媒体，就是数和象在天、地、人之间变动和周流而建立的备包有无的媒体形式。"[①]目前通行的说法为：全媒体指媒介信息传播采用文字、声音、影像、动画、网页等多种媒体表现手段（多媒体），利用广播、电视、音像、电影、图书、报纸、杂志、网站等不同媒介形态（业务融合），通过融合的广电网络、电信网络以及互联网络进行传播（三网融合），最终实现用户以电视、电脑、手机等多种终端均可完成信息的融合接收（三屏合一），实现任何人、任何时间、任何地点、以任何终端获得任何想要的信息。[②]

一句话，全媒体是信息、通信及网络技术条件下各种媒介实现深度融合的结果，是媒介形态大变革中最为崭新的传播形态。

全媒体背景对新闻采访与写作（简称"新闻采写"）产生了巨大影响，主要有如下四点。

第一，全媒体对新闻采写思路的影响。在全媒体发展趋势下，新闻信息载体从单一走向多元，新闻采写从传统的新闻事实报道变成现代意义的新闻内容供给。不同媒介以整体的形式，共同完成新闻的采集与发布，使新闻资源整合成为一种常态。媒介的共同参与和互动，催生了新闻传播模式中"融合新闻"的出现。显然，"融合新闻"在拓展新闻传播途径的同时，也必然对新闻采写——新闻生产过程中的重要环节产生重大影响，催生出一种全新的新闻采写思路。不同的新闻采写，提供不同的新闻信息，实现不同的传播价值，以"融合新闻"的形式强化对新闻事件的报道，既是对新闻传播资源的整合，同时也给传统新闻采写提出了"如何实现融合新闻采写"的新话题。

第二，全媒体对新闻采写行为方式的影响。在全媒体时代，新闻信息的传播渠道极其广泛多样，新闻传播的主体和受众的界限开始变得模糊，新闻传播也从单向的信息传递转变为传播者和受众双向的交流互动。一方面，普通公众对媒体新闻传播方式有了更多的选择，形成了相对稳定的新闻接受方式和使用习惯，以及固有的新闻报道与新闻采写形式。另一方面，新媒介的出现使得普通公众参与新闻传播的热情空前高涨，他们借助手机短信、网络论坛、博客、微博、微信等从事新闻的采集、制作和传播，这拉近了媒介与受众之间的距离，使媒介的新闻报道变得更加富有特色，同时也派生出了一些新的新闻采写方法、写作用语甚至新的文种。受众的参与和选择，既对新闻传播的未来产生

---

① 任国杰.童子问易[M].北京：人民出版社，2013：273.
② 殷俊.全媒体时代的传播探索[J].视听纵横，2017(04)：89－90.

影响,也对新闻采写的学科建构产生影响。适应媒介发展的形势,尊重受众的参与,在适应、改革的过程中形成新的行为方式并不断规范化,成为新闻采写的新选择。

第三,全媒体对新闻采写生存空间拓展的影响。在全媒体的时代,现代科学技术和相关学科知识被大量运用于新闻资讯的传播当中。媒介与受众在传播与接受新闻的过程中,都在借助相关科技和学科知识的力量,以各种便捷有效的形式,加快对新闻资讯的传播、认知和了解。这种借助是非单一的,其显现出多元融合的发展态势。媒介通过不同的融合表现形式,以充满个性的传播方式和新闻采写向受众展现富有特色的新闻内容。受众通过融合性的传播方式选择、接受新闻资讯并强化对新闻采写的认知。在多技术、多学科知识融合应用的渐进过程中,媒介和受众共同加深了对新的新闻写作文种及写作技法的认同感。从纸质媒体到今天的新媒体,新闻采写在传播的过程中不断打上融合的"烙印"。正是因为有了融合这个充满诱惑的要素,新闻采写获得了更大的选择空间,进而也就提升了其生存和发展的空间。

第四,全媒体对新闻采写者素质的影响。在全媒体的时代,新闻采写的内涵和外延都得到了充分的拓展,传统的新闻采写能力已不再是记者所具有的全部和唯一的技能。新闻采写必须与媒介融合时代新闻生产的规范要求相符合,采编合一、全能型记者的出现让新闻采写成了一种真正意义上的新闻制作。只会采写新闻,已不能适应新形势,善于以融合的技能完成新闻采写,成为记者的基本生存方式。

本书力图描述在全媒体环境下新闻采写的新变化,以及在这些变化中新闻采写者应该如何具体操作。本书的特色在于阐述全媒体采写的特点和技能。

为培养和提高学生全媒体采写能力,笔者写作了《突发新闻教程》和《全媒体新闻采访写作教程》,前者为在特殊情况下的新闻采写能力研究,后者为在一般情况下的新闻采写能力研究。笔者汲取了学界和业界就全媒体背景下新闻采写方面的最新成果,在此表示感谢。此外,笔者也将自己从事新闻工作和高校新闻教育工作40余年的经验和体会写入书中,希望此书能够给读者带来裨益。

李 军

2020年2月24日

目 录

第一章 绪论 ··· 1
  第一节 新闻是什么 ··· 1
    一、新闻示例 ··· 1
    二、新闻与作文的区别 ·· 2
  第二节 新闻写作与新闻采访的关系 ···························· 4
    一、同题新闻示例 ··· 4
    二、同题新闻比较 ··· 5
    三、新闻采访与新闻写作 ·· 6
  第三节 全媒体背景下的新闻传播 ······························· 7
    一、全媒体背景下新闻传播实例 ································ 7
    二、全媒体背景下新闻传播新特点 ···························· 13

第二章 新闻敏感与新闻线索 ·· 16
  第一节 新闻信息与新闻敏感 ····································· 16
    一、新闻信息 ·· 16
    二、新闻敏感 ·· 17
  第二节 新闻发现与新闻敏感 ····································· 18
    一、在没有新闻的地方发现新闻 ································ 18
    二、反差出新闻 ··· 19
    三、新闻发现与新闻政策 ··· 19
    四、新闻价值与新闻政策 ··· 19
  第三节 新闻线索 ··· 20
    一、什么是新闻线索 ··· 20
    二、找到新闻线索 ·· 20
    三、新闻线索特点和作用 ··· 20
    四、获取新闻线索的途径 ··· 21

第三章 新闻采访的过程与技巧 ······································ 24
  第一节 新闻采访的特点和准备 ·································· 24

一、新闻采访的特点 …………………………………………………… 24
　　二、新闻采访前的准备 ………………………………………………… 24
　第二节　新闻采访的方式 ………………………………………………… 25
　　一、直面采访 …………………………………………………………… 25
　　二、视觉采访 …………………………………………………………… 25
　　三、书面采访 …………………………………………………………… 26
　　四、体验式采访 ………………………………………………………… 26
　　五、隐性采访 …………………………………………………………… 26
　　六、电话采访 …………………………………………………………… 27
　　七、网络采访 …………………………………………………………… 27
　第三节　新闻采访的过程与策略 ………………………………………… 27
　　一、如何接近采访对象 ………………………………………………… 27
　　二、"三么"模式 ………………………………………………………… 29
　　三、提问策略 …………………………………………………………… 30
　　四、提问技巧 …………………………………………………………… 31
　　五、提问过程 …………………………………………………………… 33
　　六、现场观察 …………………………………………………………… 34

第四章　广播新闻采访 …………………………………………………… 36
　第一节　广播新闻采访与录音采访 ……………………………………… 36
　　一、广播新闻采访原则 ………………………………………………… 36
　　二、录音采访的本质特点 ……………………………………………… 36
　　三、录音采访基本类型 ………………………………………………… 38
　　四、广播录音采访的任务 ……………………………………………… 38
　　五、录音采访的独特功能 ……………………………………………… 39
　第二节　新闻音响及其作用 ……………………………………………… 40
　　一、什么是新闻音响 …………………………………………………… 40
　　二、新闻音响的形态 …………………………………………………… 40
　　三、新闻音响的类型 …………………………………………………… 41
　　四、新闻音响的作用 …………………………………………………… 42
　第三节　录音采访的原则 ………………………………………………… 44
　　一、从表现新闻的实际出发 …………………………………………… 44
　　二、注重音响的基本素质 ……………………………………………… 45
　　三、掌握采访的主动权 ………………………………………………… 46

第五章　电视新闻采访 …………………………………………………… 49
　第一节　电视现场新闻采访 ……………………………………………… 49

  一、准确地选择现场 ………………………………………………………………… 49
  二、新闻现场的观察 ………………………………………………………………… 50
  三、与采访对象的交流沟通 ………………………………………………………… 50
 第二节 电视出镜记者现场角色定位 ………………………………………………… 53
  一、传递现场信息要贴切自然 ……………………………………………………… 53
  二、描述现场亲历的独特感受 ……………………………………………………… 54
  三、捕捉现场真实的新闻细节 ……………………………………………………… 54
  四、提炼现场事件的主题内蕴 ……………………………………………………… 55
 第三节 电视摄像采访及其类型 ……………………………………………………… 55
  一、电视摄像采访的概念 …………………………………………………………… 55
  二、新闻现场摄像采访和访问摄像采访 …………………………………………… 56
  三、无剪辑摄像采访和现场直播摄像采访 ………………………………………… 56
  四、电视摄像的基本操作 …………………………………………………………… 57
  五、电视新闻采访摄像基本功训练 ………………………………………………… 58

第六章 网络新闻采访 ……………………………………………………………… 61
 第一节 记者的网络新闻采访 ………………………………………………………… 61
 第二节 网络改变了传统采访方式 …………………………………………………… 62
  一、网络采访记者工作流程 ………………………………………………………… 62
  二、网络为新闻"竞合"提供通道 ………………………………………………… 63
  三、网络采访转变了记者采访的时空维度 ………………………………………… 63
 第三节 网络新闻采访对记者的新要求 ……………………………………………… 63
  一、熟练运用数字化采访工具 ……………………………………………………… 63
  二、紧跟时代潮流调整知识结构 …………………………………………………… 64
  三、具备更高道德意识和责任感 …………………………………………………… 64

第七章 新媒体新闻信息采集 ………………………………………………………… 66
 第一节 博客新闻信息采集与利用 …………………………………………………… 66
  一、博客提供了新的信息源和采访对象 …………………………………………… 67
  二、博客为采访提供新范式 ………………………………………………………… 67
  三、博客作为新闻线索的优势 ……………………………………………………… 68
 第二节 微博新闻信息采集与利用 …………………………………………………… 68
  一、微博给新闻采写带来的变化 …………………………………………………… 69
  二、微博给新闻采写带来的启示 …………………………………………………… 70
 第三节 微信新闻信息采集与利用 …………………………………………………… 70
  一、在网友大量议论的热门话题中找新闻 ………………………………………… 70
  二、调查分析网友议论的"新、奇、特"现象 …………………………………… 71

三、从一些提醒警示类微信中找线索 ……………………………… 71
　第四节　新媒体新闻信息采集程序与核实 ……………………………… 72
　　一、线索获取　开发步骤 ………………………………………… 72
　　二、逆向思维　去伪存真 ………………………………………… 73
　　三、寻找本源　引领舆论 ………………………………………… 74

第八章　融合新闻采访 ………………………………………………… 77
　第一节　融合新闻的采访思路 …………………………………………… 77
　　一、一次采集　多种发布 ………………………………………… 77
　　二、理清头绪　有的放矢 ………………………………………… 78
　第二节　融合新闻的采访手法 …………………………………………… 78
　　一、追求采访时效性 ……………………………………………… 78
　　二、采访与采集并用 ……………………………………………… 78
　　三、运用多媒体采访 ……………………………………………… 78
　　四、选定采访内容 ………………………………………………… 79
　第三节　融合新闻记者的培养 …………………………………………… 80
　　一、全媒体时代需要怎样的全媒体记者 ………………………… 80
　　二、全媒体记者如何采访写作 …………………………………… 81

第九章　消息的写作 ……………………………………………………… 83
　第一节　消息的文体特征 ………………………………………………… 83
　　一、什么是消息 …………………………………………………… 83
　　二、消息的地位 …………………………………………………… 84
　　三、消息的写作特点 ……………………………………………… 84
　第二节　消息的标题 ……………………………………………………… 86
　　一、消息标题的类型 ……………………………………………… 86
　　二、消息标题的制作原则 ………………………………………… 89
　　三、消息标题的写作技巧 ………………………………………… 91
　　四、消息标题的语言特征 ………………………………………… 91
　第三节　消息头 …………………………………………………………… 92
　　一、消息的外在标志 ……………………………………………… 92
　　二、消息头的分类 ………………………………………………… 93
　　三、消息头的作用 ………………………………………………… 93
　　四、正确使用消息头 ……………………………………………… 93
　第四节　消息的导语 ……………………………………………………… 93
　　一、导语的定义与任务 …………………………………………… 94
　　二、导语的大致类型 ……………………………………………… 95

  三、导语的基本要求 ··· 98
  四、导语的写作技巧 ··· 99
 第五节 消息的主体 ··· 101
  一、消息主体及其功能 ·· 101
  二、消息主体的写作要求 ··· 101
  三、主体的变化方法 ··· 104
 第六节 消息的结尾 ··· 105
  一、什么是消息结尾 ··· 105
  二、什么情况下要有结尾 ··· 105
  三、消息结尾的写法 ··· 106
 第七节 消息的背景 ··· 107
  一、何谓消息背景 ·· 107
  二、背景的种类 ··· 108
  三、精选背景材料 ·· 109
  四、背景材料运用 ·· 110

第十章 事件性消息与非事件性消息 ·· 114
 第一节 事件性消息 ··· 114
  一、报道事件首选的消息体裁 ··· 114
  二、报道事件注意的问题 ··· 115
  三、事件性消息的类型 ·· 116
 第二节 动态消息 ·· 116
  一、动态消息概述 ·· 116
  二、动态消息示例 ·· 117
  三、动态消息写作 ·· 120
 第三节 简讯 ··· 122
  一、简讯概述 ··· 122
  二、简讯示例 ··· 123
  三、简讯写作 ··· 124
 第四节 非事件性消息 ··· 125
  一、事件性消息与非事件性消息的区别 ·· 125
  二、非事件性消息的价值和特点 ··· 130
  三、非事件性消息写作技巧 ··· 130
  四、非事件性消息的类型 ·· 133
 第五节 服务性消息 ··· 133
  一、服务性消息概述 ·· 133
  二、服务性消息示例 ·· 134

三、服务性消息写作 ………………………………………………………………… 135

　第六节　综合性消息 ……………………………………………………………………… 137
　　一、综合性消息概述 ………………………………………………………………… 137
　　二、综合性消息示例 ………………………………………………………………… 137
　　三、综合性消息写作 ………………………………………………………………… 138

　第七节　人物消息 ………………………………………………………………………… 139
　　一、人物消息概述 …………………………………………………………………… 139
　　二、人物消息示例 …………………………………………………………………… 140
　　三、人物消息写作 …………………………………………………………………… 141

第十一章　描写性消息与分析性消息　144

　第一节　描写性消息 ……………………………………………………………………… 144
　　一、描写性消息概述 ………………………………………………………………… 144
　　二、描写性消息示例 ………………………………………………………………… 145
　　三、描写性消息写作 ………………………………………………………………… 146

　第二节　新闻素描 ………………………………………………………………………… 147
　　一、新闻素描概述 …………………………………………………………………… 147
　　二、新闻素描示例 …………………………………………………………………… 148
　　三、新闻素描写作 …………………………………………………………………… 149

　第三节　花絮 ……………………………………………………………………………… 151
　　一、花絮概述 ………………………………………………………………………… 151
　　二、花絮示例 ………………………………………………………………………… 151
　　三、花絮写作 ………………………………………………………………………… 153

　第四节　分析性消息 ……………………………………………………………………… 153
　　一、分析性消息的写作特点 ………………………………………………………… 154
　　二、分析性消息的写作 ……………………………………………………………… 155

　第五节　解释性消息 ……………………………………………………………………… 156
　　一、解释性消息概述 ………………………………………………………………… 156
　　二、解释性消息示例 ………………………………………………………………… 158
　　三、解释性消息写作 ………………………………………………………………… 160

　第六节　新闻述评 ………………………………………………………………………… 162
　　一、新闻述评概述 …………………………………………………………………… 162
　　二、新闻述评示例 …………………………………………………………………… 163
　　三、新闻述评写作 …………………………………………………………………… 165

第十二章　通讯的写作　169

　第一节　通讯写作特点 …………………………………………………………………… 169

一、什么是通讯 …………………………………………………… 169
　　二、通讯的写作案例剖析 ………………………………………… 170
　　三、通讯特点 …………………………………………………… 173
 第二节　通讯的故事化写作 …………………………………………… 175
　　一、写通讯要会讲故事 …………………………………………… 175
　　二、故事化的写作技巧 …………………………………………… 175
 第三节　通讯的细节描写 ……………………………………………… 176
　　一、细节增强通讯感染力 ………………………………………… 176
　　二、细节描写的四点要求 ………………………………………… 177
　　三、细节获取要深入一线 ………………………………………… 179
　　四、细节描写如何以情感人 ……………………………………… 180

第十三章　叙事型通讯 …………………………………………………… 183
 第一节　人物通讯 ……………………………………………………… 183
　　一、人物通讯概述 ………………………………………………… 183
　　二、人物通讯示例 ………………………………………………… 185
　　三、人物通讯写作 ………………………………………………… 187
 第二节　事件通讯 ……………………………………………………… 190
　　一、事件通讯概述 ………………………………………………… 190
　　二、事件通讯示例 ………………………………………………… 192
　　三、事件通讯写作 ………………………………………………… 196
 第三节　新闻特写 ……………………………………………………… 199
　　一、新闻特写概述 ………………………………………………… 199
　　二、新闻特写示例 ………………………………………………… 200
　　三、新闻特写写作 ………………………………………………… 203

第十四章　调查型通讯 …………………………………………………… 208
 第一节　社会观察通讯 ………………………………………………… 208
　　一、社会观察通讯概述 …………………………………………… 208
　　二、社会观察通讯示例 …………………………………………… 209
　　三、社会观察通讯写作 …………………………………………… 212
 第二节　工作通讯 ……………………………………………………… 214
　　一、工作通讯概述 ………………………………………………… 214
　　二、工作通讯示例 ………………………………………………… 215
　　三、工作通讯写作 ………………………………………………… 218
 第三节　风貌通讯 ……………………………………………………… 220
　　一、风貌通讯概述 ………………………………………………… 220

二、风貌通讯示例 …………………………………………………… 220
　　三、风貌通讯写作 …………………………………………………… 223

第十五章　访谈型通讯 ………………………………………………… 227
第一节　访谈型通讯的文体特征 …………………………………… 227
　　一、从一篇习作修改看专访文体特征 ……………………………… 227
　　二、专访文体特征 …………………………………………………… 228
　　三、学生习作修改要点及过程 ……………………………………… 230
第二节　访谈型通讯的类型 ………………………………………… 231
　　一、人物专访 ………………………………………………………… 231
　　二、问题专访 ………………………………………………………… 236
　　三、事件专访 ………………………………………………………… 237
第三节　访谈型通讯采写要领 ……………………………………… 239
　　一、访谈型通讯的文本形式 ………………………………………… 239
　　二、采写注意事项 …………………………………………………… 240
　　三、材料引用要准确 ………………………………………………… 240

第十六章　报纸新闻写作 ……………………………………………… 242
第一节　媒介融合对报纸新闻写作的影响 ………………………… 242
　　一、本土化 …………………………………………………………… 242
　　二、碎片化 …………………………………………………………… 242
　　三、网络化 …………………………………………………………… 243
第二节　报纸新闻深度报道写作 …………………………………… 245
　　一、报纸新闻深度报道概述 ………………………………………… 245
　　二、报纸新闻深度报道示例 ………………………………………… 248
　　三、报纸新闻深度报道写作 ………………………………………… 252
第三节　报纸新闻系列报道写作 …………………………………… 254
　　一、报纸新闻系列报道概述 ………………………………………… 254
　　二、报纸新闻系列报道示例 ………………………………………… 255
　　三、报纸新闻系列报道写作 ………………………………………… 257

第十七章　广播新闻写作 ……………………………………………… 262
第一节　广播新闻写作特点 ………………………………………… 262
　　一、广播新闻传播特性 ……………………………………………… 262
　　二、广播新闻写作要求 ……………………………………………… 263
第二节　广播消息写作 ……………………………………………… 269
　　一、广播消息概述 …………………………………………………… 269
　　二、广播消息示例 …………………………………………………… 271

三、广播消息写作 ·· 272
　第三节　广播新闻专题写作 ·· 278
　　一、广播新闻专题概述 ·· 278
　　二、广播新闻专题示例 ·· 278
　　三、广播新闻专题写作 ·· 281

第十八章　电视新闻写作 ··· 285
　第一节　电视新闻写作特点 ·· 285
　　一、综合调动多种元素传递信息 ································ 285
　　二、画面与解说词的组合关系处理 ······························ 290
　第二节　电视消息写作 ··· 290
　　一、电视消息概述 ·· 291
　　二、电视消息示例 ·· 293
　　三、电视消息写作 ·· 295
　第三节　电视新闻专题写作 ·· 300
　　一、电视新闻专题概述 ·· 300
　　二、电视新闻专题示例 ·· 300
　　三、电视新闻专题写作 ·· 306

第十九章　网络新闻写作 ··· 313
　第一节　网络新闻写作特点 ·· 313
　　一、网络新闻写作特征 ·· 313
　　二、网络新闻写作技法 ·· 315
　第二节　网络新闻超链接形式 ···································· 318
　　一、网络新闻文本超链接形式 ···································· 319
　　二、超链接对传统新闻的影响 ···································· 319
　　三、系列写作与动态更新 ··· 320
　第三节　网络滚动新闻写作 ·· 321
　　一、网络滚动新闻概述 ·· 321
　　二、网络滚动新闻示例 ·· 322
　　三、网络滚动新闻写作 ·· 325
　第四节　网络新闻专题写作 ·· 327
　　一、网络新闻专题概述 ·· 327
　　二、网络新闻专题示例 ·· 329
　　三、网络新闻专题写作 ·· 331

第二十章　新媒体新闻写作 ·· 336
　第一节　新媒体新闻写作的特点 ·································· 336

一、新媒体定义 ………………………………………………………………… 336
　　二、新媒体新闻写作的特征和类型 …………………………………………… 337
　第二节　博客新闻写作 …………………………………………………………… 338
　　一、博客新闻概述 ……………………………………………………………… 338
　　二、博客新闻写作 ……………………………………………………………… 340
　第三节　微博新闻写作 …………………………………………………………… 343
　　一、微博新闻概述 ……………………………………………………………… 343
　　二、微博新闻写作 ……………………………………………………………… 345
　第四节　微信新闻写作 …………………………………………………………… 347
　　一、微信新闻概述 ……………………………………………………………… 347
　　二、微信新闻示例 ……………………………………………………………… 352
　　三、微信新闻写作 ……………………………………………………………… 354

第二十一章　融合新闻写作 …………………………………………………… 359
　第一节　"融合新闻"概述 ……………………………………………………… 359
　　一、写作思维方法融合化 ……………………………………………………… 359
　　二、写作资源深掘常态化 ……………………………………………………… 360
　　三、写作行为构建集成化 ……………………………………………………… 360
　　四、写作知识运用多元化 ……………………………………………………… 360
　第二节　融合新闻写作能力构成 ………………………………………………… 361
　　一、多媒体信息采集与传播能力 ……………………………………………… 361
　　二、信息的深度解读能力 ……………………………………………………… 362
　　三、媒介融合需要高素质全媒体人才 ………………………………………… 362
　第三节　融合新闻写作技巧 ……………………………………………………… 363
　　一、融合新闻为新闻写作提供的机遇 ………………………………………… 363
　　二、融合新闻写作的新变化 …………………………………………………… 363
　　三、融合新闻案例 ……………………………………………………………… 363
　　四、融合新闻的写作方法 ……………………………………………………… 366

后　记 …………………………………………………………………………… 371

第一章 绪论

学习目标

1. 理解新闻的概念。
2. 理解新闻写作与新闻采访的关系。
3. 了解全媒体背景下的新闻传播。

全媒体新闻采访与写作是指全媒体时代新闻业者在采访活动中搜集材料和信息，并通过文字写作制成一定体裁的新闻作品的过程。

第一节 新闻是什么

一、新闻示例

新闻采访与写作工作的实践性很强。下面，通过分析一篇《长江日报》的新闻作品与一篇中学生作文的区别，认识一下新闻作品的特点。

江岸山海关路
一小车冲进水果商店

本报讯（记者王平） 昨日凌晨3时，一辆白色宝来小轿车与另一辆小轿车发生碰撞后，径直冲进一家名为凯凯的平价水果超市，幸未造成人员伤亡。

事故发生在山海关路。昨日上午9时，记者在现场看到，这辆车号为鄂ACS×××的白色宝来小轿车，还卡在水果店里。车右边的后视镜已被撞落，车左侧中间部位凹陷一大块。水果店的卷闸门被撞得向里翻起，店内存放的水果散落一地。

据店主彭凯介绍，凌晨3时，他正在店里二楼睡觉，突然听到楼下一声巨响，他急忙下楼一看，一辆小轿车已冲进他的店内。他说，据了解，宝来车是从沿江大道沿山海关路向中山大道方向行驶，车速较快，当开到长春街路口时，一辆黑色轿车从长春街里出来，撞上宝来车左侧，之后宝来车冲向水果店。"要是店里还有人，后果不堪设想。"

彭先生称，交警来后，准备将车拖走，但他自己不同意。彭先生担心自己的损失得不到赔偿，要在与车主协商好后，才会同意将车开走。

（黄先生获线索费40元）

下面是一篇以《街头车祸》为题的作文。

街头车祸

清晨,东方刚露出鱼肚白,大地还沉浸在夜晚的迷蒙中,我迈着沉重的脚步,再次来到这条宽阔的街道上,一阵凉风吹来,仿佛带着淡淡的血腥味。我不由得思绪翻飞,昨日往事一一浮现。

昨天早晨,天阴沉沉的,下着淡淡的小雨,早自习一下课,我像往常一样,一个人低着头匆匆往家赶。当我走到"德和"酒家门前时,突然从我的身后传来一声急促的刹车声。我连忙本能地往店门口一闪,等我回过头来看时,一幅不堪入目的画面映入我的眼帘——一辆满载货物的大卡车就停在离我不到2米的地方,不远处,一个年仅10岁的女孩侧面躺在冰冷的街道上,鲜血从她的身上汩汩地渗出来。

"又出车祸了!"我本能地大叫起来。这时,大卡车车门打开了,一脸倦容、衣衫不整的司机站在了车门旁,看着眼前的情景,瞬间脸色苍白,不知所措,嘴里翕动着,不知在说什么。很快周围的观众越聚越多,不知是谁叫了一声:"快,快,送医院。"大家才醒悟过来,一个身材高大的青年抱着女孩就往医院赶。惊魂未定的司机和路人纷纷跟在他的身后,我也被挟裹在其中。

到了医院,小女孩被紧急送进了急救室,我们一群人坐在医院的长椅上,默默地等着。不一会儿,主治医生从急救室走了出来,神色凝重地告诉我们:小女孩由于内脏大出血,抢救无效,永远地去了。

不多时,女孩的家人赶来了,听到这个噩耗,她的母亲当场晕死过去。而她的父亲一把抓住肇事的司机,绝望地挥舞着拳头。在医生的帮助下,好一会儿,女孩的母亲才"哇"的一声哭了起来。她抱着女孩刚刚冰冷的身体,怎么也不愿相信,只是不停地呼唤着女儿的名字,任周围的人怎么劝解,也紧紧不放。而我看着这个场面,不由得悲从心来,多好的女孩啊!这么小,还是花一样的年龄就凋谢了……

大约半个小时,交警赶来了,大概询问了一下情况,就把司机、女孩及家人带走了。我也只好怀着沉重的心情离开了医院……

哎,就是如此宽阔的一条街道,不知多少悲剧上演。我走在熟悉的街道上,想着那个女孩,也想着以前发生的一幕幕,他们仿佛就在我的眼前。我不由得有了写作的冲动,我想我一定得把这件事情写下来,告诉大家:珍爱生命,与安全同行。[①]

二、新闻与作文的区别

新闻与作文有何区别?写作素材又是如何获得的?

新闻是要采访的,是有人打电话到报社报料,例如,在第1页的新闻报道中,黄先生

---

① 冉赟.街头车祸[EB/OL].(2008-11-31)[2020-01-10]一个人的南山_新浪博客 http://blog.sina.com.cn/s/blog_49dbf8730100ap7m.html.

得线索费40元。记者得到线索后去采访,新闻靠采访获取材料。作文则可以是作者亲历,如前页作文;也可以是听别人说的,或者是凭借过去的生活经验写的。

在写作过程上,新闻重采访,文学(在此将作文纳入文学范畴)重写作。对新闻来说,采访到了一个好题材,稿件就成功了一多半;对文学来说,作品主要靠加工,包括素材的重构。采访就是搜集生活中真实发生的事情并用文字记录下来。新闻要采访,是因为新闻必须是真实的,而文学的素材可以是真实的,也可以是虚构的。

在构思上,新闻要绝对真实,文学却常用虚构(新闻是以事实为半径画有限的圆,文学是以想象为半径画无限的圆)。

新闻要传播,是公开发表的,文学有时也是要发表的,但是它们的视点不一样:新闻是面对社会的,文学是面对个体的人。新闻作品的效果主要看它的社会反响,看它对社会(政策、形势、风尚等)的推动与影响。从本质上看,新闻是信息,文学是艺术。从功能上看,新闻是传播信息,满足人们对信息的需求;文学是提供审美,满足人们对美的追求。从选材上看,新闻看重对事情的交代,而文学侧重的是人物的活动。新闻以事为主,虽然也有人,但是以事带人;文学以人为主,虽然也有事,但是以人领事。有人无事不成新闻,有事无人不成文学。

具体而言,案例中的新闻通常只会讲车祸的经过,很少会涉及人物的心理活动和人物的形象描写。反之,文学就很注重这些内容。

"又出车祸了!"我本能地大叫起来。这时,大卡车车门打开了,一脸倦容,衣衫不整的司机站在了车门旁,看着眼前的情景,瞬间脸色苍白,不知所措,嘴里翕动着……

不多时,女孩的家人赶来了,听到这个噩耗,她的母亲当场晕死过去。而她的父亲一把抓住肇事的司机,绝望地挥舞着拳头。

从形式上看,新闻比较简单,甚至有些格式化,文学则讲究形式美。在作品形式与内容的关系上,新闻要求尽量地淡化形式,以免喧宾夺主;文学则尽量强化形式,以增强渲染效果。

从处理作者主体上看,新闻要求无我,尽量客观,不带感情色彩;文学则讲究有我,作品就是作者的影子、作者的心声。

从文章风格上看,新闻重直白,文学重修饰。

从修辞区别上看,新闻属消极修辞,文学属积极修辞。陈望道先生在《修辞学发凡》中将修辞分为两类:一类是积极的,适宜带感情色彩和艺术色彩的文体,即文学作品使用,如在散文、小说、诗歌中大量用到比喻、拟人、双关、对仗、拈连、顶真等修辞格;另一类是消极的,适宜严肃、客观的文体使用,如在公文、公告、教科书等中的使用,新闻也属于这一类。例如,消息属于典型的新闻,它力戒华丽辞藻,基本用消极修辞。语言表达简明、连贯、得体,正确运用常见修辞方法,这两条都属于修辞范畴。简明、连贯、得体,属于消极修辞范畴,要达到规范、明确,否则就是有问题;正确运用常见的修辞方法,属积极修辞范畴,要求形象生动。简单地说,积极修辞是关注语言表达好不好的问题,消极修辞则是关注语言表达通不通的问题。

从文章结构上看,新闻力求简明,将最重要的信息放在最显著的位置;文学则求变化,将作者的思想深藏于复杂新颖的形式之中。

从审美取向上看,新闻追求质朴简洁的美,文学追求绚丽多彩的美。新闻的本质不是艺术,但是它也讲美,不过它主要是追求事实本身的内在美。新闻就像健美比赛中的运动员,尽量要少着装,以突出体格的强健;文学就像台上的舞蹈演员,必须借助服装灯光,以表现美的韵律、韵味。新闻是"删繁就简三秋树",文学是"花簇锦绣满园春"。

上述新闻与文学的写作特征对比可见表1-1。

表1-1 新闻与文学的写作特征比较

	新闻	文学
写作过程	重采访	重写作
构思	真实	虚构
视点	面向社会	面向个体
本质	信息	艺术
功能	传播信息	提供审美
选材	以事为主	以人为主
形式与内容	淡化形式	强化形式
作者主体	无我	有我
文章风格	直白	修饰
修辞区别	消极修辞	积极修辞
结构	简明	变化
审美取向	质朴简洁	绚丽多彩

第二节 新闻写作与新闻采访的关系

一、同题新闻示例

以下是《武汉晚报》对与上一节相同的事件的报道,即同题新闻。

两轿车昨晨相撞,一车失控一头扎进水果店。

万幸!一家四口睡阁楼逃过一劫

本报讯(记者商为智、戴维 实习记者王露) 昨日凌晨,两轿车在汉口山海关路与长春街路口相撞,一轿车失控后冲进一家水果店,所幸,店主一家四口睡在阁楼上逃过一劫。

昨日凌晨4时许,记者在现场看到,一辆车牌号为鄂A01×××的黑色轿车正在被救援车拖走,而在20米外一辆车牌号为鄂ACS×××的白色轿车车头已经冲进了一家水果店大门,店内水果散落一地。

据目击者陈先生介绍,昨日凌晨3时许,黑色轿车在长春街往张自忠路方向行驶到山海关路路口处时,撞上一辆由山海关路往中山大道方向行驶的白色轿车,白色轿车突然失控,冲进了路边水果店。目击者称,驾驶白色轿车的是两名20岁左右的年轻人,两人身上有酒气。

事发后,江岸交警大队及时出警,白色轿车司机被带走接受酒精测试及调查。黑色轿车司机弃车逃离了现场。

水果店老板彭先生介绍,白色轿车冲到店里时速度应该很快,"我门前的两个石墩子竟被撞出七八米远!"

幸运的是,彭先生一家四口当时都睡在阁楼上,被"轰"的一声惊醒后,才发现一辆轿车冲进了店里。"幸亏最近天气凉,才到阁楼去睡,否则后果不堪设想。"彭先生仍心有余悸。

看着店内的水果被轧得一塌糊涂,彭先生很是心疼,节前他进了不少进口水果,这下损失惨重。

(报料:周先生和董女士各获奖50元)

二、同题新闻比较

同题新闻比较是就同一事件,对不同媒体的报道进行比较。以上选择了两家媒体的报道逐项比较,可以看出报道的高下水平来。

新闻源对比 从信息来源上看:两家媒体的新闻中都有报料人和店主。《武汉晚报》还采访了目击者和执法者,故而信息提供得更多,目击者描述了撞车的司机满身酒气。《长江日报》的采访对象除了报料人就只有店主,而且他们没看到撞车经过。

信息层次对比 信息是有层次的。浅层的信息只说到事实本身;中层的信息揭示了事实的背景,会提到原因或结果;深层的信息可以揭示事实的文化观念上的意义。

显然,《长江日报》的报道只是揭示了事实本身,没有涉及事故原因和交警处罚的结果,更没有揭示其文化观念上的意义;《武汉晚报》的报道,则在揭示事实后,还说明了原因,如酒驾,更提到涉事人的命运,如睡在阁楼上躲过一劫,便有了文化观念上的意义。

切入角度对比 《长江日报》是写事故本身,车撞店,是物与物的关系;《武汉晚报》还写了事故与人的联系,写店主逃过一劫,不仅有物与物的关系,还有物与人的关系。后者的写法,更抓读者眼球。

当然,《武汉晚报》还可深入采访,记者应该跟踪采访交警部门如何处理这件事。特别是白色轿车司机喝酒,会受到何种处罚?还有逃逸司机如何追责?水果店的损失谁来赔偿?这些也是读者关注的事情。

在进行对比时,我们还要分析哪家报道更加锁住了报道焦点。在新闻写作中,记者面对的第一个挑战就是,在最短的时间里,准确找到新闻的核心内容,锁定报道的焦点。

如何锁定报道焦点?我们可以按如下方式自问自答。

1.什么事情是从来没有发生过的?

汽车撞进水果店,这是本市以前未发生的事情。这一点两篇文章都报道了。

2.什么事情最能够引起人们的兴趣和关注?

汽车为何冲进了水果店?原因是什么?这是读者更为关注的事情。《武汉晚报》对此交代得清楚些,是因为黑车撞了白车,但是如果白车司机不是酒驾的话,也不至于冲进水果店。

3.什么事情最容易被人们忽视而它实际上对人们有重要意义?

例如提示人们水果店的人睡觉不应该靠近马路,容易出危险,司机也不可以酒驾。

4.什么事情是人们自己在以往的经验中熟悉的而实际上它已经发生了重要变化的?

这件事情的赔偿责任是什么?是怪黑车?逃逸了,如何追责?实际上要继续采访。

5.什么事情最打动读者?

幸亏,水果店的人到阁楼上睡觉了,否则,难逃厄运。读者对于水果店涉事人的命运关注,他们幸免于难是最为打动读者的事情。

从这些对比中我们可以认识到什么呢?我们可以看到,《武汉晚报》的报道之所以写得好,更有可读性,是因为,其作者采访得更深入,不仅有自己目睹的内容,询问了店主,还采访了目击者和执法者(警察)。该记者的观察也更细腻些,如:记者在现场看到,一辆车牌号为鄂A01×××的黑色轿车正在被救援车拖走,而在20米外一辆车牌号为鄂ACS×××的白色轿车车头已经冲进了一家水果店大门,店内水果散落一地。

三、新闻采访与新闻写作

采访与写作,这两者关系应该是辩证的。

首先,先有采访,后有写作,或者说,采访在先,写作在后,这个次序是不能颠倒的。用辩证唯物主义认识论的观点来看新闻报道,事实是第一重要的,新闻是第二重要的,新闻报道是客观事物的反映。

其次,采访的质量直接关系着写作的质量。采访的质量主要是指采访的深度和广度。新闻是"七分采,三分写"。资深的记者用"七三开"的比例形象地概括了在采访和写作两个过程中所花的时间与力量。因此,新闻写作要建立在扎实的采访基础之上。

从《长江日报》与《武汉晚报》同题新闻报道的对比中可以看到:《武汉晚报》的采访更深入些,不仅采访了店主,还采访了目击者及警察。这样,就提供了更多、准确的信息。如,目击者称,驾驶白色轿车的是两名20岁左右的年轻人,两人身上有酒气。事发后,江岸交警大队及时出警,白色轿车司机被带走接受酒精测试及调查。黑色轿车司机弃车逃离了现场。

《武汉晚报》的报道交代了适当的背景,这样读者能更深刻地认识所报道的事实。据水果店老板彭先生介绍,白色轿车冲到店里时速度应该很快。这些事情的交代,更加说明了白色轿车冲撞的力度。如果这种力度撞到人就不得了了,幸运的是,彭先生一家四口当时都睡在阁楼上,事后彭先生仍心有余悸。这里就将事故与涉事人的命运联系起来,新闻就更有意味了。

从两文比较中可以看到,《武汉晚报》因为记者采访得更加深入,采访了更多的掌握第一手材料的人,事情才能写得更准确与具体,更深层地揭示了事故的原因以及人物的命运。《武汉晚报》记者到现场是"昨日凌晨4时",而《长江日报》记者是"昨日上午9时"到的。《武汉晚报》记者及时找到了目击者与执法者进行采访,因而多出了两个权威的信息源;《长江日报》记者没有找到当时的目击者与执法者,信息自然就比《武汉晚报》少了许多。从这里可以看出,记者与媒体的采访作风,直接影响到新闻稿件的写作质量。

上述对于同题新闻在新闻源、信息层次、切入角度、报道焦点等诸方面的对比分析可以作为今后评析同题新闻的方法。按照这样简单对比分析的方法,在日常新闻阅读中,读者就能随时对新闻作品进行评析,这在提高对新闻作品鉴赏能力的同时,也能提高采访与写作能力。

第三节　全媒体背景下的新闻传播

同样是车祸,在全媒体背景下,新闻传播会有什么样的特点呢?再看一起车祸事件的新闻传播实例。

一、全媒体背景下新闻传播实例

(一) 微博

据《扬子晚报》官方微博消息,20日下午,在南京市秦淮区石杨路与友谊河路交界处,一辆车牌号为陕AH8×××的宝马牌轿车由西向东撞上一辆正常行驶的马自达轿车,导致其当场解体,车内一男一女被撞出车外,不幸身亡。肇事驾驶人王季进事发后离开现场,后被警方找回,因涉嫌交通肇事罪被警方刑事拘留。事故现场未发现毒品,排除王季进酒驾、毒驾嫌疑。

南京宝马撞马自达的最新微博搜索结果如下:

南京宝马撞马自达车祸原车车主是许××,车牌号:陕AH8×××

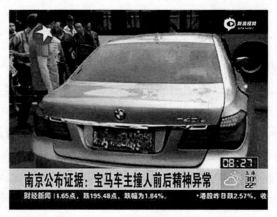

6月22日19:45 某官方消息

#宝马撞裂马自达#最新消息:肇事司机目前处于昏迷状态,疑似毒瘾发作,肇事司机被带到派出所接受调查后,现正被民警带离派出所,该男子目前处于昏迷状态。肇事司机的妻子也来到派出所,目前正在接受问询。

6月20日20:35 某网友

南京宝马撞马自达致2人死亡事件,南京警方竟然说宝马车没有狂奔,我刚看了他们微博上的GIF动态图,还是放慢速度的动态图,放慢了撞击速度还那么快,这要是正常显示的话,那撞击该有多快?按照南京警方的说法,马自达应该谢谢人家宝马没有狂奔?政府公信力就是这样失去的!

南京宝马撞马自达续:肇事司机家属道歉愿补偿遇难者每家5万元

20日南京市秦淮区石杨路与友谊河路交界处发生的交通事故,警方已初步认定肇事者王季进对这起交通事故负全部责任。马自达轿车上两名遇难者的家属,22日在公安机关见到了肇事者妻子。

【案情反转】南京宝马撞马自达惨烈交通事故(死者家属寻求目击者帮助)

各方媒体报道称:警方在肇事车内搜出冰毒。肇事的宝马车驾驶人被带到南京光华路派出所接受调查,据派出所内目击者介绍,肇事驾驶人在派出所时疑似毒瘾发作,用头撞墙……

(二)微信

620南京宝马车祸(惊悚GIF,慎入)血腥车祸GIF大盘点

浅笑盈盈[2015-07-30]

"620南京宝马车祸案"已经过去整整一个多月了,因为肇事司机行为太过严重,引起了公众很大的关注。不过现在还听不到任何处理结果,难免让人有些搞不懂。

回顾下620南京宝马车祸案:在上月20日13时52分左右,在南京市的一个十字路口一辆白色宝马轿车以"200马"高速直行闯红灯,拦腰撞上前方正常转弯的小轿车,车上的两名年轻人被抛出车外,当场死亡。以下是当时的惨状GIF。

(三) 其他网络信息

1. 视频

南京警方:宝马撞散马自达车祸嫌疑人未调包

发稿时间:2015-06-22　00:22:57　来源:人民网

2. 网络图文

南京宝马撞散马自达致 2 人死亡事故疑云重重(图)

发稿时间:2015-06-23　07:53:23　来源:南京龙虎网

出租车行车记录仪拍下南京车祸瞬间(来源:网友)

龙虎网讯　20 日下午,在秦淮区石杨路与友谊河路交界处发生一起交通事故,一辆陕西牌照的宝马车闯红灯将一辆马自达车撞成两截,马自达轿车上一男一女当场死亡。目前,警方已排除宝马车驾驶员王某某酒驾、毒驾的嫌疑,并已按交通肇事罪将其拘留。这起事故引发网友们广泛关注的同时,有关事故的诸多疑问也被提了出来。例如,宝马车为何高速闯红灯?当时车速有多快?肇事车主为何如此疯狂?而这一切都在等待警方的调查结果解答。

3. 网友帖子

(1) 肇事司机是否超速?

一线交警:初步估测速度为 160 千米每小时到 180 千米每小时

一辆轿车被拦腰撞断,碎片散落一地,如此惨烈的现场,引发不少人惊叹。这宝马车车速多快,才能把马自达撞得如此四分五裂?有一线交警结合相关情况估测,事发瞬间,肇事宝马车的时速可能在 160 千米到 180 千米。但这个数据最终还需要警方及相关专家的鉴定。

(2) 肇事司机是否涉毒？

目前已排除毒驾、酒驾嫌疑。

据现场目击者透露，宝马车撞停在马路中央时，民警很快赶到现场，他们看到民警拿着一袋白色粉状物，怀疑可能是毒品。"袋子是锡箔纸质的，里面装的是像奶粉一样的东西，是从宝马车里拿出来的。"一位目击者说，他看到这种东西就摆放在宝马车的旁边，当时民警正在现场勘查。

与此同时，网上有消息称肇事者疑似毒瘾发作，在派出所以头撞墙，民警不得不给他戴头盔，此说法也未获警方证实。但今日凌晨南京警方发布最新通报，指出在事故现场未发现毒品，经调查和鉴定，排除王某某酒驾、毒驾嫌疑。

(3) 宝马司机是否肇事逃逸？

事发后，宝马司机离开现场弃车逃逸后被抓获。

被撞出租车司机王师傅告诉龙虎网记者，在撞上马自达之后，车速过快的宝马并没有停下来，而是继续往前开，撞上了他的出租车之后才停下来。"我当时正在公交车前面准备左转弯，突然这辆宝马在撞飞马自达后就撞上来了。然后我也被撞飞，车子在原地打转了180°才停下来。我看到宝马车停下来后司机一开车门就跑了。"

与此同时，昨日18:03，南京市公安局交通管理局官方微博发布事故通报称，肇事驾驶人事发后离开现场，此后被警方找回并控制。随后，6月21日凌晨2:40，南京市公安局交通管理局"@"南京交警发布微博称："6月20日13:40，肇事嫌疑人王某某驾车从某装饰城前往江宁，途中肇事，弃车逃逸后被抓获。"

(4) 肇事司机为何如此疯狂？

家属也搞不清，亲友不相信他会开快车。

肇事司机王某某的表姐向媒体表示，她始终不相信肇事的人是表弟。"交警和我们亲友几乎同时到达桥洞的，发现他时，他的情况很不好。"王某某的表姐说，以前表弟很少单独出去的，要出去也是跟弟媳一起出去，发生这种意外，连弟媳也称没有预料到。王某某的家人称，以王某某的性格，应该不会开这么快车的，甚至公然闯红灯，他本人也驾驶这辆宝马车有好几年了。"一切要等公安的调查结果，我们也只有在这里等了。"王某某的表姐说。

事发地点石杨路为双向3车道，路况较好，但之前并未发现有人在此飙车。警方相关人士介绍，目前，警方正沿着该驾驶员的活动轨迹，看他接触了哪些人，及沿途相关监控录像等线索，对其行为展开进一步调查。

(5) 肇事车辆是否有问题？

宝马车是他人抵债给王某某的。

事发后，网上还流传出一份关于肇事宝马车的登记信息。登记内容显示，这辆挂着西安牌照的轿车，机动车状态为"查封"，保险也已经过期近4个月。

南京市公安局交通管理局"@南京交警"发布微博通报称，肇事司机王某某的妻子陈某某表示，该车系2014年底由许某某抵债给王某某。经调查和鉴定，王某某所持的驾驶证在有效期内。

(6) 查封车辆也能上路？

肇事宝马车确实已被法院查封。

有媒体记者从警方相关人士处得到证实，肇事宝马车确实已被法院查封，并且保险过期。但根据规定，处于查封状态的车辆是允许上路的，但不能交易。

(7) 肇事司机会受到怎样的处罚？

因涉嫌交通肇事罪已被警方刑事拘留。

龙虎网记者了解到，目前，肇事司机因涉嫌交通肇事罪被警方刑事拘留。而事故原因正在进一步调查中。但根据刑法规定，这一罪名的最高量刑只有7年。但如果能查出他酒驾或者毒驾，则可以按照危害公共安全罪处理，最高量刑为死刑。

(四) 报纸

宝马车南京闯灯撞散马自达肇事前处于查封状态

马自达车被撞得面目全非

昨天下午14时左右，南京市秦淮区石杨路与友谊河路交界处，一辆宝马车撞上行驶中的马自达车，造成马自达车上2人死亡，另有1名出租车司机受伤。

事发后，肇事驾驶人离开现场，后被警方找回并控制。目击者称，肇事司机疑似毒瘾发作。

惨烈车祸后路人为死者盖衣

目击者逯先生介绍，事发石杨路与友谊河路交界处，该路东西方向处于红灯状态。逯先生驾车从该路口经过，听到一声猛烈的撞击声，一辆由西向东行驶的宝马车闯红灯通过路口时，撞上一辆由南向西左转行驶的蓝色马自达车。马自达车被撞后车尾部粉碎，车内一男子被甩出六七米，落在了一辆出租车前，男子手臂完全变形。仅剩车头部位的马自达车向前飞出十几米，撞上了一辆左转的公交车，一名女子被从车内甩出，倒在道路中间,一动不动。有路人将一件蓝色外套为这名女子盖上,"可能认为人已经不行了,为了给她留下一些尊严"。

先期赶到的民警叫来120急救车,经医生现场诊断,发现两人已当场死亡。

在454医院治伤的出租车司机王师傅说,他自己只是头部软组织挫伤,幸运的是当时车上没有载乘客,但车损严重。

据多名目击者称,事发时宝马车时速有200千米左右,事发后宝马车司机下车查看后从现场离开。

逯先生称,宝马车司机疑似毒驾,警方在肇事宝马车内找到疑似冰毒的物品。

肇事宝马车此前处查封状态

据现场多名目击者提供的视频和照片显示,肇事宝马车为陕西牌照,肇事司机40岁左右,身穿蓝色上衣。宝马车发动机被撞毁,车前轮完全变形,前挡风玻璃破碎。被撞的马自达轿车全部散架,轿车尾部被撞成碎片四处飞溅,只剩发动机散落在公交车旁。

昨天18时左右,南京市公安局交通管理局发布情况通报称,宝马车闯红灯通过路口,撞上由南向西左转行驶的马自达车,并撞上一辆正常行驶的公交车和一辆出租车。事故造成马自达车上司机及乘客死亡,被撞出租车驾驶人受伤。肇事驾驶人事发后离开现场,后被警方找回并控制,目前事故详情正在进一步调查中。

记者通过查询发现,这辆进口宝马车牌号为陕AH8×××,车辆登记于2014年3月份,车主名为许××。让人吃惊的是,该车目前处于查封状态,且保险在2015年2月27日就已经过期。驾驶员是否存在毒驾,警方正对其进行相关检测之中。

来源:《京华时报》

(五)广播

南京多车相撞致2死事故续:肇事嫌疑人无证照且疑为毒驾

南京多车相撞致2死事故续:肇事嫌疑人无证照且疑为毒驾,(记者申冉)20日,记者从警方获悉,今天南京发生的多车相撞致2人死亡事故,被抓获的逃逸肇事嫌疑人许某某没有行驶证、没有驾驶证,同时,警方在肇事车内搜出冰毒,肇事嫌疑人许某某疑为毒驾。

2015-06-20 21:43:00

南京肇事宝马车系原车主抵债司机已被刑拘

人民网北京6月21日电 据南京市公安局交管局官方微博消息,20日13:53,南京市秦淮区友谊河路石杨路路口发生一起交通事故。经过南京警方连续工作,现已查明:肇事嫌疑人王季进(男,35岁,江苏省靖江市人,暂住在南京市江宁区),2001年与妻子从原籍来到南京市从事水电装饰材料销售。

2015-06-21 06:31:03

南京警方:"6·20"重大车祸嫌疑人未抓错未调包

据《扬子晚报》官方微博消息,20日下午,在南京市秦淮区石杨路与友谊河路交界处,一辆陕AH8×××牌宝马车由西向东撞上一辆正常行驶的马自达车,导致后者当场解体,车内一男一女被撞出车外,不幸身亡。事故现场未发现毒品,排除王季进酒驾、毒驾嫌疑,王季进所持驾驶证在有效期内。

2015-06-22　07:30:38
来源:中央广播电台

(六)电视

据央视、南京电视台报道近况

南京市公安局交通管理局官方微博"南京交警"昨天发布有关宝马肇事案进展情况,通报指出,肇事宝马车通过事发路口时行驶速度为195.2千米每小时。

通报全文为:6月20日13:53,发生在南京市秦淮区石杨路与友谊河路交界处的交通事故,经警方对事故现场勘查、当事人陈述、证人证言、视听资料、检验鉴定等方面的调查和证据收集,现已查明,犯罪嫌疑人王季进驾驶牌号为陕AH8×××的宝马车在道路上违反限速规定超速行驶(经鉴定,车辆通过事发路口时行驶速度为195.2千米每小时),在直行、左转信号均为红灯的状态下,从左转弯车道直行通过路口,造成两人死亡、一人受伤、多车受损的道路交通事故,且事发后弃车逃逸。

王季进的上述行为违反《中华人民共和国道路交通安全法》和《中华人民共和国道路交通安全法实施条例》相关规定,是造成事故的直接原因。根据《中华人民共和国道路交通安全法实施条例》和《道路交通事故处理程序规定》相关规定,认定王季进承担事故的全部责任。

目前犯罪嫌疑人王季进被警方依法向检察机关提请批准逮捕。

据女死者家属称,警方已向他们公布了宝马肇事时的车速,至于当时为何将车开到如此之快,尚无定论。家属表示,不准备协商解决,将直接走法律程序解决此事。

[事故回放]

6月20日,在南京市区石杨路和友谊河路交界处,一辆高速行驶的宝马车闯红灯,拦腰撞散一辆马自达车,导致马自达车内的男性司机及女性乘客当场身亡。事发当天和次日,南京市公安交管局连续发出两份情况通报,确认肇事司机闯红灯引发事故,但排除了肇事司机酒驾、毒驾嫌疑。

以上展示的就是在宝马车撞马自达车后,报纸、广播、电视、网络等众多媒体就此事的新闻信息传播状况。从中可以看到,新闻报道在全媒体环境下与在传统媒体环境下有许多区别。

二、全媒体背景下新闻传播新特点

通过对这起车祸事件相关报道的分析,我们可以看到,在全媒体环境下新闻传播呈现下述特点。

(一)传播手段灵活多样

新闻事件发生后,受众对其性质、强度、发展趋势、利害关系等缺乏明确的界定,会想方设法通过多渠道获取尽可能多的信息。此时,人际相关信息传播频率、速度、数量会急剧上升,信息在浮躁的态势中容易走样变形,各种小道消息流传迅速。受众此时往往以自己的经历、知识背景等来弥补信息的多义性和不确定性,意见多元化的情形也开始形成。随着传播环境的改变,媒体对突发事件的报道变得灵活多样。

(二)传播格局多元化

新闻事件所反映出来的动态过程是客观事物由量变到质变的一种急剧变化,这一变化特点决定了传播者对它的认识和评价会产生一些争议并形成争议性较大的话题,易构成不同的社会舆论。这种情况下,相关事实的传播往往并不以事件主体的意志为转移,重大新闻事件出现舆论多元化情形,经常会贯穿新闻事件的整个过程,并且呈现"波形发展"的态势。正是因为这些局势的不确定性,新闻事件,特别是突发新闻事件也就成为传统媒体、新媒体、自媒体等各种传播工具争相报道的重点,多种类型的媒体也从自身的特点出发刊发、刊播新闻事件,尤其值得注意的是,新闻事件信息传播中的互动性日趋活跃,给新闻事件报道提出了新的挑战,也促使新时代的媒体人不断革新报道方式。

(三)报道内容冲击性强

从大量新闻事件传播案例来看,新闻事件,特别是重大突发新闻事件的信息传播,无不表现为极强的视觉震撼和心理冲击力,舆论反响声势浩大,当事人往往措手不及,新闻事件自身的变幻莫测决定了危机传播过程的多样性和难以控制。

(四)报道形式立体化

各类媒体为了有效地表现新闻事件的方方面面,让受众在较短的时间内认知新闻事件真相,在当前传播环境中,可以运用文字、图片、音频、视频等多种表达手段立体化表现新闻事件,让受众对新闻事件有感性和理性的认知,积累经验,为今后类似新闻事件提供借鉴。[①]

本章小结

"全媒体新闻采访与写作"是新闻传播学各专业必修的核心课程。本课程的研究对象是全媒体的新闻采访与写作,是指新闻业者在采访活动中搜集材料和信息,并通过文字写作制成一定体裁的新闻作品的过程。"新闻采访与写作"是一门实践性很强的学科,从一开始,就得动手练,并且其和文学创作有着明显的区别。新闻的采访与写作是辩证关系,新闻采访的作风直接影响到新闻稿件的写作质量。新闻传播在全媒体语境下有新特点:传播手段灵活,传播格局多元化,报道内容冲击性强,报道形式立体化。

---

① 张芹,刘茂华.突发事件报道案例教程[M].上海:上海交通大学出版社,2013:10-11.

思考与练习

1. 搜集两家报纸的同题新闻,按照本章介绍的方法,比较分析各家报道的优缺点。
2. 分析一个近期发生的新闻事件在全媒体环境下传播的情况,并归纳总结其传播特点。
3. 试写一条身边发生的新闻事件的消息。

第二章　新闻敏感与新闻线索

学习目标

1. 理解新闻信息与新闻发现的关系。
2. 理解新闻敏感的概念。
3. 了解新闻线索概念,以及如何寻找新闻线索。

新闻敏感和新闻线索,是在新闻发现阶段两个重要概念。为什么有的记者会错失重大新闻?新闻事实处于新闻线索阶段,处于不明朗不清晰的状态时,记者如果缺乏感知和判断隐含在新闻事实中的新闻价值的能力,那就是缺乏新闻敏感。而对新闻敏感的记者哪怕新闻还处于萌芽状态,就能立即感知其新闻价值,迅速捕捉到新闻,不会放过任何的新闻线索。

第一节　新闻信息与新闻敏感

一、新闻信息

信息是什么?作为现代信息科学中的信息概念最初始于20世纪40年代,科学家克劳德·香农(Claude Shannon)和诺伯特·维纳(Norbert Wiener)分别给信息下过定义。香农认为信息即"消除或减少接收一方认识上的不确定性",维纳认为信息是"我们适应外部世界,并且使这种适应为外部世界感到的过程中同外部世界进行交换的内容的名称"。[①]

（一）信息可被大脑接收、储存和加工

从本体论角度来看,信息是事物的运动状态以及对事物运动状态的陈述。信息来源于物质,但又不是物质本身。世界是物质的,物质是运动的,物质运动需要能量,信息就是物质的运动状态及其陈述。比如,人要吃饭,就需要米、水和做饭的器具,这些都是物质的;烧饭需要能量,就需要火、电等能源,而做饭的知识和经验就是信息。没有前两者,就要饿肚子;没有后者,米饭也做不成。可见,物质、能量和信息是三位一体,密不可分的。

信息具备不同于物质、能量的特点。信息可以被人的大脑所接收、储存、加工,物质

[①] 田波.谈谈信息与信息社会[J].今日科技.1985(01):13—15.

和能量则不能。因此,信息是认识的中介,没有信息作用于主客体之间,人就不能认识外部世界。信息还可以扩散和分享,而并不导致原有信息的减少,这也与物质和能量不同。因此,信息是一种可以分享的资源。正是信息的传输,使人对外部世界的认识,有可能成为人类的共同财富。

(二)人与人之间存在信息的分享与传输

新闻采访就是为了传播新闻而搜集信息的。新闻和信息既有联系又有区别,新闻和信息都源于客观世界并反映客观世界,它们的本源是相同的。但是它们又是有区别的:首先,两者的外延不一样,所有的新闻都是信息,而所有的信息不一定都是新闻,新闻只是信息的一部分,是一种特殊的信息。其次,两者传播前后的性质不一样,传播前,没有人介入的信息,是自然存在的状况,是客观的;传播后,新闻信息经过人的加工处理,打上人的思想烙印,就成为主观的了。新闻和信息的区别还表现为作用范围和传播方式的不同,前者主要服务公众,利用新闻媒介进行传播,后者主要服务个人,可利用各种传播媒介和传播方式。

(三)信息是新闻的源头

要传播新闻必须先采集信息。新闻是特殊的信息,要将信息转化为新闻,首先得经过新闻把关人的过滤。就传统媒体而言,这最初的把关人就是记者和通讯员。他们把关的标准有两条,一是新闻价值,二是新闻政策。前者关注新闻值不值得报道,后者关注新闻能不能报道。如前面提到烧火做饭的知识和经验是信息,但是,它不能够成新闻,新闻价值标准首先就把它拦住了,因为它没有新意,无法引起受众的关注。

如果出现火灾,就像2000年3月29日凌晨,河南焦作市天堂录像厅发生的特大火灾,造成74人死亡,立刻成了特大新闻。[①] 次日,该消息随着新华社的电波传遍大江南北,各地新闻记者闻讯后纷纷从四面八方涌向焦作。新闻价值标准通过了,还有新闻政策标准把关,即不是所有的信息都能公开报道,它必须受到国家的法律法令、党和政府的方针政策纪律和伦理道德等方面的制约,如火灾的惨状不得过分渲染,遇难者的隐私不得披露等。信息经过新闻把关人的过滤,就染上了明显的主观色彩。

二、新闻敏感

新闻敏感,即指新闻工作者及时识别新闻信息的新闻价值的能力,是指新闻工作者通过感官和思维对新闻人物、新闻事件、新闻事实所蕴含的新闻价值的敏锐感知能力。新闻敏感是一种新闻素养,是新闻工作者必备的能力。

新闻敏感的主要内容包括以下几点。

第一,迅速判断某一新闻事实对当前工作的指导意义;第二,迅速判断某一新闻事实能否吸引较多受众;第三,迅速透过一般现象挖掘出隐藏着的有价值的新闻事实;第四,迅速判断在同一性质的诸多事实中最有价值的新闻事实;第五,迅速在对事件进展

---

① 朱德泉.寻找烈火中的"冰点"——河南焦作"三·廿九"特大火灾采访记[J].新闻记者,2000(06):44-47.

过程充分调查分析的基础上预见有可能出现的新闻。

第二节 新闻发现与新闻敏感

一、在没有新闻的地方发现新闻

（一）新闻发现与新闻敏感的关系

为说清新闻发现与新闻敏感的联系，有必要说一篇新华社记者汶川地震中采写的文章。新华社记者朱玉、万一、刘红灿2008年5月24日于四川安县发了一篇通讯《一个灾区农村中学校长的避险意识》，这篇通讯很生动，也很感人。

该稿采写于2008年5月23日，距离汶川地震发生过去了11天，媒体报道的视角从初期的灾情、救援开始，转向心理援助、追问"豆腐渣"工程等。此时，新华社记者跟随心理专家来到离北川只有20千米的重灾区安县桑枣中学。这次地震中，这里的学校2000多名师生无一伤亡。在与校长叶志平聊天时，叶校长随口说道，如果这些教学楼不及时加固的话，那么2000多名师生肯定全完了。而反观周边地区其他学校的校舍，大都坍塌，师生伤亡惨重。

说者无意，听者有心。记者敏锐地意识到这一反差就是新闻！新闻敏感让记者继续深挖下去，于是产生了这篇生动的通讯。此文后获得2008年中国新闻奖通讯二等奖。因为桑枣中学位于前往北川的必经之路上，此前各路记者也来过，但没有伤亡的情形却让众多记者悻悻离去，以为这里不会产生新闻，没有加以关注。[①]

为什么有人能够独具慧眼，一下抓住新闻线索？为什么有人"有眼不识泰山"，与"撞到鼻尖"的好新闻失之交臂？这就是新闻敏感的差异。

新闻敏感在于记者不但能在反常的事实现象中一眼发现新闻事实的新闻价值，而且能够在看似平常的事实现象中敏锐地感知其中蕴含的新闻价值。可以说新闻发现源于记者的新闻敏感，没有新闻敏感，就没有新闻发现。有了新闻敏感，就可以在常人不易发现的事实中发现新闻，甚至是重大新闻。

（二）新闻具有反常特征

笔者认为新闻具有反常特征。以前，人们往往不愿提及这个特征，大概恐与西方一条新闻定义发生联想，即"狗咬人不是新闻，人咬狗才是新闻"。我国学者一度对这个新闻定义持批判态度，因为，它极度推崇离奇新闻。其实，反常与离奇是有区别的。首先，前者概念的外延比后者大，并包容后者。按现代汉语词典解释：反常即跟正常情况不同。如天气反常，恰恰可以成为新闻。其次，新闻是有选择的，我们可以在报道中剔除那些不适合报道的离奇内容。因此，大可不必因为忌讳西方的这条新闻定义而否认新闻具有

[①] 陈力丹，张晶晶."反差"出新闻 叙事显力量——评通讯《一个灾区农村中学校长的避险意识》[J]. 新闻实践，2010(01):36—37.

反常特征的事实。

新闻的反常特征是新闻本质属性规定的必然特征。新闻的本质是什么？是一种经过人脑加工的特殊形态的信息，新闻反映的是变动着的事物信息。事物的变化无外乎质变和量变两种形式，相对于"旧质"和"常量"而言，作为新闻信息的"新质"和"异量"，都是对常规现象的一种超越，对平衡的一种打破，与平常情况不同，即反常。所以新闻具有反常特征。反常特征越强的信息，其变异性和多样性显现得越鲜明、突出和强烈。这种体现事物最新状态和发展趋向的反常现象，正是新闻价值之所在。

（三）新闻的反常特征适应受众心理需要

新闻具有反常特征，不仅为新闻本质属性所规定，而且，为受众心理所制约。苏轼云："文以反常成趣。"现在理解，便是从受众兴趣角度来说的。反常现象常会引起受众猎奇的兴趣，趣味性本身便是新闻价值因素之一。而且，反常的事实，又是具备变异性和多样性的信息，本身便有很高的新闻价值，读者当然愿意获悉。故从反常现象入手，便能抓住受众乐于接受的新闻。

二、反差出新闻

有些具有反常特征的新闻事实往往被其貌似正常的现象所掩盖，人们局限于自己的生活经验而不能发现它。如新华社记者朱玉等人发现的这条新闻就是如此。很多记者的头脑已被灾害的惨情充满，总是以受灾损失的严重性来衡量报道的分量。殊不知，"5·12"地震后，"无一伤亡"和震后挺立的这栋教学楼变成了非常信息，因为它们与灾区各地巨大伤亡数字、大量倒塌的校舍之间形成反差。教学楼不倒，是什么原因？"无一伤亡"的事实是如何发生的？新华社这篇通讯捕捉到了反差中产生的新闻价值要素，把一个普通中学校长平时加固教学楼、定期组织应急疏散演练的真实故事讲述出来，一定程度回答了当时人们关于"灾难能否避免"的疑问。

三、新闻发现与新闻政策

经记者发现的有价值的新闻事实，并非个个都能报道，能否报道，还需要记者凭借新闻政策去逐个鉴别。

所谓新闻政策，即指新闻报道政策界限的规定，具体包括：能报道什么，不能报道什么，着重报道什么，一般报道什么，以及报道中应注意些什么等。

中外都有新闻政策，只不过形式、内容有所不同。新闻政策的某些重要内容，若以法律形式加以规定，就成了相应的新闻法。

四、新闻价值与新闻政策

新闻价值与新闻政策的具体关系是：新近发生的某个事实能否报道，一是看其是否具有新闻价值，二是看其是否符合新闻政策。两者兼备就报道，缺一就不报道，两者之间应当相辅相成，互为制约。如符合新闻政策，却无新闻价值，则不值得报道；但是，如果有新闻价值,不符合新闻政策,哪怕其新闻价值再高,也不能报道,从这一点上看,新闻政策应该高于新闻价值。

第三节 新闻线索

一、什么是新闻线索

新闻线索也称为采访线索、报道线索,是指新近发生或发现的事实表现出来的某些信号或迹象,是为新闻采访报道提供有待证实、扩展和深化的信息,给新闻记者提示新闻的所在或采访的方向,以及可能成为新闻的或具有一定新闻价值的某种事实所传播的信息,也可以说是已经或者将要发生的新闻事实所发出的信号。新闻线索不等同于新闻事实,其只是记者发掘题材的一种凭据。它比较简略,要素不全,没有事物的全貌和全部过程,常常只是一个片段或概况。

二、找到新闻线索

下面的信息,就是新闻线索,有的采访后可能成为新闻,有的缺少新闻价值不值得采访。你能分辨吗?

1. 有家长说自己的孩子在某小学上学,听说那里昨日丢失了一个二年级小孩。
2. 某村积水,村民出不了门。
3. 某公交车撞了树,还压着人,堵车严重,快两个小时了。
4. 某超市商品大批量降价,很多市民纷纷抢购。
5. 李女士家的菊花开花了。
6. 有人来索赔,说被某家的狗咬了,可是那家主人称自家的狗从来不咬人。
7. 前几天,老张三个喝醉酒的舍友打车回家,快到家时,让出租车司机代为打电话,叫老张来接,接到后,司机没有把手机归还,后来还关机了。
8. 某高架桥施工工地有人意外死亡,有人打来匿名电话。
9. 上周日,一个3岁的孩子捡到一个皮包,里面有身份证和万元现金,孩子好像是上网查找到失主信息,失主是位律师。

三、新闻线索特点和作用

(一)特点

新闻线索有下述特点:可信性有待证实;通常比较简略;大多只反映现象;相对于新闻事实,多数新闻线索没有过程,更没有细节,新闻五要素不全;往往比较零碎,信息不完整;稍纵即逝,其出现带有一定的偶然性;涉及较多的表象,可能确有其事,但也可能只是假象,或者是真假混杂,可靠性待记者进一步去核实。

仅仅凭借一条新闻线索无法写出新闻报道,必须通过深入采访,才能得到具体的新闻内容和生动的细节。

（二）作用

新闻线索有下述作用：激发记者的新闻敏感,从而产生采访的动机；为记者的采访提示方向；为媒体的报道活动提供决策依据；作为良好新闻效果的预兆。

四、获取新闻线索的途径

（一）从政府各主管部门获得线索

政府各主管部门产生下列情况,新闻媒体要注意,并应就此做出反应。每一项新政策的出台都是重要的新闻线索；重大的政治事件需要传达政府的声音；主管部门直接提供新闻事件的线索；从各种会议、简报、情况反映中获得新闻线索；政府举行新闻发布会、记者招待会。

（二）基层通讯员和受众提供的线索

通讯员是通讯社、报社、电台、电视台、网络媒体等新闻出版单位聘请的非专职新闻工作人员,职责是经常为记者反映情况、提供线索、撰写通讯报道等。通讯员是记者耳目的延伸。

（三）主动发现、寻找、挖掘线索

新华社原总编辑南振中曾说："一个优秀的新闻记者,除了睡眠,随时随地都在留心各种各样的事情,随时随地都在发现新闻线索和新闻素材,也可以说,一个合格的新闻记者随时随地都在自觉或不自觉地进行着采访活动。"[①]

1. 在闲谈中捕捉新闻线索

通过与读者、亲戚、朋友的接触中获取新闻线索。北大学子落魄街头卖肉事件就是主人公的高中同学无意中向西安电视台的记者提起的。[②]《人民日报》总编辑范敬宜曾有篇报道——《过去统计"有",现在统计"无"》,就是其在与串门的老朋友闲聊中,得知自己曾采访过的辽西贫困山区的建昌县发生的变化。"现在的统计方法改变了",县委宣传部部长王佑民说,"过去是统计'有'电视机的占多少,现在是统计'没有'电视机的占多少。"很多新闻线索都是从日常交往中获得的。

2. 在联想中发现新闻线索

记者要善于从对一些现象的观察中、从对蛛丝马迹的判断中联想,发现看似不可能得到的新闻线索或者新闻事实。下面说两例。一是路透社、美联社的记者从莫斯科电视台取消晚间预定播出的冰球赛,代之以严肃音乐,以及苏联在给安哥拉的贺电中没有勃列日涅夫的名字等种种迹象,猜测和判断勃列日涅夫去世的消息。此消息不久便被证实。[③] 二是英国记者露丝·史密斯(Ruth Smith)看到"钢铁和羊毛股票要上涨"的消息后预测"马上要打仗了"。因为,生产武器要用钢铁,做军服要用羊毛。这些特定商品在

---

① 南振中.我怎样学习当记者[M].北京：新华出版社,1985：285.
② 王瑞锋,李玲."北大屠夫"陆步轩再辞公职的背后[J].廉政瞭望,2016(10)：56—57.
③ 康化夷.论新闻的敏感[J].湘潭师范学院学报(社会科学版),2005(03)：100—102.

特定时候涨价是爆发战争的前兆。① 这些新闻看似"踏破铁屑无觅处,得来全不费功夫",实际上得益于记者的敏感度。

3. 在对比中发现新闻线索

2000年6月,朝鲜和韩国领导人在平壤举行战后首次会晤。谁来接见韩国总统金大中呢?这是一个谜团!新华社记者从机场正在播出的欢迎仪式的注意事项中,敏锐地意识到金正日将亲自到机场迎接金大中:因为只有金正日本人亲自迎接来访者,才会安排群众欢迎场面。新华社发了这条有重要新闻价值的独家新闻,发稿速度之快,令其他新闻同行羡慕。② 这是记者在将当前事实与以往惯例的比较过程中得知的新闻线索。

4. 在细节中发现新闻线索

事实上,信息量最大、新闻价值最高的事实可能是最细小、最不起眼的"次要事实"。美国哥伦比亚广播公司的《60分钟》节目主持人迈克·华莱士(Mike Wallace)1986年采访邓小平时,中间录像带用完了要更换,他请邓小平先休息一下。邓小平很礼貌地问可以抽烟吗?他说当然可以。华莱士看见邓小平抽的是那种特殊的熊猫牌香烟,他问:"可以给我一支吗?"邓小平就给他一支,华莱士看了一下,看出问题来了,他把这支烟掰断,发现滤嘴部分的长度超过烟丝部分,他的摄像师很机敏,把这个镜头也拍上了。邓小平笑着说:"他们为了对付我,让我少抽烟,专门特制的这种香烟。"这样观众才知道中央领导人抽的香烟是特制的。国内这么多报道都没有提过这个,这么好的花絮却让华莱士发现了,后来很多报纸也都报道了这一事实。③ 此说明记者必须学会用孩童般的眼睛观察世界,把每一件事都看作是新鲜的、独具特色的;也必须用聪明长者的眼光洞察世界,能够区分出有意义的东西和无意义的东西。

> **本章小结**
>
> 信息可以消除或减少接收一方认识上的不确定性,信息可以被大脑所接受、储存、加工,有可分享性和可传输性。新闻采访就是为了传播新闻而搜集信息。信息是新闻的源头,新闻具有反常特征,这种特征是新闻本质属性规定的必然特征。新闻的反常特征适应受众心理需要,有些具有反常特征的新闻事实往往被其貌似正常的现象掩盖着,可以从事实对比的反差中发现新闻的价值所在。新闻敏感,即指新闻工作者及时识别新闻价值的能力。经记者发现的有价值的新闻事实,还需要根据新闻政策去逐个进行鉴别,筛选出可报道的。
>
> 新闻线索是指新近发生或发现的事实表现出来的某些信号或迹象。仅凭新闻线索无法写出新闻报道,必须通过采访才能得到具体的内容和生动的细节。获取新闻线索的途径有:政府各主管部门发布,通讯员和受众提供,记者自己去寻找、发掘。

---

① 罗卫光.新闻发现与谣言识别——浅谈网络新闻编辑必备的两种素养[J].编辑之友,2013(09):84-86.
② 王志.试析独家新闻的竞争之道[J].新闻爱好者:下半月,2009(06):20-21.
③ 陈媛媛,周新华.实用新闻采访[M].武汉:华中师范大学出版社,2017:102.

思考与练习

1. 从网上搜集近期自己感兴趣的消息,分析一下其消息来源,你遇到过这样的线索吗?
2. 比较不同媒体的同题新闻,看看其新闻价值的差异,分析一下原因,以及为什么会出现这种差异。
3. 请分辨本章列出的9条新闻线索,看看哪些值得采访,哪些不值得采访,为什么?

第三章 新闻采访的过程与技巧

> **学习目标**
> 1. 理解新闻采访概念及其特点。
> 2. 了解新闻采访的方式。
> 3. 了解新闻采访的过程与策略。

"采访"一词始见于东晋干宝的《搜神记·序》:"若使采访近世之事,苟有虚错,愿与先贤前儒分其讥谤。"新闻采访的定义为:有关人员出于大众传播的目的,通过观察和访谈等手段,对可能受到广泛关注且鲜为人知的信息进行的搜集活动。新闻采访的基本任务是迅速了解并正确认识采访对象,搜集具有典型意义和新闻价值的事实。

第一节 新闻采访的特点和准备

一、新闻采访的特点

新闻采访是为了传播目的而进行的调查研究,它具有这样一些特点:新闻性、广泛性、时间性、可感性和公开性。

新闻采访是为了解事实真相而进行的社会交往活动,肩负一定的使命。新闻采访也经常是一种充满了偶然性、机遇性和艰苦性、危险性的工作。同时,它还是一项政治性与社会性并重的职业活动。新闻采访中的双方,即采访者与采访对象,被称作采访的双主体:采访者是新闻采访的重要主体(记者),采访对象是另一主体,二者之间的关系是平等的,双方都是自由的。

二、新闻采访前的准备

(一)采访前准备的必要性

从一个新闻界的经典笑柄说起。英国著名影星费雯丽,因扮演影片《乱世佳人》中的郝思佳一角而一举成名,获得奥斯卡金像奖。1961年3月8日,她飞抵纽约,庆祝《乱世佳人》复映。一个记者去采访她,记者问:"您在电影中扮演什么角色?"费雯丽反问道:"你看过这部影片吗?你看过那部小说《飘》吗?"记者回答:"都没有看过。"费雯丽说:"那就不必多谈了。"她无意和一个如此无知的人交谈。当时在场的美联社记者目睹了这一记者的窘状,写了一篇特写,在新闻界传为笑柄。①

从这个案例中得到什么启示?记者在采访之前应做哪些准备?假如要去采访某一个人,记者就要通过不同方式、不同渠道,事先了解这个人的经历、性格、嗜好、习惯、特长等,掌握尽可能多的信息。经验证明,这种准备越充分,在采访中记者才会越主动。

(二)采访前的准备必须充足

每一次采访都是一次有意义的经历和挑战,新闻工作拥有别的工作很难具备的戏剧性和挑战性,时常会遇到种种尴尬。采访前的准备是非常重要的。采访所要面对的是人,采访其实在一定意义上是跟人交谈,会面对形形色色的人,也许是高官、政府要员,也许是乞丐,甚至是杀人犯。在采访之前,记者所做的工作不是科学研究,而是决定如何与人沟通交流。

记者需要具备一定的沟通和交流技巧,不断地学习和积累,才能拥有亲和力,在采访中营造出融洽和谐的氛围。

(三)采访前准备的内容

为了顺利完成采访工作,与采访对象建立良好的关系,获得采访机会,节约采访时间,记者必须做好采访前的准备。这种准备分长期准备和临时准备。所谓长期准备也就是平时的积累,记者要学习新闻学专业的理论、政策、知识,以及其他领域的知识等;临时准备就是每次采访记者要明确采访目的,搜集采访资料,熟悉采访对象,准备采访方案。

应该准备哪些资料?首先是采访对象的基本情况:年龄、职业、兴趣爱好、个人经历等;其次是新闻事实的背景材料;再次是相关的理论知识。

如何获得资料?可以查阅相关文献,查看媒体报道,还可通过预采访掌握情况。很多资料可通过互联网搜索获得。

第二节 新闻采访的方式

一、直面采访

直面采访指记者直接面对采访对象进行采访,或称面对面采访。这种采访要求:一是拟好提问纲目;二是注意观察,因人而异;三是掌握主动权。

二、视觉采访

视觉采访即用眼睛采访。记者在现场采访时应该注意观察所看到的一切,特别是有特点的人、事、物,留意其细微的变化。一些突发事件的目击新闻,全凭记者眼睛观察。有时,在观察时来不及仔细辨别,可以用手机拍摄图像或视频,写作时再慢慢细看,以全面搜集现场资料,激发写作灵感。

---

① 谭群瑛.新闻记者采访的语言智慧[J].新闻爱好者,2007(07):44—45.

三、书面采访

书面采访指记者在不能同采访对象面对面交谈的情况下,通过书面提问的形式进行采访,并得到受访者的书面答复。以下情况下可用书面采访。

一是采访对象没有时间亲自接受记者面访,一般这类情况是对"大人物"的采访;二是采访对象在外地,记者抽不出时间分身前往,但又必须采访;三是记者无法接近采访对象;四是需要在同一时间内采访不同地区、不同国家的许多人。

优点:采访对象有较充裕的时间思考问题,答复的内容可以更详细,不仅可以作为报道依据,还可以作为资料保存。缺陷:不能保证每次书面采访都得到答复。

应注意的问题:一要表明身份,说明采访意图;二要设计好问题(具体、数量恰当);三要明确答复期限;四要回复反馈,表示感谢。

四、体验式采访

体验式采访即记者参与被报道者的生产实践和工作实践,亲身体验他们劳动的酸甜苦辣,并在体验中进一步深入了解的采访形式,也称亲历式采访。

2016年10月6日,《楚天都市报》的消息《记者在武当山景区当兼职环卫工 一天捡上百斤垃圾》,记者就是采用体验法进行采访。文中描述如下:

> 17:30,游客渐次减少,喧闹了一天的景区重归宁静。李兆学来到临时放置垃圾袋的地方,挑起两大袋垃圾,运往15千米外的南岩垃圾中转站。由于都是崎岖陡峭的古神道,单程需要两个多小时。记者陪李兆学走了两千米,中途休息的时候,记者接过担子放在自己肩上,感觉沉甸甸的,有上百斤重,沿着崎岖的古神道前行了200米,已经腰腿打战。李兆学连忙接过担子,移到自己肩上。

这样的细节与感受,记者若不亲身体验,是采访不到的。

五、隐性采访

隐性采访又称微服采访。记者采访时,不公开自己的身份,隐姓埋名,使对方不知道自己是记者,也不知道自己工作的意图。隐性采访要注意法律边界,不要侵犯人的隐私、名誉权。一些揭露性的批评报道往往采用隐性采访。

2001年9月3日中午,中央电视台在《新闻30分》中播出了南京冠生园旧月饼翻新"再利用"的新闻,一家非常知名的企业居然用前一年的冷藏馅做第二年的月饼。央视记者掰开"黑心"月饼的报道,在中秋临近的月饼市场,犹如投下一颗重磅炸弹,在社会上掀起轩然大波。需要说明的是,这是一条做了一年的新闻。在上一年的中秋过后,央视记者就暗拍到南京冠生园回收月饼的镜头,当时就认为可以播出,"但是领导要求必须做到丝丝入扣,无懈可击,当时我们只拍到冠生园回收月饼,没拍到其对这些收回来的月饼做了什么,所以,我们需要耐心等待,我们等了一年。""7月2号,我们得到消息,说厂家开工了,我们迅速赶赴南京,在地方台朋友以及线人的配合下",终于拍到了将冷库里的前一年陈馅又用入当年的月饼中的镜头。

新闻播出次日,《上海青年报》的记者在夜里终于和拍摄这条新闻的央视记者取得了联系,问及拍摄过程,据该记者介绍:"我想对于我们来说,最艰苦的日子要数今年 7 月了。南京的高温真是'恐怖',我的手背都在出汗,可是为了不被拍摄对象发现,我们只能躺在一间拉着厚厚窗帘的屋子里,在窗帘上挖一个小洞,进行'偷拍偷录'。那些拍摄对象是很谨慎的,简直可以用'神出鬼没'来形容。曾经有几天,为了不漏掉宝贵的细节,我们从早上 6 点一直工作到晚上 10 点,这期间一直盯在摄像机旁,午餐、晚餐都是请不相干的人代买的。"黑心月饼的黑幕被揭露,对公众来说,是大快人心的事。从节目播出后的当天下午开始,节目组的热线电话就没停过。"冠生园事件"的冲击波影响全国的月饼市场,后据报道,当年全国月饼销量比上年同期锐减,冠生园集团中的厂家损失最惨,全国 20 多家挂"冠生园"牌子的月饼销量直线下降,有的已退出当地市场。月饼生产质量也成为媒体报道的热门话题,北京、南京、杭州、南宁……全国许多城市的职能部门都在重点检查月饼生产质量,卫生部要求严查用过期原料生产月饼的行为。[1]

六、电话采访

电话采访即记者通过电话这种通信工具,同采访对象对话,了解情况,采访新闻。电话采访的最大优势是快捷,在美国被称为"快餐式采访"。

七、网络采访

网络采访指记者在网上通过"电子邮件"(E-mail)、"邮件列表"(Mailing List)、"新闻组"(Usenet)、QQ 等形式进行的采访,也可以是由记者借助电脑网络进行资料检索、数据查询等"静态"采访。

第三节 新闻采访的过程与策略

新闻采访的一般方式包括座谈、面访和现场观察,最常用的方法就是提问、倾听、观察和记录。

一、如何接近采访对象

(一)寻找共同点

问:你大学毕业几年了?
答:三年。

---

[1] 上海青年报. 曝光旧馅黑幕 冠生园月饼事件另有隐情[EB/OL].(2001-09-10)[2020-03-02]. http://news.enorth.com.cn/system/2001/09/07/000137919.shtml.

问:你是人民大学毕业的吗?

答:是啊,中文系。

问:我是国政系的,我毕业四年了,给咱们讲公共课的王老师的哲学课你听过吗?

答:我们哲学就是他讲的,特能侃。

问:没错,有一回我们和他就作用和反作用的问题辩论了一个下午。

答:……

(二)寻找采访媒介

采访媒介可以是人,也可以是物。人:采访对象身边的人,如亲戚、朋友、上司或者下属。物:能使记者和采访对象之间搭起一个"桥梁"的物件,如一本书,一张照片等。

例如,1936年,埃德加·斯诺(Edgar Snow)等人到陕北保安县采访,为毛泽东拍了一张戎装照片,照片上毛泽东戴的那顶八角红军帽是当时斯诺的。1937年4月,斯诺的妻子海伦·斯诺(Helen Snow)也来到苏区采访,路上,她带着丈夫交给她的一大包相片(其中就有毛泽东那张戎装照片)住在西安西京招待所,受到国民党军警特务的特别"保护"。然而她机智地逃出了"保护圈",终于到了延安。海伦·斯诺一见到毛泽东就取出那张照片交给他,说:"这是我丈夫给您照的那张相片。我从西安跳窗逃出来时,身上只带两样东西:您的相片和我的口红。您知道,您的这张照片就是我来见您的介绍信……"毛泽东首次看到显得自己如此英俊的照片,十分喜欢,欣然接受海伦的采访。[①]

(三)运用人性化技巧

敬一丹:你这扣子怎么是用红线缝的?

少年犯:我没有灰线。

敬一丹:是你自己缝的吗?

少年犯:是的。

敬一丹:在家缝过扣子吗?

少年犯:没有。

敬一丹:在家谁给你缝扣子呢?

少年犯:我妈。

敬一丹:你妈来看过你吗?

少年犯:来过。

敬一丹:她来说了什么?[②]

(四)选取采访环境

首先,要选择合适的采访时间,注意不要在采访对象睡眠、吃饭或工作繁忙时打扰他们。其次,要选择适当的采访地点。

---

① 艾北.韦尔斯与《续西行漫记》[J].新闻战线,1979(04):46+76-80.

② 敬一丹.重在交流感:电视节目主持人的语言追求[J].语言文字应用,1997(04):19-21.

1. 选择令对方感到熟悉或舒适的地点,可以缓解对方的紧张心情。
2. 选择可以引起对方回忆的地点,有利于记者采集有用的信息。
3. 在电视采访中,采访地点还要和节目主题、被访人身份相吻合,以突出节目主题。

(五)创造采访气氛

意大利《晚邮报》著名记者奥琳埃娜·法拉奇(Oriana Fallaci)在采访中向来以强硬的提问先发制人,但在1980年8月21日对邓小平的访问中,这位有"硬鼻子"之称的记者,开始时并没有急于发问,而是与邓小平套起了近乎。

> 法拉奇:明天是你的生日,祝你生日快乐!
> 邓小平:我的生日?明天是我的生日吗?
> 法拉奇:是的,邓先生,我看了你的传记。
> 邓小平:我从来不知道自己的生日,就算明天是我的生日,你也别祝贺我。我已经76岁了,到了衰退的年龄了。
> 法拉奇:邓先生,我父亲也76岁了,如果我对我父亲说76岁是一个衰退的年龄的话,他会打我耳光的。
> 邓小平:那他可做对了,你可不能对他那样说。

法拉奇在事后的采访感言中说:邓小平分别在8月21日(星期四)和8月23日(星期六)于北京人民大会堂接见了我。每一个问题——哪怕是最令人难堪的、最傲慢无理的问题——他都坦白率真地回答,并经常报以微笑,偶尔他还会开怀大笑,在整个气氛严肃的会见中,不时有愉悦的时刻让我们有所放松。①

如何接近采访对象并促使采访对象接受采访,涉及在采访过程中对于社会学与心理学知识的运用。此点,笔者在《突发新闻教程》一书有详细论述,可以参考。②

二、"三么"模式

如何提问?怎样才能不遗漏问题?常常是让记者和通讯员头疼的问题。这里,笔者根据自己的采访实践,提出一个简便的"三么"提问模式。"三么"便是写议论文要解决的三个问题:是什么,为什么,怎么办。其实,这"三么"具有方法论的意义。新闻报道中的所有文体无一不是解决这三个问题,只不过不同体裁的文章在选用材料和表述上有各自不同的特点和风格罢了。

采访是为写作服务的,采访是写作的前提和条件,写作是采访的目的和归宿。既然写作只需解决这三个问题,采访当然只需解决这三个问题。那么,我们就可以将作为搜集信息的主要手段——提问,从发问内容上概括为这三个问题。所有发问的问题,概括起来看,没有跑出这三个问题的。于是,"是什么,为什么,怎么办",这"三么"可成为采访提问的一种模式。

---

① 赵大国.1980年8月邓小平在人民大会堂接受法拉奇的采访[N].广安日报,2016-08-11.
② 李军.突发新闻教程[M].北京:北京大学出版社,2015:157-192.

这"三么"能满足新闻文体的需要吗？下面不妨做一分析：新闻采访搜集新闻信息。人们将新闻事实的要素概括为五要素，即五个"W"：人物（WHO）、时间（WHEN）、地点（WHERE）、事件（WHAT）、事件的原因（WHY）。其中，前四个"W"在"是什么"中都可以解决，它问的都是一个概念的内涵和外延。"是什么"，正是需要弄清概念的内涵和外延。最后一个"W"，要了解新闻事实的背景，就是事件的原因（WHY），它问的是事物的相互联系：一是纵向联系，了解此事的起因和演变；二是横向联系，了解此事和彼事或同类事物之间的联系和区别。"为什么"，正是需要弄清事物的起因和联系。在此基础上，要了解新闻事实的发展过程是怎么样（HOW），开始怎样，后来怎样，中间发生了哪些矛盾和斗争，有些什么做法和经验等，它问的是事物内部的矛盾运动过程中的状态。"怎么样"或"怎么办"，正是需要弄清事物内部矛盾运动的状态。由此可见，上述新闻采访中的六要素（5W+1H），即采访中的所有问题，都逃不出"三么"模式。

消息和通讯是新闻报道中最常用的体裁。也许有人会说，这"三么"模式在消息材料的搜集上好理解，在通讯材料搜集上则未必行得通。实际上，只要认真思索一下，通讯其实也是解决这三个问题，只不过是在用情节和细节来回答罢了。

这"三么"模式的建立，在新闻采访中具有很强的实践意义。由于它将包罗万象的复杂的采访提问简化为三个问题，使我们便于操作，随时可以进入采访状态，用这"三么"去生发具体问题，能够保证搜集的材料不漏项，满足写作的需要，从而大大提高采访效率。在实际的操作中，"三么"模式只是存在记者脑中的总纲，它需要具体的提问策略和技巧将其转化成具体的问题。

三、提问策略

采访往往会遇到以下三方面的困难：一是记者提的问题过于笼统或过大，采访对象感到茫然，似老虎吞天，无从下口；二是采访对象不知道记者所要材料的标准，不知该怎么谈；三是采访对象对自己所言的事情不知如何深入，往往需要记者提问的帮助。针对这三个问题我们提出下面三个解决的策略。

（一）化大为小

1983年11月，中国新闻代表团访问日本，在东京大田区石台中学采访时，有位记者向参加座谈会的5名中学生提问："你们对中国有什么了解？"学生们面面相觑，不知道该怎么回答。这时，代表团团长、著名记者安岗立刻把话头接过去问了以下的问题。

"你们知道中国有一条长江吗？知道的请举手。"5名同学一起举手。

"你们知道中国有一个孔子吗？知道的请举手。"又是全部举手。

"你们知道鲁迅吗？"

"听说过这名字。"

"你们知道毛泽东吗？"

"知道。"

"胡耀邦呢？"

"听说过。"①

"你们对中国有什么了解",这是一个"是什么"的问题,但这样直接去问,采访对象难以回答,如果像安岗一样,将大问题化成小问题,将抽象的问题化成具体的问题,采访对象就好回答了。

（二）善打比方

初次接触记者的采访对象往往不明白记者所需材料的具体要求,记者可以打比方告之。笔者在挖细节时常常举例通讯《人民的好医生李月华》中的一个细节:李月华住在农村的一个院落里,夜里,求医的人一来到她家敲门,她就背着药箱出来了。求医的人甚为惊奇,人还未来,李医生怎么就知道了？原来,她家养了一条小黄狗,求医者一挨近院落,狗就叫了,李月华就知道有人来找她,赶快起床。②这个细节把李月华那种全心全意为村民服务的精神形象生动地表现出来。这个比方一打,采访对象就会明白什么叫细节了,再谈起来便能满足记者的要求了。

（三）联想设问

联想设问即记者将自身置于采访对象言及的情境之中,根据自己的生活体验想象采访对象可能漏掉的情节或问题。笔者曾写过通讯《丹桂飘香簰洲湾》,讲述了一位抗洪的解放军军官的妻子桂丹将12万元嫁妆捐献灾区群众的故事。笔者采访时,就想了解桂丹在得知丈夫在抗洪一线牺牲的消息后,如何思念丈夫的情景,桂丹一直不知道该怎么说。笔者便设身处地地联想开来,问她:"你丈夫给你写过信没有？""写过。""你夜里看过这些信没有？""看过……"于是,桂丹描述了自己看信想念丈夫的情景。笔者征得她的同意让她挑了几封信交笔者复印,于是,文中后来有了一段桂丹在夜深人静之时思夫的描写,很能刻画桂丹当时的心情,也为她后来的义举做了铺垫。记者的这段设问就是按常情设想出来的。这是一个"为什么"的问题,它是用细节描写来回答主人公义举的原因。设身处地,要采用联想的思维方式,在采访中,这是经常使用的思维方式,它能帮记者引发许多的提问。

四、提问技巧

（一）侧问

如果正面不好问,那么就从侧面迂回,转到正题,这是初次和采访对象见面或涉及较为隐秘问题的常用办法。下面以笔者的一篇通讯的采访过程为例进行阐释。从1998年10月18日起,《武汉晚报》连载了笔者采写的通讯《百年洪波劫 一曲青春颂》(以下简称《百文》),该文写的是一位抗洪牺牲的解放军战士徐献伟生前与一位女学生岳晓玉的恋情故事。这件事主要是向这位女学生了解的。然而,要她在初次见面就谈这么敏感的话题,女学生不好意思开口。我特地邀请了凤凰光学仪器股份有限公司湘鄂办事处主

---

① 林玉善.谈新闻采访提问(上)[J].新闻爱好者,1989(10):30—31.
② 新华社记者等.人民的好医生李月华[N].人民日报,1972-12-19(2).

任戚峰一同前往,因为徐献伟生前在购买"凤凰"相机时曾受赠一份寿险保单。戚峰在部队提出寿险理赔的当天便先垫付了保费并同出售相机的亚贸广场一起向烈士家庭捐款。笔者和他从武汉赶到黄州,在黄冈财贸学校会议室里采访岳晓玉,这是一所专科学校,按校规学生不允许谈恋爱。因此,笔者便侧面迂回进行提问,首先讲了"凤凰"相机的故事,其为戚峰所在公司对烈士家庭的捐赠。并事先让该公司给晓玉准备了一部相机在此次采访见面时相赠,气氛马上融洽了。以此铺垫之后,笔者从侧面问及他俩相识的过程,并没有正面触及他们谈恋爱的事,但是全部问题交谈出来后就是笔者想要的了。

（二）正问

正问即开门见山正面提出问题。这种提问方式因直扑主题,效率高,是采访中使用频率高的提问方式。在一些记者招待会上,记者常常采用这种提问方式。笔者在《百文》采访中,除了用侧问化解采访对象见面时的陌生感外,也采用正问的方式。如直接问:你们第一次见面是在哪里?是怎么交谈的?她便一一道来。这样问话不用绕圈子,直来直去,谈话进展很快。

（三）反问

反问即从相反方面提出问题,促使对方思考,迫使对方回答。在《百文》采访中,有这样一个细节:初次见面时,岳晓玉给徐献伟留了地址。笔者问:"你为什么会给一个初次相识的青年军人留地址呢?是不是对他有好感?"这一问,她道出当初同学们也这样问过她,现在细一想,确实对他有好感,要不然,就不会发生后来那么多事了。这一反问,把采访引向深入。

（四）追问

追问即顺着对方谈话线索追下去,打破砂锅问到底。如在《百文》采访中,岳晓玉谈到给徐献伟留了地址,笔者马上追问:"他给你写过信没有?""写了。""谁收到的?""我妈。""你妈有什么反应?""她把信先拆了。""你肯定担心?""当然,我狠狠说了妈一顿……"这样追问下去,就追出了一段情节。

（五）"察问"

"察问"即将观察的现象与提问相结合。如在《百文》采访中,笔者在校团委书记办公室看到学生守则,其中有一条在校学生不准谈恋爱。笔者马上就问团委书记彭彬,那么,你们就这一条校规为难过岳晓玉没有?彭彬说:"我们当时知道此事时也很为难,按校规是不允许谈恋爱,但她接触的是一个受人景仰的抗洪英雄啊,怎么办?好在他们都没承认是在谈恋爱。"这一段"察问"很有意思,留在文中起到设置悬念的作用。笔者在部队采访时,看到部队为烈士们设置的纪念堂,在采访岳晓玉时联想到此景马上问她去过那里没有,她说去过,笔者问她看到徐献伟的遗像说了什么没有?这样,就把她当时拿着一束玫瑰花祭灵,痛哭"献伟,我来晚了"的情形问了出来。

（六）激问

激问就是用激将法,逼得别人不得不说,或者不得不有所表示。此法不可轻易使用,要根据情形判断,估计能够奏效时方可使用。如在《百文》采访中,笔者想从岳晓玉那里看到徐献伟写给她的信,小岳当时有些犹豫。笔者便激了她一下:"小徐为了抗洪连自己的生命都献出来了,每一个熟悉他的人,都应该毫无保留地为宣传他做出自己的贡献,你难道不应该为宣传他做点什么吗?"这样一激,奏效了,小岳同意将信拿出来让笔者复印了。

五、提问过程

在采访之前,记者对提问过程事先要有准备。下述几个方面值得注意。

(一) 事先制定采访提纲

对于一个重要的采访活动,事先制定好采访提纲是非常必要的。许多著名的记者在采访之前都有精心的准备,斯诺在采访毛泽东时便把自己要提的问题列在一张纸上。斯诺的前妻韦尔斯说:"斯诺先给采访对象一个问题的单子,让他有所准备。如果提出了一些措手不及的问题,使对方不好回答,那是很蠢的。"[1]法拉奇在采访那些风云人物之前,也是花大量时间做准备的。她说:"我去采访这 14 个人物时,不是以解剖或以一个记者的身份去客观地进行剖析。我是怀着极其强烈的感情,在向他们提出无数问题之前,先向自己提出所有这些问题;也是怀着这种感情去了解这些掌权的或反对政权的人物是以什么方式决定我们的命运的。"[2]

(二) 选择好突破口

突破口有两层含义。一是对采访的第一个问题的设计。如 1980 年 8 月 21 日,法拉奇采访邓小平问的第一个问题就是:"天安门上的毛主席像,是否要永远保留下去?"用这个看似简单却非常复杂的问题作为采访邓小平的"见面礼",一下子就让人觉得她的提问功力老道,便会重视记者的全部采访。这个问题看起来是问挂不挂毛主席像,实际是问新一代中国领导人是否坚持毛泽东思想。这个问题直扑主题,很快便能进入采访的核心话题,是一个很好的突破口。

二是指记者接触新闻事实的切入口,即对进入关键新闻事实的第一次发问。新闻事实好比埋在地下的矿床,选好切入口,很快就能挖到矿床,否则就要谈半天废话。在《百文》采访中,突破口选的岳晓玉和徐献伟的第一次是如何见面的。这个问题的提出,安排在凤凰公司给她赠相机之后,刚好她的情绪正调动起来,如此一问,正好撞开小岳感情闸门,话语顿时滔滔而出。

(三) 全力捕捉主体材料

主体材料指的是最重要的事实。记者采访过程中一旦发现重要的新闻,便要尽全力开掘,既要了解事实的表象,又要了解实质;既要有典型事例,又要有具备说服力的数据;对通讯材料而言,既要有曲折的情节,又要有感人的细节等。特别是要把事情采访完整,而且尽可能听取不同意见,做到兼听则明。

---

[1] 蓝鸿文,展亮,赵赜.中外记者经验谈[M].北京:中国人民大学出版社,1983:492.
[2] 同上书,538 页.

（四）排除疑问不留遗憾

在采访行将结束之时，要将采访笔记本迅速扫视一遍，看看所标记的不清楚的地方是不是都搞清楚了，有没有留下没弄清的问题，要迅速弄清楚，如果只有这一次见面机会，不弄清楚便再也没有机会了，会留下无法弥补的遗憾。同时注意，最好尽可能留下采访对象电话、QQ等联系方法，便于及时沟通写作时临时想到的问题，补充和完善报道。

六、现场观察

观察是用眼睛采访，同样可以搜集很多新闻信息。尤其是非语言符号的沟通更是需要眼睛观察。观察什么？观察现场环境、人物行动、人物神情，这些观察，就是要抓特点和与众不同的地方。

美联社记者约翰·罗德里克(John Roderick)中华人民共和国成立前曾在中国当常驻记者，1973年他曾随美国乒乓球队来华采访，此后又数度来中国采访。他曾以"中国问题观察家"的身份写了一篇《中国的情绪》的特稿。他写道："北京饭店的盥洗室点上了线香，友谊商店买不到古巴雪茄烟，电影院放映着《巴黎圣母院》。"这是一个离别北京三年后再度来访的外国人所注意到的一些比"翻天覆地"要小得多的变化。不过，无形的、捉摸不到的变化要深刻得多。中国的情绪，这么一个看起来很虚的问题，在他的眼睛里表现得何等细腻！

罗德里克在邓小平会见美国记者的那篇新闻里生动地描写了现场情景和人物："邓穿着烫得很平的深灰色毛式服装和浅色袜子。在记者提问时，他架着腿，显得心情舒坦。在大部分时间里，他的左手总是拿着一支烟。他脸色红润，显得很机敏。会见结束后，他和大家一一握手，并为一些美国杂志签名，兴致很高。"① 在这里，罗德里克的观察很注意抓人物的细节和特点，如架着腿、拿着烟、握手、签名等。

本章小结

新闻采访是有关人员出于大众传播的目的，通过观察和访谈等手段，对可能受到广泛关注且鲜为人知的信息进行的搜集活动。采访前的准备必须充足，采访方式有直面采访、视觉采访、书面采访、体验式采访、隐性采访、电话采访、网络采访。新闻采访的一般方式包括座谈、面访和现场观察，最常用的就是提问、倾听、观察和记录。接近采访对象要寻找共同点，寻找采访媒介，运用人性化的技巧，选取适当的采访环境，创造适当的采访气氛。采访中的"是什么、为什么、怎么办"的"三么"模式具有方法论的意义。新闻报道中的所有文体无一不是为解决这三个问题。采访提问的策略包括：化大为小，善打比方，联想设问。采访提问技巧有侧问、正问、反问、追问、"察问"、激问；提问过程包括：事先制定采访提纲，选取好突破口，全力捕捉主体材料，排除疑问不留遗憾。观察是用眼睛采访，要抓特点和与众不同的地方。

---

① 方延明.一位耄耋老人的中国之恋——追忆美联社著名记者罗德里克[J].中国记者，2008(04):41—42.

思考与练习

1. 采访身边的人,总结采访会遇到什么困难与问题?
2. 思考运用什么采访策略能使采访对象方便回答提问。
3. 观看学校的表演活动,试着描述表演者的个性特点。

第四章　广播新闻采访

学习目标

1. 理解广播新闻采访与录音采访的特征和功能。
2. 掌握新闻音响概念及其作用。
3. 了解录音采访的原则。

广播新闻采访是新闻采访中的一种方式，自然需要遵循新闻采访的一般规则和原理，并且要充分做好采访前的准备和注意提问方式，善于运用社会学与心理学的手段接触采访对象及调控采访对象的情绪，使之顺利地完成采访任务。为了突出重点，本章着重介绍广播新闻采访的独特方式，即广播录音采访。

第一节　广播新闻采访与录音采访

一、广播新闻采访原则

广播采访是为写作或制作广播新闻报道而采集新闻事实的活动，包括录音采访和非录音采访。非录音采访就是一般的采访活动，同报纸媒体采访行为一样，为搜集新闻素材而进行的一种调查研究活动，而录音采访是广播采访的一种特殊形式。不论是哪种采访活动，必须遵循下面的一些原则。

第一，需要遵循新闻采访的基本原则，包括调查研究准则和新闻价值准则。第二，坚持按广播传播特点采集新闻事实。广播是以声音报道新闻，以线性方式传播新闻，听众只能按播出的顺序一句一句地听，这就要求采访时注意从听众的听知觉出发，把主要精力用于发掘那些最重要、最具体、最形象的脉络清晰的事实。第三，务必像重视录音采访一样重视非录音采访。不要以为广播新闻是靠声音说话，只有录音报道才是广播新闻报道的独特方式，从而一味地追求录音采访。其实，两者是同样重要的，而且很多重要广播新闻也是没有录音的口播新闻。因此，也要重视非录音采访。[①]

二、录音采访的本质特点

录音采访作为广播采访的一种特殊形式，它区别于非录音采访的本质特点是什么？

---

① 王振业.广播新闻与电视新闻[M].武汉:武汉大学出版社,2001:93—94.

录音采访是广播媒体常用的采访方式,现在一般媒体记者在新闻采访现场都会使用录音设备,但是,广播记者的录音采访不同于一般媒体的采访,一般媒体,特别是报纸媒体的录音是为了获得准确、完整的材料,广播记者则有不同的用途。且看中央人民广播电台的广播消息《中国珠峰测量队成功登上"世界之巅"珠穆朗玛峰》。

中国珠峰测量队今天(2005年5月22号)上午11点成功登上"世界之巅"珠穆朗玛峰,对珠峰高度进行了1975年以来的首次精确测量。请听中央台特派记者郎峰蔚从登顶现场发回的录音片段。

【现场声,喘息声】记者:中央人民广播电台,中央人民广播电台!我是记者郎峰蔚。现在是北京时间11点08分,队员们成功登顶了!

【指挥部同期声:加布,听到没有?请回答。/登顶队员:听到了,我们成功了!(喘气声)/指挥部:好!祝贺你们!到达顶峰几个人了?/登顶队员:10个人。/指挥部:10个人!/(开香槟声、欢呼声)记者:队员们终于到达峰顶,指挥部里一片欢腾。/指挥部:现在赶快帮助测绘队把仪器架设起来。】

记者:现在是上午11点50分,测量指挥岳建利一声令下。【出录音 岳建利:登顶队员注意,峰顶测量开始,请检查所有指示灯……(渐弱混入)】

记者:刹那间,峰顶觇标的透镜将彩虹一样的光芒,发射到海拔5200米到6300米的6个交汇测量点的仪器上。【出录音 测量队员甲:气压?乙:5400。甲:温度?乙:102.2。(渐弱混入)】

记者:现在是中午12点15分,珠峰复测总指挥张燕平欣喜地接过我的话筒。【出录音 张燕平:现在觇标已经屹立在珠穆朗玛峰的峰顶,正在不间断地进行为时48小时的数据记录。珠穆朗玛峰登顶测量取得初步成功。下一阶段,我们将全力以赴地进行数据整理分析和计算。多种测量手段的配合使用,将有可能使测量精度在1975年的基础上进一步提高。8月份,中国将向全世界宣布珠穆朗玛峰的新高程!】

这是中央人民广播电台2005年5月22日播出的一条广播消息,获得第十六届中国新闻奖二等奖。作者为郎峰蔚。这条广播消息,开始是播音员的声音在叙述,报道了最主要的新闻事实。

中国珠峰测量队今天(2005年5月22号)上午11点成功登上"世界之巅"珠穆朗玛峰,对珠峰高度进行了1975年以来的首次精确测量。

接着就是现场录音报道。

【现场声,喘息声】记者:中央人民广播电台,中央人民广播电台!我是记者郎峰蔚。现在是北京时间11点08分,队员们成功登顶了!

接着是整个实况录音。

【指挥部同期声:加布,听到没有?请回答。/登顶队员:听到了,我们成功了!(喘气声)/指挥部:好!祝贺你们!到达顶峰几个人了?/登顶队员:10个人。/指挥部:

10个人!/(开香槟声、欢呼声)记者:队员们终于到达峰顶,指挥部里一片欢腾。】

从这里可以看出,录音采访不仅是采录音响,而且是在报道中运用音响表现新闻内容。什么是录音采访呢?录音采访是为运用音响表现内容、制作各种录音报道而采录音响素材和其他新闻事实的广播新闻采访活动。这个概念包含三个要点:其一,录音采访是广播采访的一种方式,主要是为制作各种形式的录音报道采录音响和其他事实;其二,采录音响是为了用来表现内容,而不是单纯记录素材;其三,在采访过程中,既运用录音手段,也运用其他的访问和观察方法。录音采访的本质特点包括两个不可分割的方面——采录音响和运用音响,二者有机地结合在一起。

三、录音采访基本类型

(一)现场录音采访

现场录音采访是在新闻事实发生的现场,通过即时的访问和观察,采集实况音响和其他新闻事实。如前述广播消息就是记者在新闻现场采录的音响,具有很强的再现事物和现场情景的能力。这种音响材料的采集,必须在现场一次完成,否则稍纵即逝,要求记者不仅要迅速及时地进入现场或者克服艰险跟随新闻当事者一起活动,还要求记者能够敏锐观察,善于捕捉现场有特点的音响。

(二)非现场录音采访

非现场录音采访是在新闻现场以外进行的录音采访,多数为对特定受访人的录音访问,通常预先约定采访内容和时间、地点。这种采访方式其实与一般报纸媒体采访没有区别,只不过报纸媒体不需要用录音来表现新闻报道,而广播媒体则需要用录音来表现新闻内容。这种采访方式运用较多,能否获得所需材料,往往与记者和采访对象的关系、记者提问方式和采访对象谈话内容有关。

上述两种录音采访没有严格的界限,完全可以配合运用,也不存在高低之分,只要运用得当都可以收到预期效果。只是,现场录音采访比非现场录音采访难度要大。

四、广播录音采访的任务

(一)基本任务

录音采访的基本任务,就是为制作各种录音报道而采集音响材料和其他新闻事实。准确地理解这个任务,需要明确以下两点。

一是任务的核心内容是采集音响和其他新闻事实。这意味着录音采访一方面要十分重视音响采录,但另一方面也不能因此而忽视其他新闻事实。新闻音响总是伴随事实发生的,只有与相关的事实结合在一起,才能完整地表现事物。

二是音响采录既要服从于录音报道的需要,也要从新闻题材本身的实际出发,新闻题材蕴含哪些音响、是否典型,从来就是是否进行录音报道的先决条件,当然也是录音采访的前提。

(二) 具体任务

所谓具体任务,指录音采访的两种基本类型——现场录音采访和非现场录音采访各自的任务。具体任务是录音采访的基本任务在不同采访方式中的体现。

现场录音采访主要用于对新闻事件的采访,采访过程与事件的发生发展过程基本上是同步的。然而,新闻事件多种多样,时间、空间范围各异,各种预发性和突发性事件的可控程度也有很大差别;事件蕴含的音响材料千差万别,人、事、物等不同的音响往往交织在一起,与事件的主体事实的关系也各不相同。事件的可控程度,事件和音响的多样性,音响录音的同步性,这些客观因素与录音采访的基本任务结合起来,规定了现场录音采访任务的具体内涵,其主次大致如下:①在抓预发性事件采访质量的同时,把重点放在突发性事件的现场录音采访上;②在重视人物讲话和现场访问录音的同时,适当加强对现场音响,尤其是环境音响的采录;③在广泛采录音响素材的同时,把更多的注意力放在捕捉富于表现力的典型音响上;④在重视录音专稿音响采录的同时,从精炼音响入手,加强对录音消息的音响采录。

非现场录音采访主要用于对非事件性题材的采访,以及对某些事件性题材的后续采访。与现场录音采访相比,非现场录音具有较大的可控性,使用其重点在于:①掌握访问的主动权,把加强包括采访前准备在内的薄弱环节纳入任务;②明确界定运用范围,坚持从题材的实际出发,用于当用或非用不可的地方。

五、录音采访的独特功能

(一) 独特的认识功能

录音采访以录音为记录手段,一方面促使采访者更加注意各种音响之间的联系,认真感受和体会声音中蕴含的情感和其他潜在含义,重视通过相互的交谈和交流发掘深层材料;另一方面,录音记录的材料更详尽,而且可以保存,也为反复琢磨这些材料提供了必要的条件。"听话听音,锣鼓听声",录音采访的独特认识功能,在于能够从话语中听到"话外音",从音响及其联系中听到和感受到事物的微妙变化和相互间的关系。

(二) 独特的表现功能

无论现场音响还是谈话录音,都有其客观的含义,只要运用恰当,都可以增强叙事和再现事物的表现效果。与采访人物的叙述和描述相比,运用音响叙事和再现事物及其环境,显然更直接、更具体、更客观,也更能引起听众的共鸣,激发听众的联想和思考。

录音采访之所以成为富于生命力的采访方式,就在于它拥有这种独特的认识和表现的两种功能,不过,对于采访者来说,采访方式拥有的功能都是潜在的。潜在功能能否转化为实际的采访效果,则在很大程度上取决于采访者是否善于围绕采访目标,有计划、有步骤且机动灵活地进行采访活动。[①]

[①] 王振业.广播新闻与电视新闻[M].武汉:武汉大学出版社,2001:93-94.

第二节 新闻音响及其作用

录音采访将采录音响和运用音响有机结合,既是其区别于其他采访方式的本质特点,也是它的独特功能的基础。无论从哪方面说,音响都是录音采访的基石,而正确认识和理解新闻音响,则是能动地运用这种采访方式的先决条件。

一、什么是新闻音响

新闻音响指所报道的事物和人物,以及相关事物、人物和周围环境中的声音。例如,在炼钢厂采访一位先进炼钢工人,既录下他的话语,也录下炼钢车间现场的实况音响。在这里,炼钢工人话语就是所报道人物的声音,而车间现场的实况音响则是他所在环境中出现的声音。又如,报道一位优秀教师,采录学生谈论这位老师的一些模范事迹的谈话。这些学生并不是报道对象,但他们的谈话录音属于与所报道内容所关联的人物发出的声音。这两个例子表明,新闻音响需要具备两个条件:一是客观存在或实际发生,二是与所报道的事物或人物有某种联系。二者缺一不可,前者是新闻音响的基础,后者是新闻音响区别于其他客观存在的音响的特点。

二、新闻音响的形态

按新闻音响的发生和存在的状态,将其分为以下两类。

（一）伴随事物发生的音响

伴随事物发生的音响包括在客观事物发展变化过程中发生的音响和与事物共存的音响。如在前文引述的例子中的音响。

(1)【现场声,喘息声】记者:中央人民广播电台,中央人民广播电台!我是记者郎峰蔚。现在是北京时间11点08分,队员们成功登顶了!

(2)指挥部同期声:加布,听到没有？请回答。

(3)登顶队员:听到了,我们成功了!(喘气声)

(4)(开香槟声、欢呼声)记者:队员们终于到达峰顶,指挥部里一片欢腾。

(5)【出录音　岳建利:登顶队员注意,峰顶测量开始,请检查所有指示灯……(渐弱混入)】

这些音响都属于在事物发展变化过程中发生的音响,它们本身就是新闻事实的一部分。而与事物共存的音响,多数属于环境音响,如有些录音报道中的浪涛声、风声、雨声、汽笛声等,这类音响虽然不是所报道的事物发出的声音,却可以起到烘托事物的作用。这两种音响都是客观存在的,具有绝对的客观性,因此又被称为现场实况音响。

（二）采访活动引起的音响

采访活动引起的音响指在非新闻现场采访时发生的音响,主要是同受访者的谈话录音,也包括同谈话内容有关的其他音响。记者同受访者在新闻现场以外的谈话录音,当然属于因采访活动而发生的音响。因采访活动而发生的其他音响有两种。一种是受访人为说明或证明他的谈话内容而主动"制造"的音响。例如,记者采访锅厂人员,接待人员为证明产品质量,摔锅发出的"咣当"声。另一种是应记者要求而提供的音响,如作曲家为记者演奏自己的歌曲等。这类音响虽然是客观发生,但起因是记者的采访活动。由于不是新闻事件必然发出的声音,记者必须严格控制使用,它与现场实况音响有区别。

依据发生和存在状态区分音响,弄清它们在客观性上的差别,有利于澄清认识、坚持正确实践。如果不问音响是在什么场合、什么情况下发生的,一律把它们视为现场音响或实况音响就可能使人产生可以随意采录和支配音响的错觉,导致实践的盲目性,发生守株待兔、错失采录时机,或是任意摆布、制造虚假音响等情况。而把两类音响区别开来,则可以从音响的实际出发,选择采录时机和采录方式。例如,伴随着事物发生的音响随时在变化,必须在瞬间完成,不允许任何主观干预、摆布,也不能重录;因采访活动而发生的音响,如果有必要,则可以根据受访对象的情况和条件,征得对方同意后适当重录。

由此可见,强调音响的客观性,丝毫不意味着采访者只能被动地面对音响,而恰恰相反,此是采访者在音响采录中充分发挥主观能动性的前提和保证。

三、新闻音响的类型

根据在新闻报道中所处的地位和作用,新闻音响可以分为以下三类。

(一)主体音响

主体音响所报道的主要事物或人物发出的声音,为如前文所引的如下内容:

【指挥部同期声:加布,听到没有?请回答。/登顶队员:听到了,我们成功了!(喘气声)/(开香槟声、欢呼声)记者:队员们终于到达峰顶,指挥部里一片欢腾。】

【出录音 岳建利:登顶队员注意,峰顶测量开始,请检查所有指示灯……(渐弱混入)】

这种音响是新闻主体事实的一部分,有时甚至是主要部分。这种音响与所报道的主要事物或人物的其他材料在一起,构成了新闻报道的主体音响。一般来说,在运用音响的各种新闻报道中,都应当有主体音响,否则,就不能充分发挥音响的作用,甚至还可能产生喧宾夺主、冲淡主体事实的负面效果。

(二)环境音响

环境音响指所报道的事物或人物所在的环境中存在的各种声音,可以表现时间、地点、条件和气氛。例如,知了的叫声可以表现炎热的盛夏,推土机的轰隆声可以表现施工工地的繁忙,打夯的号子声可以表现劳动情绪,等等。由于环境音响并不是所报道事物或人物本身发出的声音,在报道中往往只起辅助作用,所以又称为辅助音响。

(三)背景音响

背景音响指所报道的事物或人物,以及与报道内容有关联的事物或人物过去发生的、以不同方式录存的音响。这种音响一般用来说明被报道的事物或人物的历史状况，以烘托、深化报道的主题。例如，上海人民广播电台的广播消息《周小燕与〈长城谣〉》（获第十六届中国新闻奖二等奖）中有如下一段：

【实况：周小燕唱片《长城谣》……】

　　这位姑娘就是周小燕，那年她20岁不到，正从她求学的上海音乐专科学校回家过暑假……

这里采用的周小燕的唱片《长城谣》的音响就是背景音响。

主体音响、环境音响和背景音响，这三种音响的存在状态和作用不尽相同。主体音响和环境音响都是正在发生的音响。有的具有共生性，因此务必在当时当地实录。环境音响特定性不明显（如不同地方的知了的叫声都是一样的），在报道中处于辅助地位，采录和运用时要特别注意防止移花接木（如将别地采录的音响挪到此地）和喧宾夺主（如使环境音响淹没主体音响或解说）。背景音响是录存的音响，切莫同模拟音响相混淆，运用时要严格核实，防止张冠李戴，有时还需要说明音响的来源。①

四、新闻音响的作用

新闻音响既是新闻事实的组成部分，在新闻报道中又是声音的组成部分，往往同叙述语言相互配合，共同表现新闻内容。与文字稿或叙述语言相比，运用音响表现新闻内容等于让事实自己"说话"，让当事人或有关人士自己"说话"，无疑可以更客观、更直接地再现或还原新闻事实本来面目。在某些情况下，音响的表现功能，甚至是文字报道或语言叙述不可取代的。在广播新闻报道中，音响除表意功能外，还具有以下三种作用。

（一）增强可信性

增强可信性是音响在新闻报道中的最基本和最重要的作用。新闻报道的可信性，根本在于真实性；凡是真实的报道，本身都是可信的。然而，由文字转化为声音的报道，毕竟是记者的转述，听众对于它所报道的事实，既非亲眼所见，也非亲耳所闻，一般只能依据新闻机构或记者的声誉来判断报道的可信性，而运用音响的报道，则为听众提供比转述更为直接的新闻事实——"录音"，可以让听众亲闻其声，直接感受到它的可信性。例如，中国国际广播电台的广播消息《中国第二次载人航天飞行获得圆满成功》（获第十六届中国新闻奖二等奖）有如下一段：

【音响2 着陆现场音响出】

　　当看到航天员费俊龙和聂海胜安然走出舱门时，人群爆发出欢呼声。尽管经历了5天的太空飞行，两位航天员仍面带微笑，不断向人群挥手。随后进行的医学检测显示，两位航天员的身体状况良好，各项生理指标正常。

　　全国人大常委会委员长吴邦国在北京航天飞行控制中心观看了飞船着陆全过

---

① 王振业.广播新闻与电视新闻[M].武汉：武汉大学出版社，2001：97－98.

程。在飞船安全着陆之后,他代表中共中央、国务院、中央军委宣读了贺电。

【音响3 吴讲话出】

"神舟"6号载人航天飞行的成功,标志着我国在发展载人航天技术、进行有人参与的空间实验活动方面取得了又一个具有里程碑意义的重大胜利。

录音音响的消息现场,两位宇航员走出舱门的欢呼声、全国人大常委会委员长讲话的声音,都无可辩驳地说明了该重大事情的真实性与权威性,自然可信性十足。

增强报道的可信性,也是广播运用音响的根本目的。下列情况可运用音响:①特别重要的事情;②特别新鲜或意外的事情;③只有闻其声才能有真切感的事情;④被歪曲或被误传而单靠文字报道一时难以澄清的事情。此外,这类题材在运用音响时,也要看是否有音响可录,是否适合公开播出。

(二)增强现场感

音响在新闻报道中的另一个作用是增加现场感。文字稿或叙述语言固然可以生动地描述事物,给人如历其事、如临其境、如见其人、如闻其声的感觉。不过,描述毕竟不是直接再现,"如"不等于"是",音响在某些情况下,可以一定程度地再现现场的情景,使"如"变成"是",给人以身临其境或参与其中的感觉。仍如上页例子中的一段:

> 当看到航天员费俊龙和聂海胜安然走出舱门时,人群爆发出欢呼声。尽管经历了5天的太空飞行,两位航天员仍面带微笑,不断向人群挥手。随后进行的医学检测显示,两位航天员的身体状况良好,各项生理指标正常。

这些记者现场亲眼所见的描述与音响并用,增强报道的现场感,使人仿佛亲眼所见、亲耳所闻。

(三)增强感染力

增强感染力是音响在广播新闻中的又一作用。文字或叙述语言也可以具有感染力,只不过它的感人力量来自记者对所报道事物的深入调查、透彻理解,再注入情感,用绘声绘色的语言表达出来,这一方式是间接的。而音响则是以事物和人物本身发出的声音去表现事物、表达思想和感情的,显然更易引发人们的共鸣。此外,在运用音响的许多广播新闻中,除了音响之外,还有记者的描述和叙述,两者相互配合,可以产生双重的感染力。

例如广播消息《中国第二次载人航天飞行获得圆满成功》中如下这段:

> 听众朋友,现在是北京时间5时47分。我现在的位置是北京天安门广场。天安门广场是世界上最大的城市广场,位于北京的中心位置。每天早上太阳升起的时候,这里都要举行升国旗、奏国歌的仪式,来自中国各地的许多老百姓都会自发地前来观看。我们注意到,虽然距升旗时间还有将近一小时的时间,但广场上已经聚集了数也数不清的人。

当听到收音机传来"神舟"6号顺利着陆的消息时,来自山东省的男青年及光晖说:

【音响5 收音机广播声及讲话出】

"神6"的成功和咱们国家能看到的进步,让我充满希望和信心。希望国家能变得越来越好,国家的经济、科技实力越来越提高,在国际上声音越来越响。

伴随着初升的太阳,伴随着中国的国旗——鲜艳的五星红旗冉冉升起,来自河北省的女青年袁海娜对记者说:

【音响6 国歌声及袁讲话声出】

国旗是国家的象征,国歌响起的那一瞬间,心里的感觉无法用语言来形容,特别自豪。作为中国人,我感到非常骄傲。

在这里,记者现场描述和采录的现场群众讲话声音与现场升国旗奏国歌的同期声完满和谐地配合,使广播消息在无形之中增强了美感和无限感染力。

音响的三种作用,不能等量齐观。最基本的作用是增强报道的可信性,而现场感、感染力则是在真实、可信的基础上形成的。

第三节 录音采访的原则

一、从表现新闻的实际出发

从表现新闻的实际出发,是恰当运用录音采访方式、成功进行录音采访的基本前提。这一原则包括两个相互联系的方面:表现新闻的需要和新闻题材提供的可能性。

首先,从表现新闻的需要出发。新闻题材各种各样,有的题材不用音响就不可能确切地表现内容,有的运用音响可以增强表现效果,有的则不宜运用音响。因此,面对不同的新闻题材,是否运用录音采访,如何运用录音,记者需要做一番审慎的抉择。如在湖南人民广播电台新闻频道的录音报道《殷殷嘱托,浓浓民情》中,朱镕基总理最后一次以总理的身份和参加第十届全国人民代表大会一次会议的湖南代表一起讨论,当代表武吉海向总理谈到湘西大力发展猕猴桃以带动农民增加收入时,总理接过话说,要打开市场,口味一定得甜。

【出录音 朱:我曾经讲过,中国的农民真穷,中国的农民真苦,中国的农民真好。我们湖南是个农业省,我们任何时候都不能忽视农业工作、农村工作和农民的收入增加。所以,我就很诚恳地希望我们老乡,各级政府,你们千万不要丢了根本。大家团结起来,在以锦涛同志为总书记的党中央领导下,扎扎实实地拼搏,把湖南建设好,首先是把湖南的农村建设好,这是我的临别赠言,拜托在座的诸位……】

这篇报道获第十四届中国新闻奖广播消息一等奖。作者准确把握精彩瞬间,音响运用得当,剪接自然,凸显出总理对人民的殷殷深情。这则新闻的成功,说明坚持从题材的需要出发,用于所需之处或不能不用之处,是成功运用音响的关键。如果不看题材是否需要、宜于运用音响,甚至片面以为有"响"就好、就能体现广播特点,那就可能导致对于录音采访的滥用。

其次,从新闻题材提供的可能性出发。这里所说的可能性,包括三个方面:一是新闻题材是否需要蕴含音响;二是题材蕴含的音响能否采录到;三是题材蕴含的、能够采录的音响,是否宜于公开播出。同时从这三个方面考虑,是恰当运用录音采访的另一重要前提。如果无视这三方面,不仅录音采访劳而无功,甚至还可能带来负面效应。例如,在人物采访中让主人公讲述自己的事迹,不仅会使其为难,报道后听众还会觉得其在自吹自擂。

二、注重音响的基本素质

（一）音响要真实

音响的真实性是新闻真实在音响方面的体现,不能打折扣。首先,要求本体真实。所采录的音响,必须是所报道的事物或人物,以及与报道内容确有关联的事物或人物本身发出的声音。也就是说,无论是主体音响、环境音响,还是背景音响,都不能人工模拟,也不能互相替换。其次,要求采录真实。坚持采录的同步性,严格按音响本来面目和实际发生过程采录音响。也就是说,记者在采录音响时,不能按照自己的主观意图,对采访对象进行"导演"和摆布,干涉音响实际发生的状况和过程。

（二）音响要自然

所谓自然,就是所录的音响不勉强、不局促、不呆板、不造作。采录新闻现场实况音响要自然,采录人物讲话尤其注意要自然。在这方面,录音采访跟文字采访不大相同。文字采访的目的是为了获得真实而又充分的材料,即便采访对象讲话不自然,仍然能写出令人满意的报道。而录音采访若遇到相同情况,录下的音响就会把不自然的状态如实地暴露在听众面前,从而大大削弱报道的吸引力与感染力。所以,录音音响除了要真实外,还必须力求自然。造成不自然的原因有几种:①受访人对话筒的畏惧心理,要设法分散对方对话筒的注意力;②记者无意识的干扰;③采访不合时宜;④提问不当。

（三）音响有特点

将有特点的音响用在报道里,能使人产生新鲜感,具有更大的吸引力。什么是有特点的音响呢?例如,公鸡的叫声、劳动号子、轮船的汽笛声等。一般来说,在人讲话的过程中,能够传真情、达真意的声音,都是比较有特点的。

（四）音响要清晰

1. 音响清晰度的相对性

不同的音响有不同的发生和存在条件,对于音响清晰度的要求自然也没有绝对的尺度。有些随事物发展变化而发生的声音,往往其中说话声、环境声混杂,尤其在气氛热烈的场合更是如此。对于这类音响一般只要求主体音响相对清晰,因为绝对清晰不仅难以办到,而且还可能因此而削弱音响的现场感。至于访问录音,由于采访的时间地点可以选择,则应力求清晰。

2. 控制音响清晰度

由于音响的客观性,它的清晰度是采录者能够完全控制的。比如,作为采访对象的事物或人物的声音不够清晰,一般就不要勉强运用录音采访方式;如果出于特殊需要非用不可,则要在采制过程中采取适当的补救措施,如压低音响混入解说事物的声音和同声复述人物的谈话,或只出音响的开头然后转述。

3. 增强驾驭音响的能力

音响驾驭能力是获取清晰音响的关键。因为除了客观因素以外,影响音响清晰度的还有不少来自主观方面的原因。其一,由于采访意图不明确或对现场情况不熟悉,错过最佳采录时机、采录对象和采录场合,自然难以获得清晰的现场音响。其二,忽视对访问环境的选择和检查,结果往往因室内有墙体回声、细微的声源或存在其他电磁波而造成噪音干扰。其三,采录前没有仔细检查录音器材,可能因设备故障而影响清晰度。其四,录音器材使用不当,如话筒离采访对象过近,录下的声音会发"呲",过远则声音模糊,执话筒的手指不断移动的轻微摩擦会使录下的声音像打雷声。[1]

三、掌握采访的主动权

(一)充分发挥主观能动性

掌握采访主动权是记者主观能动性的集中体现,是新闻采访成败的决定因素。不过,由于新闻音响具有客观性,无论人物还是事物的声音都不是记者能够完全控制的;由于音响稍纵即逝,多数不可能重现,通常只有一次采录的机会,所采录的音响,有相当一部分要直接用于新闻报道。由于这些的综合制约,录音采访者自始至终需要牢牢掌握主动权。

如中央人民广播电台的广播消息《中国珠峰测量队成功登上"世界之巅"珠穆朗玛峰》,由于珠峰地区地理位置的特殊性,那里没有任何固定电话、手机、互联网、电视信号,记者发稿只能依靠海事卫星,传送稿件非常艰难,尤其是音频文件,可能断断续续。5月22日登顶测量当天,为确保广播快捷高效的独家优势,记者郎峰蔚携带重达10千克的海事卫星电话在各个测量点和指挥部间随时采访,后方直播间随时直播,并同步录制,进行剪辑。当日12时15分,宣布测量成功。12时20分,《中国之声》的《新闻直播间》随即播出剪辑好的新闻,晚间《新闻联播》、第二天早上《新闻和报纸摘要》节目滚动播出。此篇报道利用当今最前沿的技术,在普通音频传输设备完全不能到达的珠峰地区同步传回第一时间的现场音频新闻,是中外媒体中唯一一篇来自测量一线现场的广播录音报道,是宣布测量成功后发出的第一篇新闻,也是中国广播史上海拔最高、条件最为艰苦的一篇现场新闻。

(二)采制现场报道的要求

在现场采访中,广播记者要时刻关注现场的变化,不失时机地捕捉典型;在声音嘈杂的新闻现场,抓住相对安静的瞬间,获取较为清晰的主体音响;在采访中不仅善于提

---

[1] 王振业.广播新闻与电视新闻[M].武汉:武汉大学出版社,2001:110.

问,而且善于适时接过受访人的话头,引出更精彩的话语。

一是现场反应要灵敏,保持冷静、机智的状态。新闻现场纷繁复杂、千变万化,记者进入现场必须保持头脑冷静。若遇到突发状况,要学会随机应变,立即改变采访计划,否则会错过采录时机。这就要求记者一定要冷静思考,稳定情绪,决定先干什么,后干什么,分清轻重缓急,这样才能选准音响、采录音响,现场解说也能做到条理清晰。

二是观察力要敏锐。敏锐的观察可以帮助记者发现和抓住典型场面、生动细节,这才有可能对现场的人和事做形象具体的描绘,为听众提供"画面",使听众产生现场感。

三是语言基本功要扎实,表达能力要强。作为现场报道的记者,必须现场口述,没有时间反复推敲字句,新闻事实稍纵即逝,这就要求记者口齿清晰、表达流畅,不仅是说出来,还要说得清楚精彩。

四是吸引听众要用真情实感。现场报道的解说是与现场情景和实况音响结合在一起的,所以解说的基调与节奏必须和现场一致。记者在现场描述时要随时调节自己的情绪,有控制地准确表达自己的感情,把现场气氛准确烘托出来,才能引起听众共鸣,否则会失去感染力。

(三)控制采访节奏

采访节奏的控制是记者采访主动权在录音采访中的特殊表现。控制采访节奏,有多方面的意义,如有利于突出采访重点,创造更好的采访氛围,取得受访人的主动配合等,以下着重从为后期剪接、合成做准备的角度,做些必要的阐述。

录音访问中采录的音响材料,有相当一部分要在报道中直接运用。在采访过程中,是否善于控制节奏,直接影响着后期能否剪接、合成,进而影响音响的表现效果。在录音报道中还可以看到,有的人物的谈话录音存在"半句话"现象,而有的现场音响则常有"捎带"(即在此一音响的末尾带出另一时空段采录的部分音响)现象。出现这类现象,虽然可能有剪接不当的因素,但多数同录音素材本身脉络不清晰、层次不分明有关。比如,记者一股脑儿提出问题,受访人就必然想到哪儿说到哪儿,采录的音响就可能杂乱无章。如果提问东一榔头、西一棒子,谈话录音自然难以形成清晰的脉络、分明的层次。因此适当控制节奏,为后期剪接、合成准备必要条件,就成为录音采访需要注意的特殊问题。

怎样控制节奏?做到下述几个方面:①明确采访意图,拟定问题清单,依据采访的客观进程,以适当方式有条不紊地提问;②认真倾听、思考、体会受访人的谈话内容,善于及时接过话头进一步追问。必要时还可以请对方就特别中肯或精彩的谈话内容再重复一下,或换一种方式表述,这样就可能得到两段录音可供选择;③当某一问题告一段落,要适时转换谈话内容,如果谈话过于严肃或受访人显得拘谨,还可以通过聊天调整气氛;④对方离题时,以适当的方式重新将对方引到正题上来;⑤当对方过于兴奋或激动时,设法让他心平气和一些,及时、得体的追问十分重要。

本章小结

广播新闻采访是新闻采访中的一种方式,需要遵循新闻采访的基本原则,包括调查研究准则和新闻价值准则;坚持按广播传播特点采集新闻事实;务必像重视录音采访一样重视非录音采访。广播采访包括录音采访和非录音采访。录音采访要采录音响,并运用音响表现内容。录音采访的基本类型有现场录音采访和非现场录音采访。录音采访的基本任务是为制作各种录音报道而采集音响材料和其他新闻事实,具体任务指录音采访的两种基本类型在不同采访方式中的体现。录音采访的独特功能包括独特的认识功能和独特的表现功能。新闻音响指所报道的事物和人物,以及相关事物人物和周围环境中的声音。新闻音响按它们的发生和存在的状态分为两类:伴随事物发生的音响和因采访活动而发生的音响。新闻音响的类型分为三类:主体音响、环境音响和背景音响。新闻音响具有增强报道的可信性、现场感和感染力的作用。录音采访要坚持从新闻题材的实际出发,注重音响的基本素质,掌握采访的主动权。

思考与练习

1. 举例说明录音采访的本质特点是什么,如何在实践中坚持这些特点?
2. 广播新闻现场采访有哪些要求和注意事项?
3. 用手机采制一条录音新闻报道。

第五章　电视新闻采访

> **学习目标**
> 1. 掌握电视现场新闻采访过程及技巧。
> 2. 理解电视出镜记者现场角色的定位。
> 3. 理解电视摄像采访及其类型。

在电视新闻采访中,新闻记者和采访对象大多是陌生的、不熟悉的,而且,往往因为面对电视采访设备,可能会出现采访对象紧张甚至不配合等的情况。因此,记者首先要做好与采访对象的沟通交流,采取"拉家常"、语言安抚等方法,用一些比较轻松的话题引入采访,引导采访对象进入采访状态。电视报道新闻的优势在于同时运用画面和声音,可以给观众更直接、更翔实、更真切的感受。获取能够充分展现新闻事实的画面和声音,历来是电视新闻采访的主要目标,摄像采访也成为电视新闻采访的主要方式。在掌握新闻采访基本原理和活动规律的基础上,熟练地掌握和运用摄像采访的技术,已成为电视新闻工作者的基本功要求。在电视采访过程中,电视记者一定要尽最大的努力,应用各种技巧,营造良好的采访氛围,并熟练运用摄像采访,从而顺利地、高质量地完成采访任务。

第一节　电视现场新闻采访

一、准确地选择现场

《中国新闻实用大辞典》中对电视新闻的现场报道做了如下定义:"现场报道是记者在新闻事件现场独立完成的新闻报道。"[①]现场新闻就是在新闻事件的发生地,即受众关注的焦点处,必须有记者到场。不能随便找个地方就做现场采访,一定要选择能说明问题、有内容可看、有故事可说的现场作为现场采访的背景。记者应全力以赴深入新闻现场,只有这样才能掌握具有较高新闻价值的第一手材料。采访中准确的现场背景,就是在传递现场信息。

采访现场新闻的新闻人物必须个性鲜明,不能张冠李戴,不能"拉郎配"。采访要有深度,要有境界,不能一般地去采访,要有新意。采访现场新闻人物的活动,必须和所采

---

① 冯健.中国新闻实用大辞典[M].北京:新华出版社,1996:95.

访的新闻事件密切结合,不能过度渲染;必要的背景材料介绍要详略适当,这样才能增强新闻的真实性和感染力。

采访现场新闻离不开现场人物,在特定环境下的生动语言、对话,可以增加现场新闻的气氛和分量,但这种语言必须是真实的,不能凭空想象、臆造,任何画蛇添足的提炼和拔高都会引起相反的效果。生动的语言能增加观众的现场感,让观众感同身受,体味到新闻现场的种种特征。

画面要有冲击力,就要学会用眼睛采访,也就是平常说的现场观察。现场观察是采访好现场新闻最关键的第一步,这是由现场新闻的特点决定的,也是现场新闻采访最主要的方法。现场观察有助于加深对问题的理解,加深对事物的具体印象,取得生动具体的素材,为鲜明生动地表述新闻事件创造条件;还有助于记者在感情上受到感染,引起新的联想,扩大视野,激发采访热情,使采访在现场新闻中具有一种不可抗拒的魅力。

二、新闻现场的观察

(一)眼见不一定为实

很多人狭隘地理解"眼见为实",认为看到的全是真实的,观察时往往只把眼光停留在事物的表面,采访难免产生片面性,或只是抓了些"鸡毛蒜皮"的东西,触及不到问题的实质。所以眼见不一定为实,一定要全面、仔细地观察。记者要善于全面地把握现场,抓住现场的不同特征,选择最能表现现场气氛、现场动态的局部,敏锐地捕捉细节。同时,观察新闻现场的变化,关注当事人的状态、周围群众的反应等,使采访报道个性鲜明,具有感染力和吸引力,极大地提升电视报道的魅力。

(二)善于发现闪光点

电视新闻要比一般的媒体新闻更具典型性和形象性。在了解整个新闻事件的基础上,把最能表现主题、"色香味俱浓"的事实截取下来,以小见大,但不能面面俱到。集中采访最突出的部分,有选择地加入闪光点,可深化新闻主题,扩展其内涵,在平淡中发现问题,从普遍处找到特殊。

(三)充当观众的眼睛

现场感强的新闻,如特写、见闻、现场目击、现场短新闻等,对记者的共同要求是要充当观众的眼睛,站在事件发生的第一线进行采访,"脚到、眼到、手到",才能有所见、有所闻、有所感,才能发现现场新闻的闪光点。

三、与采访对象的交流沟通

电视新闻采访常常需要即兴产生的应对策略。"即兴采访"就是记者在采访时遇到突如其来的、没有准备甚至意想不到的现场情况时,马上制定超出准备范围和高于拟定话题的采访内容。从新闻事件上说,即兴采访具有强烈的现场调查感和不容置疑的印证效力,还可以对事件起到穿针引线和设置悬念的作用,使受众产生见其人、闻其声、临其境的感觉,从而增强了记者采访的现场感、真实感、生动感、亲切感和参与感,这正是新闻报道所追求的真实性的具体体现。

（一）提问方式要有变化

在电视新闻的采访过程中，恰当的提问是获得新闻素材和信息最好的方式。记者根据采访的人物、采访的问题等，抓住新闻的要点，有针对性地选择合适的提问方式。而对于一些敏感的新闻话题，可以采取其他方式来挖掘新闻线索。在采访的第一现场，记者一定要学会随机应变、深入思考，并根据采访现场的一些变化，迅速调整采访计划。在尊重新闻事实的前提下，把握新闻采访的细节，对于不同的采访对象要运用不同的提问方式。

面对一些不容易紧张、善于与人沟通交流的采访对象，可以直接进入采访主题。面对一些不善言谈、容易紧张的采访对象，要通过"拉家常"的方式来消除他们的紧张情绪，进而打开他们的心扉，引导他们进入采访状态。如果采访对象处于兴奋的状态，记者要跟他保持同步，在兴奋快乐的情绪中快速完成采访任务。当遇到一些采访对象想掩盖新闻事实的时候，记者可以婉转地把掩盖的新闻事实揭露出来。记者必须看清采访对象的特点，不能千篇一律、千人一面，更不能一个问题问到底，不管与什么样的采访对象打交道，都要做到心中有数。

（二）提问方法要巧妙

1. 把握重点，直奔主题

电视新闻采访与报纸新闻采访一个显著的不同是，电视新闻的采访过程往往会展现在电视观众面前，而报纸新闻则是如果没有十分必要，不会向读者描述采访过程。所以，电视新闻采访对于一些关键的、需要快速被大众所知的问题，采访时可以直接提问，根据新闻本身的重点和大众所关心的热点直接发问，可以在短时间内获得足够的新闻信息，不仅能提高新闻工作效率，而且会缩短观众观看的时间。例如，对四川汶川地震救援物资的发放情况进行采访，就要直奔主题，及时地向外界传达实时救灾工作，也能为相关部门部署下一步的工作提供及时的信息参考。

2. 讲究梯度，循序渐进

有一些记者提出的问题比较尖锐，从而易出现采访障碍，这就要求记者能够具备一定的工作耐心，根据被采访者的实际情况放慢采访的节奏，为采访营造一个相对轻松的环境，再按照循序渐进的原则进行提问。例如，采访新时期的教育教学改革实施情况，就应当有铺垫、有核心、有重点，从现状问起，以对策结束，以梯度化的问题设置保证采访的有效性。

3. 根据目标，做好引导

对于一些较为复杂的问题，被采访者可能不会一下子全部解释清楚，甚至对于有些敏感问题还会回避。此时就要求记者能够做好诱导工作，可以先从核心问题的边缘发问，逐步引导被采访者解释清楚核心问题。

4. 把握时机，认真倾听

在采访时，记者还应该学会沉默，适时的沉默不仅能够让被采访者流畅地回答问题,还能够为自己的采访计划争取完善的时机。由于采访具有很强的针对性,需要被采访者或者是新闻当事人有效地回答问题,如果记者不能够顾及被采访者的感受,只一味地进行自我表达,不仅会影响被采访者的回答思路,有时还会引起被采访者的反感,影响采访效果。因此,适时的沉默、认真的聆听,也能够获得足够的新闻信息。

(三) 在电视现场采访中运用暗示

暗示是指在无对抗状态条件下,用含蓄的、间接的、不做论证的方法,对他人施加影响,使其心理和行为发生变化,并接受暗示者意见进而付诸行动的方式,其本质是一种心理影响。这种心理影响,可以使人按暗示的要求来采取行动,或使人接受暗示的意见和信念。

暗示多采用语言形式,但也可采用手势、姿态、表情或其他方法进行。暗示在电视现场采访中的实际应用,贯穿采访的整个过程,记者通过运用暗示技巧,可以在不动声色中消除采访对象的消极心理因素,控制采访对象的心理状态,诱导采访对象展开阐述或中止阐述,使整个采访连贯、自然、和谐,从而采制出效果良好的音响和图像。

电视现场采访因时间因素、技术因素、环境因素的制约,需要采访对象迅速进入角色,回答记者提出的问题。而一般情况下,采访对象猝然面对录音机话筒、摄像机镜头,往往会被羞怯、紧张、不安等消极心理因素干扰,导致表情失常、口齿不清,以及采访不能正常而自然地进行的情况,有的采访对象甚至会"见机而逃"。这时,就需要记者以娴熟的暗示技巧,在最短的时间内稳定采访对象情绪,使采访对象进入状态。在采访前期,记者必须以和蔼端庄的表情、干脆利落的手势、肯定果断的语言,提出简洁浅显的问题,这一切都对采访对象形成一种暗示:"现在您面对的是我而不是话筒(或镜头),请您回答我的问题好吗?"使采访对象的注意力集中到记者本人和记者提出的问题上来,从而使采访得以顺利展开。

一般而言,暗示语言的主要形式和种类包括以下几个方面。

1. 直接暗示

直接暗示是把某一事物的意义直接提供给采访对象,使采访对象迅速而无意识地接受。直接暗示常取直陈式的说明,用简单浅显的话使采访对象了解暗示内容和目的。例如,在闯关类节目的现场,一个挑战者将从10米高的跳台上跳到由轮胎组成的平台上,当最后一刻来临的时候,技术顾问告诉记者这位挑战者无法完成挑战,因为她太紧张了。其中一位记者在她从10米跳台上下来的第一句话是:"我看到你在10米台上的确很紧张,脸色都变了,是不是很恐惧啊?"这一直接暗示不仅宣告了她这次挑战的失败,也让她找到了说话的由头,更触动了她内心软弱的一面。她流着泪说:"是啊,当时我的腿都站不稳了,我的手冰凉冰凉的,我从没有这样恐惧过,万一我这次挑战出了意外,我的家人……"[①]记者通过这样的暗示达到了让采访对象开口的目的。

[①] 胡晓军.广播电视现场采访的暗示技巧[J].声屏世界,1994(07):41—42.

2. 间接暗示

间接暗示是把某一事物的含义间接地借其他事物或行为提供给采访对象，使采访对象迅速而无意识地接受，自然而然地得出某种观念、某个结论。间接暗示过程一般分为两个阶段，首先是记者以语言暗示的刺激使采访对象产生某种概念，其次是使其基于概念而采取相应的行为。例如，一位记者1993年就南昌万寿宫商城发生特大火灾一事到有关部门进行采访。他向采访对象了解了有关火灾的情况后，巧妙地发出了暗示信号："看来万寿宫商城火灾没有前段时间唐山林西商场火灾损失大。"这一语言暗示立即使采访对象把万寿宫商城火灾同唐山林西商场火灾联系起来，于是采访对象从专业角度，饶有兴味地向记者剖析阐述了两场火灾的异同，记者从中获取了不少有价值的内部资料，也录下了一段引人深思的语言音响。①

3. 反暗示

反暗示是暗示的一种，运用到电视现场采访中则是指记者向采访对象发出暗示刺激，有意引起采访对象相反的反应。一般来说，在现场采访中，记者是主动的、自觉的，而采访对象是被动的，记者往往能使采访对象按照他所期望的方向行动，从而达到引导和控制采访对象的目的。但是，采访对象并非完全被动，尤其是在涉及自尊和道德等原则问题时，会产生抗拒抵触心理。记者应善于利用这种心理，巧妙地运用反暗示技巧，故意说反话，达到"请将不如激将"的目的。

电视记者在进行现场采访时运用暗示技巧，也要注意做到四点：一是在采访对象心目中树立权威，获取其信任；二是不能让采访对象意识到记者在对他进行暗示；三是发出的暗示信号要与采访对象的经验相符合；四是要避开采访对象的心理防线，包括逻辑防线、感情防线和伦理防线。

第二节　电视出镜记者现场角色定位

一、传递现场信息要贴切自然

出镜记者在新闻事件现场报道中首先是一名事件的讲述者，要尽到陈述、告知和讲解的义务；其次要让观众从心理上和感觉上更乐于接纳和接受，因此，记者必须注意个人综合素质的培养，做到着装大方、举止得体、语言平实、情感可控；最后是要有让观众难忘的亲切感，应该围绕"四个平"，即平实、平和、平静、平等。平实就是要说实在话，围绕现场具体的事说细节、谈感受，不需要面面俱到，与解说词相互补充、相得益彰；平和，指记者语气语调不急促，不显得过于紧张；平静，指记者引导采访对象在接受采访的过程中应保持平顺、安静的心态；平等，指记者创造和谐交流的情景、氛围，和采访对象平等地沟通。

现场报道往往采用第一人称，与一般报道用第三人称相比，更能缩短观众与记者的

---

① 胡晓军.广播电视现场采访的暗示技巧[J].声屏世界,1994(07):41—42.

距离。记者的普通话也许不如播音员标准,但是由于记者在现场受到感染,感情自然流露,往往语速较快,讲话抑扬顿挫,更符合人们日常的讲话习惯,给人感觉比较亲切自然。出镜记者在现场采访,无论被采访对象是谁,记者的行为视角不宜"仰俯",而应该是"平视",所以说,平和地讲述对电视记者来说显得尤为重要。

二、描述现场亲历的独特感受

现场报道中,记者往往是代表着观众感知现场氛围,感受事态的发展变化,这就需要变静态的、反馈式的报道为现场体验式的报道,让观众在记者的引导下,直接"进入"新闻现场,感受新闻事态的进程,倾听记者在现场对新闻事件当事人、目击者及有关人士的采访;让记者对新闻事件的评述,见人、见事、见物、见真情。现场记者作为一名体验者,在第一新闻现场描述独特的五官感受,充分激发观众的兴趣点,让观众身临其境,更加真切地获得"人虽未至、心却已在"的感受。

三、捕捉现场真实的新闻细节

"真实"是新闻的生命,新闻报道的每一新闻要素都必须真实。在电视新闻中,真实还源于现场记者对新闻细节的把握,用摄像镜头和"新闻眼"捕捉、发现生动的细节。中央电视台的电视新闻《我国神舟六号载人航天飞行圆满成功》(获第十六届中国新闻奖二等奖)有如下段落:

记者冀惠彦现场:我的旁边就是神舟六号飞船返回舱。从我们在直升机上得到飞船返回舱着陆的消息,到我们赶到现场,仅仅用了15分钟时间。现在工作人员正在进行舱外检查,很快就要打开舱门,迎接航天员出舱。

返回舱门开启后,航天员费俊龙和聂海胜先后自主出舱,面带胜利的微笑,向前来迎接的同志们挥手致意。【着陆现场和指挥大厅现场同期:欢呼声、掌声、献花】

记者冀惠彦现场采访航天员费俊龙和聂海胜。

记者冀惠彦:我是中央电视台记者。请问在115个小时的太空飞行中,你们感受最深的是什么?

航天员费俊龙:我们这次太空之旅非常顺利!我们舱内的生活和工作环境很好!现在我们感觉到身体状况不错!谢谢!

记者冀惠彦:海胜,请你也讲一下。

航天员聂海胜:我感到有很多人,有无数人在牵挂着我们,我们非常感谢我们的祖国和人民对我们的关心和厚爱!

5时45分,载人航天工程总指挥陈炳德宣布:神舟六号载人飞船返回舱成功着陆,航天员费俊龙、聂海胜自主出舱,我国神舟六号载人航天飞行获得圆满成功。

上述出镜记者的现场采访,描述了航天员出舱情景,与着陆现场和指挥大厅的沸腾欢呼的画面和同期声结合,就把观众带入了现场。记者与航天员的面对面问答,航天员神情激动的话语,与记者所见所闻的细节情景同时呈现,让观众如同亲历。

四、提炼现场事件的主题内蕴

面对复杂的新闻事件,记者需要提前做好准备。这里的准备包括大量案头工作,记者要把提问的内容事先写下来,做到心中有数。让对方"发出火花、放射光亮",才是记者的真本事。在现场报道中,为了使报道更精彩、更精准、更富思想深度和内涵,现场报道的记者要充分做好前期准备,做好现场报道的"入门手册"。一个优秀的现场报道记者必须具备广博的知识,开阔的视野,丰富的联想力,才能够在现场采访时挑选到好的报道角度。现场报道要求记者在到达现场后,尽快进入角色,向知情人了解情况,观察分析现场,了解事件发展情况,预测可能会出现的新情况。同时,记者还要在最短的时间,构思整个报道的框架结构、主题与基调,了解重点采访对象和表现现场气氛的场景,以及如何开头、结尾,如何掌握采访的进程等,这些都要求记者首先要做一名思考者。

第三节 电视摄像采访及其类型

一、电视摄像采访的概念

电视摄像采访是电视采访主体从新闻题材出发,按一定的报道意图,以摄像机为工具,在新闻现场或其他场合记录反映新闻事件和新闻人物活动全过程的图像和声音的采访方式。[1]

电视摄像采访的采访主体,因新闻题材的实际情况和报道意图而异:有时记者同时是摄像师;在记者出镜采访的情况下,则需要有摄像师的配合;有些重大新闻题材,更往往是包括多位记者、摄像师(多机位)以及现场导播、灯光师等,这是一项群体采访活动。所以,不宜把摄像采访的主体与记者简单地等同起来,那样不利于树立群体观念,形成群体协调一致的活动机制。

摄像机是摄像采访的必备器材,离开了摄像机,就无所谓的摄像采访,电视采访就无异于一般的新闻采访。如果把摄像机比作武器的话,那么新闻现场就是战场。在进行电视摄像采访时,采访主体必须具有强烈的"我在场"意识,且能以最快的速度赶到现场。新闻现场瞬息万变,错过了时机,事过境迁,就不可能获取有新闻价值的音像素材。特别是对于重大的突发事件,如果记者未能及时赶到现场,敏锐捕捉反映事件真相的画面和同期声,那就是记者的失职。

记者应记录下反映新闻事件和新闻人物活动全过程的图像和声音。强调全过程,就是要求画面和同期声完整,不能支离破碎,要让观众通过声画解读出完整准确的故事。但对全过程又不能形而上地理解,不能事无巨细地有闻必录,而是选录事件发生发

---

[1] 王振业.广播新闻与电视新闻[M].武汉:武汉大学出版社,2001:116.

展过程中有代表性的典型画面，捕捉最能反映事物本质的画面，在不干预、不摆布的前提下，敏捷地拍摄人物的自然神态、动作，以及现场的真实情景，以具有强烈的现场感、真实感和鲜明特点的画面表现新闻主题。

二、新闻现场摄像采访和访问摄像采访

（一）新闻现场摄像采访

这类摄像采访的主要任务是记录新闻事件发生、发展的全过程，因此摄录的画面和同期声一定要配套，要为后期编辑准备充足而适用的音像素材。此类采访有以下三个具体要求。

第一，内容配套。电视新闻的镜头和同期声要恰当、配套。单一的画面、突兀的同期声，一般不具备叙事功能；只有把相关的镜头和音响有机地组接在一起，才能完整地表达意思。比如，拍一条会议新闻，一般要拍带会标的镜头，交代新闻主题，拍各种发言人的镜头，交代新闻人物，拍与会者凝神静听或边听边记的镜头，交代环境有时还需要一些不带同期声的空镜头，如会场、鲜花、标语等，以烘托气氛和转场。

第二，景别配套。景别是摄像记者对新闻事件中各种要素孰重孰轻的一种评价。什么应该保留，什么应该放弃，什么应该强调，什么可一笔带过，都可以通过景别来表现。景别的选择带有强烈的主观色彩，是体现舆论导向的一种重要手段，要竭力避免太过随意，同时又要在不损害内容的前提下，力求富于变化，使画面形式生动活泼。

第三，拍摄角度配套。摄像采访虽然不是纯粹的艺术，但也要讲求对称和均衡，尽量给人以愉悦的美感，从而加强人对画面信息的感知。在拍摄采访时，无论拍摄对象是人或物，都要兼顾上下和左右，既要不断变换角度、避免视点过于单一，也要注意不同拍摄角度的内在联系。这样才能为新闻报道恰如其分地再现新闻事件或事物的本来面目，提供充分的音像素材。

（二）访问摄像采访

这类采访的对象是人，具体拍摄时应体现以下要求：第一，选择恰当的景别和拍摄角度，一般以近景和45度角为宜；第二，准确布光，让画面有层次感和立体感，避免受访者脸上出现高光点或形成"阴阳脸"；第三，保持画面稳定，并尽可能把记者和被采访者相互交流的全部信息记录下来，确保语言符号和非语言符号的完整性；第四，对一些不宜在屏幕上暴露其肖像的特殊采访对象，如某些特殊部门的工作人员——刑侦人员、公检法执法人员等，以及吸毒者、艾滋病患者、未成年犯罪者等，应采取特殊的技术处理，予以保护；第五，选择典型的背景，作为事物产生和发展的环境，也能传达信息或衬托、凸显信息的潜在意义。

三、无剪辑摄像采访和现场直播摄像采访

无剪辑摄像采访和现场直播摄像采访是两种无后期制作环节的摄像采访。

（一）无剪辑摄像采访

无剪辑摄像采访是在摄像采访时不关机，而通过摄像机上的录像按钮来控制拍摄的方式，这样拍摄的各个镜头自然衔接、一气呵成，不会因开机和关机造成中断，即用摄像机剪辑完成头脑中的剪辑计划。无剪辑，不是真的不要剪辑，而是为了争时间，抢新闻，把拍摄和剪辑两步合成了一步。在现场拍摄时，上一个镜头和下一个镜头的连接处就是一次剪辑，关键是剪辑点要同内容的转接相吻合，不露痕迹。

采用无剪辑摄像采访方式，必须根据报道的主题，事先设计好镜头顺序、内容、景别、角度及运动方式，然后在新闻现场严格按计划有条不紊地进行。摄像采访结束，摄像内容即可播出。为此，摄像记者必须做到：第一，了解新闻事件的全部内容和过程；第二，筛选出最重要的内容和较有表现力的场面；第三，按照思维和事物发展变化这两种逻辑顺序，将镜头连贯、流畅地组接成能够完整表达新闻内容的有机整体。这种摄像采访需要缜密的思考和娴熟的技巧，否则就可能出现一着不慎、满盘皆输的尴尬局面。

（二）现场直播摄像采访

现场直播摄像采访是在新闻现场摄取反映新闻事件现场情景和访问活动的画面和音响，再通过转播车分切后，经微波线路或卫星地面站把信号送回电视台直接发送出去的摄像采访方式。这种采访在制作、播出和接收之间的时间差几乎为零，新闻时效发挥到了极致，而且可以让观众获得如同亲临其境、与现实同行的参与感。现场直播摄像采访的最大难点，是一旦失误，无法挽回。因此，必须认真做到以下几点：第一，每一位摄像记者对总导播的分镜头文案务必烂熟于心，牢记本机位预定的镜头号、拍摄内容、景别要求、运动方式、长度及切出时间；第二，随时与执行导播保持联系，熟悉导播指令；第三，发现有文案外的精彩场面，马上给转播车送发，并与导播联系，随时准备切出。[①]

四、电视摄像的基本操作

在摄像采访中，拍摄作为贯穿始终的过程，包含许多具体的操作环节。其中，以下几个环节，直接关系到拍摄的进行和音像素材的质量。

（一）"挑、等、抢"

电视摄像记者的职责是用镜头记录历史，既要抓到精彩难得的关键场面，又不能事无巨细地"兼收并蓄"。因此，必须娴熟地掌握"挑、等、抢"的拍摄技巧。

"挑"：根据对事物的现场分析、判断、概括和提炼，挑选拍摄最能说明事件本质的形象——人物动作、神态、表情，以及事件在发展过程中发生质变的临界状态。

"等"：善于根据事物发展的规律和平时积累的经验，预先估计可能出现的精彩场面或人物活动的高潮点，随时做好拍摄准备。要有目的、有预见地积极搜索，在把握事物发展过程的基础上做出拍摄选择。

"抢"：当新闻事件突然发生或等待拍摄的目标出现时，当机立断、毫不迟疑地启动摄

---

① 王振业.广播新闻与电视新闻[M].武汉:武汉大学出版社,2001:121-122.

像机,把稍纵即逝的画面和同期声记录下来。"抢"是体现摄像记者功力的最重要的一环。许多意想不到的新闻事件,往往就像射击比赛中频频发出的飞盘,高度、方向、速度都无从预测。当这类事件出现时,不惜任何代价,不计个人的荣辱得失,不管能否播出,抢先把事件完整地记录下来,应是摄像记者终身恪守的信条。

除了会抓"挑、等、抢"之外,掌握盲拍技术也是必要的。所谓盲拍不是闭着眼睛瞎拍,而是指在无法通过寻像器来准确调焦和构图的特殊情况下,仅凭经验和直觉进行拍摄。盲拍很难获得清晰完整的画面和良好的声音,不是万不得已,不宜使用这种拍摄方法。[①]

(二)及时回放

及时回放,主要是对已经拍摄的内容进行检查,以便对内容或技术上的缺陷及时加以补救。不然,事过境迁,将造成无法弥补的遗憾。尤其是同期声采录,有些采访对象在采访一结束马上不见人影,如果不及时回放,发现问题,往往就会失去补救的机会。回放有两种:一种是现场立即回放,有问题及时采取措施;另一种是在一天的采访拍摄结束后,对全天所有素材进行回放检查,这种回放主要是总结得失,为第二天的采访打好基础。

(三)整理场记

简洁明了的场记可以为我们提供意想不到的帮助。例如,有一次,央视采访拍摄我军一位高级将领的追悼会,后期编辑时漏编了一位国家领导人送花圈的镜头。新闻播出后,有关方面立即来电询问是何原因,并要求在下一档新闻中,补上这个镜头。此时,离播出时间已不到十分钟了,但因素材带上有详细的场记,编辑迅速找到这个画面补了进去,保证了新闻及时播出,并挽回了影响。[②]

五、电视新闻采访摄像基本功训练

(一)把握拍摄主题,提升专业素质

电视新闻需要表达的不仅是新闻事件从发生到结果的自然过程,还需要呈现出事件中的典型环节、生动情节,因此使拍摄的内容全面具体、丰富多彩,以及突出事件的主题及鲜明特性就显得尤为重要。不管报道什么类型的新闻,为了确保现场拍摄画面能够真实地反映出事件的本质,必须以明确的立意及构思为前提,然后再整理拍摄所得资料进行适当剪裁,简明扼要又完整准确地报道现场的真实情况,并对新闻事件的主题思想进行侧重展现。同时,摄像人员在日常工作生活中要重视对基础知识的学习与掌握,采访前做好充足的准备工作,对采访内容及相关知识要充分地了解,从而使新闻采访工作顺利进行。

(二)培养观察与分辨的能力

在新闻事件现场的观察能力及分辨能力对新闻记者来说极其重要。事件往往瞬息

---

① 王振业.广播新闻与电视新闻[M].武汉:武汉大学出版社,2001:141.
② 中央电视台研究室.中央电视台年鉴(1996)[M].北京:人民出版社,1996:93.

万变,因此要求新闻记者在采访过程中,对事件现场有细致的观察、清晰的分辨,将自己的主观能动性与事件发展的客观情况进行有机的结合。新闻采访通常是以问答的方式进行,在实际的新闻采访时,要恰当运用相关技巧,例如,对于较为简单、便于回答的问题,可以用开门见山的方式来提问,而对于一些敏感的问题,可以采用旁敲侧击的方式提问,在采访过程中根据实际情况及时变通。

(三)深入挖掘新闻,认真细致表达

电视新闻记者如果想让自己拍摄的影像具有较好的渲染气氛的效果,可以在拍摄人物和背景环境的局部镜头时使用特写,可以把受访者在镜头前的一举一动以及采访现场的环境做好充分记录,这些是表达事件情况的无声语音,也是构成新闻内容的重要内容。通常点题情节都包含在事件内部深处,这就要求记者在采访时通过细致观察和技能运用来发掘,同时摄像人员要做到及时跟进拍摄,从而使事件情况得以真实展现。

(四)具备审美意识,打造画面之美

爱美之心人皆有之,美是人类共同追求的心愿。针对美的事物,新闻记者要具备发现美和欣赏美的能力,在新闻摄像过程中,要通过自身对美的理解去捕捉生活中美的瞬间,从而让这种美使受众得到视觉上的享受及产生共鸣。电视新闻画面若想具有美感,并非只是说摄像记者应用很多技巧,拍摄出的画面干净、平稳。电视新闻画面是否好看、构图是否合理、是否拥有美感,一方面取决于新闻摄像记者是否具备技术,另一方面更与他们是否具备审美意识以及艺术修养密切相关。优秀的电视新闻摄像记者通常都会在拍摄完成以后,根据拍摄内容的时间、地点、人物、事件、情节、场面、景物等视觉元素认真系统地对素材加以梳理。画面是新闻摄像记者判断、创造、提炼和欣赏美的对象,要求记者充分运用自身艺术积累认真进行拍摄。因此,针对相同新闻题材,不同的新闻摄像记者可能会拍摄出艺术效果完全不同的新闻。

(五)训练无剪辑拍摄,提高报道质量

作为电视新闻摄像记者,必须以无剪辑拍摄作为自己的最终奋斗目标,这需要在平时的拍摄过程中有目的地去训练,不断地努力,提升自己的拍摄技能,在没有摄像机的情况下,通过自己掌握的知识,对某些事件的发展情况进行观察并做出准确的判断,从而使自己在平时工作中表现出色,提高新闻报道的质量。

本章小结

电视新闻采访的记者始终奔着新闻现场而去,准确地选择现场以增加新闻现场感;现场观察要全面、细微、善于发现闪光点和充当观众的眼睛。现场发挥非常重要,要注意采访的技巧:提问方式要有变化,提问方法要巧妙,把握重点、直奔主题,讲究梯度、循序渐进,根据目标、做好引导,把握时机、认真倾听。电视采访现场记者要善于暗示,运用直接暗示、间接暗示、反暗示等手段调控现场采访。电视出镜记者现场角色定位:贴切自然地传递现场信息,描述亲历现场的独特感受,捕捉现场真实的新闻细节,提炼现场事件的主题内蕴。电视摄像采访分为新闻现场摄像采访和访

问摄像采访,无剪辑摄像采访和现场直播摄像采访。电视摄像的基本操作要善于"挑、等、抢",及时回放,整理场记。记者要熟练掌握电视新闻采访摄像技巧,不断加强基本功训练。

思考与练习

1. 运用本章阐述的景别、角度、镜头和用光知识,用手机拍摄一段视频。
2. 电视采访工作的创新表现在哪些方面?
3. 谈谈出镜记者的角色定位。

第六章 网络新闻采访

> **学习目标**
> 1. 认识网络新闻采访。
> 2. 了解网络是如何改变了传统采访方式的。
> 3. 了解网络新闻记者采访工作的新要求。

网络新闻采访是网络新闻传播实务的重要研究内容之一,是网络新闻传播实务工作的起步环节。它主要以互联网作为新闻素材采集的环境,用搜索、采访、下载和编辑加工等方式采集素材及相关资源。网络新闻采访直接从传统新闻采访和计算机辅助新闻学发展而来,其主要研究内容包括利用网络所提供的虚拟空间寻找采访线索,利用网络资源、数据库搜集和核查数据,利用电子邮件、BBS、新闻组、邮件列表、网络电话、聊天工具,以及可视化交互式设备等进行远距离的全球性、实时性的全数字化新闻采集和新闻调研活动,亦包括利用数字化的硬件设备和技术在现实空间中所进行的新闻素材采集和调研活动。

第一节 记者的网络新闻采访

网络新闻采访主要是由网络新闻记者完成的。网络新闻记者是指网络传播媒体中所有从事新闻实务的专业人员,他们一般应具备较高的理论政策水平,有深厚的新闻学、传播学专业知识和各学科知识的底蕴,以及高超的新闻采写能力、良好的职业道德和熟练的网络传播技术及操作能力等。目前,一些新闻业务功底扎实的传统记者开始向网络记者转型,专职网络记者的数量也开始有所增加。网络记者是用数字技术武装起来的新型记者,网络采访是新闻记者在现实和虚拟两个截然不同的空间中所进行的采访,采访所得的新闻素材及由此而写作、制作的新闻,是在网络空间里进行和完成传播的,这就决定了网络新闻采访与传统新闻采访相比,有其独特的个性。

新闻记者通常是新技术的最先尝试者和受益者。如普利策所说,记者是人类航船前行的守望者。从人类技术发展史来看,记者又是对技术极为敏感和热衷的使用者。印刷术的发明催生了报纸,记者借以将历史用文字记录并广泛流传;照相术的诞生使记者将历史的精彩画面定格;电报的发明使记者可以用最快的速度传送信息。近代以来,电话的出现使记者的采访更为便利,而摄影摄像术使记者越来越可能精确地记录历史的全景;实时数字通信在当今的发展更使记者可能站在新闻事件发生的第一线参与和叙述历史。

媒体通过技术得以转型,技术不断催生新的媒体,媒体的更迭和涅槃,导致人类传播形态的变化,而作为媒体构成之主体的记者也在不断享受技术带来的便利,并因此推动媒体和人类社会的演进。从新闻采访的向度来看,一方面网络业已成为记者们的新采访工具,另一方面,网络已经成为记者们采访工作的异度生存时空。

第二节 网络改变了传统采访方式

一、网络采访记者工作流程

让我们来假设以下这样一个熟谙网络采访手段的报纸记者的工作流程:

第一,当一个新闻事件发生时,他从现场赶回匆匆发出第一条消息。

第二,通过网络新闻组、网络聊天室和各大 BBS 了解新闻当事人的讯息、其他新闻媒介的反应和民间舆论,确定进一步报道的立足点。

第三,上网搜索并了解围绕该新闻事件的全面背景资料,并确定进一步报道的采访方案,包括确定采访主题和采访对象。

第四,通过电话、网络寻呼或电子邮件联系采访对象,确定采访时间,通过电邮传输或网络语音视频完成采访。

第五,必要情况下联系主要门户网站进行网络民意调查,随之进行数据分析。

第六,综合材料写作成文,通过网络传输给编辑,随后电子版与纸版几乎同时发布。

和传统采访相比,网络采访的空间限制大大缩小,仅仅依靠计算机和网络连线就可以无限拓宽采访视域,而不一定需要车马劳顿、四处奔波,即便采访对象远在海外,记者也能轻易地与之联系采访。传统采访中"点对点"的采访方式,在网络中可以实现"点对面"——比如倾听并参与聊天室的讨论,从而呈现出多维的空间向度。与之相对,网络采访的时间流变也呈现出一种由"历时态"向"共时态"转化的趋势,传统的线性采访顺序在网络中可以相机调整,比如发送并等待邮件、参与讨论、进行民意调查、搜索信息等流程通常可以交叉进行,互相衍生并转化。

网络新闻采写的全时化意味着不能将采写活动看作是一个止于当前的信息表达,而必须是全天候的采写,即每天 24 小时都要不间断地"产出"新闻产品(正因为如此,各新闻网站在首页的每条新闻标题后面都标明了精确到分钟的发布时间)。全天候新闻采写要求记者在任何时候、任何事件发生时,都能够迅速做出反应并完成采写任务,同时,也要求记者团队富有组织协调性,能够以"接力"的协作方式完成全天候的新闻追踪任务。美国《纽约时报》网络部就要求采编人员以接力式、全天候的方式工作,以便为网站新闻更新提供"弹药",前主编伯纳德·戈瓦茨曼说:"原有的每天只需面对一个截稿时间的采编人员,现在得改变一下习惯了,他们正努力将自己改造成 24 小时全天候的新闻机器。"①

二、网络为新闻"竞合"提供通道

一般认为,今天的大众文化呈现出"图像转向"的趋势,即视觉文化日益成为主导。在不同媒体类型的竞争中,作为视觉文化主要制造者和传播者的电视媒体显然风头最劲。纸质媒体在与电视媒体的竞争中,有着先天的弱势,比如文字和图片无法像影像那样逼真地诉诸受众的眼球,更不可能做到所谓的"现时新闻"。因此,与其盲目地竞争,倒不如有的放矢地"竞合",即找准自己的长处,与对手互相裨补阙漏,共存共生。按照梯级传播的规律,电视通常首先诉诸人的感官,而这时纸质媒体所做的更多地应是诉诸人的大脑。西方在20世纪60年代以后、我国在20世纪90年代以后勃兴的深度报道和精确性报道正是在"竞合"中应运而生的。

三、网络采访转变了记者采访的时空维度

如前所述,网络采访转变了记者采访的时空纬度,同时也为随后的报道提供了更多的可能性。一者,网络采访的广度为新闻报道搭建了广阔的素材平台,围绕新闻事件的历史背景、来龙去脉、纷纭众说、专家评述,都可以被纳入报道范畴。在当下的重要新闻中,我们通常可以看到,除了主体报道之外,还有一部分的"新闻链接",网络采访即是其重要的资料来源。二者,如果说网络采访的广度同样可以为电视媒体所吸纳的话,优秀的文字记者则能将"广度"条分缕析,开掘出电视媒体不能企及的"深度"。这一方面是因为电视播放的不可逆性使受众无暇深思,但另一方面更重要的是,文字语言是思想的直接外化,更具理性和逻辑的力量。纸质媒体的记者甚至可以将网络民意调查的数据通过SPSS软件转化为抽象的图表,从而佐证观点,以引发受众的深度思考。以"广"以"深"取胜,网络采访进一步强化了纸质媒体的优势。

第三节 网络新闻采访对记者的新要求

一、熟练运用数字化采访工具

网络新闻传播的物理基础是高新科技,其功能的开发和运用也要依靠高新科技。网络新闻的表现形式将逐步由静态图文转向动态视频,现阶段越来越多的媒体将新闻信息编写由简单的文字加图片的形式发展成为集视频、音频、文字以及大量相关信息链接为一体的立体报道形式。今后网络新闻采访还会更多地运用视频采访等手段,远距离实现面对面采访。这些网络记者都是复合型的多媒体记者,他们可以写作、摄影、摄像、录音,以及制作网页等。如记者没有一定的相关技能,在网络传播上很难有突出的成

---

① 夏周青.信息时代文化新视野对期刊编辑人的职业需求[J].新东方,2002(5):79—81.

就。这一点不用过多解释,就是要求新闻工作者能熟练地使用这些现代化信息工具,做到快速编稿,及时发布,致力于网络新闻的创新应用。

二、紧跟时代潮流调整知识结构

网络新闻传播打破了原来的地域与行业的限制,直接面向全球。新闻工作者的思维方式、知识结构、视野都要调整,新闻的价值标准也要调整。然而网络新闻的稿件来源是非常丰富的,一部分来自传统媒体及记者采写和刊载的新闻报道;一部分来自网络(如 BBS、网上聊天、新闻组等);还有一部分来自网站记者的原创作品。此外,相当多的网络新闻的受众具有较高的文化素质及专业水平,他们在网上阅读往往是带有专业需要的,面对这样的受众,新闻从业人员必须具备更高的文化修养、更丰富的知识积累。新闻工作者应充分认识到网络媒体在全球传播和软实力较量中的地位,注意充分发挥网络媒体在文化和意识形态传播中的积极作用。因此,网络新闻记者一定要努力提高自身的文化、政治、业务素质,这样才能对新闻线索做出正确的选择。

网络给新闻工作者带来了极大的便利,记者可以借助网络与采访对象在电脑上交谈,可以接通有关资料库查询相关内容,可以在远离办公室的任何地方迅速发回新闻与照片……总之,因为网络,新闻工作者的工作效率大大提高了。新闻工作者只有不断学习电脑、网络知识,加强网络观念,不断提高自身的整体素质,善于利用各种软硬件设备,才能开创出一片新天地。

三、具备更高道德意识和责任感

道德意识不仅限于传统的职业道德范畴,还包括新闻工作者本人在信息传播中必须具有强烈的道德心,对发出的每条消息负责。网络新闻,不管稿件来自何种渠道,都需要经过反复认真地选择,去伪存真,去粗取精。同时,专业新闻工作者还要积极利用自己的专业知识发现并谴责不道德的信息传播现象,以保证信息传播的有效性和纯洁度。专业新闻工作者还要具备良好的形象、个性化的思维方式,这样更易被大众接受和信任,从而增强新闻传播的效果。记者一定要有精品意识,在努力增强责任感的同时,养成一丝不苟、精益求精的工作作风,尽可能地减少和杜绝稿件中的差错。总之,网络记者应重视自身整体道德修养的提高,树立良好的职业形象,以顺利完成信息时代新闻传播者角色的转换。

> **本章小结**
>
> 网络新闻采访是网络新闻传播实务的重要研究内容之一,是从事网络新闻传播实务的起步环节。它主要以互联网作为新闻素材采集的环境,用搜索、采访、下载和编辑加工等方式采集素材及相关资源。网络采访已成记者习以为常的方式,网络已成记者采访工作异度生存时空,网络采访改变了传统采访的时空维度,网络采访为

> 纸质媒体记者提供参与新闻"竞合"的有利通道。网络新闻采访对记者工作的新要求包括:熟练地操作和运用数字化采访工具,紧跟时代潮流调整自身的知识结构,具备更高的道德意识和责任感。

思考与练习

1. 与报纸等传统媒体相比,网络采访有哪些不同的特点和新方式?
2. 熟谙网络采访手段的新闻记者的工作流程是怎样的?
3. 网络新闻记者的采访工作有哪些新要求?

第七章　新媒体新闻信息采集

学习目标

1. 掌握新媒体新闻信息的采集与利用方法。
2. 了解新媒体新闻信息采集程序并核实信息。

新媒体主要指博客、微博、微信,它们都是依赖计算机而存在的媒体形态。这些媒体新闻信息,大多有两种来源:一种是原创,一种是转载。前一种是自己写作的,第二种是利用网络搜索手段找寻素材,并转载或加工后发布到自己的自媒体上的。自媒体作者往往采用下述手段搜集各类信息与材料:频繁逛论坛,一些好而新颖的创意内容来源于那些活跃的论坛;关注微博动态,若微博里某个话题很热,而该话题正好是自己需要的,就可以把这个话题里面的讨论内容,稍加组合和串联再加些自己的内容,一篇表面看很吸引人的短文就初步成型了;关注百度新闻,这里的内容也是较新的;管理博客评论,可以在解答读者疑惑的同时把这些问题作为博文素材;多阅读报纸、杂志及新闻通讯。一些官方的博客、微博、微信的信息来源,首先是将自己传统媒体搜集的新闻信息或成型的新闻报道,由职业记者改写成适合博客、微博和微信发布的内容与形式,进行发布;其次,是将自己采集到的新闻素材先行在博客、微博和微信上发布。因新媒体信息来源手段简单,本章重点介绍记者如何将新媒体作为新闻信息采集的工具和新闻信息的开发对象。

第一节　博客新闻信息采集与利用

博客是近年来快速流行的一种网络写作形式和格式,按时间倒序排列,可随时补充材料,频繁更新,还可大量使用链接。自从博客引入中国,其就在网络上迅速蔓延,在被公众和媒体引用次数最多的 90 个新闻源中,博客占很大比重。[①] 2019 年 8 月 30 日,中国互联网络信息中心(CNNIC)在北京发布第 44 次《中国互联网络发展状况统计报告》。截至 2019 年 6 月 30 日,我国网民规模达 8.54 亿,普及率为 61.2%。其中,手机网民规模已达 8.47 亿,网民通过手机接入互联网的比例高达 99.1%。网民的广泛参与使得博客种类更加多元、内容更加多样,这为媒体挖掘新闻线索提供了广阔的空间。

网络的发展使新闻记者在采访新闻人物、获取信息资料,以及新闻报道写作方式和

---

① 刘顺. 博客及微博客在新闻线索中的开发与利用[J]. 今传媒,2011(10):97—98.

信息发布等方面，都呈现出多元化的趋势。博客正在改变着新闻工作者的工作方式，其不仅给新闻记者提供了新的信息来源，也提供了新的采访和写作方式。

一、博客提供了新的信息源和采访对象

丰富多彩、包罗万象的博客世界是新闻记者新的信息库，提供新的新闻线索。从博客的内容来看，有专题型博客、生活型博客、商业型博客。首先，对新闻记者而言，专题型博客最具新闻价值。在这些专题型博客中，特别值得注意的是名人博客、记者博客、专家博客和重大事件目击者博客。名人博客相当于名人的官方网站、个人专辑，名人博客不仅传递名人的第一手信息，而且速度快、资料全。自从新浪开办名人博客以来，演艺界的名人博客已经成为娱乐记者经常光顾的地方，成为他们获取信息的又一渠道。在博客中，记者往往可以看到新闻背后的新闻。

其次，博客世界的佼佼者和重大事件的目击者成为新的新闻人物，为新闻记者提供了新的采访对象。博客是个人利用网络向公众发表信息的平台，无论是名人还是普通人，他们在博客世界是平等的。名人博客若内容平淡乏味也会少有人问津，普通人的博客若内容丰富，见解独到，吸引读者，也会成为新的"名人"，进而成为新的采访对象和报道对象。记者可以通过浏览博客网站，发现高点击率的博客网站，寻找新闻线索。

二、博客为采访提供新范式

（一）博客平台形成新的采访方式

博客作为一种新的网络信息交流方式，兼有人际传播和大众传播的双重特点，博客是继网络传呼、电子邮件和BBS之后的又一种信息交流方式，具有大众传播的某些特征，因此博客也被称为"自媒体""个人出版"等。相对于BBS而言，博客更像是个人的杂志，其内容具有连续性，所谈论的主题为博客作者所设定，而非像BBS那样，围绕着楼主设定的主题展开。

博客的信息交流方式是博主在自己的网站上发布文章、图片和影像资料，浏览者可以对此回帖，从而形成双向交流。交流的话题是博主设置的，因此记者可以利用采访对象的博客网站对其进行采访，通过对文章回帖的方式与博主进行交流，并获取相应信息。记者在采访中的被动地位固然存在一定的不利因素，但记者却可以从围绕采访对象所关注的主题交流中获得以往主动采访所忽视的信息。

（二）博客没有任何"把关人"

博主从个人的角度记录了个人的思想、行为、见解，在发布之前没有任何"把关人"的干涉，其发布不受其他任何人的影响。专家和实践亲历者的博客不仅真实可信而且文笔千姿百态、充满个性魅力。

（三）博客传达个人所见所感所想

博客不是提供传统媒体的那种客观公正的新闻，而是提供博主个人眼中看到的事实,尤其是自己的所感所想,他们将自己的喜好、偏爱、立场作为重要的写作内容。因此,读者在博客中看到的不仅仅是事件本身,还有事件中的人的情感和思想,这才是事件真正的全貌。

(四)博客具有连续性

这种连续性应当包括对事件的连续报道、对读者反馈的回应和连续地写作。博客写作是连续不断的写作,其文章常以时间的倒序形式排列。博客写作方式的核心应在于依托个人,以一定时间为间隔,以一定主旨为框架,只有通过作者的连续写作、阅读者的连续阅读,作者个人化的形象才能够建立起来。

(五)博客具有个人化的语言

文章叙述、表达视角应从作者个人角度,而非从编辑部角度出发。如"本报认为、记者发现"等词语不应出现。这种富于个人化的、连续的博客写作方式会在作者和读者之间建立起情感联系,使读者增加忠实度。

三、博客作为新闻线索的优势

在信息发达的网络时代,博客作为新闻线索有诸多便利之处:首先,它打破了时间和空间的限制,可以使采访者在第一时间获知信息;其次,记者的新闻发现过程更为主动,媒体在新闻报道上更加灵活;最后,有利于网络资源的整合和新闻的深度挖掘。

如何在有限的时间内快速获取有价值的新闻线索呢?首先,要提高网络搜索能力。除了传统的百度、Google等搜索工具的使用外,还要善于利用博客网站的搜索引擎,如新浪微博、腾讯微博等,使得搜索目标更集中、快速、准确。其次,记者平时要多关注可以利用的优秀博客,根据自身需要进行有针对性的选择和搜集。另外,在获得新闻线索之后,记者要及时核实新闻线索的真实性。真实性是新闻的第一要义。

第二节 微博新闻信息采集与利用

微博是一种兴起于网络的交互工具,发布者可以根据心情随意发布,没有任何局限性,这提高了事件传播的时效性。它的这些特点给传统的新闻采写带来了许多变化,因此,越来越多的新闻工作者在条件不利或是遇到突发事件没有充分准备的情况下,启用微博这一新的采访工具,快速写作,让大众能及时地获知新闻事件。

2006年,微博横空出世。微博可让发布者随时随地发布自己的心情和观点,而且可以从移动设备上查看,刚开始所有信息都限制在140个字符长度,提供了短小精悍的信息传递路径,可以分享最新的新闻动态和所见所闻,实现了同步传输。微博具有门槛低的特点,发布程序简单,可以让信息随时随地发布,这提高了微博的使用度、参与度。

一、微博给新闻采写带来的变化

（一）微博新闻传播特点

1. 微博时效性强

微博信息发布没有时间的限制,也没有量和质的要求,使信息更容易被及时传播。微博作为信息共享平台,用户能随时发表、更新、获取信息。尤其在具有新闻价值的事件发生的时候,普通微博用户就可以记录、发布新闻信息,微博给予了受众发表言论的权利,弱化了传统新闻媒体的优越性。由于微博的时效性强、传播速度快、信息量大,人们更愿意通过微博阅读新闻信息,其多样化的途径和表现方式,使用户能从中获取很多乐趣,微博的影响力已大于传统媒体,作为信息时代的新兴媒体,微博是最具代表性的产物。

2. 微博应用广泛

微博信息来源多样,其几乎无门槛的发布方式,使人人都可以成为新闻信息的发布者和传播者。微博是一个言论自由的网络媒体和交流平台,实现了"点对面"的信息共享方式,也给受众提供了交流平台。传统的纸媒难以实现受众之间及受众和媒体之间的高度互动,并且传统媒体的权威性是受众所不敢亵渎的,受众难以表达自己真实的想法。

3. 微博信息符合快餐文化

随着生活节奏的加快,各种快餐文化也陆续出现,微博就是其中一种。相比传统的节奏,快餐文化的特点表现为快速、高效。生活变得快节奏,使人们缺乏耐心。传统媒体的新闻报道都是采取信息堆积的方式,受众往往在阅读标题后就不再详细阅读。微博的定位响应了时代的文化特点,有140字的限制,言简意赅的信息发布使受众不需要耗费时间搜寻信息,随时随地可以浏览新闻,几乎不需要支付成本,微博给人们生活带来了便捷。

（二）微博改变传统新闻采写模式

1. 丰富了采访手段

记者用手机就可以记录整个新闻事件,并可以随时通过微博将信息发布出去。同时,微博还是丰富的新闻源,例如,一些名人的微博会发布一些私人照片,很多记者就会从这些照片中发现新闻线索,还有的政府部门可能会发布一下消息,很多记者也可以从这些消息中揣测一些新闻点进行探究,这种途径也是对记者敏感性和搜索能力的考验。尤其是在微博实名注册后,记者可以从微博中得到更多的信息点。另外,记者也可以直接用微博进行采访,同时进行网络直播,跨越了地域的限制,这使采访变得更加亲切随意,给人更舒适的感觉。

2. 丰富了写作方式

仅用140个字把事情说明白还要具有吸引力,这是对发布者语言组织能力的考验,短短几句话就体现了发布者的水平。也正是由于有字数的限制,微博新闻变得通俗易懂,更加简洁。此外,还可以配上现场的实时图片,让读者对现场的状况一目了然,可谓是时效性最好的媒体。

3. 丰富了表现形式

随着微博用户的增多，微博的优势也逐渐体现出来，微博不仅用文字来表达，还可以加上图片和视频，使想要表达的事情更加生动形象。

二、微博给新闻采写带来的启示

第一，信息发布要言简意赅。微博的兴起迎合了快餐时代的特点，拥有了最广泛的受众群，这主要因为微博信息的简洁性，表达方式干净利落，容易理解。可见，无论对于什么样的媒体，抓住受众心理才是关键，新闻信息的采写要简洁明了，中心思想明确，便于人们快速准确地抓住核心内容，判断信息的价值，以便快速广泛地传播信息。

第二，重视新闻的时效性。微博消息可以实时发布，并且被无数次地转发，其及时性是其他媒体所不能取代的。与传统纸媒相比，网络新闻不需要生产耗材，节约了生产、传播成本。但是，微博依然有其自身的局限性，低门槛导致其上信息的良莠不齐，真假难辨。传统媒体的权威性和可信性明显高于网络媒体。

第三，报道方式要多样化。融合多种形式的信息载体，改变了传统媒体传播方式单一的局限性，使读者可以通过多种方式获取信息，在增加信息浏览趣味性的同时，也提高了信息传播的效率。

第四，重视微博的广泛影响力。单个传统媒体的影响力有限，因此，应注重微博的新闻信息，建立固定、广泛的网络新闻渠道，使其成为一个新的新闻传播平台。新闻传播渠道的多样化，能够使信息来源更多样、灵活，使新闻线索的取得不再那么困难。

第三节 微信新闻信息采集与利用

微信是近年来迅速兴起的新媒体社交软件，引领了"微传播"模式的发展。2012年8月，微信推出了微信公众平台功能，分为服务号与订阅号两类。通过这一平台，能够实现发布与受众的全方位沟通，很快成为各类媒体拓展新闻传播渠道的重要阵地。由于微信公众平台支持文字、图片、音频、视频等信息，信息传播得以更加形象，更富感染力。

一、在网友大量议论的热门话题中找新闻

在微信这一公共平台上，常会出现大量网友津津乐道的话题，如果记者进行探究，就不难寻觅到好的新闻线索。2013年，由于微信的传播简便快捷，不少网友成为"微商"，在"朋友圈"中出售各种商品，"朋友圈"平台的交流沟通功能被弱化。针对这一事实，南阳市卧龙广播电台记者李晴对各类微信用户进行了采访，搜集了大量的群众意见和看法，并采写出了广播新闻评论《朋友圈缘何成为购物圈》。稿件一经播出，就得到了听众的广泛关注，引起了听众的共鸣。听友纷纷在卧龙广播电台微信公众号平台上留言,发表自己的心情。① 在微信阅读中,健康养生类也是网友关注的重要板块,在一次阅读中,某记者看到一篇短文,内容是"红酒泡洋葱"治百病。由于这种食疗方法操作简单,不少网友纷纷效仿,一些网友因此诱发了胃病。根据这一现象,该记者采写了录音新闻《红酒泡洋葱,这样养生不靠谱》,采访了吃过洋葱的市民和因此诱发疾病的患者,又采访了营养科的医生,对这一现象进行批驳,避免了市民的盲从。②

二、调查分析网友议论的"新、奇、特"现象

微信"朋友圈"常有各类抓取读者眼球的新闻,有些是身边常被人忽略的小事,有些是常见现象但被夸大其词,如果对这些事件进行深入调查,一篇好的社会新闻也就呼之欲出。2013年9月,一篇《请市民注意菜市场的秤都垫有泡沫增重》的微信短文引起了某记者的注意,为辨别这条消息的真伪,该记者到菜市场及城区超市进行调查,果然发现大多数菜市场的秤下都垫着塑料泡沫,经过实地的测量,记者发现垫不垫泡沫塑料,菜品的重量差别不大,记者随即采访了质量监督部门,写出了《网传菜市场电子秤下垫泡沫箱可增重,质监部门说:这是假的》这篇录音报道,收到了良好的社会效果。③

与此同时,记者还对"WiFi您卧室里的杀手""PU发泡家具,用了等于自杀"这些热传的新奇话题进行了深入采访,有效地避免了一些谣言在微信里的传播,并且还对微信展示的一些突发新闻事件、公益性事件进行了引申采访。微信中常会有一些热心网友自发开展各类公益活动,经过记者的采访加工,就能升华成具有影响力的新闻稿件。2013年10月,南阳一位大学教授被烧伤急需救助的消息在微信圈传播,记者李晴联系到发布者后发现,这条微信的发布者是这位被烧伤教授的高中同学。他在国庆节回家时得知了好友被烧伤的消息,就在同学群里发动倡议,没想到更多的市民参与进来,短短一周就已经募集到捐款10多万元。根据这一新闻线索,记者来到这位教授家中,发现不少市民都登门捐助。记者根据这些材料,写出了《南阳大学教授一家三口烧伤,微信圈募集捐款10万元》这篇稿件,先后在南阳市广播电台、卧龙网等媒体发表,引起了更多市民和爱心企业的关注,随后为这位大学教授捐款的市民数量不断增加。2013年9月,在一个车友会的微信群中,记者看到了几百名车友会成员来到山区小学,为贫困学生捐书的几张照片,就马上联系到这位车友会的负责人,采写出录音专题:《爱心车友为贫困孩子撑起一片蓝天》,车友会和广播电台因为此篇稿件形成了良性互动。④

三、从一些提醒警示类微信中找线索

在微信中,常有一些提醒大家注意防止诈骗、偷盗及如何自救的消息,如果进行深加工,这些提醒类消息也可以做成一篇好新闻。记者李晴在微信中看到一则关于提醒

---

① 李晴.微信中新闻线索的获取与利用[J].视听,2015(2):120.
② 同上。
③ 同上。
④ 同上。

女性遇到歹徒时如何脱险的文章,按照这篇文章,她随机采访了几位女性,又到公安机关采访民警,写出了《女性遇到歹徒应掌握七招》这一条消息,颇受女性听众的关注。[①]

从微信广告中找新闻。在微信中,经常有一些商家发布广告消息,如果仔细揣摩,就能从广告中发现丰富的新闻线索,再用心去挖掘,就能大量采写出新闻甚至是精品新闻。进入冬季,某记者在一家通讯商的微信上看到一则公告,其所在地所有的迪信通连锁门店都可以为环卫工人提供开水。受到这则公告的启发,记者联系到了多家冬季可以为环卫工人提供开水的商家,访问了商家负责人和环卫工人,采集到大量真实动人的现场声,经过加工,写出了《暖冬暖心:爱心商家为环卫工人免费提供开水》这一新闻,受到社会的广泛关注和好评。[②]

由于微信具有个人性、即时性和开放性的特点,可以为记者提供最具个性化的新闻线索。因此,记者既要像一名普通的受众那样,去查阅微信上的"原发信息",也要对涉及本地的事件、人物、群众诉求等信息及时了解跟进。只要记者具备敏锐的新闻敏感,善于思考,善于从别人报道的"缝隙"中引出线索,再进行深度挖掘、链接解读,就能为获取新闻内容开辟新的途径。

第四节　新媒体新闻信息采集程序与核实

随着互联网的发展,尤其是以微信、微博和博客为代表的网络"自媒体"的兴起,近年来,在传统媒体的报道中,由网络提供的新闻线索也日益增加。从网络论坛、贴吧、微博等处寻找和发现线索,也成了各传统媒体及其记者的一项基本技能。同线下线索一样,网络线索同样存在发现之后如何挖掘,以使得线索背后所蕴含的新闻价值最大化的问题。同时,实现新闻线索价值的最大化,也是现在传统媒体发展的要求所在。

一、线索获取 开发步骤

(一)信息发现

新闻总是随时随地地发生,博客、微博与微信的信息发布也在随时随地进行,所以新闻记者要时刻准备着,机会总是青睐有准备的人,新闻记者要有"新闻眼",要有新闻观念,要从新闻报道的角度去观察、分析、研究所面对的各种信息。利用新媒体发现与挖掘线索分两种情况:一是泛泛浏览微信、微博与博客,在不经意间发现,这种方式接触的信息量大,获得的线索比较杂;二是长期关注形成特定消息来源的微信、微博与博客,这种方式获取的消息比较固定,也更加及时。

(二)价值判断

微信、微博与博客的消息繁杂,在这些消息成为新闻线索选题之前,新闻记者需要

---

① 李晴.微信中新闻线索的获取与利用[J].视听,2015(2):120.
② 同上.

对其进行新闻价值判断,判断是否有潜在受众,是否有社会影响力。这就要求新闻记者关心时事,勤于思考,对社会重大事件和重大变革具有敏锐的洞察力,留意关注有新闻价值的信息,舍弃没价值的信息。

2010年年底的"NASA 谣言",在微博上传播较广。当年的11月10日,NASA 网站上刊登了一条通知,称将于美国东部时间15日中午12时30分(北京时间16日凌晨1时30分),就钱德拉 X 射线望远镜在地球附近发现特殊物体举行发布会。NASA 可能没有想到,这一则公告在北京时间15日下午以后,逐渐演化成一个"NASA 将发布外星人"的震惊全人类的新闻谣言风暴。甚至某新闻周刊的官方微博,也不幸"中招",在其中充当了扩散谣言的重要推手。北京时间16日中午,没有料到在中国造成无数人困扰的 NASA,如约召开发布会,美国科学家发布的是发现了一个30岁左右的黑洞,和外星人风马牛不相及。谣言不攻自破。第二天,大多数媒体都根据发布会的内容,刊发了一则消息稿:NASA 发现"最年轻"黑洞。

当天的《北京青年报》独辟蹊径,除了这一消息之外,还逆向思维,追问了一个问题:一则科技新闻如何引来一场谣言风暴,并发布报道。在这则报道中,记者详细梳理了这则谣言从国外流传至国内,并通过个别明星和媒体未经求证的"推波助澜"的过程。进而,该报通过专家分析的方式,认为谣言能够甚嚣尘上,是因为其迎合了部分人心理预期。并且,他们的报道并不仅限于此,还鲜明地表达了自己的观点:反击谣言需要及时清晰的信息。相比于其他仅仅局限于发布会本身的报道,这组解析性报道,既澄清了谣言,又解答了疑问,实在精彩。①

(三)整理记录

在确定了信息能够成为新闻线索之后,就要对相关信息进行整理记录,以便进一步采访报道。首先要对信息中的时间、地点、事件、人物、联系方式等信息进行记录,便于跟踪采访。其次要对信息来源的博客或微博进行归类记录,为今后新闻线索的获取服务。

二、逆向思维 去伪存真

新媒体的繁杂信息,良莠不齐,其中不乏以讹传讹的谣言。传统媒体具备公信力,对新媒体信息进行求证、勘误也是其自身责任之一,因而,新媒体中的许多具备公众关注度、容易引起公众恐慌等的传言,对于传统媒体而言,通常是非常好的新闻线索。将这类新闻线索"去伪存真",将新闻价值做到最大化,极其考验记者的功力。

(一)核实信息

核实是在确保了信息具有新闻价值的前提下,进一步对信息进行真实性和详尽性的考察,以避免虚假新闻。博客、微博上信息众多,但都呈现出碎片化、不完整的特性,所以,必须对通过新闻价值初判的消息进行真实性判断。核实的方法一是直接核实,即从信息来源处进行审核,从发布消息的博主、微博主或微信主,以及从当事人处直接了解

---

① 王海.自媒体时代 如何实现网络线索价值最大化[J].新闻窗,2013(02):69-70.

事件的真实面貌；二是间接核实，即通过生活经验、常识或从大量的跟帖、回复中寻求线索，在众多的评论回复中，常能看到有价值的消息。

（二）考察不确定因素

从博客、微博与微信获取新闻线索时要注意，这些信息发布者以普通社会个体居多，出于各种原因，难免会出现虚假信息或不实信息，特别是要考察以下一些不确定因素。

第一，信息的发布者是否蓄意捏造事实，刻意发布虚假信息。第二，信息在传播过程中是否发生了变化，而新闻记者恰恰没有接触到原始信息。第三，考察信息要素是否齐全。许多信息发布者也只是新闻信息的旁观者，本身掌握的信息不准确、不全面。比如高速公路两车追尾，一个路人可能只会在他的微博中说"在××高速发生两车追尾"，其他信息，如车型、人员伤亡情况、具体地点等信息可能发布者本身就不清楚。第四，发布者对事实概括，不具体。这就要求新闻记者或新闻媒体在看到可能有新闻价值的线索时，不急于求成，要懂得过滤、去伪存真。

（三）预判新闻线索

第一，线索内容，记者应预判新闻信息内容是否符合法律和社会道德规范。不得有损人利己、封建迷信等内容。

第二，预判线索真实性，可从以下几个方面来判断。①博客、微博与微信的信息发布者是亲眼看见，还是道听途说。②博客、微博与微信的信息发布者的信誉度如何。③博客、微博与微信的信息发布者能否提供新闻事件的精确细节。如果新闻记者能够与信息发布者进行双向交流，新闻记者应该在获取新闻事件基本信息的基础上，向发布者进一步了解事件的精确细节，通过对相关细节的逻辑推理，对新闻信息的真实性进行判断。④线索是否有其他相同的信息来源，如果存在多个信息发布者提供相同的新闻线索，则线索为真的可性较大。如果线索由唯一的发布者提供，不代表其一定虚假，有可能只是需要进一步验证。如果验证为真，可能因独家性更强而具有更高的新闻价值。

三、寻找本源 引领舆论

透过表象抓本质，在博客、微博与微信线索中，很多并不是单纯的事件，而是在百姓生活或社会进程中，出现的某一类现象。这些现象，有的能够体现社会发展过程中的矛盾，有的确确实实就是百姓日常生活中遇到的困难，媒体理应去关注和报道。但对于这类线索，往往容易被记者错过。自媒体时代如何实现网络线索价值最大化，对于这类线索，需要记者有很强的分析能力，清晰地分辨出各种各样的现象背后是否具有深层次的内涵，从而迅速决定哪条线索要做，哪条线索要放。

2012年春，微博上不断有北京市民发帖称，在外踏青时遇到了停车场乱收费的情况。针对这一现象，《新京报》记者调查发现，北京部分公园的停车场存在不按时间收费、私下涨价等混乱现象，甚至还有不法人员私设停车场。出于时效的原因，《新京报》记者随即将调查到的这一现象进行了报道。但这一报道，仅仅展现了停车场乱收费、有不法停车场存在的事实，停车场是如何乱收费的，不法停车场的运行模式是怎样的，为何能运行下去,有没有解决办法等,在这篇报道中都没能涉及。记者也意识到了这一点,很快,在经过了一周左右的调查后,《新京报》继续刊发的深度调查报道《北京路边停车位调查:路边私划停车位自定收费牌》——回答了上述问题。紧接着,随着相关执法部门的介入,《新京报》的第三篇报道又紧跟刊发:《北京曝光黑停车场已取缔》,三篇报道由现象入手,通过调查揭露本质原因,进而推动执法部门的介入,层层解剖,令人赞叹。①

  对于博客、微博与微信的话题类帖子要注意引领舆论,明确观点最重要。由于新媒体的开放性和互动性,通常来说,一个话题的争论可能很难有结果。而传统媒体则应该在客观的基础上,通过线下采访、版面安排等手段,设立明确的观点,从而对舆论进行引导。2010 年 1 月 10 日,北京大雪之后,某社区论坛上的一篇帖子引起《新京报》记者的关注:一商户老板抱怨,街道办挨家通知各店主必须清扫自家门前积雪,否则将予以处罚,但因为雪量太大,他难以完成,并认为这是政府之事。跟帖者众,有人为发帖老板喊冤,有人支持政府之令,有人提出政府出资买劳力,亦有人回忆起儿时"人人扫雪"的景象,呼吁"全民扫雪"。各说各的理,争论不断。随后,《新京报》刊发报道《全民劳动远去 大雪究竟谁除?》,将这些观点逐一梳理、刊发,并在导语中明确表明:"'全民扫雪'或许只是一种理想,但唤醒民间的力量,让更多的人力参与除雪,无疑是最现实的办法。城市是属于每一个人的,对任何危机,单靠政府不可能快速化解,如何明晰政府的责任,并保障民众的权利,以此为基础建立起政府与公民的新型合作机制,可以这次大雪为契机,好好总结。"如此明确的观点,一目了然,媒体自身引导舆论,回归"引领"的价值。

本章小结

  新媒体主要指博客、微博、微信,它们都是依赖计算机而存在的媒体形态。这些媒体新闻信息来源,大多为两种情况:一种是原创,一种是转载。自媒体作者常用下述手段搜集各类信息:频繁逛论坛,关注微博动态、百度新闻,管理博客评论,多阅读报纸、杂志及新闻通讯。官方新媒体由职业新闻人采集新闻信息。博客为新闻记者提供了新的信息源和采访对象,利用博客交流平台,与博客对话,形成一种新的采访方式,富于个性化和具有连续性的博客为新闻采访提供了一种新的范式,博客在发布之前没有任何的"把关人",博客传达个人眼中看到的事实和自己的所感所想,具有个人化的语言特点。博客信息在新闻线索中被开发利用。微博给新闻采写带来了变化,改变了新闻采写的传统模式,对平面媒体新闻采写带来新的冲击和启示,同时自身也有一定的局限。微信引领了微传播模式的发展。微信中新闻线索的获取与利用方法包括:在网友大量议论的热门话题中找新闻,从网友议论的"新、奇、特"现象进行调查分析,从一些提醒警示类微信中找线索。新媒体新闻信息获取线索的步骤有信息发现、价值判断、整理记录;要逆向思维,去伪存真,注意核实信息,考察不确定因素并预判新闻线索内容。要注意寻找本源,引领舆论。

---

① 王海.自媒体时代 如何实现网络线索价值最大化[J].新闻窗,2013(02):69—70.

思考与练习

1. 联系自身(如用手机搜集素材),谈谈新媒体信息采集有哪些优点?
2. 博客、微博和微信等新媒体的出现给新闻采写带来哪些变化?
3. 试着用手机采集信息,并写作一条新媒体新闻。

第八章　融合新闻采访

> **学习目标**
> 1. 理解融合新闻的采访思路。
> 2. 掌握融合新闻的采访手法。
> 3. 了解融合新闻记者的培养。

融合新闻出自融媒体，融媒体是充分利用媒介载体，把广播、电视、报纸等既有共同点，又存在互补性的不同媒体，在人力、内容、宣传等方面进行全面整合，实现"资源通容、内容兼融、宣传互融、利益共融"的新型媒体。①

融媒体指各种媒介呈现出多功能一体化的趋势，数码电子科技的发展是导致历来泾渭分明的传播形态聚合的原因。② 为了适应新的媒介环境，媒体纷纷走上融合之路，借助融合的趋势，实现着自身转型的需求。不同符号形式的内容冲破了媒体之间的界限得以在同样的平台传播。传统媒体纷纷数字化、网络化，借助数字技术衍生出了新媒体，新媒体在新闻传播中发挥越来越大的作用，"融合新闻"逐步成为新闻传播的主体。"融合新闻"又称"多样化新闻"，主要指利用多媒体手段进行新闻传播活动。③ 媒体融合从具体的操作层面，还需落实到新闻业务最基本的采访与写作两个环节，要求从业者既要保持媒体固有的产品特点，又要将自身融入全媒体的范围，进行新闻产品的生产。

第一节　融合新闻的采访思路

一、一次采集　多种发布

融合新闻要求采访内容能够适应多种媒体类型进行新闻生产，满足新的信息业态要求，需要通过采访完成从图片文字稿到视频新媒体的产品。新华社前任社长、党组书记李从军在"推动传统媒体与新媒体融合发展"论坛中的讲话指出，要打造"天上一片云，地下数张网，中有交互台，集成服务场"的格局。通过综合性"中央厨房"为受众提供多种选择方式，适合于多种媒体。

---

① 张英华.融媒体时代电视新闻编辑的创新意识和融合能力[J].西部广播电视，2017(17)：169—170.
② 时郁婷.论媒介融合对新闻传播的影响研究[J].大众文艺，2011(07)：191.
③ 言靖.媒介融合趋势下新闻人才素质培养[J].新闻知识，2010(04)：72—74.

二、理清头绪 有的放矢

不同媒体的新闻呈现出一定的风格,这需要记者心中有数,明确采访的要求,抓住采访的关键性环节,获取符合媒体定位的一手资料,避免采访过程中的主观性和盲目性。尤其需要针对媒体所面临不同的受众群体进行专门的采访,如在纸质媒体发布的信息,其采访对象、提问设计、资料搜集可能会与在视频新闻中和网络平台上的不一样,这就需要记者有针对性地根据同一选题做出不同的采访安排和设计。无疑,这给记者提出了更高的要求。

第二节 融合新闻的采访手法

一、追求采访时效性

部分传统媒体记者对新闻时效性的理解与网络媒体记者是有差别的。一般意义上的时效性是指新闻发生和新闻报道出来之间的时间差,而今应该对时效性有更广义的理解。记者能否最早进行新闻价值的判断、第一时间发现新闻价值,能否及时介入采访,这些都决定了新闻是否更加迅速、准确。新闻传播时间观的发展经历从定时、及时、实时再到全时的阶段,全时传播意味着随时随地对新闻进行实时化的报道,这样的观念还没有深入传统媒体从业者的理念中。要做到新闻发布的快速准确,采访是先决条件,要求记者快速反应,平时广泛积累人脉和采访经验。

二、采访与采集并用

传统媒体内容更多来源于采访所得,有的记者有专门的"口子",在新闻报道中更多的是对已有选题的采访,辅以相关资料进行报道。在互联网环境中,往往需要编辑记者自己想选题,做一些"无中生有"的报道,这其实更需要媒体人时时对社会各方面进行关注,并养成一双"慧眼",通过观察、思考,发现新的选题,丰富报道内容。而这些选题有时不一定有现成的采访可实施,这就需要记者具有采集信息的能力,培养文献检索、采集的能力。

三、运用多媒体采访

先进的传播技术给记者带来了丰富便捷的采访方法,现在有的记者甚至能独立完成新闻的采访和拍摄。记者集文字、摄影、录音、摄像技能于一身,利用数字化工具进行多媒体新闻素材的采访活动。移动短视频的兴起给记者提供了全新的采访方式。据报道,2014年全国两会期间,"@人民日报"共发布了7条独家"秒拍"短视频,第一时间报道两会动态,传递代表委员声音。不仅是《人民日报》,新华社、中央电视台等媒体的数百位记者,也在当年两会上使用"秒拍"进行新闻报道,产生了数万条视频信息。[①]

"秒拍"移动短视频成为记者报道新闻的"新标配"。移动短视频,是一种基于移动终端的全新社交应用,它允许用户利用智能手机等移动终端设备拍摄时长一般在 30 秒以内的极短视频,并支持快速编辑美化。国内具备移动短视频功能的应用包括新浪秒拍、腾讯微视、阿里短片等。以新浪秒拍为例,它被称作"视频版的微博",其主要功能是使用智能手机拍摄上传时长为 10 秒的视频,支持个性化主题、剪辑、滤镜、添加边框及配乐等功能,快速上传并能一键分享到微博、微信等社交平台上。借助于新浪微博的强大社交传播能力,使短视频新闻报道的影响力最大限度地释放。

移动短视频被应用于新闻报道,这源于它的几个特性:第一,即时拍摄,及时分享;第二,丰富了社交媒体报道形式,移动短视频突破了以往"文字"或"文字+图片"的采编播方式,是新闻记者进行全媒体报道的重要尝试;第三,满足了用户碎片化浏览需求,移动短视频长度极短,适合人们在零碎时间内浏览,并且内容往往主题鲜明、开门见山,较之冗长的视频,更容易被网友接受,形成传播。媒体记者通过移动短视频进行独家采访,并在网络上与网友进行有效互动,达到了良好的传播效果。现在流行的手机自拍杆,也被记者用于媒体的报道中,以及时抓取信息,及时报道独家新闻。

可以预见,随着我国高速网络的推广和完善、智能移动终端的进一步普及,移动短视频或将掀起又一场社交媒体革命。对于专业新闻机构从业者而言,移动短视频的出现使新媒体平台的新闻报道方式有了更多可能。

四、选定采访内容

(一)对新闻价值的重新判断

我国新闻学术界公认的新闻价值五要素是时效性、接近性、重要性、显著性、趣味性,这是指导从业者进行新闻报道的重要"指针"。在媒介融合环境中,传播方式、受众需求等都在发生变化,传统新闻价值的五要素受到了考验。例如,时效性,到底是什么标准下的及时?接近性,这种接近以往更多是指地域的接近,而现在媒体更看重的是与受众心理距离的接近。所以,结合当下媒体环境分析,新闻价值可以重新定义为即时性、亲近性、显要性、实用性和趣味性。即时性契合了新闻传播的全时性要求;亲近性体现了媒体对受众的重视,致力于拉近与受众的距离;显要性符合了在海量信息中凸显媒体主流新闻;实用性表现了媒体的服务精神,为受众提供更有效的新闻;趣味性适应了快节奏生活中受众对轻松愉悦新闻的需求。媒体记者知晓了媒介融合环境下新闻价值的新的判断标准,就更容易做出使受众满意的新闻。

(二)信息从新闻延伸至资讯

新闻传播的基本任务就是真实迅速地反映自然和社会的最新情况,其核心也是为了人的生存、发展和完善服务,为人提供真实有效的信息。在媒介融合环境下,新闻的概

[①] 张世悬.移动短视频成新闻报道"新标配"[N].中国新闻出版广电报,2014-04-02.

念具有延伸性,各类媒体也更加注重为受众提供具备知识性、实用性和服务性的信息,并以此作为媒体与受众的结合点。这些信息既不像硬新闻那样事关国计民生,也不像软新闻那样仅满足人们当下的阅读体验,而是能够给人带来现实价值的一类资讯。多元化的新闻资讯已经广泛涉及教育、医疗、商务、娱乐等方面,作为媒介融合的传播者,更应想办法做到雅俗共赏,体现亲和力,充分展示人文关怀。

第三节 融合新闻记者的培养

传统的新闻业务教科书将新闻记者按工作性质分为文字记者、摄影记者、广播记者、电视记者。媒体融合的新时代对于未来记者的要求就是:成为一个全能记者,既要能拍摄、会写稿、能做出镜记者,还要会使用各种现代化的编辑和传输设备,最终把新闻报道出去。而且伴随着各种新媒体的出现,记者要有足够准备,以应对各种各样的局面,在这种形势下,只有素质全面的记者,才能适应未来各种复杂的报道环境。想要成为一名"采编播一体化"的全能记者,需要从政治、业务、文化等方面加强对自身素质的培养。

一、全媒体时代需要怎样的全媒体记者

全媒体时代,究竟需要怎样的全媒体记者?是不是每一位记者必须同时具备"十八般武艺"才够得上这个"全"字?要求一位记者同时具备高超的文字采编、图片拍摄、视频采集以及多种新媒体编辑、制作能力,这是违反事物发展规律的,这条路径不具备培养可能性。[①]

一般来说,身兼数职的全媒体记者,对于本职之外的其他操作,往往只能停留在基本的信息补充采集层面。比如,文字记者的现场拍摄,的确可以有效填补视觉信息的不足,但从图片和视频的专业性上来讲,往往达不到要求。

其实,这样的要求是对全媒体记者的理念产生了偏差,焦虑感促使媒体管理者恨不得每一位记者、编辑能在短时间内全部成为全才、通才,希望每一位记者都能够写得出美文,拍得出美图,剪辑得了视频,能当主持人,做得了微信公众号……

事实上,全媒体采编能力,更应该由以下三种能力构成:

第一,多元化的团队整合与协作能力。比如,由三四人组成的采编小组协同报道,采编过程有明确分工,采编完成之后,分发不同平台制作,始终有明确分工。

第二,全媒体生产链条从产品生产线上游至下游的科学统筹和管理能力。

第三,针对记者个人在某一方面特别突出的特质,发现并将其发扬光大。比如说,一位文字记者,长年在音乐方面有特长,可以在即将推出的新版客户端上,为其量身定制相关音乐类栏目,这个栏目将涵盖新闻采集、个人作品展示、全媒体音频播放等功能。

---

① 卢楠.浙报集团最新人才招收过程与思考——科学吸纳全媒体人才,为实现"全面融合转型"新目标"招兵买马"[J].中国记者,2017(02):12—15.

此外，还着重考察记者以下方面的特质：

第一，是否具备足够强的新闻敏感性。在海量信息时代，不光是信息量大，而且伪信息、不实信息更是甚嚣尘上，占据相当大的空间。而且如今的信息来源不再是单一的，社会来源成为主要信息通道。所以，融合媒体在招聘时，新人是否需要具备从纷繁复杂的信息中提取具有核心价值信息的能力，是被优先考虑的。

第二，是否熟悉各种传播平台的不同属性与特点。纸媒、微博、微信、网站、APP，同样的新闻内容，在这些平台上应怎样处理才能达到最佳传播效果？浙江日报报业集团招聘时会选择一至两个最新的时事类或社会类题材对应聘人员进行考察。

第三，是否具备相关运营能力，是否有微信公众号或此类新媒体产品的运营经验。浙报集团在四川大学招聘时，了解到有位女生在校期间一直精心运营着一个摄影公号，基于此公号，她以一人之力进行内容推送、吸粉、推广、维护等工作，最终这个公众号通过了学校的新媒体项目竞赛，同时获得学校免费租用的场地，将公众号从线上做到了线下。在接收了浙江日报报业集团的录取通知之后，她还成功把微信公众号以一个不错的价格"运营"给了下家。在校期间就具备这样的运营能力，当然是媒介融合时代需要的人才。

第四，是否掌握网络传播的相关技术。不是要每个人都成为"程序猿""攻城狮"，但如今的采编人员必须具备相应的基础操作技术才能立足，比如微信公众号内容的制作，新媒体内容的排版，H5的制作，等等。

二、全媒体记者如何采访写作

《杭州日报》城市新闻中心记者张龙曾描述自己作为全媒体记者的工作形容：行头越来越齐全的"采访本＋笔"。在《杭州日报》"全员转型"的培训下，作为滚动新闻记者必须既要能写文字，又要能拍照片，还要能摄像，掌握视频剪辑、上传技术，并在网络后台更新发布等。[1]

以前遇到突发新闻，他拿上一个"傻瓜"相机就出发了。现在有了智能手机，可以直接拍照和摄像，而且画质很好，非常便捷，可以做到随时随地进行抓拍。拍完的照片可以及时发给后方编辑进行后台滚动播报。遇到重大新闻事件，记者需要准备得可能会更多，比如包括笔记本电脑、直播车等。

2010年9月，投入150万元的《杭州日报》在线新闻直播车正式启用，这是全国纸媒第一家集卫星、微波、3G三大网络于一身的新闻直播车，可以全天候、全路况、全方位进行网络直播，是一艘"新闻巡洋舰"。这辆在当时国内领先的新闻直播车还配置了先进的图文、视频处理设备，在现场采访的全媒体记者可在离直播车约1千米的范围内，将采访的视频、照片通过无线微波技术直接传送到直播车上，进行快速编辑处理后，既可以直接上传至网络，也可在没有无线网络信号的地方通过卫星传送技术发回《杭州日报》社

---

[1] 张龙.滚动新闻如何滚动——一个全媒体记者的自述[J].传媒评论,2012(01):17-18.

的地面接收站,再转输至互联网上,新闻从现场到电脑网页上的时间只需 20 秒左右,成为做强滚动新闻的有力保障。

> **本章小结**
>
> 　　融合新闻的采访思路包括:一次采集,多种发布;理清头绪,有的放矢。熟练运用采访手法,追求采访时效性;采访与采集并用,多媒体采访。记者应强化自身政治、业务、文化素质和语言表达能力。全媒体记者的采编能力更应由三种能力构成:多元化的团队整合与协作能力;全媒体生产链条从产品生产线上游至下游的科学统筹和管理能力;个人在某一方面特别突出的特质,发现并将其发扬光大的能力。

思考与练习

1. 媒介融合背景下的新闻采访工作有哪些新特点?
2. 用手机试着采制一条融合新闻。
3. 在融合新闻采写中,你认为是该强调记者的"全能"还是团队的"协作"?

第九章 消息的写作

> **学习目标**
> 1. 理解消息的文体特征。
> 2. 掌握消息的标题制作,以及消息头、导语、主体、结尾的写作方法。
> 3. 了解消息的背景材料运用方法。

消息是新闻报道中的主力军,是各类媒体大量使用的体裁,消息有其固有的构成要素,学习消息的写作必须了解消息的文体特征和构成要素。了解消息的文体特征首先要了解消息的概念、地位和写作特点;消息的构成要素有标题、消息头、导语、主体、背景、结尾。本章将阐述消息的文体特征与构成要素。

第一节 消息的文体特征

一、什么是消息

（一）消息的含义

消息是一种记叙性文体,属于新闻报道的范畴。通常也把消息叫作新闻。其实,广义的新闻包括了消息、通讯、特写、调查报告、评论等多种体裁;狭义的新闻就是指"消息"。消息,即以简要的文字或图片迅速报道新闻事实的一种新闻体裁。消息也是新闻报道中最基本、使用最多的一种,在新闻报道中占有非常重要的地位。通讯、深度报道、调查性报道、解释性报道、服务性报道等是消息的深化和补充。

（二）消息的特点

消息作为报纸、广播、电视、网络乃至新媒体的主要新闻传播形式,有以下几个特点。

寓理于事。消息主要是报道真实的事实。通过事实说明问题、影响读者,具有针对性、思想性和指导性,有组织、鼓舞、激励、批判、推动的作用。

讲究时效。消息要迅速及时地传播各种社会信息,延宕了的信息就失去了新闻价值。而且,消息的时间性要比其他新闻体裁都强。

简短精粹。消息要用最简洁的语言说明情况,寥寥数笔,显出"精神"。因此,要求简练明白,准确生动,篇幅短小。

二、消息的地位

信息化时代,消息仍是新闻报道的主角。从信息需求来看,消息是人们获取信息的主要渠道。从报道数量来看,消息是众多新闻体裁中应用最多的。写消息是记者的首要任务。许多记者都有这样的切身体会,要想掌握写作各种新闻体裁的本领,首先应该学会写作消息。

从新闻报道的发展来看,消息是最基本的报道方式。消息最集中、最鲜明地反映了各种新闻报道体裁的本质属性——向公众传递最新、最有意义的信息。消息最集中、最鲜明地体现了各种新闻报道体裁的共同价值——时新性、重要性、接近性、显著性和趣味性。消息最集中地反映了各种新闻报道体裁的共同要求——迅速、准确、简明。写好消息,也就为写好其他体裁的新闻打下了基础。掌握消息的叙述形式是掌握其他报道体裁叙述形式的基础。

三、消息的写作特点

(一)简括

简要、概括地反映新闻事实,是消息有别于其他新闻体裁的本质特点。下面的案例用消息与通讯两种不同体裁的报道新闻事实,可以从对比中看到这一特点。

文一:体操世锦赛单项决赛展开
董震获吊环金牌

本报天津10月15日电(记者吕恒文) 在这里进行的世界体操锦标赛,今晚开始了10个单项决赛。来自天津的选手董震不负众望,勇夺吊环比赛金牌。在团体和全能比赛中一直状态低迷的俄罗斯选手,今晚有上乘表现,他们夺走了今晚决出的另外四项比赛的金牌。

来源:《中国日报》

文二:天津小伙真棒
——记勇夺世锦赛吊环金牌的董震

本报记者 吕恒文

静静地悬垂在两条钢丝上的吊环,引起了天津观众的极大兴趣。因为今晚参加这个项目决赛的八名选手中,有一名中国国家队的选手董震,他就是"咱们天津人"。

董震这次得以入选中国体操队,进入世锦赛主力阵容,与他在吊环这个项目上的实力突出有很大关系。在资格赛中,他在这个项目上的得分就排在八名决赛选手之首。由于中国男队在全能决赛时意外失误,今晚的单项决赛,教练组希望董震不受外界干扰,稳定发挥,拿下这枚金牌。

晚9时30分,当现场解说员报出"董震"的名字时,全场观众爆发出热烈的掌声。第五个出场的董震稳住情绪,手握双环,成十字水平,再接向后翻成倒十字,整套动作连环巧妙,标准到位,编排独特,最终得到了9.775分的成绩,当董震稳稳地落地后,无论是他身边的教练,还是现场的观众,都长长地舒出了一口气。大家知道,这枚金牌已属于董震了。

22岁的董震是中国队参赛选手中年龄最大的,苦练体操多年,是天津世锦赛给了他一战成名的机会。董震今天的成功,源于他的实力和难得的自信。正如他所言:"我的力量和接连经过这么多年的苦练,可以说是处于世界前列,只要不出重大失误,以一颗平常心去参加角逐,就一定能够赢得比赛。"

天津体育馆的万名观众再次以热烈的掌声,向走上领奖台的天津小伙董震表示祝贺。这掌声代表着一个共同的心愿,激励着董震向2000年悉尼奥运会挺进。

来源:《中国日报》

同一件事实,消息报道就比通讯简单概括得多。简括就是消息文体一个最大特点。正因为字数少、内容清晰、写作容易、写得快,所以消息是新闻传播中使用频率最高的体裁。由于简括,就可以迅速、准确地传播新鲜事实。

(二)内容要素齐备

从内容要素来说,有五要素之说。五个要素指:人物(WHO),时间(WHEN),地点(WHERE),事件(WHAT),事件的原因(WHY)。在许多时候,还需要有一个要素:背景,即怎么样(HOW),故也有称六要素。西方新闻学简称五要素为"五个W"。较早的新闻理论要求五要素必须在导语中出现。随着传播技术的发展和完善以及写作方法的改革,现在,消息导语并不要求"五个W"俱全,根据需要,可以出现两个或三个,其他的可以后续出现。但在全篇消息中,这五要素仍是缺一不可的。五要素必须准确齐全。所谓准确,是表达准确,不能含糊其词模棱两可。

作为第六要素的"背景"是指:说明某个新闻要素与新闻事件有必然联系或直接关系的,能强化新闻主题和证明新闻价值的材料。比如,在某个特定的时间(或地点)发生了某个事件。那么记者就应该提供有关这一特定的时间(或地点)的材料。缺少必要背景的消息,同样是不完整的,是不能充分展示消息的报道价值的。

(三)用事实说话

消息这种体裁一般不提倡记者直接抒情或议论。虽然它并非绝对排斥抒情或议论,但要求尽可能地减少主观色彩。

用事实说话,有两个意思:一是靠新闻事实的本身去说话,二是报道事实就是为了说话。事实是信息,说话是观点。西方的观点是要展现,不要讲述。托尔斯泰说:"我不讲述,我不解释,我只是展现,让我的角色替我说话。"[1]

---

[1] 张夫稳,吕光社. 直接引语在新闻中的作用[J]. 青年记者,2007(02):53—54.

第二节 消息的标题

常言道:"看书看皮,看报看题",标题是消息的"眼睛",是对消息内涵的高度概括和浓缩。制作标题是一门艺术,也是一门学问。"题好一半文",好的标题是作者智慧的结晶。标题不但要利用少量的文字来对文章进行高度的概括,同时还要具有较强的吸引力以及视觉冲击力。同时,还要根据新闻的特点,将其中存在的矛盾与冲突表达出来。尤其是在对简短新闻报道的过程中,还需要将其中的悬念、冲突与新闻效果等用丰富的语言表达出来,在最短的时间内引发读者的阅读兴趣。

一、消息标题的类型

(一)单行标题

单行标题直截了当地叙述新闻事件的核心信息,多以直接陈述为主,例如下述例子。

> 中国新发射卫星有望揭开暗物质之谜
> 我市公布首批 11 个"蜗牛奖"事项
> 世界一半黑颈鹤出生在青海
> 监狱开个宣泄室
> "哭吧"亮相南京
> "上海女孩逃离江西农村"事件:假的!
> 一线代表"接力"建言:艰苦岗位津贴免征个税

(二)双行标题

双行标题,即标题由两行不同字号的字体组成。有两种形式:引题+主题,或者主题+副题。

首先,引题+主题,引题也叫肩题、眉题。安排在主题的上面(横排)或前面(竖排),是主题的先层意思和前奏,主要是从一个侧面对主题进行引导、说明、烘托或渲染。引题的作用为交代新闻事件的背景、原因,或揭示主题的意义和内容,又或加强主题的气氛。主题也叫主标,是标题中最引人注目的部分,它的任务是突出最主要的新闻事实。主题使用最大字号。

> 榆林高挂社会诚信"红黑榜"(引题)
> 7665 名好人胸佩"光荣花" 1591 名"老赖"头戴"紧箍咒"(主题)

> 荣获国家科技进步特等奖的高含硫气田开发技术"墙内开花墙外香"(引题)
> 普光气田技术输出国外看好国内遇冷(主题)

> 冰城企业家提议引出特殊"国礼"(引题)

G20峰会普京送习近平冰激凌（主题）

其次，主题＋副题，副题也叫次题或子题，在主题的下方。副题的主要作用是补充主题之不足，往往补充次要的新闻事实，使主题更完整、更突出。引题和副题都称为辅题。

封存公章六十枚办照仅需一小时（主题）
简政便民，和平区在省内率先实现"一枚印章管审批"（副题）

贪得再多贪不了一世　逃得再远逃不出法网（主题）
贵州省原交通厅厅长卢万里一审被判死刑（副题）

（三）多行标题

多行标题，即标题在两行以上，用三种不同字号的字体，新闻的内容比较重要。这种标题一般引题、主题和副题齐全。

桂林为全国导游自由执业试点工作"首吃螃蟹"（引题）
广西首个"线上导游超市"在全国率先"开张"（主题）
游客与导游网上直接双向选择，全程有效监管，保障了导游服务质量和游客合法权益（副题）

平垸行洪退田还湖带来历史性大转折（引题）
洞庭湖长大五分之一（主题）
三年增加蓄洪能力27亿立方米，蓄水面积扩大554平方千米（副题）

（四）插题

插题是标题的一种，是分别插在文中的小标题，插题又称小题、分题。插题的作用有两个：概括一个段落的中心内容，方便受众接受；突出一个段落的核心信息，使编排更加醒目、美观。

插题的制作有三点要求：一是概括准确，二是简明扼要，三是生动形象。《重庆时报》2004年12月29日的消息标题是《重庆黄金镇政府举债建办公楼 外形酷似天安门》，报道中分别使用了以下五个插题。

事件：黄金镇政府大楼耗资超过四百万
调查：举债修起仿"天安门"式办公楼
背后：有钱建楼无钱修路
纵深：村民称未拿到征地补偿费
现场直击：黄金镇"天安门"建筑气势恢宏

（五）提要题

提要题就是概括新闻内容要点的标题，放在总标题的下方或上面，也叫纲要题、揭示题，它适用于较重要的新闻或较长的新闻。提要题可以起到突出核心内容、提示受众的作用,功能近似于按语。

《大河报》2004年6月17日的报道《河南一小学上课要向老师呼"吾皇万岁万万岁"》,标题下文前用22个字制作成四行提要题概括事实:

  叫学生喊万岁

  罚学生舔皮鞋

  打学生耳光

  扎学生手心

(六)按语

按语,又称为"编者按""编者的话"等,是用来评论、说明、推荐报道的言简意赅的一段文字。写作要求开门见山,直截了当,突出醒目,见解有一定的高度。

按语的作用包括:第一,推荐新闻内容;第二,提示新闻要点;第三,揭示新闻意义;第四,唤起受众注意。

按语的写作要求有以下几点。第一,立足于报道内容,又高于报道内容。据报道内容借题发挥,提炼出看法观点。第二,态度明确,注重引导,有明确的目的,一般是推荐给受众,希望受众重视,但不能武断,命令式、文件式的语言不会产生好的效果。第三,字数一般在百字左右,也有数百字的。

按语的写作方法有以下几点。

推荐型写法:重要的报道一般用编者按介绍报道内容的特点和报道目的,这种编者按往往评论性较强,编辑的观点、立场、倾向鲜明。

说明型写法:说明新闻事实的来龙去脉,帮助人们理解新闻事实。

提示型写法:提示新闻要点,引起受众特别关注。这种按语也往往带有指导性的特点,在重大报道或系列报道中常用。下面是《人民日报》的《广州市第一人民医院护士长张积慧日记——对抗"非典"难忘那46个日日夜夜》的编者按示例。

  编者按:

  没有华丽的辞藻、跌宕的情节,只有真实的情感、平实的语言、无私的奉献,就是这些普普通通的文字,把我们感动了。

  在与同事们朝夕相处、并肩作战的日日夜夜,张积慧不仅尽心尽职完成本职工作,还在短暂的休息时间里用自己的笔记录下每天的所见所闻所感,记录下临时病区的医务人员走过的心路历程。

  透过作者真实的记录,我们看到,在对抗非典型肺炎的斗争中,广州市第一人民医院这个团结一致、乐于奉献的集体。透过作者细腻地观察,我们更看到,广东省全体医务人员忘我的牺牲精神和勇敢探索的崇高品质……

  如今,广东地区病人正陆续康复,病情日渐被控制,医务工作者的功绩有目共睹,不仅如此,当对抗非典型肺炎已成为更多人共同的战役时,广东医务工作者所做的贡献得到了公认:他们提供的翔实的各类数据为最终制服病魔打下坚实基础,他们探索出的有效的治疗方案对世界各国是十分有价值的参考,他们面对病魔前仆后继的勇敢精神得到世界卫生组织的高度赞扬。

历史不会忘记,2003年春天,勇敢、无私的医务工作者们!

二、消息标题的制作原则

第一,题文一致。制作标题,必须顾及消息内容,包括标题中对事物的判断,都要在消息中找到充分的依据,绝不能出现题文不符、题不对文,题文完全脱节的情况。

第二,一语破的。点出文章中最为精彩的部分。如2004年6月18日《北京日报》"经济新闻版"的头条新闻《本市销售电价平均上调3.4分》即用大字将标题突出,且一句话就概括出了消息中最核心的部分。

第三,简洁明快。做标题要善于省略,省略掉那些消息的来源、不必要的议论,只保留事实的核心部分和事情发展的结果,同时还必须善于概括,在锤炼字句上下功夫,如《北京日报》于2004年6月19日"综合新闻版"刊发的一则消息,主标题为《遗留化武可能达500枚》,文字言简意赅,使读者一下子被日军当年在中国遗留下数目如此之多的化学武器所震惊,也引发了对日本遗留武器给中国人民造成伤害的隐忧。

第四,旗帜鲜明。做标题要有明确的是非观念,应有破有立,或者标出赞成什么、反对什么,标题还应该含有鲜明的爱憎情感,要有感而发,忌无病呻吟。

第五,准确贴切。比较下面两组相近标题,领略"准确贴切"。

无锡的煤渣烟道灰全部利用

无锡的煤渣得到充分利用

美天文学家发现一颗宇宙中最大的星体

新发现的一颗宇宙中最大的星体(主题)
美国发现比太阳大3500倍的星体,认为是迄今发现的最大最亮的星体(副题)

第六,生动活泼。坚决克服使用那种高高在上、板着面孔的说教式的标题。

1. 巧用修辞,使标题生辉

大红枣为何"红"不起来("红"字词性活用)

别让保险成为带刺的玫瑰(比喻)

"天堂"吞噬74条性命(双关)

中国"保尔"热,乌克兰"钢铁"冷(借代)

金鸡声声唱新曲　百花朵朵迎春开(对偶加比拟)
双奖授奖大会昨晚在我市举行

征地造房为啥等煞人?
一道公文背着39颗印章旅行(设问、拟人)

2. 新用诗词歌赋

两岸刁难"便民船"　轻舟难过万重山

情人节里一条不实新闻引发后果(引题)
金陵饭店冲冠一怒为清白(主题)

养在深闺人未识,神仙居池今现天(引题)
九寨沟附近新发现奇特景观(主题)

3. 采用成语、典故、流行歌曲歌词

夫妻合谋监守自盗　东窗事发双双入狱

我的眼里没有你——伏明霞自暴夺冠秘密

遇歹徒,该出手时敢出手——伟丈夫刺死淫贼无罪

4. 汲取群众语汇

农民对下乡干部既欢迎,又担心。他们说——(引题)
盼的是"财神下凡"　怕的是"和尚化缘"(主题)

渭南撤了两个"官"(主题)
一个占了位子不敲钟,一个挖空心思爱搂钱(副题)

检查组肚子大　三天吃掉一万八(主题)
孟处长李处长请你对照想一想(副题)

第七,主标题实题化。标题分实标(或称实题)与虚标(或称虚题)两种制作方法。实标,就是直接揭示新闻事实;虚标,则是揭示新闻事实的意义。单行标题一般是实标,双行及多行标题可虚实结合。新闻标题,不论是单行题还是多行题,都必须处理好实标与虚标的关系。必须使人一见此标题,就知道这篇消息报道的是什么事。

消息的主标题必须实题化:一眼扫去,眉目齐全。实题化核心的内涵特征就是传递

信息,这是消息的最大功能。读者阅读消息,迫切关注新闻要素即时间、地点、人物、事件、原因、结果等的变动。消息的主标题自然要满足读者这种原始和质朴的求知欲望。新闻事实的要素体现了实题化的核心内涵。

三、消息标题的写作技巧

第一,标出事实。消息标题要表明此篇消息报道的是什么事,直截了当,开门见山。这是消息中最常见的标题,因为直接报道新闻事实的消息居多。

第二,标出主题。就是标明消息想要说明的主题思想是什么,想要通过消息给读者什么启示。

第三,标出导向。新闻是有政治倾向性的,这一点已经是不争的事实。例如,2005年4月13日消息《对单项冒尖亮红灯》,4月20日《解放军报》消息《抓过了不等于抓实了》,将消息的导向明现于题中,起到了引导读者的作用。

第四,标出焦点。就是在标题上标明读者最关心的新闻核心。这个核心可能是一个观点,也可能是一个现象或结果。2005年4月19日《解放军报》的消息《杜绝训练场上"花架子"》和《叫停考核中的"假把式"》即属于此类标题。

第五,标出状态。新闻的发生总有其时间状态和空间状态,消息标题应当尽量标出这种状态,进而给人一种立体感。如,2005年4月24日《参考消息》的消息《五名日本人登钓鱼岛未遂》,告诉人们,这是一个过去式的消息,日本右翼反华势力的目的没有得逞。

第六,标出形象。在语言准确简练基础上,应当尽量做到生动形象,更具可读性。如2005年4月24日《北京晚报》消息《西红柿可以长在树上》。

第七,标出结果。有的新闻消息需要标明所报道新闻事件的发展结果,才能起到应有的宣传效果。2003年3月13日《人民海军报》消息《最后一个荣誉灶拆了》。

第八,标出数字。一些消息标题是以数字显示其新闻性和可以量化的成果或成效的。如,《北京晚报》消息《平价药店两天招来6万人》。

第九,标出动感。许多新闻事件、新闻人物和新闻现象是运动的、进行式的,因而消息标题在条件许可的情况下应当尽量标出动感。如2005年4月11日《解放军报》消息《战机翱翔千里 信息实时传递》和《千人百万舟蹈浮亘波上》,都有一种动感和进行式感觉。

第十,标出悬念。在标题上直接设立问题或悬念,吸引读者,有时效果很好。如2005年4月21日《人民海军报》消息《到课率100%是怎么统计出来的?》。

四、消息标题的语言特征

(一) 消息标题的用词特点

第一,大量使用短小词语。在新闻标题的拟题过程中会尽量使用简单而又确切的词语来拟定。

第二,精心修饰动词,使标题更富动感。

> 中国航母平台起航第十次海试将迎战台风

通过活跃的动词,诸如"迎战"的应用,使得生活中需要表达的那种动态感与现场感表现了出来。

第三,利用俗语、谚语、流行语等贴近读者。

> 超级丹超级给力

> 哈小贼玩穿越,卡在烟囱

第四,消息标题的语法特点。以下说明短语、虚词及句式的使用。

1. 使用短语

> 男子酒后裸身坠楼 女友酣睡毫不知情

2. 谨慎使用虚词

在消息标题当中,在需要使用介词、连词、助词和语气词等虚词时,一般要在不影响读者理解并满足标题节奏与韵律要求的前提下,尽量少使用,以使得标题简洁。

> 哈尔滨大桥将创"中国奇迹"

> 哈市起初为何隐瞒塌桥设计施工监理方?

在前一个例子当中,动词"将"用来表示对未来事情的判断,省去之后会影响到整个标题的准确性以及读者的理解程度。而"创"之后的动词"造"省略之后可以有效地增强标题节奏与韵律方面的要求,提高读者对标题的理解程度。在后一个例子当中,通过使用"为何"来使得标题更加简练而有韵律,强化了疑问的句式和语气,能有效地激发读者的好奇心。在一般情况下,这些介词很少应用在新闻标题当中,但是如果适当应用这些词语,可以增加标题的节奏韵律,使得标题更加精准,更容易引起读者的共鸣。

3. 句式多变,偏向短句式

在消息标题的拟定过程中,采用形式多样的句式来拟定标题是体现语言大众性艺术美的一个有效途径。但是,在长短句的处理过程中,应该尽量偏向于短句式。虽然使用长标题能够增加句子的逻辑严密性,但是会减弱标题的整体感染力和力量感。使用短句式可以体现出所要表达内容的力量感,尤其是在需要体现出新闻冲击力度的时候。

第三节 消息头

一、消息的外在标志

消息的外在标志是电头或"本报讯",有人总称其为"消息头"。消息头就是报纸上开头部分冠以"本报讯"或"新华社北京12月1日电"之类的字样,电视、电台则表示"本台消息",网络则以"×月×日电"等。

二、消息头的分类

消息头分为两类:"讯""电"两种。例如"本报讯",新华出版社出版的《新闻工作手册》中对其解释为:"由本报获得的消息,表明系本报记者、通讯员采写的报道,一般放在稿件的开头,用括号或比较显著的字体区别于正文。本报记者和通讯员在外地采写的消息以电报传递回编辑部的,往往也标为'本报电',或'本报×地×月×日电'。"而"专电"则是新闻记者专为派出单位拍回的电讯,区别于一般的通讯社供稿。

三、消息头的作用

消息前面加消息头不是没有意义的。它有三个意义:第一,表明文体,告知读者这是一条消息;第二,表明消息来源,声明这是本报记者或通讯员采访来的;第三,表明权利和义务,表示本报对这条消息拥有产权,并对这条消息的真实性以及报道后果负责。

四、正确使用消息头

在一条消息前面加上"本报讯"三个字,是件严肃的事情,不应当掉以轻心。"本报讯"的使用规范正确与否,关乎一个媒体的形象和最起码的业务水平,也是认真办报、取信于读者的一个方式。

有些媒体,有时在"本报讯"后面跟着的不是报道事件的消息,而是其他的文体,这就没有起到消息头标志消息文体的作用;有些媒体的"本报讯"后面,常常出现自相矛盾的消息来源,例如,下面的行文:"本报讯 据《重庆晚报》报道,昨天上午,重庆市区出现了一支全部由美国悍马组成的壮观车队……""本报讯 据中央人民广播电台今天上午报道,针对越南出现的霍乱疫情,广西沿海和机场等边防口岸已采取有效措施……"既然是"据《重庆晚报》报道""据中央人民广播电台报道",就表明这两条新闻不是本报记者获得的,那为什么前面要加"本报讯"呢?此时可去掉"本报讯",直接采用"据某某报道"即可。

第四节 消息的导语

导语是消息的精华,也是消息的灵魂,对于记者而言,导语是一块战略要地,用"寸土寸金"来形容都不为过。新闻从业人员有这样的共识:如果你用两个小时写稿子,得花一个半小时写导语;好的导语,标志着好的稿件完成了一大半。事实上,即使是一名有多年实践经验的熟练记者,仍然要苦思冥想导语,因为导语写作是一门富有创造性和挑战性的艺术。关于文章结构的美学范式,我国古人有"凤头、猪肚、豹尾"的说法。作为消息的开头,导语是新闻内容要素优化处理后的精彩呈现,也应像"凤头"般美丽、俊秀,要犹如清人李渔《闲情偶寄》中所言:"开卷之初,当以奇句夺目,使之一见而惊,不敢弃去"的艺术魅力。

一、导语的定义与任务

（一）什么是导语

导语是消息的开头、报道的精髓，决定了整个报道的基调。它为一篇消息的先导，是紧接消息头的第一句话或第一段文字，一般是用最精练的文字，简明扼要、生动地引出消息中最主要、最新鲜的事实或者最能吸引读者的内容，包括依托新闻事实的精辟议论。

（二）导语的作用

第一，以俭省的笔墨，反映出新闻的要点和轮廓，使读者一看便知消息主要传递的信息；第二，为整篇新闻报道定下基调，影响新闻其余部分的写作方向和舒展的程度；第三，引起读者的注意，最大限度地激发读者的阅读兴趣。

导语往往是一个有冲击力的句子，一则错综离奇的故事，一段发人深省的引语。

如以下这则吸引受众的导语：

光荣的代价是什么？两只眼睛、两条腿、一只胳膊——每月12美元。

上述为《华盛顿先驱报》报道一名残疾老兵一贫如洗的生活时采用的导语。

（三）导语的演变

第一代导语（五要素齐全式导语）产生于1889年3月30日，也称"晒衣绳式导语""全型导语"。此种导语有它的优点：具体、完整。但是它也有缺点：因内容庞杂，重点不突出，在第一时间不太容易吸引读者的眼球。如1865年4月15日《纽约先驱报》发表林肯总统遇刺的消息，选用的就是全型导语。

今晚大约9时30分，在福特剧场，当总统正同林肯夫人、哈里斯夫人和罗斯少校同在私人包厢中看戏的时候，有个凶手突然闯进包厢，向总统开了一枪。

第二代导语（部分要素式导语）产生于20世纪二三十年代。第二次世界大战以后，全型导语已不能适应新闻事业发展的需要，一些记者主张简化导语，只突出一两个或两三个最重要的要素，其余要素移至新闻主体中去交代——这样就出现了第二代导语，或曰"部分要素式"导语。

肯尼迪总统今天遭枪击身亡。

第三代导语（自由式导语或丰富型导语）产生于20世纪90年代。由于新闻界的竞争加剧，现代社会的信息渠道十分通畅，高科技的通信设备又使新闻记者如鱼得水，消息的导语写作还出现了第三代。

由两个以上的自然段组成的导语，称复合导语。第一自然段称为主导语，其后的导语段落称为次导语或准导语。以下为一则复合导语：

穿越时空，霍金来了！

昨晚9点，在雨中，杭州迎来一颗伟大的头脑。当今世界上继爱因斯坦之后最杰出的理论物理学家、21世纪享有国际盛誉的伟人史蒂芬·霍金安全抵达杭州香格里拉饭店。

新华社高级记者孙世恺认为,第三代导语是在继承第二代导语优良传统的基础上发展起来的。第二代导语的核心是突出部分新闻要素。对此,第三代导语一脉相承。第三代导语的特点是,为了写出与众不同又别具一格的导语,记者们施展浑身解数,让导语在表现手法和选择角度等方面大做文章。经常是报道同一事件,而各路记者写出的导语精彩纷呈。以海外媒体对三峡大坝的报道为例(以下均据2006年5月20日的《参考消息》)。

  法新社中国宜昌5月18日电 将于本周六完工的三峡大坝是中国在长江上建设的长城,许多人都希望这个工程将成为今后几个世纪让中国人引以为豪的东西。

  美国《华盛顿邮报》网站5月17日 经过13年努力,迁移了100多万村民,横跨长江的三峡大坝即将竣工。三峡工程是中国自修建长城以来进行的最宏伟的工程。中国官员说,到2008年工程全部完工后,蓄水能力将超过苏必利尔湖,26个发电机组每年能发电约850亿度。相比较,位于美国内华达州和亚利桑那州边界的胡佛坝每年只能发电40多亿度。

  《日本经济新闻》5月18日 中国在湖北省宜昌市建设的世界最大水坝三峡大坝坝体工程将于20日完工。这是一项集发电、水运、防洪功能于一身的庞大工程。它象征着发展中的中国的地位。

二、导语的大致类型

(一) 概述型导语

以概括的、直接陈述的方式写作的导语是概述型导语,写作时应注意增强提炼与概括的能力,用具体的而非抽象的事实概述。

概述型导语的写作应通过摘要或归纳概括的方法,简明扼要地叙述新闻中最主要、最新鲜的事实,突出新闻要旨,给读者一个总的印象,要求开门见山揭示实质性内容,显示新闻的及时性,写出报道内容本身的新鲜特点。

此类导语的优点:简练、明白、平易、朴实,能用较短的篇幅扼要介绍出新闻事实。较易于掌握,适用范围广泛。概述型导语是新闻导语最基本、最常用的表达方式。

  新华网巴格达9月17日电(记者闫珺岩、张伟) 伊拉克北部石油重镇基尔库克17日发生3起自杀式汽车炸弹袭击事件,造成至少16人死亡,60人受伤。

  本报讯 上海地质学会8位年逾花甲的教授、高级工程师,自掏腰包筹资30多万元,在东海万顷碧波中的小洋岛上开发建立了本市第一个青少年科普夏令营基地。昨天,他们迎来了今年暑假第一批青少年——长宁区少科站的40多位学生。

新华社11月30日电 在气温降至零下三十多度的情况下,黑龙江省望奎县农村28户村民家中,沼气灯仍大放光明,沼气炉的火还很旺盛。这件新鲜事吸引着许多人前来"观光"。

通过过去与现在、此地与他地的对比,着眼当前、衬托现在,导语使消息中的新闻价值充分地显露出来。

路透社东京1月19日电 经济学家们今天说,17日发生在日本中部的大地震已造成近500亿美元的损失,而一年前洛杉矶地震造成的损失为200亿美元。

(二)描述型导语

亦描亦述、描述兼有的导语,是描述型导语。它有以下优点:第一,有趣,能以形象的画面引起读者的好奇,令读者不能不读;第二,能以情境感染读者,让读者先有感性认识,再对事实进行理性的思考,从而,可以强化新闻的报道效果。

描述型导语主要用以展示事物的形象或场景,抓住其个性的细节绘声绘色描写,给读者以某种现场感或生动感,适用于展现具有生动形象或鲜明色彩的新闻事实。描述型导语最常见的有见闻式和特写式两种。

描述型导语的写作要点有以下几点。第一,要明确描写的目的,描写是为生动地表现报道主题服务的,不要为描写而描写。第二,描写要简洁而传神,描述型导语,与消息躯干部分的描写不全相同。它要求更为简练,一般只寥寥几笔勾勒就行了。描写过多,就不符合导语要"清晰、简明"的要求了。第三,在描写时要尽力避免陈词滥调和过分矫饰。第四,新闻中的描写往往与叙述结合使用。写作具体还应注意:第一,采访中勿忘捕捉有形的画面;第二,导语所描写的画面必须与事件有内在联系,有助于揭示主题,不游离于主题之外;第三,用剪影的办法来写。

描述式导语示例如下。

见闻式导语,一般用于记叙、描绘比较大的场面,以叙事为主,穿插一些形象的描写。

合众国际社6月12日电 圣海伦斯山昨晚爆发,从烟雾笼罩的火山口喷出的巨大蘑菇状黑色烟柱升入天空,高达将近10英里(约16千米)。驾驶飞机在火山上空飞行的飞行员说,这次火山爆发看起来就像是原子弹爆炸。

特写式导语,抓住人物表情或一些事情的局部加以描绘,给人留下特写镜头般的印象,使人有身临其境、如见其人、如闻其声之感。

本报讯 多么威武神气的猫头鹰!一对大眼睛正在扫射着什么,翅膀微微耸起,看来它准备振翼飞扑过去,抓住那狡猾的大田鼠。这只用棕榈树桩因材施艺而雕琢成的猫头鹰,最近飞越太平洋,在美国旧金山的"中国上海民间艺术展览会"上栖息。

在香港飘扬了150年的英国米字旗最后一次在这里降落后,接载查尔斯王子和离任港督彭定康回国的英国皇家游轮"不列颠尼亚"号驶离维多利亚港湾——这是英国撤离香港的最后时刻。

近百年以前过早离开人世的剧作家和才子奥斯卡·王尔德,终于在这个月回到他度过了半生的柏林:他低头垂肩,高居在梅里恩广场的一块岩石上。

(三)评述型导语

夹叙夹议、有述有评的导语,称评述型导语。评述型导语有以下优点:第一,评述型导语中的评,可以发挥"勾玄"的作用;第二,评述型导语可以直截了当地发表意见,能够直接影响舆论。评述型导语的写作应注意:评述型导语中的"评",应是言人之所未言,深刻而有新意;应是少而精,点到为止,不宜展开。为了使导语中的"评"更具客观色彩、更有说服力,有时也为了防止因记者直接评论而招致被动,可以使用引语方式发表意见。

新闻报道以客观叙事为主,因而一般不允许记者直接在新闻稿里抒发己见,大发议论。但是这并不意味着排斥一切议论。议论有多种形式,运用得巧妙,照样可以不违背新闻报道的要求,达到好的报道效果。

评述型导语的写作有以下几个要点。第一,见解中肯,一语中的。见解、论点、道理要确实深刻、有新意,能启发受众。第二,言简意赅,夹叙夹议。新闻导语中的议论是为报道新闻服务的,既不能冗长,也不能与叙述脱钩。第三,注意场合,使用得当。追求"画龙点睛",避免"画蛇添足"。

评述型导语包括引语式和评论式。引语式导语引用新闻中主要人物的精彩、简短而又体现主题的语言,放在新闻导语开头部分。间接引语不加引号,直接引语要加引号。引语式导语的写作有以下几个要点。第一,所引用的话,必须在一定程度上反映出报道的主题。第二,所引用的话必须精彩、生动、富有新意,能够牢牢地吸引读者。第三,所引用的话必须忠于原意,可以把别人有语病、或拖沓的话略加调整,但不能歪曲别人的意思。未加改动的直接引语要加引号,略加调整的间接引语不能加引号。第四,引语不要太长,最好是"警句式"的。第五,一般把最精彩的引语放在导语的开头部分,然后再交代说此话的人物的身份。

本报讯 "相处久了也会有感情。以后很少有机会来这里了。"12月23日,新疆油田公司准东采油厂沙北油田员工谢华斌抽空来看"老朋友"——高产井1938井。

本报讯 "啊,'新娘子',让我亲亲你的脸蛋吧!"正在中国访问的大平首相夫人大平志华子,七日下午访问北京动物园,看望赠送给日本的熊猫"欢欢"。

评论式导语则是从议论入手或是使叙述与议论交织在一起,用虚实结合、夹叙夹议的写法对所报道的新闻事实进行评论,说明其意义。评论式导语能揭示、突出新闻事实的内涵和意义,凝练、升华新闻主题。在叙述新闻事实的同时,用画龙点睛的评价,揭示新闻的因果关系和现实意义。

新华社北京1985年4月1日电 今天,新中国颁布的第一部专利法正式生效了。从此,脑力劳动成果被无偿占用的历史在我国宣告结束。

使用评述型导语要注意以下原则:第一,导语尽可能避免为记者的直接议论,应借新闻中相关人物的观点、意见、说法对新闻的意义给出评论。

新华网北京9月17日电(记者朱薇、万一、许祖华)"现在学生体质下降是肯定的。"有7年体育课教学经验的北京某小学教师陶远强提及学生体质问题就直摇头。陶远强坦承,学生体质下降与"快乐体育"教育改革"华而不实"、体育课"形式"大于内容、"走过场"等不无关系。

第二,导语中的评论要深刻独到,令人耳目一新。如果是一种人人皆知的陈词滥调,评论就失去了意义。

本报讯 导弹要上天,人才是关键。为把有限的科技力量攥成拳头,我军战略导弹部队今天组成了首批40名导弹技术专家方阵,这支队伍将在第二炮兵现代化建设中发挥特殊作用。

(四)橱窗式导语

犹如橱窗展示样品,由典型事例构成的导语,为橱窗式导语。橱窗式导语多用于综合性新闻,其特点在于:不是靠描写或议论,而是靠讲故事吸引读者。写入导语的具有代表性的故事,导语从一个人的故事或典型事例开始。"讲故事"可以让受众了解事物的细微部分,获得对新闻的具体印象和感性认识。这种导语的写作关键是注意故事的典型性、人情味以及趣味性。橱窗式导语示例如下。

在津巴布韦东北偏远山村的小河边,16岁的穆昆比正在洗衣服。正当她拧干衣服的时候,一道雷电打到她脚下的砂石上,使她成为在雨季里遭雷击的第93人。

据警方统计,在从11月到3月的雨季里,这个地区每年有100多人被雷电击毙。据专家们说,这是世界上雷击致人死亡最多的地方。

三、导语的基本要求

第一,导语必须有实质性内容,不能"虚晃一枪"、空泛无物。所谓实质性内容,即指新闻事实,或者事实中的要点,具体而不琐碎。导语写作需考虑如何更快切入报道要点,内容要具体。

沙市区城郊奶农见识了市场的残酷。由于少有人收购,他们不得不将5万多公斤鲜奶倒进农田。

第二,将最具新闻价值、最有吸引力的事实写进导语,这包括:最新鲜的材料,要选择最重要、最具影响力的材料写作导语;选用最有趣、最富有戏剧性和人情味的材料写作导语。

昨天下午,读者顾健向本报发来紧急传真:史小六,你为了逃避手术费,竟然左臂伤口内带着引流条就失踪了。请你立刻回到中国康复研究中心博爱医院接受紧急治疗,否则,你有感染截肢甚至丧命的危险。

第三,炼字炼句,力求简短。导语不可太长,若字数过多,会淹没"亮点",冲淡趣味性;会导致语言沉重,令读者失去耐心。

第四,力求优美生动。导语的美,来源于两个方面。一是开掘、反映出新闻事实内在的美;二是讲究文采,做到语言美。例如,用白描手法将事件核心形象化。

在某市长宣布新财政预算后,第二天早晨纽约两家报纸分别以这样的新闻导语进行了报道。

昨天,林赛市长放下了扫帚,捡起了警棍,他将添置执法设施放在了下一财政年度市政建设计划的首位。

两位经验丰富的电影业经理今天被沃尔特·迪士尼制片公司的董事会选中,他们将领导这家由一只老鼠起家、如今处境艰难的公司。

四、导语的写作技巧

导语的句子通常只包含一个思想,而且为清楚起见,遵循主谓宾的结构。在发生的事实中,什么是独一无二、最重要或者最不同寻常的?导语是记者思想和视角的表达,他要决定报道里什么内容是重要的,想强调什么,而且在写作它时,能够最终使报道的剩余部分具体化。

贝塞斯达海军医疗中心宣布最高法院法官瑟古德·马歇尔逝世,以下是美联社写作的导语:

美国最高法院第一位黑人法官、民权运动的杰出人物——现已退休的瑟古德·马歇尔星期天因心脏病逝世,终年84岁。

记者思考如何写作导语时,可以问自己如下问题:该事件与谁有关——谁做的或谁说的?适合直接式导语还是延迟式导语?有什么人可以用来形象地诠释矛盾或问题吗?讲述这个人的故事或者展现他的行为,能否引出报道要点?对场景的描写能建立与报道重点的关联吗?"过去—现在"的对比方法管用吗?是否有一个吸引人的词语、生动的短语或精彩的引语可以放在导语中?主语是什么?什么动词最能吸引受众?

(一)导语写作步骤

第一,发掘新闻中能够构成导语的事实。第二,判断事件与谁有关?——谁做的?谁说的?事件影响了谁?第三,决定导语写作的形式。第四,寻找能够吸引受众的关键词语。第五,审读导语。

一般来说,导语应该使用"主语+谓语+宾语"的句式。

中新网(2004年)4月22日电 云南省昆明市中级人民法院今天依法对马加爵故意杀人案做出一审判决。连续残杀四名同学的云南大学生命科学学院生物技术专业学生马加爵以故意杀人罪被依法判决死刑,剥夺政治权利终身。

关于导语的长度,美联社规定,当一条导语的句子超出了25个单词时,记者就要开始进行调整。在导语中可以抛弃的东西包括:不必要的消息来源,进一步说明核心事实要素的复合句,确切的时间。

(二)导语写作操作技巧

下面结合案例具体剖析导语写作的操作环节及要求。

简化新闻要素:找准要点交代清楚"5W+1H"六要素,是消息写作的起码要求。

导语写作从其对象上来说,就是对这些新闻要素进行处理;从操作目标来看,就是对新闻要素进行优化设计。由于可以写进导语的材料很多,但真正有新闻价值并能够赋予消息以特点的,往往只有一两点,所以写作导语的首要环节是简化,即选择新闻要素,要求找准要点,并将它们从众多的一般性材料中剥离出来,写进导语,使其成为整个新闻事实的聚焦点和关键点。选择和表现核心因素,这个标准我们可以从两个角度加以确定:一是从受众的关心点和兴趣点去确立,二是从事件本身的特点和新闻价值中去确立,最好是在这两者的结合点上。

下面来剖析一个案例:1989年7月,泰森仅用85秒就击败挑战者,创造了历时最短的一场拳王卫冕战。就该新闻事件而言,受众最感兴趣的是泰森能否卫冕成功,从事件本身来看,其最具新闻价值的要点是比赛用时创世界之最。将这两个要点结合,即得到新闻内容要素的简化结果:拳王迈克·泰森用85秒卫冕成功。而从新闻要素排序来看,按照强调重点递减的顺序排序,目前排在句子中第二个位置的"85秒"其实才应是强调重点。

选择出了将要写进导语的内容要素之后,接下来,该考虑如何对这些要素进行组合,即如何优化新闻要素组合方式,因为新闻内容要素的不同组合会对消息的意义、主题、价值产生明显的影响。在导语写作中,要素组合的根据仍然是第一个环节中选择和表现核心因素的标准,应据此来确定所选定的内容要素中的重点。对新闻要素进行排序时,应将重点放在最前面予以强调,而把次要的内容往后面排。将上述泰森案例推进到这一环节,即可得到更优结果:"85秒,拳王迈克·泰森卫冕成功"。

读者关心的是事实和事实的详情,因此,应尽量让导语中的内容具体化。实现新闻语体"清晰具体"要求的操作要领之一就是少用形容词和副词,多用动词。具体到导语写作上,就是要通过巧妙地使用动词来突出整个新闻事实中的亮点,使之以具体的形象吸引读者,从而增强导语的可读性和可感受性。泰森案例再具体化处理后,结果为:"85秒,拳王迈克·泰森将挑战者击倒在地,创造了历时最短的一场拳王卫冕战"。在这里,通过使用动词短语"击倒在地"来突出整个新闻事实中的亮点,使之以具体的形象吸引读者,给人以清晰具体的感受。

最后,应使新闻要素形象化,要求是写出特点,即通过描写和修辞手法赋予材料以鲜明可感的色彩、形象、力度,使之以生动的形象感染读者,从而体现导语的个性化特征和创新性品质。泰森案例再进行形象化处理后,结果如下:

85 秒!拳王泰森击败挑战者。85 秒!历史上最短的拳王卫冕战。85 秒!1300 万美元尽入腰包。

这条导语虽然比较简短,却极富表现力、感染力、容括力和个性化色彩。

第五节 消息的主体

一、消息主体及其功能

主体是消息中导语之后、结尾之前的部分,如同人的躯干,故也称作躯干部分,是消息重要的组成部分。消息躯干部分是对导语的展开、补充、解释,或是对导语所提问题、所设悬念的解答。

消息的主体部分是其结构中揭示新闻主题的根本段落,是重要部分。主体的根本任务是紧扣主题,呼应结尾,整体关照。因此,主体表述得越充分,越能深刻地揭示消息的主题。但目前不少消息的主体写作存在缺陷,往往读者想要了解的东西,消息中没有交代,或交代的不是主要事实。

穆青曾说过:"消息就像一个人,导语是人的脑袋,主体是身躯,脑袋精神了,身体再壮实灵括,就显出活跃劲来了。"[①]可见主体部分在消息全篇中的重要作用。消息主体的功能可概括为:紧扣主题,对主题起深化、解释作用;呼应导语,以新的事实对导语里最吸引人的事实进行阐述;整体关照,在主题的协调下,与导语、背景、结尾共同表现主题。

二、消息主体的写作要求

(一)展开导语,使之具体化

1. 补充导语中尚未出现的新闻要素

一是补充新的事实,补充导语中未涉及的同一主题的新闻内容,使新闻六要素得以完备;二是适当提供有关的新闻背景材料,以便读者对于报道的主题和事件的来龙去脉有更深刻的了解。

天津滨海爆炸事故现场消防专家确认

700 吨氰化钠已找到 尚未发生大范围泄漏

记者 15 日从天津港"8·12"瑞海公司危险品仓库特别重大火灾爆炸事故现场消防专家处了解到,昨日上午 8 时左右,氰化钠生产企业河北诚信有限责任公司老板主动带着一群技术人员来到爆炸现场,协助全力排查氰化钠的分布情况,组织实

[①] 赵秀清.消息主体写作不充分的原因浅析[J].写作,1997(12):27—28.

施对氰化钠的清理回收。

以上为消息的导语，叙述了氰化钠生产企业老板主动带人到爆炸现场清理回收氰化钠。在主体部分交代了该公司背景，接下来补充了五个方面的事实。

河北诚信有限责任公司（下称河北诚信）官网显示，该公司是全国规模最大的氰化钠及其衍生物生产企业之一，是中国化工500强企业。该公司是天津滨海爆炸事故现场堆放的氰化钠的货主。（新事实）

以上背景介绍河北诚信有限责任公司，让人了解该公司清理氰化钠的原因，接下来介绍现场清理情况。

爆炸事故现场消防专家介绍，15日上午8时左右，现场发现一处白色固体。他们及时将氰化物货主找来辨识，确认后迅速组织相关人员查找氰化钠可能分布的区域。（新事实）

考虑这里曾经发生过大规模的爆炸，许多氰化钠的包装被炸开，有些氰化钠可能散落。专业人士从爆炸现场展开搜索，查找氰化钠的下落。（新事实）

现场消防专家称，目前已找到氰化钠的分布范围，并以发现氰化钠相距最远的两点划定重点排查区，只允许专业人士在现场作业。在此基础上再扩大1.5倍距离为缓冲区，组织专业人员进行全面排查和处理。（新事实）

化工专业人士告诉记者，氰化钠为剧毒物品，进入人体后，会释放氰化根（CN-）。因为与铁离子的结合能力更强，氰化根会争抢细胞中的铁离子，阻断细胞正常的氧化过程，使细胞窒息，组织缺氧，致人死亡。

如何处理已找到的氰化钠？那些已爆炸散落的氰化钠又该如何处理？

现场消防专家介绍，河北诚信有限责任公司已派出专业人员将氰化钠以及可能含有氰化钠的土壤进行回收处理。从目前检测的数据看，尚未发生氰化钠的大范围泄漏。此外，天津市安监部门已准备数百吨双氧水用于分解可能残留的氰化钠。（新事实）

河北诚信有限责任公司有关负责人说，这批氰化钠是用于出口的，总量约700吨。

来源：《科技日报》

分析消息案例，不难看出，主体部分都是对导语的解释与具体化，不断补充新事实。上述消息导语首先报道了"河北诚信有限责任公司老板主动带着一群技术人员来到爆炸现场，协助全力排查氰化钠的分布情况，组织实施对氰化钠的清理回收"，接着主体部分详细介绍了氰化钠的货主是谁，分布位置如何，货物对人体的危害如何，怎样寻找此货物，又如何清理等。主体部分将此消息内容交代得清清楚楚，回应社会关切点，消除了民众恐慌。文章刊发后，众多海内外媒体转载引述了该报道，该报道发挥了在重大公共安全事件中定纷止争、稳定人心的作用。此消息获得第二十六届中国新闻奖三等奖。

2. 将导语中高度概括的事实具体化

一是叙述基本的新闻事实。记者导语中只陈述了新闻事实的一个场面或者一个有趣的情节,把主要新闻事实放在躯干中叙述,如一些时间顺序式结构、散文式结构和一些因果式结构的消息。

二是解释和深化导语。对于导语中所涉及的内容,记者进一步提供细节和有关材料,使读者对于新闻事件有更清楚、具体的了解。以下为另一篇报道的导语:

> 本报讯 春节前夕的一个夜晚,一辆坦克开进南京城,沿着平整宽广的柏油大道驶过闹市区——新街口。过路的行人都停住脚步,惊奇地望着它。

这本是一条反映最新科技成果的新闻,但它的导语写得别出心裁:坦克夜进南京城,行人停步观望,这到底是怎么回事呢?给读者留下了悬念,吸引读者一口气看下去。接下来,便是新闻躯干部分:

> 按照交通部门规定,坦克是不准通过市区的。过去坦克通过南京市区,坦克履带曾给路面造成损坏。(解释路人惊奇的原因)这次通过南京市区的是一辆履带挂胶的轻型坦克。(提供细节,补充导语中"一辆坦克"的内容)履带挂胶是七四一〇厂的一项技术革新成果。今年9月,该厂试验成功了坦克负重轮整体铸造及平面挂胶,11月,又让坦克履带挂了胶。革新后的坦克已经过起伏地带、坡度障碍、公路行驶和原地转向等多种驾驶试验。负重轮行驶5000多千米,发动机工作450多小时,环境温度从四十摄氏度到零下九摄氏度,最高时速达40千米,证明其性能良好,从未发生脱胶现象。通过柏油马路、水泥路,对路面均无损坏。(补充导语中所未涉及的新闻事实和新闻背景,令读者了解了一种新的科技成果,并对坦克"为何"进城做了间接交代)履带挂胶后的轻型坦克经过南京闹市区的第二天,南京市公路管理站的同志和交通警察对其经过的路面,进行了认真仔细的检查,没有发现破坏痕迹,同声称赞坦克履带挂胶性能良好。(补充事件后果)

至此,整个事件前因后果,交代完备。

(二)围绕主题用事实说话,令主体更丰满

事实胜于雄辩,事实是第一性的,报道是第二性的,报道必须用事实说话。主体的写作要围绕报道主题,以生动具体的事实,以"以一当十"的典型事实,进一步阐释和深化导语中所涉及的内容,不断提供与之有关的新事实。

请看荣获第七届中国新闻奖二等奖的消息《雷州市渔民出海遇难水产局领导见死不救》(原载1996年8月5日《南方日报》),全文700多字,是篇颇有力度、时效性极强的批评报道。导语和结尾各两句话,主体部分全部用事实说话,详细地叙述了雷州市水产局的某些领导见渔民出海遇难而不救的具体情节,事实典型且寓于深刻的思想,鞭挞丑恶,弘扬正气。

7月11日上午8时,雷州市企水镇、纪家镇附近海面突然遭风暴袭击,有多艘近海作业的渔船被风浪掀翻,多位渔民落水,生命危急。

　　至上午11时,风浪减弱,落海的渔民仍在顽强搏斗。这时,企水镇西坡管理区的村民找到停泊在企水港的"渔政海监905号"船的冼船长,请他开船救人,而冼船长回答说:"调动这艘船要经过雷州市水产局副局长兼渔政海监大队长钟进的批准。"几经周折,该船职工黄永三终于在当天中午1时左右与钟进通电话。黄永三向钟进汇报了出海渔民遇险情况,请他调"渔政海监905号"船救人。岂料,钟进竟说:"一定要先收钱(指燃料费和人工费),才能开船。"黄永三再三请求说:"能不能先救了人再说?"钟进却不同意。接着,企水镇渔监站站长黄其林、企水镇委副书记陈玉、副镇长冯亚生都先后给钟进打了电话,说明现在筹钱来不及了,请他下令开船救人,可是钟进还是不同意。没办法,陈玉打电话给雷州市水产局局长。局长的回答是,该船由钟进主管,要动用得找他。陈玉说:"请局长以救人为重,通知钟进开船救人。"局长答应给钟进打电话。可是,"渔政海监905号"船没有得到钟进开船救人的命令。相反,冼船长在当天下午3时20分,接到钟进在他的中文BP机上的留言。留言称:"关于救难的事,要收费才开船。"据统计,这次海难,企水与纪家两镇共有死难者12名。如果"渔政海监905号"船能及时开船救人,死亡人数是可以减少的。

　　上例主体给我们的启示是,主体部分吸引受众读完全篇的关键在于:不仅要用事实说话,而且要把"话"说"好"。如何说"好"?其一,要精选最典型、最深刻、最有表现力的新闻事实,要说出思想、说出意义,深刻地揭示消息的主旨。其二,主体事实表述得越充分,就越能深刻地表现主题。雷州市渔民出海遇难,生命危在旦夕,可水产局的领导就是见死不救。对于见死不救的事实,消息不是只举一两个事例,而是一系列的事实。由于主体事实充分而又有力地表达,狠狠地鞭挞了这个不管人民死活,只重金钱的丑恶领导的灵魂,并且深刻地揭示了更深层的社会意义。其三,视觉形象鲜明,用白描手法再现了渔船掀翻,落海渔民在风浪中的挣扎;用系列镜头再现了请求救人的现场,让事实本身来说明问题的严重性和深刻性,使消息具有强烈的说服力和感染力。

　　(三)回答读者提出的问题

　　一篇合格的新闻作品,应能解疑释惑,清楚地回答读者渴望了解的问题。这个任务也只能由主体部分来承担。主体回答导语中提出的问题(设问式导语),是消息的重心。

三、主体的变化方法

　　在写作主体时善于变化,要组织波澜,有如下四种方法。

　　第一,事实与事实之间要有起伏,有时甚至是大起大落。

　　第二,消息主体部分篇幅比导语要长,回旋余地大,故而对于同一件事,可从不同角度报道。这样做,不仅行文多变,且内容也丰厚得多,说服力与感染力会倍增。

　　第三,运用多种表现手法,使文笔跳动诱人。要对消息主体内容进行入情入理的分析、研究,以运用多种表现手法,有叙述、有描写、有对话、有议论,全方位、多层次、多角度地表现主体,使主体内容有声有色、有起有落、有动有静,笔法跳跃,有广度,又有深度,用具体的材料和典型深刻的事实使主体富有魅力。

第四,安排相反、相对的材料,形成矛盾与冲突。如文中关于请求开船救人与拒绝开船见死不救的冲突安排了多次,矛盾冲突十分激烈,使得文章波澜陡生,起伏跌宕,也激起读者心中愤慨。

第六节　消息的结尾

古代作家论文章的结尾方法,有如下一些说法。刘勰在《文心雕龙》中强调,要"首尾圆合,条贯统序""绝笔之言,追媵前句之旨"。结尾要紧随文章主体部分,进一步说明文章的中心思想,做到首尾呼应,有条理、有系统。宋代文豪苏轼有一句名言:"吾文如万斛泉涌,不择地而出……所可知者,常行于所当行,常止于不可不止。"文章该结尾时就要结住,自然干脆。①

消息写作,一条激动人心的导语、一段具有概括性的趣闻、一件能引起读者共鸣的趣事,可以使一篇报道生辉。同样,一个好的结尾,也可以使文章在结局达到高潮。因此,世界上一些名记者都十分注重消息的结尾,常常为此绞尽脑汁,想设计出一个别致的结尾,来吸引读者直到看完他所写的全部报道为止。

一、什么是消息结尾

关于消息的结尾有两种看法:其一,结尾是裹结、凝合、收束文章内容而组成的末段文字;其二,消息结尾是指消息的结束句。一条消息是一个整体,哪怕只有一段,也是有头有尾的。

在实际操作中,多数消息不必有结尾。第一,消息有自己的独特结构方式,"倒金字塔"结构将消息内容依重要程度递减排列,而此种结构在消息中又占有相当比例。所以,许多消息不必有结尾。第二,新闻要求用事实说话,叙述完事实通常也就讲完了其中的道理,一般不必再次点题。第三,读者读报是为了摄取大量信息,且时间仓促,更注意导语。因此,结尾较之导语比较次要。特别是由于消息多采用"倒金字塔"结构,事实按照新闻价值递减的方式排列,越不重要的事实就越往后排。这样便于编辑删减文字,往往采取由后往前删减的方式,即只要进行删减,首先就将结尾删掉。

二、什么情况下要有结尾

在下面的一些情况中,消息需要结尾:第一,主体部分以时间为线索来写,为前后交代清楚,最好使用结尾;第二,对于故事性较强,情节复杂,人情味较浓的新闻,常常高潮在后,也需要结尾;第三,非事件性消息往往突破单个事件的限制,对若干有关事实进行

---

① 王智生.消息的结尾[J].新疆新闻界,1986(02):20—21+30.

分析、归纳、综合,要有所解释、阐述,因而常需要结尾。

消息的结尾要有消息的个性,做到紧扣事实而不空泛,增添信息不重复,启发诱导不说教。

三、消息结尾的写法

第一,自然收尾,在把必需的新闻内容交代完毕后,全文水到渠成,自然收尾,不再在后面增添所谓的结尾段。这是大多数新闻结尾的方法。

第二,拾漏补缺,在主体部分后有一个明显的结尾段,交代新闻导语和主体部分不曾交代的有关新闻事实或背景材料,使报道显得更圆满。

北京奥运会期间外国运动员可领临时驾照

本报讯(记者贺文 实习记者胡欣欣) 北京奥运会期间,各国家和地区运动员和官员有望申请到临时驾照,有效期为三个月,如果申请,需提前向北京奥组委提出。当地时间16日,在科威特,北京奥组委国际联络部副部长汪世林向亚奥理事会报告北京奥运会筹备情况时,做出上面表述。

汪世林在发言中表示,该举措源自今年1月中国政府实施的经过修订的《临时入境机动车和驾驶人管理规定》。规定要求,外国公民在中国短期停留,可以申请临时驾照,有效期为三个月。

据了解,持境外驾照领取国内驾照的途径包括:凭境外驾照、有效身份证明到车管所领取《机动车驾驶证申请表》,接受体检,再参加交通法规理论考试,各项合格后就能领取正式的驾照。

奥运会期间外国运动员、官员申领临时驾照需多一道程序——提前向北京奥组委提出申请。昨天,北京奥组委人士表示,该规定还有待国际奥委会协调委员会、中国政府相关主管部门的最后确定。

此外,汪世林还表示,为方便各代表团成员在北京的出行,奥组委将根据各代表团的规模,提供一至八辆交通车,每辆车都会配备两个司机。在奥运村内,组委会还设计了双环路村内交通系统,全长共2.7千米,平均200米左右就会有一个公交站。

来源:《新京报》

这条消息的结尾,其实是补充了新的事实。开车的能拿驾照,不开车的怎么办呢?这里有了交代。

第三,画龙点睛,在叙述完新闻事实之后,以一两句精辟的议论画龙点睛,总揽全篇,突出新闻主题,加深读者对新闻的理解。点化要自然,记者应避免加入主观议论。

第四,展示前景,叙述了基本新闻事实后,再对事实发展的前景进行展望,深化新闻主题,一般是场景描写。

第五,指明动向,在结尾处指明事物发展的趋势、动向,提醒人们注意事态发展,一般是叙述。

第六,留下思考,一是不把话说尽,给读者以思考回味的余地;二是从新闻事实中提出问题,引人思考。

第七,"别开生面",在消息交代完所有的新闻要素后,跳出原来的框子,忽然将笔锋一转,从另一个侧面来介绍新闻人物或事件的其他有关情况,从而使新闻更加意味深长。

第七节　消息的背景

一、何谓消息背景

消息背景指新闻事实(包括新闻人物)形成的时间、空间条件以及产生的原因,是与新闻报道的事实有关联的条件、环境、动因等,是衬托新闻主体使之更加突出的有机"部件"。任何新闻都是在一定的环境和历史条件下产生的。因此,写作时不能孤立地看待突然发生的事实,必须写出它的历史状况,反映出它与其他事物的联系,才能使读者明白其来龙去脉,理解其意义和影响。好文章离不开好背景。一篇消息,如果不交代必要的背景材料,忽略用巧妙的背景去烘云托月,就会显得平淡乏味,缺乏感人的魅力,很难显示出它的新闻价值及社会意义,也就很难让读者理解它的实质内容。而恰到好处、巧妙灵活地穿插必要的背景材料,就会给消息增色添彩。

广义的消息背景是指整个新闻报道的全过程,具有三方面含义:一是大时代背景,二是新闻直接背景,三是消息提供者背景。狭义的消息背景一般指新闻报道中的消息与新闻事实的直接背景,即新闻人物与新闻事实发生发展过程直接相关的背景材料。是指新闻事实之外,对新闻事实或新闻事实的某一部分进行解释、补充、烘托的材料。一般来说,新闻背景是对新闻事件发生的历史、环境及原因的说明,是对事件发生或人物成长的主客观条件及其实际意义的解释,西方又将它称为"衬托性叙述"。

一次"拒绝"感动一座商城
600家店铺为拾荒阿婆攒纸箱

本报12月27日讯(记者宋亮亮)　在海口DC商业城,商户们每天都会收集好自家的纸箱,等待一位拾荒阿婆上门来拿,这个习惯已经坚持了六年。

……

虽然阿婆是"老熟人",可商户们不了解她的个人情况,连她姓啥都不知道。记者几经努力,阿婆也没有提供任何信息,只是说商场的人对她很好。据海南DC商业城管理有限公司总经理助理刘育峰介绍,通过和阿婆平时交谈得知,她姓陈,琼山区人,今年82岁,老伴在家没有劳动能力,一个40多岁的女儿长年患病,家里就靠她维持生计。

"为了帮助阿婆,商城对她特别关照。"刘育峰说。六年前,刘育峰刚认识这位阿婆时,得知有商户要给她买饭被拒绝,为阿婆自食其力的精神所感动。出于管理和安全考虑,公司不允许外人进入商城拾荒,对阿婆却开了"绿灯"。公司多次要求保安和商户对阿婆要关爱照顾,还和大家"约法三章"——不准阻拦、不准驱赶、不准打骂。如今,整个商城600家店铺为阿婆攒纸箱已成为习惯,阿婆每天卖废品大概也有30元的收入。

刘育峰表示,商城的"绿灯"会一直为阿婆亮下去。

来源:《海口日报》

本文获得第二十六届中国新闻奖消息三等奖。据中国新闻奖评审材料介绍,2015年12月26日,作者途经海口DC商业城时,发现一位拾荒阿婆在过道里来回穿梭,沿途一些商铺主动为她递上纸箱。凭借新闻敏感,作者经过多方深入采访,挖掘出商城600户店铺自发献爱心、常年坚持为这位自立自强老人攒纸箱的感人故事。在介绍事实之后,所选段落是阿婆的背景情况介绍,如果没有这个背景介绍,读者就不明白为什么这么多商铺会为这个阿婆攒纸箱,而此背景的揭示,也让阿婆的人品更加感人。从中可以看到背景在消息中的作用。

二、背景的种类

消息的背景一般分为以下六种:

第一,历史背景。消息中的历史背景是与新闻事实相关的历史事实、历史观点,或与新闻事件相关的历史状况、发展变化过程等。如果说新闻事实是"后果",历史背景便是"前因"。在背景材料中,这一类背景最常见。历史背景交代过去的材料,目的是衬托眼前的事实,反映事物发展变化的脉络,显示其意义。

第二,社会背景,即与新闻事实有关的社会环境的材料。许多事物的新闻价值往往在与同类事物的比较中显现出来,或在一定的社会环境中,体现出它真正的价值。社会背景就是挖掘和交代新闻事实与其他事实的联系,渲染一定的社会环境。

第三,人物背景。新闻报道往往不能脱离人物的活动,当消息中出现读者不熟悉的新人物,或者过去熟悉,由于时间久了印象不深、近况不明的人物时,就需要用到人物背景。人物背景主要介绍人物的概况,包括其主要经历、社会关系、过去的事迹等。

第四,事物背景。着眼于对新闻事物本身的说明,就是事物背景,这是与历史背景的纵向对比、社会背景的横向渲染、人物背景的介绍身份相对而言的。消息常常会提及一些大部分读者一无所知的新鲜、新奇事物,用事物背景来释疑,可以化解记者"知"与读者"不知"的矛盾。

第五,知识背景,其与新闻事实有关,主要用以开拓读者视野、增长见识的资料,一般对事实的展开和主题的表达起到补充和辅助作用。消息承担传递信息的功能,也有提供知识服务的义务。如果知识背景材料比较丰富,用简短的文字表述难以满足读者的求知欲,则可以在播发消息的同时,附上一则知识资料。

第六,地理背景,即对与新闻事实有关的某一处所地理位置和地理环境的介绍,常在风光、旅游等新闻报道中使用。有时,一些政治、经济、军事、科技新闻也需交代地理背景。

三、精选背景材料

就一篇具体的消息而言,与新闻事实有关的背景可能是多方面、多类别的。但实际上,并不是所有的背景材料都需要用到消息中去,而应根据报道的主题、角度、结构等因素,遵循一定的原则、使用相应的方法对背景做出精心选择。

(一)明确目的,抓住重点

通常情况下,决定背景选材的主要因素是事实本身的"疑点"、读者兴趣、新闻主题。所谓事实本身的"疑点",是指读者感兴趣,而不加背景读者又难以理解之处;读者兴趣,既包括前面所说的"疑点",又包括在新闻事实之外,读者需要了解的有关事实和材料;新闻主题则被认为是调遣背景材料的主要依据,大部分新闻应根据主题的需要确定背景解说的重点。

交代背景的目的在于更好地说明和衬托消息的主题,因此应选用和新闻事实关系密切、直接的材料。如果离开主题的需要而交代一些无关的背景,就失去了交代背景的作用和意义,因此应力戒节外生枝、东拉西扯。

(二)注重广泛性与多样性

记者在选择背景材料时应当不拘一格,旁征博引。就内容而言,背景材料不受时空和事物类别限制。古今中外,只要对说明新闻事实有用的材料,均可采用。

背景要有助于消息立体化展示。立体化是指在同一画面上同时表现某事物的几个不同方面。将这一形式运用到消息中,读者能在同一时间和空间内,获得较之过去两倍甚至更多倍的信息内容。消息立体感的形成,很大程度上取决于背景材料的选择。要从多个不同侧面围绕新闻事实选择背景,既有纵向历史背景,又有横向社会背景,立体交叉式地烘托消息主题。即使是选用同一类别的背景,也最好采用一层比一层深刻的递进式,而不是并列堆砌。

(三)注重背景材料的新闻价值

应以新闻价值标准——新鲜、重要、著名、接近(心理的、空间距离的)、情操、进展等符合读者心理需求的诸要素为条件,来挑选可作背景的材料。[①] 背景要恰到好处,简明扼要。背景与主体事实相比,是消息的从属部分,不宜写得过多。选择背景要精粹,不可冗长烦琐,更不可贪大求全。

一般来说,不言而喻的事情,可以略而不述,即群众已经熟知的东西,不要再重复,而非讲不可的也要尽量简明扼要。背景材料过多,会喧宾夺主,反而冲淡主体,模糊主题。例如,消息《天安门城楼修葺一新 更加雄伟壮丽》,原刊登在《北京日报》上,次日《人民日报》转载。两报均选择了同一内容的背景材料,但详略明显不同。原稿背景材料显得

---

① 孙复初. 汉英科学技术辞海(上)[M]. 北京:国防工业出版社,2003.

烦琐。如介绍天安门是祖国首都的中心以及在近代史上的地位等已为中国人所熟知的信息:"明、清两代,这里是皇城的大门,是禁地"一句与主题关系不大;"天安门广场成为全国人民和世界人民向往的地方",则有强加于人之感。下面是这段背景材料的原文,其中括号中的部分是《人民日报》在转载时删去的。

天安门(是我们伟大祖国首都的中心)始建于明代初年,当时叫承天门。(明、清两代,这里是皇城的大门,是禁地。)它曾因两次起火被烧而两次重建。清顺治八年重建后,改为现名。(在近代革命史上,天安门广场是放射光辉的圣地。1919年的"五四"运动发生在天安门前。1949年10月1日,新中国第一面五星红旗从这里升起。1976年,首都人民在这里沉痛哀悼周总理,愤怒声讨"四人帮"。近30年来,雄伟庄严的天安门成为新中国的象征。天安门广场成为中国人民和世界人民向往的地方。)

中华人民共和国成立后,党和政府十分重视对天安门的保护工作,曾几度进行修缮。1970年1月至3月天安门城楼曾进行重建。

四、背景材料运用

(一)先行于标题之中

　　中国猿人第一个头盖骨发现者(引题)
　　裴文中追悼会在京举行(主题)

　　昔日污秽外露　如今雅致整洁(引题)
　　下城区新式垃圾箱成为街头一景(主题)

上面两条标题的引题部分作为背景材料。前条引题是为主题中的裴文中做了人物背景说明;后条引题对新式垃圾箱成为街头一景做了注释说明。

(二)插入导语之中

插入导语有这样三种情况:一是背景本身为一典型实例,插入导语可以吸引读者,用来帮助"说话";二是背景材料极具吸引力,将其作为定语,用来修饰导语中的事实或人物,为新闻事实的出场鸣锣开路;三是用历史性背景与新闻事实对比,在导语中造成新旧反差,引起读者注意。

导语中的背景穿插,应与新闻事实本身的叙述紧密地黏合在一起。背景糅合到句子中,常以一个词组、句子成分或分句的面貌出现。

　　本报讯　中国唐宋时驰名、后来失传达800多年的陕西耀州青瓷最近恢复生产。

在此例中,若无起句"中国唐宋时驰名、后来失传达800多年"这一背景的交代,新闻的价值难以显示出来。

本报讯　曾在抗美援朝战争中击落3架敌机的锡伯族飞行员那启明,新近被空军任命为某航空学院政治委员。

本报讯　中国科学院学部委员,是我国在科学技术方面的最高学术称号。经国务院批准,增选学部委员的工作即将展开。

上述两例,分别是对人物经历和称号属性的说明与介绍。它们均插在句子中说明,显得十分自然。

(三)置于导语之后

在导语之后直接插入背景会影响对新闻事实的理解,影响主体的进一步展开,而有两种情况会在导语之后直接接背景段:一是导语中出现的关键性的人和事、关键性的词语急需解释;二是鉴于思维逻辑和文章过渡的需要,可在导语之后立即加入背景段。

在导语之后,紧接着交代历史背景,即专门用一个独立段落(也被称为背景段落)来交代背景,用"固定段落"写背景,多年来已成为一种习惯写法,甚至是交代背景的固定模式。许多消息按此模式安排背景,内容各异,结构形式却如出一辙。而这种"固定段落法"在写作实践中使用得相当普遍,甚至已成"套路"。

(四)分散插入主体之中

凡事一旦陷入"模式",就很容易走向僵化、呆板,缺乏创造性和活力,消息中的背景写法也是如此,因此有人摒弃大量使用"固定段落法"的做法,提倡"天女散花式"。所谓"天女散花式",指将较多的背景材料化整为零,逐渐地、分散地插入对主体事实的叙述之中,也称为"层进式""毛毛雨式"。可以用以下两种办法插入背景:一是在主体中分散穿插独立的背景段;二是将背景材料化作句子的某种成分糅进主体,使其附着在新闻事实之上,让读者分不出背景与新闻事实。

本报讯　"前事不忘,后事之师,我们一定要把日本侵略中国的罪行公之于众,以此教育日本下一代,实现真正的中日友好!"8月11日,"日侵华军细菌实验战调查团"团长森正孝在义乌这样说。(导语)

这一天,对于森正孝等人来说是难忘的,他们在义乌市有关部门的协助下,终于来到了早就耳闻的义乌江湾乡崇山村。(主体)50年前,侵华日军731部队和容字1644部队,在这里进行了惨绝人寰的细菌人体试验,使300多名村民丧生,千余人的大村庄几遭灭顶之灾。(背景)

……

在江湾乡政府,日本友人与在当年日寇实施的细菌战中幸免于难的五位老人见了面。(主体)

64岁的王勇良回忆了当时的情景。1942年10月上旬,日军飞机由西而来。(背景)

在这则1400字的消息中,背景材料占了一半多,既有历史背景,也有人物背景。使用"天女散花式"穿插安排,背景与主体事实浑然一体,没有人为割裂之感,读来顺畅自然。在主体中穿插背景,应根据叙述的节奏和需要,将背景顺理成章地插入主体的各个段落和层次。

以下为第二十六届中国新闻奖消息二等奖作品《我首批自主培养舰载战斗机飞行员拿到"海天通行证"》,其背景就是在主体中穿插交代。

> 初冬的一天,渤海某海域,海风微寒,海浪涵澹。上午9时,伴随震耳欲聋的轰鸣声,一架歼-15舰载机成功降落辽宁舰。记者在现场看到,此架次飞行员、某舰载航空兵部队部队长张少兵面带微笑走出座舱,手扶架梯缓缓而下踏上甲板,转过身,向前迈了一步,站定,敬礼!
>
> 这一步,标志着我航母舰载机由科研模式向部队组训模式的重大转变,由探索上舰向常态上舰的全面推进,更标志着我国走出了一条舰载战斗机飞行员自主培养的路子……(背景)
>
> 这一步,历经千辛万苦!为了这一天,面对无数艰难困境,多少人执着探索、殚精竭虑,多少人夜以继日、攻坚克难……(背景)
>
> 一天、两天、三天……一架次、两架次、三架次……阻拦着舰、滑跃起飞、飞行调运……此次试验试飞任务中,全体参训人员奋勇攻关、大力协同,安全组织近百架次海上飞行,实现驻舰飞机数量、出航飞行时间、航次内飞行强度、单批次放飞密度等多方面的历史突破。(背景)
>
> 今天的一小步,航母事业的一大步。2012年11月,随着"航母战斗机英雄试飞员"戴明盟的惊天一着,我舰载战斗机着舰技术取得重大突破。今天,我国自主培养的首批舰载战斗机飞行员成功上舰,又成为我航母事业发展新的里程碑。(背景)
>
> ……
>
> 来源:《人民海军报》

(五)置于结尾处

交代背景材料要掌握读者的心理。比如新华社报道阎红打破女子5000米场地竞走世界纪录。这一纪录是否有权威性呢?记者在消息最后一段也即结尾处,善解人意地安排了一句话的背景:

> 今天,担任总裁判长的是国际裁判赵亚平。

再如下条法国中国象棋队首次来华比赛的消息,结尾就是介绍背景材料:

> 法国中国象棋协会建于1977年,开始时仅有几十位外国朋友参加,现在参赛人员已经遍及欧洲各国,达数百人。

背景材料出现在消息结尾的情况,多数用于持续性活动的报道。

本章小结

掌握消息的文体特征要了解消息的概念、地位和写作特点。消息的构成要素包括标题、消息头、导语、主体、背景和结尾。标题是对消息内涵的高度概括和浓缩，要求具有较强的吸引力以及视觉冲击力。消息标题的类型有单行标题、双行标题、多行标题、插题、提要题和按语。标题制作原则包括：题文一致、一语破的、简洁明快、旗帜鲜明、准确贴切、生动活泼、主标题实题化，消息标题要标出事实、主题、导向、焦点、状态、形象、结果、数字、动感、悬念。消息的外在标志是电头或"本报讯"，总称为"消息头"。导语是消息的精华和灵魂，导语的类型有概述型、描述型、评述型和橱窗式导语。导语写作有分步操作的技巧。消息的主体是对导语的展开、补充、解释，或是对导语所提问题、所设悬念的解答。消息的结尾要有新闻的个性，紧扣事实不空泛，增添信息不重复，启发诱导不说教。消息背景是衬托新闻主体使之更加突出的有机"部件"，作用是深化主题，补充事实，释疑解惑，介绍人事。背景有历史、社会、人物、事物、知识、地理背景等。

思考与练习

1. 消息标题制作有哪些原则，分析近期看到的消息标题，指出标题的类型与虚实之分。
2. 阅读近期网上消息，并将导语改写成与本条消息不同的其他类型的导语。
3. 谈谈消息背景的作用及背景安排的策略。

第十章　事件性消息与非事件性消息

> **学习目标**
> 1. 理解事件性消息的特点，掌握动态消息、简讯写作方法。
> 2. 理解非事件性消息的特点，掌握服务性、综合性消息，以及人物消息写作方法。

什么是事件性消息？事件性消息也称事件性新闻。按《新闻学大辞典》的解释：事件性消息"以一个独立的新闻事件为核心而展开的新闻报道。它十分强调新闻的时效，其新闻价值与生命力同及时密切相关，要求迅速地反映新闻事件的发生、发展。事件性消息包括大量的动态消息和现场特写性消息等。它要求记者有高度的新闻敏感，闻风而动，尽快准确地把握事件的个性特征和本质，迅速简明地加以报道。必要时可用连续报道"。而非事件性消息则是"对一段时间内或若干空间里发生的诸多事实、情况、事件的综合反映，揭示带有分析性、启发性的总体情况、倾向或经验等。非事件性消息的特点是点面结合，以点证面，以面为主，反映事物发展变化中的阶段性、倾向性、经验性或典型性，包括典型报道、综合性消息、经验消息、述评消息等。非事件性消息的时效要求较为宽松些，但也要尽力找寻和体现新闻根据（由头），善于利用新闻发布的契机"①。

第一节　事件性消息

一、报道事件首选的消息体裁

下面是一条发生在校园的消息案例：

奇葩男高校内摆摊"招聘"女友
自定一个月试用期多人围观没人应征

　　本报讯（记者李爱华、屈建成　通讯员焦姣、彭青云）　昨天，网友发微博称：在华中科技大学武昌分校西区广场，一名男青年摆摊招聘女友。

　　网友"筑梦师付泉"称：昨天上午，他在华中科技大学武昌分校西区广场看到，一名年轻男子笔直站在一幅招聘广告牌旁，招聘广告上的职位写着"我的女票""岗位试用期为一个月、感觉良好可提前转正"。牌子上还介绍了他对女友的年龄、身高、

---

① 甘惜分.新闻学大辞典[M].郑州：河南人民出版社，1993：161.

学历、体重等要求,拒绝拜金、物质的女生,并留有QQ号码。这一举动引得过往的学生纷纷围观拍照,不少男生为他鼓气加油,也不乏女生上前询问情况,年轻男子神态自若一脸轻松。但尽管围观者不少,可摆摊一个多小时并无人应征。

招聘男子自称姓姬,今年23岁,已经大学毕业两年,现从事广告工作。他说,自己工作忙,和女生接触少,来校园招聘是真心想找一个女友。另外,他的前女友也曾是在校大学生。姬某说,明后两天,他还会在附近高校继续"招聘"。

对此,不少网民对此发表看法。有人称这可能是作秀,找女友不用这么高调吧;也有人对此表示肯定:"看来这也是拯救单身的一条路!我们一起去摆摊'招聘'女友吧。"

来源:《武汉晚报》

这就是一条事件性消息。事件性消息的时间、地点等要素十分清晰,非事件性消息则不是那么清晰。事件性消息与非事件性消息的区别在于:事件性消息反映的是一个"时间点"的事情,非事件性消息反映的则是一个"时间段"的事情。前者报道的是事件,后者报道的是现象。这是它们之间最大的区别。

事件性消息是指对刚刚发生和正在发生的事实的报道,其事物变动的时态是突发性和跃进性的。事件性消息有三个特征:第一,具有变动性,事件性消息报道的内容一般来说是正在发展和变化着的事件,容易引起人们的关注;第二,具有故事性,因此事件性消息更具吸引力;第三,具有过程性,事件性消息的写作往往要求进行描述性报道,把事件的发生发展过程展现给受众。简言之,事件性消息的三个特点:变动性——容易引起人们关注;故事性——吸引力;典型性(过程性)——示范作用。

事件性消息有明显的标志,表现为:具有明显的时间、地点、相关人物、主要情节及直接原因的限定;完整的新闻性事件由清晰的新闻要素构成,是客观环境发生突变的明显标志。

二、报道事件注意的问题

(一)事实要交代得一清二楚

写作事件性消息必须做到:事实清楚,新闻要素清楚,必要细节清楚,事实的具体内容、来龙去脉要具体。

事实交代不清楚主要有以下几种情况:第一,缺少新闻要素,事情的轮廓不清楚;第二,忽略了某些必须交代的细节,令事件模糊不清;第三,事实的具体内容、事件的来龙去脉交代得不够具体。

(二)勿做表面文章

记者应是观察家与思想家,应当能够透过事件的表象看到其深层的含义,预见到它的影响,并用准确的语言将事件的意义告诉读者。这样,消息才会有思想性、有深度。

(三)见事见人

写作事件性消息必须笔下有"人"。从人的角度反映事件、活动,关注其可能对人产生的影响,延伸采写视野,增强人文因素。人的活动是新闻事件的基本构成要素,应以人的命运为焦点报道事件,关照事件结果可能对人产生的影响,反映人在事件中的活动、心态,丰富事件性新闻的内涵。

(四)慎报恶性事件

对于灾祸、犯罪等对社会造成危害的恶性事件的报道要注意以下问题。首先,不要煽情。煽情指通过渲染细节,刺激人们的感官和情绪。一般情况下,对于灾难、罪案现场,以及罪犯的残忍程度,最好是概述,不宜描写过细,以不令受众惊惧、反感为主。其次,不要无意中传播作案手段、泄露破案方法。再次,注意保护当事人的名誉权、隐私权。最后,关注事件成因,不满足于事件报道的"一次性"。报道恶性事件,一是为了传播警戒性的信息,二是为了吸取经验教训。以后一个目的来说,不满足于事件报道的"一次性",追究、揭示事件的成因,提出普遍性的问题,是记者的责任。

三、事件性消息的类型

事件性消息常用三种表现形式:动态消息,特写性消息,简讯。动态消息是一种最常用的新闻报道体裁,它以"何事"为报道重点,所报道的是那些正在发生或者新近发生的事件中有新闻价值的变动,而这种变动对于读者来说是有意义、有影响的。特写性消息较多采用描写手段,留待下一章描写性消息与分析性消息中介绍。简讯则以简洁迅速为突出特点,通常简洁地报道当时、当日发生的特大新闻或重大突发事件。

第二节 动态消息

一、动态消息概述

动态消息又称动态新闻,是以迅速简洁地报道新近发生的事件,反映事物发展过程中的新动态为基本特征的报道体裁。

在消息这个"大家族"中,从作用上看,动态消息是一种最基本、最重要的消息文体;从使用频率来看,动态消息使用频率最高,最常用。从报道对象来看,只要是有新闻价值的新鲜事实,无论大小都可报道。下面是一则动态消息示例:

温州公务员面试揪出作弊"枪手"

新华网杭州3月26日电(记者张和平、沈锡权) 记者从温州市人事局获悉,一名参加公务员面试的考生雇"枪手"代考而被监管人员当场查出。作弊的代考者被公安部门依法行政拘留5天,作弊的原考生被取消5年内参加公务员考试的资格。

今年3月22日,温州市进行2008年全市公务员面试。在瑞安市国际大酒店考场中,工作人员检查考生的准考证时,发现参加面试的"陈某"的准考证有疑点。工作人员当场对"陈某"进行询问,"陈某"不回答。为稳妥起见,工作人员先让"陈某"

按正常程序参加面试。面试结束后,工作人员和警方进行详细调查,发现"陈某"的身份证是伪造的,他的照片与原考生陈某也不符。经调查,这名"陈某"姓汤,系北京某高校研究生,是代考的"枪手"。真正的考生陈某2005年毕业于中国政法大学,他报考瑞安市公安局法律专业的职位。此前他已参加笔试,成绩排名第二。

根据调查结果,温州市警方和人事部门针对汤某违法伪造身份证和陈某雇"枪手"的作弊行为,分别对两名当事人作出上述处理。

温州市人事局陈玉多副局长对记者说,温州市在历年的公务员考试中,道道环节把关很严。每次考试的考官要在600名考官中抽签选出,而且实行地域、单位、个人"三回避",即考官的工作所在地、工作部门和亲属关系与考生"三分离"。考生的面试、面试顺序号和一号考生抽一号考官实行"三抽签",形成考官不能选择面试对象、考生随机选择考官的公平、公开、公正机制。今年还增加用金属测试仪检测考生的通信工具。

动态消息的特点:内容单一,一事一报,突出事实的重要性和新鲜性,概括事实,语言简洁,表达直接,篇幅简短,一般三五百字,时效性很强,多为当日新闻。

动态消息的题材范围很广,人物新闻、会议新闻、经济新闻、社会新闻、军事新闻、外事新闻、体育新闻、科技新闻、文教新闻中的大部分,都采用动态消息的报道形式。

动态消息适合报道时效性强、事实清楚、不太复杂的内容,对于非事件性消息或内情错综复杂的事件性消息,还是采用综合新闻或其他报道形式为宜。

动态消息的取材有几个特点:一是以事物的最新变动为主要着眼点;二是以时新性与重要性为主要价值取向;三是以突发性事件为主要报道内容;四是以客观叙事为基本特征;五是以开门见山、一事一报为主要写作原则;六是以营造"动感"与现场感为写作目标。

二、动态消息示例

(一)完成式报道

对新近发生的单独事件进行全过程的报道,也称"完成式报道",西方新闻界称为"纯新闻"。以下文为例。

习近平首次沙场阅兵号令解放军向世界一流军队进发

新华社内蒙古朱日和(2017年)7月30日电(记者李宣良、王玉山) 7月30日上午,在庆祝中国人民解放军建军90周年阅兵中,中共中央总书记、国家主席、中央军委主席习近平发出新形势下的强军号令——把英雄的人民军队建设成为世界一流军队。

这次以庆祝建军90周年为主题的阅兵,是习近平首次在野战化条件下沙场阅兵,也是解放军整体性、革命性改革重塑后的全新亮相。在朱日和训练基地参加实战化训练的1.2万名官兵,走下训练场,即上阅兵场,以战斗姿态接受检阅。

9时整,检阅式开始。在雄壮的阅兵曲中,习近平乘坐野战检阅车,依次检阅地面方队和人员方阵。

"同志们好——""主席好!""同志们辛苦了——""为人民服务!"习近平的亲切问候振奋军心,受阅官兵的响亮回答声震长空。

这次阅兵打破以往礼仪式阅兵惯例,不安排徒步方队和正步行进,不安排军乐团、合唱队,没有群众性观摩,所有装备不做装饰,体现出浓浓的"野味""战味"。

沙场阅兵是解放军贯彻实战要求、聚焦备战打仗的体现。2013年,习近平鲜明提出:"建设一支听党指挥、能打胜仗、作风优良的人民军队,是党在新形势下的强军目标。"习近平对军队反复强调要能打仗、打胜仗。

9时30分,200余名官兵护卫着党旗、国旗、军旗通过检阅台,拉开分列式序幕。17架直升机组成"八一"标识,24架直升机汇成"90"字样飞过天空。陆上作战、信息作战、特种作战、防空反导、海上作战、空中作战、综合保障、反恐维稳、战略打击9个作战群,按作战编组,以"空地一体"的形式依次通过检阅台,接受检阅。

这次阅兵,600余台(套)受阅装备近一半为首次公开展示,多种新型作战力量登场亮相。今天,解放军已从过去的单一军种发展成为诸军兵种联合,具有一定现代化水平并加快向信息化迈进的强大军队。

10时许,习近平发表重要讲话。他指出,我们比历史上任何时期都更接近中华民族伟大复兴的目标,比历史上任何时期都更需要建设一支强大的人民军队。

习近平号召全军官兵,深入贯彻党的强军思想,坚定不移走中国特色强军之路,努力实现党在新形势下的强军目标,把我们这支英雄的人民军队建设成为世界一流军队。

讲话结束时,全场响起热烈掌声,经久不息。灼灼烈日下,装甲铁阵昂首挺立,蓄势待发。

历经90载风雨征程的解放军,开启了迈向世界一流军队的新征程。

(二)进行式报道

对处于变动中的事件的报道,也称"进行式"或"连续式"报道。如下面的案例,《中国青年报》记者于1998年采写的消息,就是在进行中连续报道。

九江段四号闸附近决堤30米

本报江西九江8月7日16时5分电(记者贺延光) 今天13时左右,长江九江段四号闸与五号闸之间决堤30米左右。洪水滔滔,局面一时无法控制。

现在,洪水正向九江市区蔓延。市区内满街都是人。靠近决堤口的市民被迫向楼房转移。

本报江西九江8月7日16时35分电(记者贺延光) 现在大水已漫到九瑞公路。据悉,决堤时,一些居民还在睡午觉。现在堤坝上围困的抢险人员大约上千人。

本报江西九江8月7日17时5分电(记者贺延光) 国家防汛总指挥部的有关

专家正在查看缺口。专家们决定用装满煤炭的船沉底的办法堵缺口。

本报江西九江8月7日17时15分电（记者贺延光） 记者已赶到缺口处。汹涌的江水正从30米宽的缺口涌向市区。南京军区两个团正在国家防总、省防总有关专家的指挥下现场抢险。现在有一条100多米长的船无法靠近缺口，抢险队正在想办法。

本报江西九江8月7日17时40电（记者贺延光） 专家们拟定了三套抢险方案：1.将低洼处的市民转移到安全地带；2.市区内的军队、民兵组成一道防洪线；3.全力以赴堵住缺口。

现在，一条大船装满煤，正由北向南岸靠近，准备堵缺口。

本报江西九江8月7日22时5分电（记者贺延光） 截至记者21时撤离时，决堤口还没有堵上。一条装满煤炭的100米长的大船已横在距决堤口20米处，在其两侧，三条60米长的船已先后沉底。数千军民正在沉船附近向江里抛石料。水势稍有缓解。

目前，留在决堤处的抢险人员总计2000多人。防汛指挥部组织抢险人员正在市区的龙开河垒筑第二道防线。

据悉，市中心距决堤处的直线距离约5千米。市区目前内还未进水。记者赶回市区时看到，一些店铺还在营业。市民们的情绪较下午平稳了一些。

路上，出租车司机告诉记者，市政府已在电视上发出紧急通知，告诫市民，凡家住低于24米水位的住户，要迁到更高的楼上。

本报江西九江8月8日0时15分电（记者贺延光） 记者刚刚与前线指挥人员通话：现在沉船部位上端水流有所减弱，但船下的漏洞水流仍然很急，缺口处洪水不见缓解。抗洪军民仍在连夜奋战。

本报江西九江8月8日0时45分电（记者贺延光） 记者刚刚得到消息，从今天下午4时开始，万余名解放军战士正在连夜奋战，构筑一道10千米长、5米宽的拦水坝，作为市区的最后防线。至发稿时止，仍有大批军车赶往此地。

1998年8月7日13时，长江九江段4号与5号闸之间决堤30米左右。是时，《中国青年报》在九江采访的只有摄影记者贺延光，当时他正在要去灾民安置点拍照的路上，听说决口，立即调转车头直奔4号闸。在冲锋舟上，他一边拍决口现场，一边用手机向北京报告现场实况。编辑部接信息后，立即处理，在头版头条刊发《九江段4号闸附近决堤30米》。这是九江决口后见诸媒体的首篇报道，也是一组进行式一次刊发的连续性动态报道。该文后来一举夺得全国抗洪救灾优秀报道一等奖和第九届中国新闻奖特别奖两项大奖。

（三）预告性新闻

对即将发生的事实的报道，即预告性新闻，如，国家主要领导人的重要外事活动预告，国内外重大会议、重大变革预告。

最高法院机关将实施司法责任制
院庭长不得变相审批案件

新华社北京(2017年)7月31日电(记者罗沙) 记者31日从最高人民法院获悉,最高人民法院近日印发《最高人民法院司法责任制实施意见(试行)》(以下简称《意见》),结合最高人民法院的职能定位和工作实际,对最高人民法院推行司法责任制的基本原则、审判组织与人员、审判流程、审判监督与管理等内容做出规定,自2017年8月1日起施行。

《意见》规定,最高人民法院实行合议庭办案责任制,为最高人民法院本部各审判业务庭室合议庭配备适当数量的法官助理和书记员,在巡回法庭则以法官、法官助理、书记员"1+1+1"的模式配置审判团队。合议庭原则上随机产生,也可以根据专业化审判需要组成相对固定的合议庭,同时要求相对固定的合议庭和审判团队人员应当定期交流,期限一般为2年,最长不超过5年。

《意见》对最高人民法院院庭长的办案类型进行规定,包括重大、疑难、复杂、新类型及具有指导意义的案件;经高级人民法院审判委员会讨论决定,在最高人民法院适用二审程序、审判监督程序、国家赔偿监督程序审理的案件;对最高人民法院生效案件启动审判监督程序、国家赔偿监督程序进行再审、重新审理的案件等。

为严格落实"让审理者裁判,由裁判者负责"的改革要求,《意见》规定,承办法官在合议庭评议中做出说明后即可制作、签署裁判文书。裁判文书由承办法官、合议庭其他法官、审判长依次签署,审判长作为承办法官的,由审判长最后签署。院长、庭长对未直接参加审理案件的裁判文书不再审核签发,也不得以口头指示、旁听合议、文书送阅等方式变相审批案件。

《意见》严格限定了最高人民法院审判委员会讨论案件的范围,明确规定审判委员会仅讨论决定涉及国家利益、社会稳定的重大复杂案件等8类案件及有关案件的法律适用问题,并要求讨论案件聚焦统一裁判尺度和法律适用问题。为落实司法公开原则,《意见》规定,除法律明确不予公开的情形外,审判委员会对案件的处理决定和理由应当在裁判文书中公开。

此外,《意见》还明确了随机分案为主、指定分案为辅的案件分配制度,除重大、疑难、复杂、新类型及具有指导意义的案件,当事人、案由等信息相同或者高度相似的案件,以及由最高人民法院提审的案件外,最高人民法院受理的其他所有案件一律实行随机分配。

三、动态消息写作

(一)写作特点

其一,敏锐感知,写作动态消息首先要敏锐感知,展现事实现场,报道最新动态。其二,客观笔法,要运用"客观笔法"报道新闻事实,展示事实原貌。其三,"动感"强烈,通过现场气氛写出新闻的"动感"来。其四,连续报道,准备连续报道,确保时效。其五,准确生动,文字朴实简洁、文约意丰。

下述动态消息,即体现了上述特点。

河北强降雨重灾区井陉县已确认死亡 26 人、失联 34 人

新华社石家庄(2016 年)7 月 23 日电(记者巩志宏、闫起磊) 记者从河北省井陉县政府了解到,截至 7 月 23 日 11 时,暴雨洪涝灾害已造成 26 人死亡、34 人失联。目前累计转移群众 9850 户、38750 人,游客 280 人,解救 6184 名受困人员,灾情核实与抢险救援工作仍在进行中。

从 19 日 13 时到 20 日 8 时,井陉县遭受特大暴雨袭击,平均雨量高达 545.4 毫米,局部区域达到 688.2 毫米,一天降雨就超出井陉县 2015 年全年降雨量。降雨主要集中在 19 日下午至 20 日上午的 21 个小时内,全县大小河道全部洪水暴涨,2 分钟就上涨了 2 米多,流量瞬间达到 8300 立方米每秒。

初步计算,井陉县全县 4.8 万户、16.6 万人受灾。全县所有乡镇电路中断、道路中断、通信中断,基础设施基本瘫痪。

19 日 13 时,井陉县启动暴雨三级应急响应机制,组织发动党员干部和公安消防干警 5000 余人,迅速展开抗洪抢险工作。截至 7 月 22 日晚,井陉县除县城至 4 个乡镇道路正在排查抢修外,其余县城通往乡镇的道路均已通行。经过抢修,全县 15 个乡镇已恢复通信。17 个乡镇政府驻地均已恢复供电,除 4 个村庄不能恢复供电外,其他村庄均已恢复供电。

同时,井陉成立 7 个医护救助小组开展防疫灭病和医护救助工作。目前通过对县供水情况进行现场监测,县城水质未发现污染,同时各乡镇协管站对辖区内的供水设施进行了安全巡查。

(二)写作方法

1. 抓"活鱼""抢火候"

写动态消息,要争分夺秒,以最快的速度把新闻报道出去。这样,它所报道的事实就鲜活,人们称之为"活鱼"。如在 2004 年雅典奥运会女子 10 米气步枪项目上,杜丽射落奥运首金,众多媒体第一时间报道简短消息。

新浪体育讯 在北京时间刚刚结束的女子 10 米气步枪决赛中,中国选手杜丽以总成绩 502.0 环夺金牌,而这也是中国奥运健儿在本届雅典奥运会上所获得的第一枚金牌,同时也是本届奥运会所产生的第一枚金牌,杜丽的成绩同时还创造了新的奥运会纪录。俄罗斯选手加尔金娜 501.5 环获得银牌,另一名中国选手赵颖慧获得第四名。

2. 多表现,少陈述

动态消息主要是表现事实,即用事实说话,少议论。

3. 牢记"新""奇""实""短"

新——新鲜,给人新信息;奇——满足好奇心,释疑解惑;实——实在,有用,具贴近性;短——短小精悍。

归纳起来,动态消息写作重点应注意:选材严谨,一事一报;统观全局凸显内涵;选好角度,以小见大;精做导语,为全篇定音;活用背景,交代来源;事实说话,少用议论。

第三节 简讯

一、简讯概述

简讯,又称简明新闻、短讯、快讯,有的媒体也称为一句话新闻、标题新闻、信息快递等。它是事件消息中最快、最简洁明了的一种报道体裁。这种类型的消息以简、快为突出特点,即以最高的速率、极少的文字,简洁地报道当时、当日发生的特大新闻或重大突发事件。

(一)简讯的特点

简讯是压缩的消息,它文字简略,内容简单,结构单一。简讯的特点表现在下述几个方面。一是篇幅短小,只有几个字、几十个字、一百来字;二是结构简单,没有导语、主体、背景、结尾之分;三是叙事简明,突出"何人""何事";四是一般一事一报;五是要求简而不陋,适宜突发事件、重大事件。

简讯一般在两种情况下使用:第一种是重大新闻或者受众比较关心的新闻,为了突出时效性先发一条简讯,然后再详细报道或追踪报道;第二种是非重大新闻,时效性不是很强,但有新闻价值和愉悦价值。

简讯的种类,按区域划分,有国际简讯和国内简讯。按报道对象划分,有政治、经济、军事、科技、文化、教育、体育简讯等。有的简讯就是一句话新闻,如美国"9·11"恐怖袭击事件发生5分钟后的几则报道:

> 突发新闻:纽约世界贸易大厦遭到袭击!
>
> 世界贸易大厦遭到民航机撞击起火!
>
> 急:美国遭到攻击!
>
> 第二次珍珠港事件!
>
> 急:五角大楼遭到袭击!
>
> 急:美国关闭所有机场!

法新社联合国9月18日电 联合国安理会主席让·达维德·莱维特说,安理会今天呼吁阿富汗当权者塔利班民兵组织"立即无条件"交出本·拉登。

来源:《参考消息》

同动态消息相比,简讯有如下特点:篇幅更短,一般只有一二百字,或数十字;报道时间更快,对于简讯而言,它所标的时间总是使用"今天",有时还加上"几时、几分";事实的要素不全,一条简讯中,一般只有一两个要素,侧重概要地报道事实的"最新状态",不描述过程及具体情况;不加任何议论;除非必要,一般也不交代背景。

(二)简讯的地位

第一,简讯是传播信息的有效手段;第二,简讯篇幅短小,可以多发稿,从总体上增加媒体的信息含量;第三,多发简讯可以活跃报纸版面;第四,简讯栏是信息集中之地,还可以为记者提供能够再利用的新闻线索。

(三)简讯的作用

简讯有下述作用:一是有利于快速发出新闻;二是有利于拓宽报道面,增加新闻信息量;三是多方面满足受众对新闻的需求,且节省时间;四是丰富传媒内容。在传媒操作中常常把若干简讯按不同内容归类发布,标为"一组简讯"或"新闻集锦"。

二、简讯示例

下面是学生写的一条简讯习作:

大学生抢票致网络瘫痪

本报讯(记者黄少楠) 武汉铁路局学生票预售方案,从2012年12月26日起开始预售学生票,预售期扩大为31天(含当天),最远发售至2013年1月25日。由于预售期提前了一个月,武汉各大学学子加入抢票大军。记者在2012年12月26日早上8时,登录了12306铁道部官网,点击售票窗口,却发现提示人员登录过多,记者无法正常登录。五分钟后,通知改为空调系统故障,暂停售票。记者采访了宿舍楼16栋6层的若干同学,得知他们全都没有购票成功。一年一度的春运即将到来,届时将会有更多的旅客购票,若铁路局不能更好地完善网络服务系统,势必会耽误旅客回家或出行的日程。(265字)

这条简讯习作内容杂乱,有多条信息,改写时必须是一事一报,下面是改写后的简讯:

武汉铁路局学生车票预售方案

本报讯(记者黄少楠) 从2012年12月26日起,武汉铁路局开始预售学生车票。预售期扩大为31天(含当天),即最远可发售至2013年1月25日。2013年1月16日起,恢复正常预售期。武昌、汉口、武汉、襄阳站起售时间为8:30,其他车站起售时间为10:00。(124字)

改过的简讯只写了武汉铁路局公布了学生票预售方案,若想报道大学生抢票致网络瘫痪,还可再另写一条简讯。分两条简讯来写,事情就交代得十分清晰了。写作简讯应只选择构成事实的基本要素,只选择新闻事实中最有价值的部分,讲究文字的精简,要大刀阔斧地舍弃,语言精简而有表现力。

下面又是一条学生习作,说的是一件事,只是字数多了,该怎么删节呢?

让快闪飞
18栋教学楼前惊现江南style

本报讯(记者苏程)　12月13日中午下课时分,18栋教学楼主干道上行人纷纷驻足,一时阻塞,伴随着激情昂扬的江南style音乐,由我校拾光v电影协会组织的一次快闪骑马舞精彩上演。

如风如潮如雨,从舞者由四面八方聚集成队大跳热跳,到音乐结束舞者迅速离场,短短数分钟,突如其来,飘然而去,一场精彩的快闪骑马舞精彩上演,一曲个性的style。

经管学院的杨同学下课走出18号楼,在人潮中随即遭遇了这场快闪。"正走着,突然我身边就有人跑了起来,不知道哪里响起了江南style的音乐,一回头,一大堆人,从哪儿钻出来的,全在跳骑马舞!"

拾光v电影协会会长任同学表示,江南style红极一时,但是还没有听说有人以快闪的方式跳过骑马舞。"别看就这么短短的几分钟,断断续续,我们前后排练了一个月。通过这个活动,希望能让大家更加关注我们协会,关注我们的梦想。"(367字)

要求将此简讯删减到200字左右,下面是改后的简讯:

18栋教学楼前惊现江南style

本报讯(记者苏程)　12月13日中午下课时分,18栋教学楼主干道上行人纷纷驻足,伴随着激情昂扬的江南style音乐,舞者由四面八方聚集成队大跳江南style,音乐结束舞者迅速离场,短短数分钟,一次快闪骑马舞精彩上演。"别看就这么短短的几分钟,断断续续,我们前后排练了一个月。"组织者拾光v电影协会会长任同学告诉记者。(146字)

与上文比较一下,删掉的东西有:重复的内容,过多的细节及背景交代,非重要的、无特点的部分。从删节的内容可以看出简讯写作应该如何做到简洁。

三、简讯写作

(一)写作特点

1. 内容有趣

简讯往往选取那些有趣的内容,吸引人们阅读,如下面一则简讯:

"哭吧"亮相南京

南京消息:听说过茶吧、酒吧,如今南京又有了一家哭吧。"想哭就哭出来,为什么还要找个专门地方哭?"带着这些疑问,人们走进了这家"好心情"哭吧。

据了解,到哭吧计时消费,"哭"一个小时50元。

来源:《新民晚报》

2. 时效性强

媒体在得到一些重大事件信息后,应先立即告知,然后详细报道。如重大体育比赛,往往成为媒体争抢报道的热点,为了尽快告知社会赛果,一些媒体会先发简讯,之后再进行详细报道。

(二)写作方法

1. 提取核心信息

简讯就是动态消息的导语压缩而成的内容,要求写出最关键的信息,除有些结构为两段,简讯一般只有一段。如以下为《新闻联播》中的两条简讯:

我国院士获得第三世界科学院农业科学奖

中国工程院院士、华中农业大学教授傅廷栋近日获得2003年第三世界科学院农业科学奖。傅廷栋院士培育出的新杂交油菜在世界各地被广泛种植。

南岳衡山:雾凇奇观醉游人

在南下冷空气作用下,南岳衡山呈现出独特的雾凇景象。山下树木葱茏,山上却是一派冰天雪地的北国风光。

2. 抓住重点、要点,不用交代背景

一是抓重点,重点放在"何事"上;二是抓要点,不用背景材料加以说明;三是提供最新信息;四是用直接叙述的方式,语言干净利落。

第四节 非事件性消息

一、事件性消息与非事件性消息的区别

事件性消息关注的是事物的最新变动,是突显的"事件";非事件性消息报道的是社会问题、社会现象,或者某些可供参考的信息、方法。它们与事件性消息不同,往往没有明确的行为主体,没有事件所具备的明晰的时间和空间界限,缺少具体的发生、发展过程。弄清事件性消息与非事件性消息的区别,对于新闻写作来说,有着重要的意义。事件性消息与非事件性消息的区别可概括为以下三个方面:

(一)区别之一:点与面

当新闻报道只反映一个"点"的情况时,或者说一个"点"足以构成新闻价值时,这就是事件性消息。当一个"点"不足以构成新闻价值,必须依靠多个"点"来完成时,按几何学的原理,三个"点"可构成一个"面",它就是非事件性的综合性报道了。事件性消息与

非事件性消息的根本性区别在于,前者所反映的是一个"点",后者所反映的是一个"面"。

这里所说的"点"与"面"既有时间上的意义,又有空间上的意义。从时间上来说,事件性消息的时间跨度不大,即使是一些时间稍长的连续报道的题材,它的起始时间和终止时间都是可以辨别的。而非事件性消息的时间跨度往往较大,并且大多数情况是,它的起始时间与终止时间都不甚明晰,没有截然可分的标志。从空间上来说,事件性消息的空间就是一个"点",涉及的范围不大。而非事件性消息所涉及的空间较广,是对一个大面积的情况的反映。在表现方式上,后者比前者要显得恢宏、概括。

事件性消息表现某一个"点",按美国新闻学学者李普曼的话来说,是对"一种突出的事实的报道"[①]。这个事实与别的事实比较,其个性特征非常明显。一只母鸡一天下了三个鸡蛋,这就与众不同,其意义是独特的。非事件性消息表现某一个"面",是将众多的"点"的共性加以揭示,从个别中发现一般。后者的"面"的意义,不仅体现在所报道的题材之广上,而且也体现在所揭示的主题意义所具有的代表性上。

大多数的非事件性消息实际上是由多个事件性的"点"构成的。独木不成林,这些"点"往往单独构不成报道价值,而当多个"点"构成一种现象、一种社会动向时,就有了报道的价值。有一种特殊情况值得一提:如果某一个"点"能以一斑窥全豹式地反映"面",这样的内容也可算非事件性报道。

有些非事件性报道因为涉及面太广,只能找出一个切口,如下面案例用抽取采集样本的办法来表现。各个样本可以视为一个个"点",报道往往是将这些"点"加以概括,消除各个"点"的个性差异值,取它们的共性平均值,以此来表现"面"的情况。下面这篇报道就是对"面"上的情况进行大规模综合,抽取的样本构成的一个"面",与现实生活中的"面"大致对应。

网上调查显示:男人不爱林妹妹,女人最爱猪八戒

一项颇有趣味性的网上调查显示,现代人的择偶观日趋现实。在以男性为对象的调查中,有5600多票首选温文尔雅、善解人意的薛宝钗为妻,相反"天上掉下来"的林妹妹只得了5票;在98位参与调查的女性中,有74人首选猪八戒为"最爱",而那个"72变"的孙悟空只得10票,唐僧则一无所获。

不爱林妹妹的理由很简单,太难侍候。身体不好,心气又高,加上敏感多疑,捧在手里怕掉了,含在嘴里怕化了,左右不是。现代社会人人面临激烈竞争,在外面承受巨大的心理压力,回家再面对一个这样的太太,岂不是自找苦吃?宝姐姐多好,懂人情世故,肯妥协忍耐,八面玲珑,善解人意,关键时刻用一招"夫人外交",她一准能行。

最爱猪八戒,看似不可理解,可细想之下,百无一用的唐僧、不解风情的孙悟空、榆木疙瘩似的沙和尚,还真不如能干、顾家、懂生活、会享受、常健忘、不生气的猪八

[①] 张立伟.发展报道:新闻现代化的品种创新[J].新闻记者,2010(2):18—21.

戒,虽然长得丑,可是很温柔,虽然有点油嘴滑舌,有点贪图实惠,还有点花花心肠,可是讨人喜欢,只要调教得当,不失为理想男人。这样的择偶观念,会让父辈们大跌眼镜,但从一个方面说明了现代人日趋现实的生活观念:浪漫情调固然好,但实在、实用、可靠更重要。

来源:《扬子晚报》

(二)区别之二:速变与渐变

新闻提供的是事物变动的相关信息。事物变化的情况是不同的,按其变动的幅度,可分为速变型和渐变型两种。速变型的内容一般都是事件性的,渐变型的内容则是非事件性的。

速变型的内容很明显,发生变动的时间大都不长。特别是其中以突变形式出现的事实,其变动的状况更是强烈,往往是在某一个瞬间即完成。速变型的内容,西方称之为"纯新闻"。如果是时间延伸得长一点的题材,其"点"的移动轨迹清晰可寻。这样的内容可作为分段报道或连续报道,题材性强,有头有尾。

非事件性的内容,因为是一种面上的大面积变动,往往不以突变和速变的形态出现。并且,从何时开始发生变化,到何时变化结束,都不是那么清晰可把握。一些纵向性的综合新闻,内容涉及的时间跨度大,记者将漫长的渐变加以浓缩,以若干个体变动的关节点来展示渐变轨迹。如范敬宜在1995年国庆前夕所写的以下这篇体现"变"的报道。

过去统计"有" 现在统计"无"

本报讯(记者范敬宜) 8月24日,记者在报社与来自辽西贫困山区的建昌县委宣传部部长王佑民相遇,随便问起现在全县农村拥有多少台电视机,不料,回答竟是:"你这个问题的提法过时了!"

"现在的统计方法改变了。"王佑民说:"过去是统计'有'电视机的占多少,现在是统计'没有'电视机的占多少。"

统计方法的改变,是因为电视机在这个穷县的农村已经基本普及,没有电视机的农户反而成了极少数,统计没有的户反而容易了。

据王佑民事后统计的数字,1984年,全县有电视机的农户只有4560户,占3.8%;现在倒过来了,有电视机的人家已达到12.28万户,无电视机的农户只剩8.7%。

记者后来通过长途电话询问王佑民,全县最偏僻贫瘠的二道湾子乡情况如何,因为记者当年曾在那里生活过。这位宣传部部长很负责地派专人到那里逐户统计,然后打电话报告结果:无电视机的农户只剩10%。

记者放下电话,百感交集。20世纪80年代初,这个乡的农民不但不敢想象有电视机,连一台最简单的半导体收音机也没有。当年一位生产队长的儿子进城,上午一早来到亲戚家,第一次看到半导体收音机很稀罕,等亲戚下午下班回来,看到他还捧着半导体收音机盘腿坐在炕上听得入神,把要办的事都忘了。

来源:《人民日报》

这篇报道将相隔11年的两个点摆在一起,二者之间落差很大,虽是渐变过程,却看得很分明了。这篇报道的作者是一位有名的记者,我们可以看到,一个著名的记者随时随地都处在新闻捕捉状态。家里来了一个客人,就抓住了一个重要的新闻。

在这类报道中,对比是必用的手法,没有这种反差较大的对比,就构不成变化。如《从邮局看变化》,就是将"往年"过年新疆邮局职工忙于分拣副食品包裹与"今年"忙于收订报刊这二者对比着写,由此来"看变化"。从而从邮局这个窗口,来看新疆发生的巨大变化。这类报道的写作关键是要能找到可供对比的另一个"点"。一些新手之所以写不了这类报道,问题往往也就在于此。因为他感受不到这种渐变,只见现在的一"点",心中没有可参照的另一"点"。

开拓新闻所报道的内容,更是要关注人们生活中发生的微妙的变化,特别是有些观念上的变化。这种微妙的、内心深处的变化,是由外部世界的渐变长期培养起来的,同样也要靠对比才能感受得到。

(三)区别之三:实与虚

事件性消息是实,非事件消息是虚。这里所说的实与虚,有多重含义。

从报道题材来说,事件性消息是以实实在在的某一题材来支撑报道的主信息。事实中的功能性要素——何时、何地、何人,一个都不能虚,以确保其实有性。缺之,则令人生疑。

非事件性消息则不然。报道中的某一个事实,不一定要提供所有的功能性要素,或者说,对事实的功能性要素的要求相对来说要松一些。在非事件性消息中,"新闻六要素"中的时间、地点要素并不具备特别重要的意义。新闻的"新",更多地体现在内容是否新鲜和是否具有新意上。

周恩来总理逝世　北京沉浸在悲痛之中

法新社北京1976年1月9日电(记者比昂尼克)　北京电台于今日清晨当地时间5时宣布周恩来总理逝世的消息,但是,大部分中国人还不知道他们的总理已经逝世。

当新华社的电传打字机于当地时间4时过一点儿发出这条消息时,中国几乎所有的街道都没有行人。

在法新社所在的那所大楼里,当记者把消息告诉开电梯的姑娘时,她顿时放声痛哭。

在对一位中国口译人员表示慰问时,他眼中含着泪,嘴唇颤抖地说:"我们没有料到。我们非常爱戴他。他是一位杰出的革命家。"

中国人民对周恩来极其爱戴,这样说并不夸张,他们感到与周恩来非常亲近。

预计全中国都将表现出巨大的悲痛,就像今天清晨听到这个悲伤消息的那位中国少女所表现出的那样。

这是一篇综合性的消息,报道中出现的几个事实:开电梯的中国少女痛哭、中国口译人员失声等，其功能性要素都不够确切具体，但从他们身上可见中国人民对周恩来逝世表现出的悲痛之情。

虚的东西看不见摸不着，不好写；但是，可以用实的东西去衬托它，表现它。比如，起风了，怎么写？风是空气，无色无味，则可以通过其他的东西来表现它，比如树枝摇晃，窗帘掀动等。这就是以实写虚。虚的东西，必须通过实的东西来写。另外，可以通过具体的局部的实写来展现众多的现象，即虚的东西。这样反而给人想象的空间，回味无穷。

非事件性消息的题材更"虚"。非事件性消息不是就现成的新闻事实写出来的报道，而是经过抽样检测、数据分析等社会测量的手段，主动地将一些处于较深层次的、人们无法直接看到的社会内容经过"显形处理"后写出的报道。按客观主义的报道原则，"只有外显的才是客观"，才能成为报道对象，而非事件性消息则淡化事物的个体特征，将大量个体的某一方面具体内容抽象为一般性的东西，以数据的形式高度概括地表现出来。

从报道的主信息的性质来看，事件性信息以实为主，非事件性信息以虚为主。按喻国明先生的说法，报道中的单元新闻信息既可以是事实的，也可以是情感、道理、意境等较抽象的内容[①]。笔者将前者称为"实信息"，后者称为"虚信息"。这个"虚"不是虚无，而是一种思想、一种观点。以往划分的经验新闻、述评新闻、综合新闻均具有虚信息。

从历史的角度来看，事件性消息集中体现了客观主义报道的理念和准则，以反映事实为宗旨，记者不应对事实做出主观评价。这样，它所传递的主信息以"实"为主就不足为怪了。非事件性消息对记者的主观能动性的限制要小得多，在采集事实上既可以围绕某一主题来选取和组织材料，也可以去开拓深层次的材料。这些，直接或间接地体现了西方新闻流派中"新新闻主义""精确新闻学""调查新闻学"等的理念。而这些流派恰恰都是对客观主义过于强调报道的"实"所进行的修正。所以，它的"虚"的特性也就好理解了。

事件性消息与非事件性消息的种种区别，决定了二者在采写上的不同。反过来说，掌握了二者在写作上的不同，有利于在报道中把握好这两类题材的本质属性。通过事件性消息与非事件性消息三个方面的特点比较，不仅让我们能够更好地识别这两种消息，也说明了写作上的技巧。

第一，"点"与"面"，说明非事件消息要尽量注意抽出事件性的时间点、空间点和具体的人物，这样便于展现非事件性消息的新闻事实，增强阅读效果。

第二，速变与渐变反映二者区别的同时，也反映了其共同特点，不管哪种变，都是变，必须有变，而且必须突出变化的前后差异。事件性消息，是迅速的剧变，非事件性消息是缓慢的巨变。

第三，实与虚。一般说来，事件性消息都是写实的，非事件性消息大都为虚写。但是，非事件性消息往往是通过局部的实写来表现整体的虚的现象，这是一种技巧。

---

① 郭光华.非事件性新闻中"言说物"的选择[J].新闻爱好者,2008(06):29—30.

二、非事件性消息的价值和特点

（一）价值特殊

第一，以消息体裁报道非事件性事物，可以进一步拓宽新闻的报道面；第二，非事件性消息有助于发挥媒体的"主体意识"；第三，一些非事件性消息具有"读物"的性质，有欣赏价值和"抚慰"作用；第四，非事件性消息可以为媒体采制独家新闻创造条件。

非事件性消息给新闻报道开拓大量的信息源，而且使新闻写作变得更加主动。就事件性消息而言，必须是事件发生了，有人通知，才能去采访，因而是被动的。而非事件性消息，比如上述范敬宜的那篇消息，就是朋友来访，一件事情触动了记者，就可以写了，是调动以往的材料；有的甚至仅靠过去的积累，用一个点子串起来就行了。

（二）写作特点

非事件性消息写作有下述特点：第一，注重事物渐变过程中对某些带有规律性的内容的揭示；第二，具有新闻性，是一种透视性的新闻报道；第三，综合归纳多个事件或事实；第四，写作要找新闻由头；第五，以实证虚；第六，表现方法上叙述、描写兼而有之。

三、非事件性消息写作技巧

（一）对比与显现

非事件性消息的写作，要求记者通过材料的选择和运用，将其变化、问题性、新闻性揭示出来，摆在读者面前。这需要用一种方法来加以"显现"。而显现的基本手段是对比。如以下《河北日报》2018年10月28日（获第二十九届中国新闻奖消息二等奖）《让千年大运河只留下遗产不留下遗憾 沧州市区运河两岸2.8万亩土地不做商业开发》一文中，第一段是个转折，第二段就使用对比。

> 本报讯 千年古运河流经沧州市区，形成了一个美丽的湾流，1200亩土地三面环水，寸土寸金。不光是房地产企业，好多企业都看上了这块宝地。但日前沧州市委、市政府作出决定，包括这里在内的大运河流经市区两岸的2.8万亩土地都不搞商业开发。
>
> 10月20日，沧州市大运河城市区提升改造工程建设指挥部办公室主任张建亭，站在大运河流经市区的黄金地段上告诉记者，两个月前，这里还到处是违建、菜地和鸡场，还有2600多座坟头。今年，市里投资1970万元，建设了大运河生态修复与环境卫生整治工程展示区，不仅铺了草坪、建设了小景观带，还配套了健身休闲等便民设施，成了沧州市民"老人散步、青年运动、孩子撒欢"的好去处。

（二）量化与集中

事象分散易让人看不到问题的全貌，非事件性消息在写作上有必要将分散的事象加以概括和集中。集中的一个有效手段是总体量化——剥去事物的个别的外壳，以抽象后的全局性数字，反映某些社会问题、社会现象的总体态势。

中国吸烟者超3亿　青少年吸烟率逐年上升呈低龄化

中新网(2012年)　2月17日电据卫生部网站消息,卫生部副部长、中国控制吸烟协会会长黄洁夫日前介绍,中国目前吸烟者超过3亿,受二手烟暴露人口达7.4亿,每年有120万人死于烟草相关疾病。青少年吸烟率和尝试吸烟率逐年上升,并呈低龄化趋势。

黄洁夫是在中国控制吸烟协会16日在京召开创建全国无烟示范学校试点项目启动会上作上述讲话的,该会表示,将于北京、郑州、开封3个城市的30所不同类型学校试点建设无烟示范学校。

……

吸烟对人类的危害性从个别的分散的事象上看不出来,总体量化后,"吸烟者超过3亿""受二手烟暴露人口达7.4亿""每年有120万人死于烟草相关疾病",以及青少年人口"呈低龄化趋势",这样就可以看出吸烟的危害性了。

(三) 以点带面

"点"即个别的、典型的事例;"面"即全局情况。忽视"点"会削弱消息的说服力和感染力;没有"面",则难以反映总体态势。

"以点带面"是非事件性消息写作尤其是综合性消息写作的重要方法,"点"即个别的典型的事例,"面"是全局情况。

我省交通图五年七变

本报讯(记者石磊)　祖籍沧州的郑先生在沪经商数年,前不久他从上海返乡,连遇两个"没想到"。一是石家庄到沧州的高速公路上舒适、快捷、干净的旅途让他连说"没想到过去要走六七个小时的路现在只用3个小时。"第二个没想到就是他离家前买的1996年版的《河北省地图册》已失去了作用,因为里面的河北交通图上,只标有京石和石太两条高速公路,而现在连沧州这个号称"交通死角"的地方都有两条高速公路穿过。

5月17日,记者特地从河北省测绘局要了一张2001年版的河北交通图送给了郑先生。原河北省制图院总工程师师云杰介绍说:"近年来,我省公路建设,特别是高速公路建设速度太快,交通图每年都要更新,有时一年要更新2次。从1997年到去年年底,河北交通图一共出了7版。"

对照新旧两张地图,我省高速公路飞速发展的步伐跃然纸上:从1996年底的"一横一竖",到2001年底初步形成以北京为中心,石家庄、天津为枢纽,辐射10个中心城市和秦皇岛、京唐、天津、黄骅4个港口以及大同、阳泉两个煤炭基地的"两纵两横"开字形布局的高速公路主骨架,我省已建成高速公路13条。

省交通厅有关负责同志说,为打破经济发展的"交通瓶颈",我省近年来加大了公路建设投资,1997年到2000年几乎每年投资都近130亿元,从1996年到2001年底我省已完成公路投资639亿元,新增高速公路1332千米。1999年全省高速公路突破1000千米,跃居全国第二位,2001年,通车里程达1563千米,继续保持全国第二。交通,正在成为我省国民经济的先行官。

省会到全省任意一个省辖市的车程均在6小时以内,目前我省路网平均车速已由1996年的30.2千米每小时提高到53.8千米每小时,"走高速"成为人们驾车出行的首选。

高速公路的快速延伸,带动了公路客运、货运的大发展和水平的提高。"高速直达"的出现,尤其激活了客运市场的一潭死水,也彻底改变了人们的出行观念。

这种伴随高速公路而生的新型陆路运输方式,以其及时、快捷的优势,吸引了大量客源,迫使"铁老大"放下了架子,民航降低了门槛。

截至今年3月我省高级客运班车已达1169辆,客座32520个,配备空调、电视、卫生间等设施的"豪华大巴",让人们体验的是先进的客运工具,"航空式服务"的出现,让乘客越来越深地感觉到当"上帝"的味道。

来源:《河北日报》

上文获第十三届中国新闻奖消息二等奖,从"以点带面"的角度来说表现得较为典型,在导语里引出一个交通图失效的故事,主体则大量介绍"面"上的情况,展现全局的变化。

(四)写作注意事项

通过以上案例,可以看出非事件性消息写作有什么特点呢?

一是注意统计数据的运用,如投资"近130亿元""639亿元","新增高速公路1332公里""突破1000千米","通车里程达1563千米",省会到全省任意一个省辖市的车程均在"6小时以内"等。

二是群众语言的运用,"连遇两个'没想到'""一横一竖""两纵两横""交通死角""交通瓶颈""高速直达""'铁老大'放下了架子,民航降低了门槛""豪华大巴""航空式服务","感觉到当'上帝'的味道",这些语言都是老百姓嘴边的话,通俗易懂。

三是通过"点"上的实例展现整个"面"上情况,即从"郑先生"回家感觉"两个没想到"的小故事这个"点",带出河北省制图院总工程师师云杰、省交通厅有关负责同志介绍全省交通变化局势的"面",展现宏观巨变。

四是提出问题,回答问题。这里提出的问题就是,为什么交通图老失效?回答的结果就是"为打破经济发展的'交通瓶颈',我省近年来加大了公路建设投资",实现"高速公路的快速延伸,带动了公路客运、货运的大发展和水平的提高"。

大多数非事件性消息,记者是为了反映某种情况或问题而行动的。有些报道即使利用的是有关部门的调查统计资料,其调查本身——信息源一方的行动本身,也带有鲜明的"问题意识"。非事件消息写作的重点在于正面反映这些新的情况和问题,在提出问题的同时,也应当适当地对问题做出解释和说明。

四、非事件性消息的类型

非事件性消息类型很多,本章仅介绍常用类型:服务性消息、综合性消息和人物消息。服务性消息又称服务性报道、实用性报道,是一种为大众在工作、生活中解决非商务活动问题而无偿提供信息的新闻。服务性消息最大的特点在于从大众实用角度出发提供无偿信息服务。综合性消息是围绕一个中心,把不同地区、不同战线、不同部门的同类情况,综合起来加以报道的一种消息。人物消息又称人物新闻,是以消息形式迅速报道新近出现的新闻人物的突出事迹或某项活动的新闻体裁。新闻人物指近期引起社会广泛关注的人物,或者是重大新闻里涉及的主要人物。

第五节 服务性消息

一、服务性消息概述

(一)服务性消息概念

服务性消息有广义和狭义之分,从广义上讲,传播新闻信息本身就是为读者提供基本的服务;从狭义上讲,服务性消息是指一种特殊的新闻品种,即专门的服务性新闻。相对传统意义上的新闻来说,服务性消息更注重发掘自身为社会各界的沟通、为读者的精神生活和物质生活尤其是衣食住行提供帮助等方面的价值,为广大读者"必读"和"实用",成为读者生活不可或缺的一部分。由于服务性消息具有生活气息浓郁、服务性强的特点,其内容和形式往往也不同于一般硬新闻,写作方式则要求软一些、再软一些,报道内容也要与日常生活近一些、再近一些。

(二)服务性消息种类

服务性消息种类较多,涉及人民群众生活中的方方面面。①政策性服务报道。②信息服务报道。信息大体可分为政治、经济、文教、军事、科技等方面的信息。在当今"信息就是金钱"的时代,提供信息,这本身就是一种服务。③生活性服务,包括如何为人处事,如何消费,如何使用电器,如何美化环境,如何美容及保健等。④商品介绍性服务。介绍商品质量、性能、用途及何处可买到商品,如何使用、保养和维修商品。⑤文体卫生服务,即向读者介绍锻炼身体,防病治病知识和文化娱乐活动。⑥法律咨询服务,帮助解答人民群众在生活、生产中遇到的法律方面的问题等。

(三)服务性消息特点

1. 体现关注平民的人文关怀

媒体要想得到受众高关注度的回报,首先必须提高自身对老百姓的关注度。服务性消息的人文关怀更具平民性,它体现在对百姓的物质生活、生活质量的服务意识上。现在,不少地方的生活类报纸在头版显要位置开辟了早间服务栏目,如天气预报、彩票开奖公告、医疗急救电话等。久而久之,这些服务栏目便培养出自身固定的读者群。同样,有些报纸开辟的家电专刊吸引的可能主要是有意购买家电的读者,房地产专刊的主要对象则是潜在的购房者,等等。

2. 关注科技发展为大众提供参考性信息

媒体应在经济领域指导消费、捍卫消费者利益;提供信息、方法、建议,满足大众提高生活质量与健康水平的需要。如报纸上常见的春节公共事务单位的新闻,记者将公共服务单位的服务网点地址、电话、营业时间、停供公告等传统认为是"广告"的资讯写在服务类消息中,为市民节日期间的生活提供了极大的方便。

3. 服务性消息与广告性消息有本质区别

服务性消息是站在读者、消费者一方,为读者和消费者着想,为他们服务的消息。广告性消息是以新闻包装的广告,其发表的动机、目的是替企业做宣传,是为了推销商品,目标是商业营利。

二、服务性消息示例

上海首家缤果盒子无人便利店恢复营业 室温高已缓解

北京商报讯(记者邵蓝洁) 无人零售行业成为风口,虽然褒贬不一但是业界与普通用户均认为这是一个未来趋势,阿里淘咖啡无人超市刷屏之后,国内最早试运营的 24 小时无人便利店缤果盒子欧尚上海长阳路店今天开始正常营业。此前该店曾出现室温过高并进行闭店升级。

从现场图片可以看到该店货品已全部上架,民众依然对这个新鲜事物充满兴趣,不时有路人进店购物。

根据资料,欧尚上海长阳路店自 6 月 5 日试运营以来,引起广泛关注。不过由于上周五持续高温,缤果盒子地点无遮罩导致内部室温过高,出于安全性考虑,盒子暂时停止营业,工作人员进行闭店升级。负责人表示,此次闭店除了高温原因以外,也将一个月的运营数据收集和反馈,为后续盒子量产做数据支持,并对盒子的系统进行升级,暂停营业共计持续了 4 天时间。

针对关闭盒子引发媒体的一些猜想,该负责人表示,欧尚上海长阳路店是属于试运营,主要是为了在量产前发现问题并解决问题。因此该店选址比较特殊,一是场地受限,没有太多合适的区域可供选择;二是为了便于更快速地对 SKU 进行补充和摸索,选择在离欧尚更近的地方,所以测试时有意放在了条件最严苛的地方。气温高、阳光直晒、人流量暴增、交易系统满负荷运转、店门频繁开关等,均造成盒子温度过高。目前记者看到现场已经加大了空调制冷力度,盒子内温度已经明显下降,前来购买的几个用户并未感觉到热。

"事实上,我们目前落地的 10 个盒子中,另外 9 个都在正常运行,属于正常模式,只有欧尚长阳路店运营条件最苛刻。"关于未来盒子的落地,负责人表示,会考虑与缤果盒子选址模型更匹配的区域。

据悉缤果盒子是国内首个商用可规模化复制的 24 小时无人便利店。2016 年 8

月开始在广东中山地区启动项目测试,2017年6月初落地上海,开启针对一线城市的大规模人流测试。在超过十个月的试运营期间,缤果盒子接待顾客数万人,用户复购率接近80%。

据了解,除广东中山、上海外,华南区的缤果盒子也正在逐步铺设中,缤果盒子计划1年内铺设5000个盒子。

来源:《北京商报》

三、服务性消息写作

(一)写作特点

1. 以小见大的选题原则

选题原则上要以小见大,从细处着手。正是由一件件不起眼的小事形成的细流,才能最终汇成生活的海洋。只要用心观察、善于发现,生活无小事,处处皆新闻。而服务性消息的题材琳琅满目,与传统新闻的写作不尽相同,服务性消息写作的基本点、着力点就是"服务",要尽可能放大、强化新闻价值中的服务功能。从人们不太注意的小事切入,此类小角度切入式新闻本身就来源于生活,容易让读者接受,还能反映出不少问题,比某些说教式新闻更有说服力和人情味。

2. 写作的"四个特征""五个注意"

服务性消息具有时效性,针对性,实用性,预见性四个特征。写作上要注意:第一,内容新鲜、适时;第二,着重写好实用部分,增强可操作性;第三,方法要具体,对所提忠告、建议,要做出说明,以便读者接受;第四,说明信息员的身份,增强可信性;第五,行文亲切、自然,用语清新朴实。

(二)写作方法

1. 突出实用性

实用性强是服务性消息的一个重要特点。服务性消息的实用性包括下述方面。

一要对读者"实用""实惠",详细周到地为读者答疑解惑,全面准确地给读者参谋指导,具体灵活地为读者所学习和使用。二要为社会各界"沟通""服务",加强、促进社会各界的相互了解,帮助社会各界为他人提供服务。

记者笔下的每一句话都应以为市民提供服务为出发点。媒体通过记者提供的新闻事实及相关资讯,回答市民提出的"是什么""为什么""怎么做""还有啥"等问题,形式可以多种多样,消息、通讯、答记者问,或者文字、图表都可以,只要达到为读者提供服务的目的即可。

2. 注重贴近性

服务性消息的服务应该是积极主动、不讲价钱、没有任何先决条件的,受众读过之后,能对自身生活产生某种影响,得到实际收益。因此,从某种意义上说,服务性消息的出现本身就蕴涵着贴近性。它的贴近性不仅体现在贴近受众的利益,也体现在地域上和心理上。在现代生活中,地方新闻媒体更应在贴近性上下功夫,新闻视觉可以大到市民百姓关注的政策法规、春季造林、夏季缺水短电、秋季粮食收购等问题,小到失物招领、寻人问讯、求医购物等生活琐事。

3. 讲求时效性

相对于其他类新闻而言,服务性消息更应该高度重视自身的时效性。对于读者来说,他们总是随着季节的更替和生活的变化出现不同的关注点,服务性消息必须及时地向他们提供信息,解疑释惑,否则,便难以受到关注,失去自身价值。如在母亲节到来之时,《中国妇女报》主办的家庭周末报在"家太太"的封面和"太太云裳"版刊登了《新新母亲颠覆传统》《妈妈服呼唤老来俏》;"六一"儿童节,又在"周末沸点"新闻版刊发了《你有资格做父母吗?》等几篇特别策划的文章。这些节日报道并非简单的应景新闻,而是从中反映出一些被人忽视的问题及新观念,并提供了不少专家建议,方便读者参考选择,可谓新闻性、服务性"双赢"。又如,在"冰冻灾害"袭来时,媒体及时介绍一些预防"冰冻"的知识,肯定会被受众广泛关注,而这些知识在危机解除之后再作为服务性消息刊发,则很难吸引读者,也没有多大的价值。所以,服务性消息的时效性特点要求记者具有更高的新闻修养和更加敏锐的新闻嗅觉。

4. 体现导向性

生活是多姿多彩的,人们生活方式也千变万化。服务性消息应围绕人们衣、食、住、行等各个方面,尽可能地提供全方位的知识服务,引导生活,指导消费,充分体现自身的导向作用。服务性消息除了关注人们日常生活,向读者传授知识、提供服务外,还可交流心得、梳理情感,以真实、真诚、真情来感染人、教育人,促进社会主义精神文明建设。它可以通过有说服力的、艺术性的引导,使人们易于理解、乐于接受,从而改变自己的言行,最终发挥导向作用。

5. 增强可读性

服务性消息中往往会有各种专业术语,而有些术语对于广大读者来说十分抽象,短时间内很难与鲜活的生活体验联系起来。这就要求服务性消息增强可读性,尽量做到专业信息生活化,专业语言口语化,服务信息实用化。普通语义学认为,一则有效的信息应该"既有高抽象的概括,又有低抽象层次的细节"。《武汉晚报》开设的"武汉新闻·百姓"版,有一个"自力说天"栏目,读来非常有趣。如一则题为"强冷空气直扑东南武汉今晨略降温"的服务性新闻,开头说:"今日,一股新的强冷空气将再度入侵武汉,幸好冷空气主力直扑东部而去,武汉气温只略有下降。"其语言叙述如讲评书,而且毫不避讳个人倾向,"幸好"一词的使用使作者的好恶跃然纸上,文字使人读来趣味盎然,很好地实现了平面信息的立体化和抽象意义的形象化。最后还有温馨提醒:"目前华北及江浙东部地区降温非常厉害,请欲前往上述地区的市民注意防寒。"熟悉的语言才能让人产生亲近感,生活化的语言才便于把"专业指令"翻译成广大百姓可资借鉴、按章操作的生活指南。服务性消息在行文中可以运用一些比喻、拟人、对偶、排比等修辞方法,时常引用一些百姓喜闻乐见的顺口溜、歇后语,注重与受众的交流,尽量使平淡的信息生动化。诸如此类行文风格的服务性消息,具有很强的可读性,自然也会有很好的传播效果。

第六节　综合性消息

一、综合性消息概述

综合性消息的特点是报道面广、声势较大，其不是针对发生于一时一地的具体事件，而是针对较长时间和较大空间范围的某一重要问题、某一方面工作进行综合性报道。综合性消息报道容量大、有声势，能对实际工作和读者产生较大影响，综合性消息应当有材料、有观点、有分析、有综合，做到材料和观点统一，分析和综合相辅相成，材料要扎实，观点要鲜明，分析要透彻，综合要抓住本质。这样，才能够有说服力。因此，采写综合性消息既要纵观全局，又要有典型事例，写出层次和深度，切忌概念加例子，成为一盘"大杂烩"。

二、综合性消息示例

榆林 860 万亩流沙全部得到治理
标志着陕西告别"流沙"时代

本报讯　距离榆林城区 20 多千米的榆阳区大纪汗村，地处毛乌素沙漠边缘，过去常年黄沙漫天，一片荒芜。如今，这里的荒沙经过整治，已变身万亩良田，成为现代农业示范区。类似的奇迹在塞上古城榆林随处可见。1 月 26 日，市林业局传来喜讯：我市境内最后 50 万亩流动沙地全部得到固定和半固定，这标志着陕西省所有的流动沙地全部得到治理，榆林沙区林业生态建设取得重大突破，实现"沙进人退"到"人进沙固"的历史性转变。

据了解，陕西荒漠化和沙化土地面积的 99% 集中在榆林。过去，860 万亩流沙给榆林造成巨大危害，也成为陕西绿化美化的"短板"。榆林市委、市政府制定"南治土、北治沙"战略，几代榆林人坚持不懈实施三北防护林、防沙治沙综合示范区、退耕还林(草)、天然林保护、京津风沙源治理二期等国家重点生态工程项目，使一块又一块流动沙地被固定和半固定。2012 年起，榆林市开展"三年植绿大行动"和"全面治理荒沙三年行动"，植树造林 300 多万亩，残留的 50 万亩流沙得到有效治理，再也"流"不起来了。目前，榆林从城区到乡村的绿色主框架已形成，在黄河沿岸形成以红枣为主的红色经济林，在中部黄土丘陵区形成"两杏"为主的黄色经济林，在北部沙区形成以樟子松为主的绿色防护林带，全市林木覆盖率由 2011 年的 30.7% 提高到 33%，植被覆盖度达 53.43%。

针对沙化土地不同立地类型区，榆林还走出了一条不断升级的科学治沙之路。一代代治沙人采取乔、灌、草相结合，人工、飞播、封育相结合，植治、水治、土治相结合，一改(改良土地)、三化(林网化、水利化、园林化)、八配套(田、渠、水、林、路、电、排、技)等一系列综合治理措施，推广樟子松"六位一体"等造林治沙实用技术，提高了治理水平,保证了治理成效。全市初步走上沙漠治理产业化、产业发展促治沙的治沙良性循环之路,建立起以种植业、养殖业、加工业、旅游业、新能源等为主的沙产业体系,以林草为保障,沙区成为我市粮食主产区和全省畜牧业基地、新食品长柄扁桃油原料基地。

市林业局总工郝文功介绍,随着林木覆盖率的提高,榆林市的降水量逐年增加,榆林城区二级以上天数也越来越多,2014年达到336天。"860万亩流沙得到治理,对榆林、对陕西乃至对全国的生态环境改善都具有重要的意义。"

来源:《榆林日报》

这篇综合性消息获第二十五届中国新闻奖消息三等奖。该消息是榆林生态环境建设改善的里程碑式新闻,报道"以点带面",放眼陕西历数榆林几代人,特别是"十二五"规划以来的治沙举措以及取得的巨大成果,榆林860万亩流沙全部得到治理,宣告陕西告别流沙时代,对榆林、陕西甚至全国的生态环境改善都具有重要意义。消息题材重大、写法新颖、简洁明快、短小精悍,读来振奋人心。

据中国新闻奖评奖材料介绍,消息线索是在榆林市一篇工作总结材料中发现的,总结说"我市最后50万亩流沙得到治理",记者意识到这不仅仅是50万亩的事。经迅速采访核实,实地查看,导语中引用了有现场感的内容,为大题材增添了小细节,增加了消息的可读性。消息一经见报,新华网、人民网、凤凰网、《陕西日报》等国内媒体纷纷转载,榆林人民伟大的治沙成就再次为世人瞩目,弘扬了主旋律,传播了正能量。

三、综合性消息写作

(一)写作特点

综合性消息在写作时,要站得高、看得远,纵横数千里,上下若干年,将有关的事实尽收眼底,然后再紧紧围绕同一主题,精心选择和组织材料,将观点、概括性材料——"面"上的材料和具体事例——"点"上的材料很好地结合起来,"点面结合、以点带面",做到既扎实又可信,既反映出事物的深度,又达到事物的广度。

另外,在综合信息中,分析也是至关重要的,有了对素材的分析和提炼,才能写出事物的本质意义,才能提炼出作者的观点,整篇消息才不是空讲道理或者堆砌材料,才具有了综合性、宏观性和指导性。

(二)写作方法

一是点面式写法。先从一个"点"即一个生动的事实或一件事写起,然后"由点到面",引向主题。如上面例文就是从距离榆林城区20多千米的榆阳区大纪汗村的变化说起,继而报道整个榆林的沙漠化改造的宏伟工程,展示陕西告别流沙时代对全国的生态环境改善,都是具有重要意义的主题。

二是纵深式写法。纵深式写法一般是通过一种事实的表面现象,向本质层层递进,直到完全反映出事实的内涵。

三是对比式写法。综合性消息要突出新闻价值,其中,方法之一就是对比。对比有两种方式,纵向和横向。横向对比是用此事实与彼事实进行对比,以显示此事实的新闻价值。纵向对比是历史对比法,通过现在的事实与过去的事实对比,显示现在事实的新闻价值,如《榆林860万亩流沙全部得到治理》中就有现在与过去的比较。

四是并列式写法。这种写法往往把事实分成几个部分,几个部分的事实从不同侧面说明一个主题,几个部分之间呈并列关系。

第七节 人物消息

一、人物消息概述

人物新闻有广义和狭义之分。广义的人物新闻包括人物通讯、人物专访、人物消息、人物特写等体裁,狭义的人物新闻专指人物消息。人物消息有报道单个人物的,有报道多个人物的,也有报道群体的,通常以报道单个人物的消息居多。

人物消息有两个要素,一是人物,二是消息,两者缺一不可。人物消息的主角是人,哪些人物能够成为人物消息的主角呢?英雄、模范、名人、领袖固然是人物消息的报道对象,但普普通通的劳动者、百姓大众,能否成为人物消息的主角?答案是肯定的。只要在他们身上发生了不同寻常的事,就能够成为人物消息报道的对象。职务不分高低,工作不分贵贱,只要他们在平凡的岗位上做出了不平凡的成绩,都可以成为人物消息的主角。

什么样的事适合写人物消息?首先要明确各种体裁人物新闻之间的区别,特别是人物消息与人物通讯的区别。人物消息和人物通讯是报道人物的两种主要体裁。一般来说,人物通讯容量较大,篇幅较长,可以比较充分地反映人物的成长过程,报道的新闻事实更为详细完整,表现手法更为灵活多样。人物消息受篇幅的限制,一般只能反映人物的一个方面,一个故事,时效性较强,因此,只有那些新近发生在人物身上的最精彩、最新鲜、最生动、最感人的事实才适合写人物消息。

人物消息既然用消息的形式来写人物,那么就要具备消息写作的基本特征,力求做到用事实说话、短小精悍、迅速及时。人物消息写作一个突出的特点是篇幅短小,叙事单一,一般千字左右。作者要从掌握丰富的材料入手,以精练的语言抓住新闻人物最具新闻性、最有新闻价值的一点展开报道。而且只要求突出其中最富有特色、最有感染力的部分,不必面面俱到。

有人认为,同一个新闻题材,写成通讯篇幅大、分量重,而写成消息是"小儿科",没分量。但在实际采写中,往往因为新闻事件本身分量不够、采访不细等因素,写出的人物通讯多是扁平的。实践中,很多重要的人物典型,最初也都是通过人物消息率先报道出去的。据资料介绍,一些家喻户晓的英雄人物,如刘胡兰、董存瑞、黄继光等的事迹最初都是首先以消息的形式见报的。这就说明,人物消息和人物通讯可以一同运用。先以人物消息的形式把事迹宣传出去,而后如果情况需要和材料充足,还可以再写成人物通讯。这比一头栽进去写大通讯要显得有价值得多。新闻的分量不在于文章的长短,而在于新闻价值的大小。《共产党员刘胡兰慷慨就义》的人物新闻全文仅300余字,却历经几十年影响力不衰,它的巨大新闻价值是不容置疑的。笔者主张,能写短通讯的一定不要写长通讯,能写消息的一定不要写通讯,要善于以小见大,"四两拨千斤"。

人物消息特点:一是所报道的人物是新闻人物,其事迹或活动有一定的新闻价值;二是篇幅短小,叙事单一,一条人物消息一般千字左右,所述之事有故事性而情节不复杂;三是人与事的关系是以人率事、以事显人,所写之事为表现人物服务,即以人物为中心展开报道;四是时效性强,所表述的内容必须是"现在进行时"或"现在完成时",它同动态消息一样要求快写快发;五是人物消息与人物通讯、人物小故事以及动态消息相比,虽然都是写人,但其写作特点与要求却有不同。

人物消息与人物通讯区别:其一,人物消息的写作不像人物通讯那样强调情节、结构和语言上的艺术感染力,它的容量不如人物通讯大,但比人物通讯更强调时效,更侧重在"新"字上做文章;其二,写人物消息更求中心突出,主题单一。在表达上,人物消息偏重于用叙述、描写的手法,而人物通讯则可以灵活运用叙述、描写、抒情、议论等多种手法。

二、人物消息示例

把七千多人信息装在脑子里

在河北省大厂回族自治县,有一位科级干部,姓关也是"官",就是不像"官";风骨如青松,一心为百姓。

他叫关松发,51岁,县编制办主任。全县100多个单位的7000多名职工,你报出一个姓名,他就能说出其人的年龄、学历、任职时间、工资等基本信息。谁该调工资啦,谁该交养老保险啦,他都惦记着。

他善于创新,善于破解难题,县里还让他兼任征地补偿和失地农民安置保障工作委员会办公室主任等职务。

2002年,县供销社下岗职工陈秀文找到关松发,想补过去曾断档的养老保险,可当时国家没有这项政策。关松发默默记下了这件事。2011年,获悉国家出台相关政策后,关松发想起了陈秀文。时隔多年,找不到对方的联系方式,他就骑车5千米找到陈府乡,几经周折,帮助陈秀文及时补缴了保险。他还常常为困难职工垫钱。如今已领到退休金的李凤宇老人回忆说:"关松发从贴身衣兜里掏出用报纸包裹整齐的两万元钱,说要为我垫付保险费,我的眼泪夺眶而出。"

为了起草全县失地农民保障政策,关松发经常一忙就到凌晨四五点钟,饿了泡一碗方便面,困了在沙发上打个盹,两个月没回家睡过觉。由于劳累过度,他的头发一把一把地往下掉。他主持起草的一系列惠民利民的创新政策——《农村养老保险办法》《国有集体企业无资产破产企业职工医疗保险办法》《征地补偿和失地农民安置保障实施办法》……使大厂的民生工作走在全省乃至全国前列。

他用权不"任性",不当"太平官"。有一次调整工资时,一位干部的调资方案在有关部门通过了,但由于不符合相关政策最终被关松发拿了下来。这位干部不服气,到关松发办公室去闹。有人提醒关松发:"你是副局长,得注意搞好关系!"关松发反驳:"我得先注意原则!"

对家人,关松发更是严格,他常说"律己方能服人"。父亲住院,临床用药有些不在报销范围内,他的下属好心为其全部报销。得知这一情况,关松发立刻拿出自己的工资,将父亲多报的 1500 元医药费全部退还。他岳母虽然失地但不符合参保政策,他一点儿情面不留,毅然决然地从名单中删除。

他夜晚加班近 6000 次,却从没领过加班费;他一人的工作量相当于普通干部的三四倍,却从未向组织要过任何待遇。全县组织群众无记名投票选举"十佳人民公仆",他以最高票数当选。

他最喜欢的称谓是"共产党员",时刻佩戴着"共产党员"的徽章。他说:"自己出身农家,当年考上师范学校,连吃饭都是免费,工作后总是提醒自己要牢记党恩,为民服务。"

来源:《光明日报》

"为官不为"问题极为重要,也十分紧迫。这篇作品主题重大,针对"为官不为"现象,树立正面典型,导向鲜明有力,受到领导和读者好评。

从这篇消息来看,人物消息的写作有如下特点:一是标题醒目,展现人物特征。此标题抓住了人物最突出的特征:"把七千人的信息装在脑子里",让读者眼前一亮,吸引读者关注。二是层次分明,言简意赅。"干部关松发用权为人民",语言简练,直达中心思想。正文不到 1000 字,用一个个感人的故事和细节烘托主人公敢于担当、一心为民的高尚品格。三是突出个性,富有魅力。这篇消息语言活泼,感染力强,有力地表现了人物性格。此文获第二十六届中国新闻奖消息三等奖。

三、人物消息写作

(一)写作特点

人物消息?写作有如下几个特点。

首先,要选准新闻人物,应选那些具有时代精神,能够给读者以启迪、教育,能满足读者欲知、好奇的人都可入选新闻人物。一般来说,选择新闻人物身上发生的事要有一定的故事性,能够吸引读者。

其次,写作人物消息不要贪大求全,最好在一篇报道中写人物的一件事,一个侧面,抓住人物的主要事迹,其余简单地作为背景交代。这样做可以使文章比较紧凑,在有限的篇幅里把人物写生动。

最后,要有精彩的细节。尽管人物消息篇幅有限,又只要求写一件事或一个侧面,但在写作时也要力求既有概括性叙述又有具体描写。人物消息有了细节,才会细腻感人。人物消息的细节要有节制,如新华社高级记者李耐因所言:"只能截取最能说明问题、最能表现人物精神境界的那么一小节。"

(二)写作方法

1. 突出一点

1947年2月7日,新华社播发的人物消息《共产党员刘胡兰慷慨就义》,集中写英雄人物就义前的情景,其坚强不屈的行动和气贯长虹的对白。至于刘胡兰是如何被捕的,敌人在她身上都用过什么阴险毒辣的手段,刘胡兰的表现又如何,以及刘胡兰的成长过程与素常表现等,都略而未提,由于笔墨集中,就使刘胡兰的崇高形象跃然纸上,活现在读者眼前。

2. 叙述为主

人物消息的主要表现手法之一是叙述,其好处是节省笔力,增加信息量,要做到"略写如灯取影,轮廓逼真",而不能"细写如镜取影,毫发毕好"。以《市长当"红娘"》(1991年1月3日新华社发)为例:"市长甘样梦去年为15名清洁工、殡葬工当'红娘',使他们找到了称心如意的伴侣,这件事在广西南宁市传为美谈",这是概括叙述,"今年30岁的火葬场收殓工人赵宁怀,与一个姑娘谈恋爱5个年头,最后因女方母亲嫌他是个收殓工,两人含恨分手。甘市长知道小赵的苦衷后,留心给赵宁怀介绍对象,终于使赵宁怀与广西桂平县的女青年陈汉良喜结良缘,甘市长还特意参加了他们的婚礼"。这是叙述具体事例,前者略,后者详。

3. 精彩描写

人物消息要形象生动,呼之欲出,必须有精彩的描写。如本节例文《把七千多人信息装在脑子里》提及关松发忙碌的情景:

  关松发经常一忙就到凌晨四五点钟,饿了泡一碗方便面,困了在沙发上打个盹,两个月没回家睡过觉。由于劳累过度,他的头发一把一把地往下掉。

这样的描写也是粗线条的白描。

4. 揭示思想

写人物消息,不能就事论事,而应该见人见思想,反映出人物的思想与情感。在写法上,既可用典型事例来反映,也可以用人物富有个性化的语言来反映,如此段例文:

  有人提醒关松发:"你是副局长,得注意搞好关系!"关松发反驳:"我得先注意原则!"……他最喜欢的称谓是"共产党员",时刻佩戴着"共产党员"的徽章。他说:"自己出身农家,当年考上师范学校,连吃饭都是免费,工作后总是提醒自己要牢记党恩,为民服务。"

这两段语言揭示了关松发坚持原则、永不忘本的个性特征,也揭示了他实事求是、真诚爱国的思想境界。

5. 采撷细节

人物消息的细节写好了,往往能使一条新闻生动起来。当然,选择细节要根据主题的需要,否则,便会画蛇添足。如本节例文中有这样两个细节:

2002年，县供销社下岗职工陈秀文找到关松发，想补过去曾断档的养老保险，可当时国家没有这项政策。关松发默默记下了这件事。2011年，获悉国家出台相关政策后，关松发想起了陈秀文。时隔多年，找不到对方的联系方式，他就骑车5千米找到陈府乡，几经周折，帮助陈秀文及时补缴了保险。他还常常为困难职工垫钱。

再如：

他的下属好心为其全部报销。得知这一情况，关松发立刻拿出自己的工资，将父亲多报的1500元医药费全部退还。他岳母虽然失地但不符合参保政策，他一点儿情面不留，毅然决然地从名单中删除。

这两个细节表现了关松发关心他人、不谋私利的品德，能够生动地表现主题，用于此处很是恰当。

本章小结

消息是报道事件的首选体裁，事件性消息是以一个独立的新闻事件为核心而展开的新闻报道，有三个特点：变动性、故事性、典型性。报道事件需注意：事实要交代得一清二楚，勿做表面文章，见事见人，慎重报道恶性事件。事件性消息常用动态消息、特写性消息、简讯三种表现形式。捕捉动态消息题材要注意下列要点：一要展现事实现场，报道最新动态；二要展示事实原貌；三要"动感"强烈；四要有强烈的新闻敏感，准备连续报道。动态消息写作要抓"活鱼"、多用动词，多表现，少陈述，牢记"新""奇""实""短"四字诀。简讯，是事件消息中最快、最简洁明了的一种报道体裁。以"简""快"为突出特点。写作简讯应只选择构成事实的基本要素和事实中最有价值的部分，特别讲究文字的精简。非事件性消息报道的是社会问题、社会现象，或者某些可供参考的信息、方法。非事件性消息的特殊价值在于开拓大量的信息源。非事件性消息常见的有服务性消息，综合性消息，人物消息几种类型，写作技巧包括：对比显现，量化集中，"以点带面"。

思考与练习

1. 就身边的新闻事件写一条动态消息。
2. 将撰写的动态消息改写成一条简讯，总结一下删掉了什么内容。
3. 非事件消息与事件消息相比有什么特点？写作非事件消息要注意什么？

第十一章　描写性消息与分析性消息

> **学习目标**
> 1. 理解描写性消息概念,掌握新闻素描、花絮写作方法。
> 2. 理解分析性消息消息概念,掌握解释性消息、新闻述评写作方法。

消息按照写作手法不同,可以分为描写性消息与分析性消息。描写性消息的特点是有画面感,它产生于描绘,让读者将文字的内容转换为可视的画面。这其中,关键在于描写必须写形传神。这个"神",就是报道对象的个性、特色、本质特征。分析性消息的特点是能够传播观点与见解。随着社会环境和行业环境的日趋复杂,新情况、新问题层出不穷,读者不再满足于单纯的新闻事实报道,而是希望能了解新闻事件发生发展的全过程及其走向和意义。也就是说,读者不但需要新闻,而且需要对新闻的梳理与整合、分析与判断,且还要有记者的观点和见识。因此,分析性消息越来越受到各媒体的重视,并成为媒体竞争力的一个重要体现。

第一节　描写性消息

一、描写性消息概述

描写性消息是以描写为基本手段写作的消息。换言之,描写性消息的特点是"再现"——以文字重现新闻事件的现场情景。[①] 应掌握三个关键点:手段是描写,特点是再现,内容是文字重现现场情景。

描写性消息与通讯的特写的不同之处在于,描写性消息不是细描,而是简笔勾勒。如果将通讯的特写比作工笔画,那么,描写性消息便是写意画。描写性消息,就是要能够使读者产生画面感,即文字描写的内容可以在读者脑海中浮现,根据读者的生活体验及积累产生丰富的画面。我们衡量一则消息是否是描写性的,就是看其文字能否当作电视电影或者连环画的脚本,若是为否,就不是描写性的。描写性消息的类型包括:新闻素描(特写性消息)、现场短新闻、视觉新闻、情景新闻、散文式新闻。

---

① 刘明华,徐泓,张征. 新闻写作教程[M]. 北京:中国人民大学出版社,2002:269.

二、描写性消息示例

"飞天"凌空

——跳水姑娘吕伟夺魁记

她站在10米高台的前沿,沉静自若,风度优雅。白云似在她的头顶飘浮,飞鸟掠过她的身旁。这是达卡多拉游泳场的8000名观众一齐翘首而望,屏声敛息的一刹那。

轻舒双臂,向上高举,只见吕伟轻轻一蹬,就向空中飞去。那一瞬间,她那修长美妙的身体被空中托住了,衬着蓝天白云,酷似敦煌壁画中凌空翔舞的"飞天"。

紧接着,是向前翻腾一周半,同时伴随着旋风般地空中转体三周,动作疾如流星,又潇洒自如,一秒七的时间对她似乎特别慷慨,让她从容不迫地展开身体优美的线条:从前伸的手指,一直延续到绷直的足尖。

还没等观众从眼花缭乱中反应过来,她已经又展开身体,笔直得像轻盈的箭,"哧"地插进碧波之中,几股白色的气泡拥抱了这位自天而降的"仙女",四面水花悄然不惊。

"妙!妙极了!"站在我们旁边的一名外国记者跳了起来,这时,整个游泳场都沸腾了。如梦初醒的观众用震耳欲聋的掌声和欢呼声,来向他们喜爱的运动员表达澎湃的激情。

吕伟精彩的表演,将游泳场的气氛推向了高潮。她的这个动作五一三六,从裁判手里得到了9.5分。

这位年方16的中国姑娘,赢得了金牌。

她的娇小苗条的女伴,17岁的周继红,以接近的分数赢得了银牌。

当一个印度观众了解到这两个姑娘是中国跳水集训队中最年轻的新秀时,惊讶不已。他说:"了不起,你们中国的人才太多了!"

来源:《光明日报》

这篇消息是1982年的全国好新闻。作者运用以下特写镜头充分表现吕伟跳水时动人的一刹那之美:

轻舒双臂,向上高举,只见吕伟轻轻一蹬,就向空中飞去。那一瞬间,她那修长美妙的身体被空中托住了,衬着蓝天白云,酷似敦煌壁画中凌空翔舞的"飞天"。

紧接着,是向前翻腾一周半,同时伴随着旋风般地空中转体三周,动作疾如流星,又潇洒自如,一秒七的时间对她似乎特别慷慨,让她从容不迫地展开身体优美的线条:从前伸的手指,一直延续到绷直的足尖。

这段描写,如同一个连续慢镜头,将跳水姑娘从跳台到入水一连串动作连续反映出来,像一幅幅鲜明生动的画面,字里行间把视觉因素印入读者的脑海。通过抓住事物的特点,深刻地表现出了事物的本质,将吕伟跳水的动作描写得十分清晰和优美,使人好像看到了现场的比赛情景。

描写性消息一个最重要的特征是有画面感。描述消息画面的要点有三:一是抓住有新闻价值的部分写,二是抓住有个性特征的地方写,三是抓住典型瞬间写。

三、描写性消息写作

(一) 写作特点

描写性消息要让读者将文字的内容转换为可视的画面。这其中,关键在于描写必须写形传神。

要注重人物刻画。在描写性消息中,要注重对人物的刻画,包括他们的生活态度、品位、动机、渴望和喜怒哀乐等。对这些人物刻画时,记者应该像雕塑家一样,把一块泥巴揉搓成一个个鲜活的人物形象,要绘声绘色地再现人物的某种行为或行动,并透视其思想境界;或者是通过对人物活动的展示,揭示人物活动的社会环境,以此来解释人物行为的依据,折射出整个时代的特征。

要注重场景的描绘。重在摄取新闻事件中最典型、最集中、最感人的场面,通过再现场面的特色、规模、气氛等,把握整个事件或社会风貌。

(二) 写作方法

1. 加强描写的生动性

写作应以生动、准确而富有动作感、立体感的描写为基础,以加强描述性消息的可视性,达到叙事如画的效果。

描写性消息力求有透视力。描写性消息不仅再现报道对象,而且要帮助读者透过画面的"形"去把握时代、社会的"神"。描写性消息有透视力,实际上就是要求记者看问题的眼光不能停留在事物的表面,要透过表面看实质,深入挖掘报道的主题。

注意情景交融,在生动的描绘中着上作者的感情色彩。情景交融,即记者的主观情感与报道对象情感的沟通。

2. 调动情感的具体方法

一为咏物寓情。记者通过对具有象征意义的客观事物的描绘来寄寓自己的感情。通过比喻、拟人、象征等手法,委婉曲折地表现记者的思想感情。

二为寓情于景。记者借客观景物的描写来抒发自己的思想感情。此法要点是移情于景,以有情之笔去描写景物。景生情,情生景,情景交融,浑然无隔。

三为触景生情。寓情于景是因情而萌发构思,触景生情则是因景而萌发构思。笔在写景,却字字是情。

四为即事寓情。记者通过记叙事件来抒发感情。

五为寓情于理。记者把感情融注到对事理的议论和评价之中。

3. "描中有叙"与"叙描结合"

描写性消息不仅不排斥叙述,还需要用叙述来补充、说明、串联所描写的场景或人物活动。只有在描写中加入适当的叙述,事实才能得到清晰的、完整的反映,记者的意见、思想才能得到明确的体现。描写性消息的叙述主要通过背景材料来完成。

背景材料必须巧妙融汇。描写性消息的画面与背景可以说是一对相互依赖又相互排斥的矛盾,不用背景材料,新闻特写的画面不深刻;充斥背景材料,新闻特写的画面不生动。因为,背景材料毕竟是过去发生的事情,画面展现的是现在进行的人物活动和场景,硬将过去的背景材料扯进来,就会破坏新闻特写的画面感。新闻特写中的画面与背景,可谓是一对难分难解的孪生兄弟。如何将相互的排斥变为相互的补充?这要讲技巧。

第二节 新闻素描

一、新闻素描概述

(一)新闻素描就是微型特写

新闻素描也称特写性消息,实际上就是微型特写。它是以"再现"为手法的新闻家族中的代表性成员。特写,最初是电影艺术领域中的一个术语。本意是指在电影中突出地拍摄人的面部或其他局部、一个物品或其局部的镜头,可以造成强烈的视觉冲击和清晰的视觉形象,达到突出和强调的目的。

新闻素描作为一种新闻报道文体,是指用特写镜头的手法,通过形象描绘来再现现实生活中富有特征的片段,给读者留下鲜明而深刻的印象。

新闻素描有两种体裁,一种是快速简短,用特写镜头的手法报道现场事实动态;另一种是篇幅较长、具有可读性的报道体裁,可称之为特稿,或按传统称谓叫特写。前者属于消息类范畴,故称特写性消息,后者属于通讯的范畴。

新闻素描与新闻特写的区别:首先,新闻素描比新闻特写的时效性强;其次,新闻素描重点写事件,一些写人物的新闻素描,其重点还是写人物在事件上的动态和感受。

(二)新闻素描的特点

新闻素描的特点是以"描"为基调,基本上通篇描写,描写全过程,通过描写再现一个较为完整的过程和场面,再现具有新闻价值的一幕。

1. 描写现场,如临其境

新闻素描通过精心的描绘,渲染气氛,使人如临其境、如闻其声、如见其人。新闻素描要求现场观察细致入微。新闻素描的现场感来源于记者的现场观察,仅仅由记者访问而没有现场亲自观察的报道不能叫新闻素描(特写性消息)。一般报道以叙述的手法来报道事物的基本情况,新闻素描则必须对报道对象的具体状态做真实的再现。

2. 突出局部,浓墨重笔

不像动态消息那样做概括式的叙述,新闻素描不仅仅展示事件发展的过程,其对报道的某些局部也做突出的描绘,通过一个典型画面来反映事件,给受众一个强烈的印象。典型画面往往是能反映事物特征的片段或事件发展的精彩部分。截取典型画面就是选取那些最有特征、最富表现力的细节。

3. 写形传神，追求"神似"

形，指事物的形貌；神，指事物的个性、特色。新闻素描在写事物形貌时不是泛泛而论、从头写到尾，它要画龙点睛，找出有特色的地方，用三言两语概括出其本质特征，给人以可视性、可感性。

（三）新闻素描的种类

新闻素描按报道对象可划分为人物特写和场景特写。人物特写以人物为特写对象，要求绘声绘色地再现人物的某种行为或行动，以此来烘托现场气氛，传递现场信息。场景特写重在描写事件发生现场中最典型、最感人的场面，通过再现场面的状态、气氛、进展情况，展现出新闻事件的价值。

二、新闻素描示例

日本签字投降

本报9月2日电（东京湾美国"密苏里号"战舰上） 今天上午9时05分，日本外相重光葵在无条件投降书上签字。日本终于为它在珍珠港投下的赌注付出了代价，失去了其世界强国的地位。

重光葵步履蹒跚，拖着木质假腿走到铺着粗呢台布的桌子旁，桌子上放着投降文件，等着他签字。如果人们不是对日军战俘营中的暴行记忆犹新的话，也许会不由自主地同情重光葵。

他把全身重量都压在手杖上，好不容易才坐下来。他把手杖靠在桌子旁，然而，在他签字的时候，这手杖倒在甲板上。

道格拉斯·麦克阿瑟将军致辞后，做了一个手势要重光葵签字。他们两人没有说一句话。

麦克阿瑟代表对日作战的国家签字受降，乔那森·温赖特中将和珀西瓦尔中将在他两旁肃立。温赖特中将在科雷吉多尔岛失守后被俘，长时期的战俘生活，把他折磨得憔悴不堪。珀西瓦尔中将在大战中另一个不幸的日子里放弃了新加坡，向日军投降。

两位中将在场，使人们不由得想起，1942年上半年，我国还处于几乎无可挽回的失败的边缘。

日本代表团由11人组成，他们衣着整洁，表情悲哀。重光葵身穿早礼服大衣和带条纹的裤子，头戴丝质高帽，双手戴着黄色手套。在"密苏里号"军舰上，参加整个仪式的任何一方都没有同日本人打招呼，唯一的例外是日本外相的助手，有人同他打招呼，是因为要告诉他在哪里放日本请求无条件投降的文件。

当重光葵爬到右舷梯顶端，登上"密苏里号"甲板时，脱掉了他的高帽子。

来源：《纽约先驱论坛报》

三、新闻素描写作

（一）写作特点

1. 文章结构灵活

新闻素描尽管文章篇幅短小，但十分讲究结构。文如观山不喜平，文章最忌平铺直叙，没有起伏。特写虽然短小，也要有波澜，要有转弯。文章曲折，才会生动，才有"嚼头"。

2. 描写典型细节

新闻素描的典型细节，既包括事件现场的景物，也包括人物的情态，而后者尤为重要。通过典型的细节描写传递现场特有的气氛，传达新闻中只可意会的内涵，是新闻素描写作的高境界。我们可以在采访获得的材料中反复筛选，以得到细节材料。如示例中的新闻素描《日本签字投降》，细节特征抓得好，其写的是抗日战争最后一幕，文中抓了以下这样的细节：

> 重光葵步履蹒跚，拖着木质假腿走到铺着粗呢台布的桌子旁……他把全身重量都压在手杖上，好不容易才坐下来。他把手杖靠在桌子旁，然而，在他签字的时候，这手杖倒在甲板上。

这个细节不仅揭示了重光葵内心的无奈，更象征着大日本帝国的衰亡。

（二）写作方法

1. 要抓住生动的形象

文学艺术关于形象的概念是指作家、艺术家审美认识的结果，是他们根据实际生活中的体验，认识创造出来的具体、可感而又带有强烈感情色彩和具体审美价值的情境。当然，新闻中的形象和文学形象并不完全相同，但一定是现实生活中看得见、摸得着的事物、场景，以及人物的声情笑貌等。这种形象化的描写，可以放在新闻的导语部分，以镜头式的艺术手法出现，也可以放在新闻的主体部分。一条新闻，能有一两处形象描写，有1~2个特写镜头，就可以满篇生辉，以形象吸引人、感动人。

2. 多用动词，少用形容词

在写人物和事件时，要多写活动和动作，多用动词，少用形容词，以增加新闻中的动态感。要使新闻增加视觉因素，主要方法是把人物和事件写活。也就是说，写视觉新闻，使之形象化，并非是用语言装饰，更不是用形容词堆砌和雕琢。从《"活着的黄继光"——杨朝芬》这篇消息中，可以看到作者是怎样把人物写活的。在描绘杨朝芬炸掉敌人地堡时，写他：

> 手拿爆破筒，迅速跃起，一会儿倒身跃进，一会儿匍匐前进……迅速捡起爆破筒先拉了火，然后把这个嗤嗤冒烟的爆破筒使劲地第三次塞进了暗堡。在即将爆炸的瞬间，他闪电般地往下一滚，只听一声巨响，地堡飞上了天。[①]

---

① 肖爱冬，等."活着的黄继光"——杨朝芬[N].解放军报，1979-02-23.

这篇消息共三百多字,主体部分用二百多字生动地记叙了杨朝芬炸毁敌人地堡的经过,像一连串特写镜头。透过字里行间,我们仿佛看到战士杨朝芬冒着枪林弹雨,与顽敌反复较量,三次将爆破筒塞入敌堡,不获胜利决不罢休的顽强战斗形象。通过如实记下英雄的战斗过程,描写人物有静有动,从而深刻地反映了人物的思想面貌,使英雄的形象屹立在读者心目中。如果只是概念化地叙述,就不会获得这样深刻感人的效果。

3. 要抓住人物事物的特点

写视觉新闻,关键也在于能否抓住事物的特征,并善于用特写的手法把这种特征活灵活现地表现在新闻中。如前例《"飞天"凌空——跳水姑娘吕伟夺魁记》这篇描写性消息,就是运用描写手段充分表现吕伟跳水时动人的刹那之美,抓住了人物和事物的特点,深刻地表现出了人物和事物的本质特点。

4. 要善于抓住细节

新华社高级编辑李耐因同志说:"细节,一曰细、二曰节。光'细'不行,还要有'节'——要节制、节约,只截取其中最能说明问题,最能表现人物精神境界的那么一小节。"①描写好细节,就能抓住事物和人物的特征,进行出神入化的描绘,从而使新闻报道形象具体、生动、感人。新华社记者阎吾的《战后凉山》这篇报道,就是在宣传我军胜利、驳斥和揭露敌人时,抓住了一些细节表现我军胜利,是利用细节增加视觉因素非常成功的一例。原文写道:

> 记者在凉山敌军的一些阵地上,看到所有的日历都没有翻到二月二十八日的,有的翻到了二月二十七日。可以想到,他们刚把日历翻过二十六日那一页,就被我军打得丧魂落魄,再没有能往下翻了。正像一个越南士兵在一封未发出的家信中写的那样:"我们这里形势很紧张,每天都有许多人死伤,不知哪一天该轮到我的头上。"

记者亲临前线采访,深入现场,要写的东西很多,对于我军取得辉煌胜利这个事实,怎样才能让人们通过报道产生深刻的印象呢?记者正是抓住家信和日历两个细节,使人仿佛亲自到前线看到敌军溃逃的情景,给读者留下非常深刻的印象。如果笼统概括地写我军如何胜利、敌人如何失败,就没有用细节增加视觉因素使人觉得真实可信。

5. 要运用生动活泼、个性鲜明的语言

无论是文学语言,还是新闻语言,一个统一的要求就是准确、鲜明、生动。人物语言要符合人物本身的性格特点,符合人物身份、教养经历、气质等方面特点,也就是语言要性格化。只有这样才能准确表现人物的精神面貌,使读者感到亲切自然,真实可信。描写性消息,在增加视觉因素方面,语言也要生动活泼,用描绘出的形象图景去触动读者的视觉感官,以增强新闻的宣传效果。总之,视觉新闻的关键在于紧扣主题,去抓事实本身所固有的独具特色、有典型意义、有立体感的形象。要运用形象思维,把生活中的那些

---

① 范圣英,邢东良. 人物通讯细节描写"四招"[J]. 记者摇篮,2006(03):41.

最精彩、最富有时代特色的最本质的形象摄取出来、表现出来。

第三节 花絮

一、花絮概述

（一）花絮的特点

花絮在媒体版面中常常处于"补白"的位置，所以长期以来，很少受到重视。随着社会的发展，人们的社会参与意识日渐增强，新闻媒体对重大事件的正面报道已不能满足人们的需求，人们开始更多地关注这些事件的台前幕后。这使得花絮这一小巧的报道形式日趋活跃，其报道价值也日显重要。花絮的特点为：小角度，大视野，轻松幽默，亦庄亦谐。它从重大事件、重大活动、重大场面中选取一些小的场景、小的情节、小的趣闻轶事进行描述。

（二）花絮的价值

1. 尽现人物精神

新闻人物是大多数新闻体裁关注报道的重点，花絮也不例外。花絮在报道人物时常常是从侧面入手，选取一些零碎的、非正式的、趣味性较强的内容，如新闻人物在非正式场合的言谈举止。它与消息、通讯等报道形式相互呼应，使新闻人物更立体化、生活化、个性化。花絮对新闻人物的表现不用议论，其手法类似于文学创作中的白描，极简约的一句话、一件事，就尽现了人物精神。

2. 烘托事件气氛

花絮有特殊的信息释放功能，更看重新闻报道中的这种大与小的辩证。它通过对新闻人物在非正式场合的言谈举止、重大活动的台前幕后，以及重要活动的小插曲的报道，满足人们对新闻真实、快捷、全面、有趣的要求，并且因其报道的是受众所须知、欲知、爱知的事实，也常会给人意料之外、耳目一新的感觉。篇幅短小、角度细微，并不妨碍花絮成为报道新闻事实、烘托事件气氛的有效方式。

3. 强化报道效果

花絮有独特的"观赏"价值，所报道的事实往往很难切合新闻价值诸要素，这在一定程度上又加深了受众对新闻人物或事件的印象，与其他报道形式也有异曲同工之妙。"大处着眼、小处着手"是花絮区别于其他新闻体裁的特点，但它又不同于钻营于捕风捉影的"花边新闻"，它的生命力同样在于它的新闻性。为使这种小巧的报道形式更受欢迎，使它的价值更为人们所重视，花絮应该继续在"真、快、短、活、趣"的方向上发展。

二、花絮示例

揭秘两会"部长通道"：提问前先扫二维码

中新社北京（2017年）3月3日电（记者周锐） 全国政协十二届五次会议3日

开幕,备受各方关注的两会"部长通道"再次亮相,呈现出诸多新气象:提问先扫二维码在公众号提交问题,网络技术进步让众多记者拿手机全程直播。

历年全国两会,"部长通道"只是媒体一个习惯称呼。国务院各部委负责人也并不都是代表或委员,但期间他们多列席主要会议。

由于列席人员从大会堂北门入场,因此媒体记者常在北门通道"围堵"部长。久而久之,这里成为媒体口中的"部长通道"。

由于到此采访的记者越来越多,2008年起,人民大会堂工作人员开始在入场人员和采访记者之间拉起了隔离线,并邀请一些记者到隔离线内,把他们关注的部长请到发言台前。

那些年,每逢两会,都会产生几位"拉部姐(负责邀请部长受访的女记者)"和"拉部哥(负责邀请部长受访的男记者)"在网络上走红。

2015年开始,"部长通道"逐渐成为官方认可的沟通机制。工作人员会主动和各位部长沟通,邀请他们到发言台前回答提问。今年年初,国务院总理李克强还专门就"部长通道"提出硬要求。

李克强指出,现代政府必须及时回应公众关切的问题,保持与社会各方密切沟通。成绩要讲透彻,问题要讲明白。话要堂堂正正讲出来。不能遇到事都闷着不讲话、不回应。

从今天"首秀"看,2017年全国两会"部长通道"呈现出诸多新气象。

首先是技术更新提升了服务质量。在"部长通道"的醒目位置,工作人员展示了一个硕大的二维码。扫描二维码会进入一个名为"记者问题征集"的公众号,记者在公众号上提交信息,写明想问哪些部长,想问哪些问题。而主持人会选择具共性的问题,交由部长回答。

其次是整个部长通道更加透明。中央电视台安排了四个机位拍摄"部长通道",媒体也利用日趋成熟的互联网直播技术、全程用手机直播,既让"部长通道"细节得到更多呈现,也让更多人能够将目光投向这里。

部长们的积极性也是一大看点。被主持人称为"部长通道的老朋友",国侨办主任裘援平一如既往地微笑着来到发言台前。今天她介绍了侨胞参与"一带一路"建设这一热点问题。

高涨的积极性更是催生出部长排队的场景。作为今天"部长通道"压轴嘉宾,中国民航局局长冯正霖足足在通道里等了25分钟。

新气象还包括部长本身。八天前刚被任命为商务部部长的钟山今天通过"部长通道"完成其在媒体上的"首秀"。他发表任职感言"责任重大、使命光荣",还介绍了工作思路,表示要推动中国贸易强国的进程。

新气象显现之时,"部长通道"的老优点也得到延续。

首先是接地气,记者们问的都是和百姓生活息息相关的问题,部长们答得坦率。教育部长陈宝生今天被问到最近热播的《中国诗词大会》。他表示,这个问题正好和他最近关心的兴奋点对接,并由此谈及如何在教育中加强对优秀传统文化的传承。

其次是不遮丑。前些年,曾有记者在"部长通道"问过交通部部长买车摇不到号怎么办;也有记者问过环保部长自己买不买空气净化器。今天有记者向民航局局长询问航班晚点怎么看。冯正霖直言对于航班晚点自己以前不满意,现在也不满意,并介绍了改进的想法。

在政协大会开幕前最后一刻,"部长通道"上的记者们结束了今天的采访。据工作人员介绍,今年两会期间,"部长通道"将数次开启,每次都有五到六位部长前来回答提问。

这意味着,未来几天,中外记者可在此得到和国计民生相关的更多回答。

来源:中新网

三、花絮写作

(一)写作特点

花絮虽小,但也应力求以小见大,不要把毫无意义的东西硬往花絮里塞。不要认为花絮就是花边新闻,从而降低格调。虽然不能要求每则花絮都有重大意义。至少也应该满足读者的知情欲、好奇心,给读者带来精神上的愉悦。所以,记者在动笔之前,要想清楚写的这则花絮是为了表现什么、突出什么。

(二)写作方法

1. 写作灵活

花絮的写作不必讲究五个要素俱全,也不必按照导语、主体、结尾的模式,完全可以开门见山,直奔最主要的事实。

2. 语言精练

由于花絮篇幅短小,语言更应力求简洁,要尽可能地用最少的语句把事情交代清楚,这就需要较高的概括事实的能力。但花絮并不排斥生动传神的描绘,有时对人物神态或某些细节的必要描写,可收到很好的效果。由于篇幅所限,花絮中的描写应该是画龙点睛式的,不应该大肆铺陈。

3. 轻松幽默

花絮的写作不宜"板着面孔"。生活本身就是充满幽默的,如果花絮的题材具有某些幽默的成分,就应力图将其传达给读者。

第四节　分析性消息

与消息、通讯、特写、评论等新闻体裁相比,分析性消息是随着时代发展而出现的一个新的报道文体。所谓分析性消息,是指合理运用背景材料,通过多角度、多侧面、全方位、立体化的分析,揭示新闻事件或新闻现象的实质或意义,并预测其发展趋势的一种深度报道。

一、分析性消息的写作特点

（一）突出"事件的原因"

深挖新闻背后的新闻。新闻学上有一个被奉为金科玉律的五要素原则，即"5W"。无论是哪一类新闻报道，都离不开这五要素。但在对各要素的处理上，分析性报道重点在"事件的原因（WHY）"上大做文章，尽可能地利用各种材料，说明一个事件是在什么样的背景与条件下发生的，这一事件的发生会对人们带来什么样的影响，从而帮助读者了解此事的本质和意义。

（二）注重纵横联系

分析性消息把新闻事件或现象放在一定的社会背景和时代背景下面来分析，或者把单一的、孤立的新闻事件与其他事件相比较、相联系，从而揭示其蕴含的意义。任何一个事物，都可以向它纵的方面（历史、发展演变过程）挖掘，也可以向它横的方面（与周边环境、同类对比）拓展。纵横挖掘往往能发现一般人意想不到的"富矿"。有很多事情，单独地、孤立地看，新闻价值不大，而如果与其他事件对比、联系，把它放在历史的坐标上来观察，往往就能发现其中蕴含的深刻意义。

（三）大量使用背景材料

用背景材料来解释、分析新闻事实，也就是"用事实说明事实"。分析性消息离不开背景材料。有的新闻学者干脆把分析性消息与新闻背景画上了等号，认为分析性消息是"一种加有背景，给新闻揭示更深一层意义的报道"。尽管在一般的新闻报道中也经常用到背景材料，但这与分析性消息中的背景材料是有区别的，从表面上看，在一般的消息报道中，为了防止喧宾夺主，往往尽可能限制背景材料的铺陈，能省略就省略，有时在倒金字塔结构的消息中，背景往往是最后几段的内容。而分析性消息往往以恰当地运用背景材料而见长，有相当一部分分析性消息是依托背景材料而展开的，背景材料在整个报道中处于举足轻重的地位，一旦删去这些背景材料，分析性消息就不成其为分析性消息了。从更深层次的意义上说，二者对背景材料的运用有质的不同：一般消息的背景材料只是对新闻的局部加以参照、注释或说明，一般对全文的主题不会产生决定性影响；而分析性消息恰恰是要通过对背景材料的分析，将主题清晰地表达出来。因此，一般消息的背景材料是零散的、辅助性的，而分析性消息的背景材料则是系统的，与主题息息相关，甚至可能有因果关系。

（四）夹叙夹议

夹叙夹议是分析性消息在写作方式上的一个重要特征。一般新闻报道都强调客观记事，很忌讳议论；而分析性消息要对新闻事件加以分析，就不能不有所议论。不过这种议论与新闻评论中的议论有很大区别，它的主观色彩甚少，往往是通过对事实的报道来实现的。即使在依据客观事实进行夹叙夹议的时候，记者也要注意掌握分寸，能够以叙事的方式说明问题的，就尽可能不用议论的方式；能够采用权威人士或当事人的评论、意见，就尽可能不要自己出面下结论，做判断。总而言之，要尽可能使"议"客观一些，顺理成章一些,不能滥发议论。

二、分析性消息的写作

(一)观点鲜明,见解独到

分析性消息的成败,首先取决于它的观点、见解。观点、见解是分析性消息的灵魂。好的分析性消息,应有鲜明的观点、新颖独到的见解,应该能够透过事物的表面现象,洞察其底流,应是见人之所未见,言人之所未言,让人能够受到启发。

要做到这一点,关键是对于所报道对象、问题、新闻题材有足够的认识,能够阐发鲜明独到的见解。这个对象、问题、题材,就是我们常说的"选题"。分析性消息最重要的是选题,最难的也是选题。选题的好坏,直接关系到报道的成败,甚至可以这样说,选题成功了,就等于分析性消息成功了一半。

并不是所有新闻都能成为分析性消息的题材,只有那些具有显著新闻价值、读者普遍关心、对社会有重大影响的题材,才能成为分析性消息的题材。总的来说,分析性消息要站在全局的高度,密切关注经济社会的发展趋势,捕捉社会关注的热点、焦点、难点问题。

(二)分析性消息选题

第一,它应当是对新近发生、发现的事件或问题的分析;第二,它应当是讲究时效——对事件应对较快,甚至是紧随其后的分析;第三,它应当在分析中提供新的、读者尚不了解或尚未注意到的信息。

(三)要敢于突破和创新。

第一,要学会专业化的分析。分析性消息要解读发生在现象背后的深层次原因,要求记者必须具备一定的专业化水准。只有具备了一定的背景知识,并且善于运用这些理论观点观察、分析、评价现象,才能够深刻揭示其背后的规律和趋势。比如对于大众关注的电信行业,很多问题并不像表现出来的那么简单,背后往往隐藏着深刻复杂的原因。要把这些现象背后的东西条分缕析地呈现给读者,就要运用专业的分析工具,这样文章才具有说服力。

第二,要用通俗化的表达。写分析性消息,仅有专业分析是远远不够的。由于读者更喜欢阅读容易理解的报道,因此通俗易懂、深入浅出的深度报道更符合大众的口味,所谓"硬主题,软表达"也就成了分析性报道最提倡的表达方式。这就要求记者对所要报道的问题有深入的理解,并具有驾驭文字的能力,能把前沿的大问题用轻松活泼的文字表达出来。

第三,要能够科学地调遣背景材料。上文曾提到背景材料对分析性消息的极端重要性。因此,写分析性消息,记者的一项基本功就是要会科学地安排、组织背景材料。面对采访得来的大量背景材料,要善于取舍,使材料达到以一当十的说理效果;同时还应注意逻辑性,在充分研究、透彻理解材料的基础上,可以按照材料的时间顺序或重要程度安排新闻结构,揭示各部分材料与新闻事件之间的内在联系。

要会巧妙地表达观点。一般来说,分析性消息不允许作者直接站出来发表议论,而是要把自己的观点隐藏在对事实的叙述之中,通过对事实和背景性材料的综合分析,达到议论的目的。这是分析性消息与新闻评论的重要区别。记者要想表达观点,要善于借专家学者和当事人之口,这样能够增强分析性消息的可信性和说服力。但值得注意的是,记者引用各类观点对新闻事实进行解释时,不能随意假借当事人、目击者或权威的名义发表自己的意见,这是一种违背新闻职业道德的行为,应杜绝。

要具备宏观分析的能力。在写作分析性消息时,记者的视野要开阔,要有历史的纵深感和判断力,不能就事论事,以做一点注释为满足。在纷繁复杂的事物面前,在浩如烟海的信息面前,记者要有综合归纳的提炼能力,要能去伪存真、去芜取菁,而不被表面的现象迷惑。

第五节　解释性消息

一、解释性消息概述

（一）解释性消息的含义

解释性消息是一种充分运用背景材料,说明事物来龙去脉,揭示其实质意义和发展趋势的分析性新闻,也是典型的深度报道。

解释性消息在我国一般称为"新闻分析""新闻述评""新闻综述""观察与思考""瞭望",其作用是提供背景、说明意义、分析原因、预测前景。

按时间性因素区分,解释性新闻报道可分为对一段时间、一个时期、一个时代的解释性报道。

这种消息多用于我国经济工作的政策、方针和社会生活中出现的影响较大的新问题。解释性消息中的"解释"并非指作者的直接、明白的阐释和分析,通常运用背景材料,引用相关说法等多种方法,比较隐蔽地表达记者的观点或倾向。解释性消息侧重于回答新闻事件中的"事件的原因（WHY）"。

解释性消息是在"客观报道"的基础上发展起来的。第一次世界大战后首先在美国出现。20世纪30年代在西方有了快速的发展。现在,解释性报道已经成了西方新闻报道中的一个重要形式。在我国,虽然以前不用"解释性消息"这种提法,但是这种报道形式实际上是早就存在的。近年来,《人民日报》等报刊上还出现了"新闻分析"这种形式。

（二）解释性消息的形式

解释性消息的三个形式如下：

1. 运用背景材料进行解释

背景材料是用来解释新闻的。使用背景材料是手段,解释新闻是目的。背景材料,有人物背景、地点背景、历史背景,还有时间背景、环境背景、注释背景等,不一而足。但不管背景材料属于哪一类,它们起的作用都是解释、分析新闻事件,客观地表明新闻事件的意义,帮助读者、听众理解新闻事件。因而,它们可以统称为新闻报道中的解释性因素。解释性因素在新闻报道中有以下三种表现形态。

其一,解释性词句。如"在著名作家巴金的《家》中描写过的成都商业场,一家名为小酒家的酒店在新年期间开张营业"。其二,解释性段落。如1981年元旦《文汇报》的一条消息写了五百多名日本旅游者专程赶来中国,在寒山寺盼听新年钟声后,写道:"日本民间相传,除夕之夜敲钟一百零八下,就能除尽人世的烦恼,迎来锦绣前程。由于唐代诗人张继的诗《枫桥夜泊》在日本广为流传,'姑苏城外寒山寺,夜半钟声到客船'的诗句蜚声扶桑,许多日本友人梦寐以求能在除夕盼听寒山寺钟声"。其三,解释性文章。即通篇是解释分析,这种形态近似于西方的解释性专稿。如《体育报》1983年5月30日《第三届世界羽毛球锦标赛,中国男队成绩为何不理想》一文。

在解释性消息中,解释性因素是报道的重要乃至主要的组成部分,鲜有解释性因素,就不能构成解释性消息。那么,是不是凡有解释性因素的报道都是解释性消息呢?回答是肯定的。所以,在我们的新闻中解释性消息是大量的,虽然有些报道我们无意把它看作解释性消息,但却在有意做解释。

2. 用议论进行解释

1982年11月19日,《人民日报》刊登的新闻《中东和谈现状》,分析了阿拉伯国家,以及美国和以色列对待和谈的三种不同立场。在每一段分析后都有一段议论,指出各种立场的实质所在,表明看法。一般来说,新闻中是不能发议论的,这似乎已成为一种定论。但是,在解释性报道中允许一定的议论出现,也已经得到了广泛的认可。不过,记者直接出面议论还是主要出现在述评性报道中。在新闻报道中,能用事实进行解释分析的绝不要议论。何况,有时用事实巧妙地做解释分析,往往会收到比议论更好的效果。如1982年阿尔巴尼亚通讯社报道了谢胡在"神经失常"时自杀身亡。新华社在转发这条消息时,加了一段背景材料:"在这之前,阿通社在12月17日曾经发表谢胡16日在地拉那接见罗马尼亚政府贸易代表团的消息。"除此以外,整条消息没有一个字的议论。但加入这段背景材料,比直接说中国对谢胡的死因表示怀疑更巧妙、更能说服人。

3. 揭示新闻事件的来龙去脉

解释性消息旨在揭示新闻事件的来龙去脉,以及其更深一层意义:解释性消息不单只是报道新闻事件,不以报道新闻事件的外部现象为满足,常常是以新闻事件为由头,重心落在对新闻事件的解释分析上。它要发掘和揭示事实的真相,向受众指明新闻的来龙去脉,这是解释性消息的根本任务。

什么是新闻的来龙去脉?新闻的来龙去脉就是新闻事实产生的原因和发展的趋向,以及它与其他事件的内部联系。对于揭示新闻事件来龙去脉的重要性,美国哥伦比亚大学教授梅尔文·门彻(Melvin Mencher)说:"当来龙去脉交代出来了,谁也不注意,可一旦没有它,立即会影响效果,就像我们呼吸时不会注意到氧气一样。"美国著名专栏作家沃尔特·李普曼(Walter Lippmann)也说:"如果一个华盛顿的记者只告诉人们发生了什么,而没有告诉原因并指出意义,那么他只做了他工作的一半。"[①]

(三) 解释性消息的特点

1. 解释性消息的重点是回答"事件的原因"

解释性消息也称背景新闻,它是典型的分析性消息,也是典型的深度报道。其特点在于说明事实的来龙去脉,重点回答"事件的原因(WHY)"。解释性消息有时也会论及事件的后果、影响,但其侧重点还是在于解释新闻事件或问题的必然性。

2. 解释性消息与纯新闻区别

一是对新闻诸要素的叙述重点不同:纯新闻把"五要素"交代清楚,解释性报道主要解释原因与情景。二是在背景材料运用上不同:纯新闻的背景材料只起到补充、展示的作用。解释性消息的背景是深入揭示问题的重要材料。

3. 解释性消息与评论、社论区别

区别一,解释性消息的内容较实,不能离开事实过多推论,不直接发指示、表态度。而评论与社论则直接发表意见、态度,做宣传。区别二,解释性报道是记者个人观点。评论与社论是集体观点,有权威性。

4. 解释性消息的重要性

第一,解释性消息侧重于分析新闻事件的因果关系,是一个总体的通俗化处理过程,提供的是全局性背景,说明的是新闻事件、社会问题、自然现象产生的原因,可以使新闻更容易理解,从而满足读者的好奇心。

第二,解释性消息通过对信息的综合与梳理,可以有选择地为读者提供事件或问题的"全像",讲繁荣的时候,也讲衰败的时候,讲述事件整个过程,提供全像。

第三,解释性消息探究事件或问题产生的根源,其"发言"更具启迪作用,也更具建设性。

二、解释性消息示例

中国新发射卫星有望揭开暗物质之谜

新华社酒泉(2015 年)12 月 17 日电 中国星期四将首枚用于探测暗物质的空间望远镜送入太空,这是人类在寻找暗物质进程中迈出的最新一步。这种神秘物质占据了宇宙总质量的绝大部分,人类却看不见。

清晨 8 点 12 分,长征二号丁运载火箭背负着暗物质粒子探测卫星(DAMPE)从酒泉卫星发射中心腾空而起。卫星以中国古典名著《西游记》中有着火眼金睛的美猴王"悟空"命名。

它将进入地球上空 500 千米高的太阳同步轨道,从那里观测太空中高能粒子的能量方向和电荷。

"悟空"的设计寿命长达三年,不过科学家期望它能在轨工作五年。

---

① 张杨,李丹.解释学与新闻传播的关系探讨[J].新闻世界,2013(5):279—281.

在此期间,科学家希望这枚 1.9 吨重、如书桌般大小的人造卫星能帮助人类揭开暗物质的神秘面纱。

暗物质是现代科学的一大谜团,它既不释放也不反射电磁辐射,因而人类无法直接观测。

科学家早先引入暗物质的概念,用以解释宇宙间的质量缺失以及光在遥远星系中的异常弯折现象。如今,暗物质已被物理学界普遍接受,但科学家仍未能探测到其存在的直接证据。

科学家相信,我们已知的宇宙中,包括质子、中子、电子等构成的普通物质仅占约 5%,其余都是看不见的暗物质和暗能量。

暗物质粒子探测卫星首席科学家常进说,揭开暗物质之谜对物理科学和空间科学具有革命性意义,让人类可以更清晰地理解星系和宇宙的历史与未来演变。

此前,科学家已通过国际空间站搭载的阿尔法磁谱仪,以及位于瑞士日内瓦城郊的欧洲核子研究中心(CERN)的大型强子对撞机(LHC)等装置探索暗物质的真实属性,并取得了一些成果。

中国还在西南部的四川建立了地球上最深的暗物质实验室,位于地下约 2400 米的深处。

而最新发射的暗物质粒子探测卫星将帮助科学家搜寻暗物质湮灭或衰变的证据。

"这就像是去寻找暗物质的'儿子',如果找不到'爸爸',那么我们总可以去找他的'儿子',并且从'儿子'那里得到'爸爸'的一些信息。"常进说。

"悟空"将在发射后的前两年对全天扫描,之后根据探测结果,对暗物质最可能出现的区域定向观测。

100 多名中国科学家将对卫星数据展开分析研究。首批科学成果有望在 2016 年下半年发布。

常进说,"悟空"是世界上迄今为止观测能段范围最宽、能量分辨率最优的暗物质探测器。

据介绍,这枚新型探测卫星的观测能段大约是国际空间站阿尔法磁谱仪的 10 倍,能量分辨率则比国际同类探测器至少高 3 倍以上。

不过,常进也谨慎地表示,科学家对在这次任务中找到暗物质的踪迹还没有十足把握。

"暗物质的物理性质还没有弄清楚,没有人能百分之百保证卫星一定能找到暗物质。"常进说。

"但只要它工作正常,就为我们打开了一扇新窗口。"常进说,"悟空"除了寻找暗物质外,还是一个宇宙射线望远镜,可以研究宇宙射线的起源、传播和加速。

"悟空"是中国科学院四颗科学卫星系列的首发星。

另外三颗科学卫星,包括一颗量子科学实验卫星、实践十号返回式科学实验卫星以及一颗用于观测黑洞、中子星等重要天体的硬 X 射线调制望远镜卫星,将在明年陆续发射。

中国科学院国家空间科学中心主任吴季透露,这三颗科学卫星目前研制进展顺利。

"中国不应只是空间知识的使用者,也应成为空间知识的创造者。"他说。

新华社对外部记者作为唯一受邀提前进驻酒泉卫星发射中心的文字媒体记者,在发射之前与试验队员一起工作半个月,克服大量困难,对暗物质卫星首席科学家、卫星总设计师等核心人物进行了细致深入的采访,获得了大量独家素材。卫星发射当日,前方记者和后方编辑密切配合,第一时间抢发英文消息,并采取西方通讯社报道模式,不断添加动态与背景信息展开滚动报道。其中的代表作为英文消息《中国新发射卫星有望揭开暗物质之谜》,其新闻性突出,现场描写生动,中科院评价:新华社这一报道"有力提升了中国科学传播的影响力"。此文获第二十六届中国新闻奖消息三等奖。

稿件兼具独家性、现场感和深度,不仅生动记录了暗物质粒子探测卫星发射这一属于中国和世界科学发展的历史时刻,有力地提高了世界对中国在基础科学领域探索的认知度,发出了中国正成为人类科学知识创造者的重大信号。而且,通过权威专家的独家解读、通俗易懂的背景穿插、生动凝练的文字叙述,记录了人类探索宇宙的一个历史性时刻。

三、解释性消息写作

(一) 写作特点

解释性消息是当今国际上颇为盛行的一种报道体裁,特别适合报道科技新闻和国际新闻。美国新闻学者李普曼说:"近代世界已经变得如此复杂和如此难以理解,也就不仅需要报道新闻,而且还应加以说明和解释。"[①] 这种说法,也许就是解释性消息产生的一个原因。但是,解释性消息毕竟不同于新闻评论和新闻述评,它要求用事实讲话,用有关事实来解释所报道的新闻事实。在解释性消息中怎样运用有关事实呢?在报道手法上,解释性消息有如下特点。

1. 充分地运用背景材料

上篇消息属于科技新闻,其新闻价值未必是被广大读者普遍认识。为了加深读者对这项重大科研成果的理解,作者在文中介绍:

这是人类在寻找暗物质进程中迈出的最新一步。这种神秘物质占据了宇宙总质量的绝大部分,人类却看不见。

暗物质粒子探测卫星首席科学家常进说,揭开暗物质之谜对物理科学和空间科学具有革命性意义,让人类可以更清晰地理解星系和宇宙的历史与未来演变。

---

① 张杨,李丹.解释学与新闻传播的关系探讨[J].新闻世界,2013(05):279—281.

这些背景材料的介绍将此次卫星发射的重要性揭示出来,从而加强了这篇报道的新闻价值。

2. 准确地选用典型性事实

下面这些典型事实的运用增添了科学性:

"100多名中国科学家将对卫星数据展开分析研究。首批科学成果有望在2016年下半年发布。"常进说,"'悟空'是世界上迄今为止观测能段范围最宽、能量分辨率最优的暗物质探测器。""据介绍,这枚新型探测卫星的观测能段大约是国际空间站阿尔法磁谱仪的10倍,能量分辨率则比国际同类探测器至少高3倍以上。"

这里着重运用简练的事实来进行科学的解释,也就使得这篇新闻的主题思想更容易为读者接受。

3. 运用现场目击情景和权威人士发言

在进行上述两个方面的解释性报道以后,应当承认,这篇消息报道的这一新闻事件的重要性和真实性已经为读者确信。但是作者并不满足,紧接着又绘声绘色地叙述了自己在现场目击情景:

清晨8点12分,长征二号丁运载火箭背负着暗物质粒子探测卫星(DAMPE)从酒泉卫星发射中心腾空而起。卫星以中国古典名著《西游记》中有着火眼金睛的美猴王"悟空"命名。

并在结尾引用了国家空间科学中心主任的权威发言,肯定了这次科研成果的作用和深远影响。

(二)写作方法

1. 写作要有大背景意识

用背景事实自身的逻辑力量说明新闻事件产生的必然性,巧妙开篇,引人入胜,开宗明义,提出问题,设置悬念。

2. 把"为什么"作为高潮与重点

解释性消息要求挖新闻背后的新闻,把今天的事件置于昨天背景下,揭示其明天含义;把某一事件与一系列其他相关事件联系起来,在比较参照中揭示本质。

3. 解释技巧

第一,数据化解释。数据常常被认为是最精确的事实,但也往往会显得枯燥,让数字"活"起来的方法包括:不要在一个段落里运用过多的数字;一些数字的表述可以相对模糊一些:如将2611423元,略述为约260万元;用比率代替庞大的数据,如在5800名司机中,有1400人参加了爱心送考活动,可叙述为平均每四名司机中,就有一人参加了爱心送考活动;提供一个参照对象,让数字更加形象:如洞里萨湖在干季的蓄水量为×××立方米,雨季的蓄水量为×××立方米,可叙述为干季的洞里萨湖相当于三分之一个台湾岛,雨季时则有半个台湾岛那么大。

第二,对比解释。对比的方式可以表现事实之间的差异,而差异化恰巧能够凸显单一事实的新闻意义或价值，反过来说，缺少差异化的事实表现，其新闻意义是暧昧不清的。

第三，提供不同类型的证据。首先，引语解释（包括直接引语和间接引语）。当事人话语的优点为：直接——受众直接了解当事人的态度，对新闻事实产生直观的了解；而缺点为：主观。一方面，目击者由于不涉及利益冲突，他们的语言往往是比较客观的；而另一方面，目击者对整个事件的理解可能只是表面化的，有时甚至不总是真实的。一般而言，采用权威话语能说服广大受众；但权威是相对的，特别在学术领域，由于各自研究方向、角度的不同，某些权威的话语甚至是矛盾的。其次，背景解释。简单的新闻事件放在不同的新闻背景下，会呈现不同的解释和意义。最后，解释的平衡。没有不能报道的新闻，关键在于怎么报道。

第六节　新闻述评

一、新闻述评概述

新闻述评是报道新闻事件的同时对事件发生的背景、原因、结果、影响等，进行叙述与评说的新闻体裁。它是以夹叙夹议的方式传播新闻信息的一种新闻体裁。

（一）新闻述评的基本特点

首先，述评中的"评"，是记者对事物的直接评判，是褒贬，是就事论理的一种写法；其次，新闻述评对事实的要求比较严格，要求选择比较典型的事实。

（二）新闻述评的价值

第一，新闻述评旗帜鲜明、尖锐泼辣，富有指导性。

第二，新闻述评可以为评论插上轻灵的翅膀，使其成为评论战线的"轻骑兵"，原因有三点：其一，新闻述评随报道发表评论，述与评同时出现，所以，它的评论涉及的范围更广，来得更快，有时也更具真知灼见；其二，新闻述评的"评"熔"叙、议"于一炉，不必像单一的评论那样，展开来进行详细说理论证，于是，在写作上既可以速成，又可以做到风格多样；其三，由于兼有新闻报道的特点，一些来自现场的述评，事、理、情兼而有之，也令读者感到亲切自然，乐于接受。

这里要特别提醒一下，不要将新闻述评与新闻评论搞混。新闻述评是消息体裁，属于记叙文体；新闻评论是言论体裁，属于议论文体，两者不一样。新闻述评必须具备消息的一切特征。必须有标题，往往是多行题（评论往往是一行题），有消息头，即"本报讯"；有导语、主体、背景、结尾等要素。有的学者认为"述"应该多于"评"，也有的学者认为对此不必苛求，有评有述即可。

（三）新闻述评的特点

第一，视野开阔，材料丰富，高屋建瓴地分析事件与问题的实质和发展趋向；第二，跳出材料概括，抓住典型举例子；第三，边述边评，讲究逻辑，不摆架子，以理服人。

新闻述评报道新闻事实是第一位的,首先应满足受众的信息需求。

新闻述评的叙事方法是"就事论理"。"事"即新闻事实,"理"即评论。在事实的基础上,用背景材料表达倾向性和看法。叙事方式是夹叙夹议。从报道的表象来看,事实叙述所占篇幅多,议论很少。从报道的本质来看,虽然只有一两句的议论,但显得更加重要。从传播效果上看,述评性消息有明显的主观倾向。

新闻述评与一般新闻报道的共同点是都必须提供事实,传播信息,有新闻性;不同点是一般的新闻报道主要是客观地报告事实,用事实发表无形的意见,而新闻述评有作者的见解、看法。

新闻述评是一种"有述有评,述评相间"的报道式样。一般的分析性消息主要是用事实表达观点,而新闻述评则允许超过事实、跳出事实,直接说话。就认识过程来说,述评的作者大多对某些问题早有看法,早有议论的欲望,某些新闻事实或新闻由头的出现,恰好为他们提供了议论的契机。分析性消息虽然要以大量的事实来说明见解,但是它的事实往往是多样的、可以任意调遣的材料,而新闻述评因其兼有报道与评论两种职能,所以总体来说,新闻述评对事实的要求比较严格。

新闻述评与新闻评论比,差别主要表现在五个方面。第一,两者议论的目的不同。新闻述评是"就事论事",重在体现,不重论证;新闻评论则以议论为主要手段,"就事论理",即运用逻辑论证的手法进行说理。第二,时间要求不同。新闻述评同一般消息一样讲求时间性,报道要迅速及时,而新闻评论一般在时间要求上稍为宽容些。第三,篇幅上有差别。新闻述评的篇幅较之新闻评论要短些,它一般七八百字,长的也不过千余字。而新闻评论常常是两三千字。第四,新闻评论的思维方式是:观点→事实→观点,而新闻述评的思维方式是:事实→分析。第五,新闻评论只有评论一种功能,而新闻述评兼有报道和评论两种功能。

二、新闻述评示例

山东女孩被骗光学费离世 诈骗电话已实名登记

本报讯 山东临沂市第十九中学18岁的高三女生徐玉玉以568分的成绩刚被南京邮电大学录取,8月19日下午她接到一个171开头的陌生电话,称有笔2600元助学金要发给她。按照该电话指示,她把业已准备好的9900元学费汇给对方,之后,方知受骗,到派出所报案后,在回家路上突然昏厥,继而身亡。

诈骗电话已进行了实名制登记

在距开学十余天前,即8月19日下午,一个171开头的陌生电话打到了徐玉玉她妈妈手机上,在电话中,对方称有笔2600元钱的助学金要发给徐玉玉。

徐母把电话交给徐玉玉,后者按照对方的要求到附近的自动取款机上取出准备交学费的9900元钱寄给了对方指定的账户。

之所以她全无怀疑地按照对方指令去做,徐玉玉的姐姐向南都记者解释说,徐玉玉曾在8月中旬到当地教育部门递交过助学金的申请材料，当时得到答复是在8月20日至9月10日间会发放助学金。"妹妹上学的时候没有手机，填联系方式的时候都是填的妈妈的号码，所以电话就打到了妈妈的手机上。"

在徐玉玉给对方寄过去9900元后，她开始意识到不太正常，再拨打对方电话时，电话已经关机。这时，她才知道自己被骗。

惊慌失措的徐玉玉赶紧骑自行车回家，向母亲哭诉被骗走了学费。

徐玉玉家境本就清贫，傍晚时分，她在父亲徐连彬的陪同下赶到高都派出所报案。民警问询记录案情后，徐连彬骑着三轮车载着徐玉玉回家，刚离开派出所不久，徐玉玉就在三轮车上昏了过去。

徐连彬赶紧拨打120把她送往医院。两日后的晚上9点半，徐玉玉离开人世。

南都记者拨打打给徐母的171开头的电话，该号码显示已关机，查询该号码归属地，了解到是山东省济南市的中国联通的电话。

据财新记者核实，远特通信市场部经理聂嘉兴证实，涉案犯罪嫌疑人使用的电话号码17185336×××确属远特通信，他表示该号码于今年年初开卡，已进行了实名制登记。

公安机关成立专案组调查

南都记者在采访临沂市公安局罗庄分局西高都派出所所长潘庆春时，他对南都记者说，临沂市公安局罗庄分局已展开调查，正在全力以赴破案。

临沂市公安局罗庄分局在8月24日下午公开回应称："徐玉玉被诈骗案牵动着众人的心。案件发生后，罗庄分局高度重视，迅速抽调精干力量组成专案组。目前，专案组民警已分赴多地开展调查工作，案件正全力侦破中。"

公安部在透露临沂警方已经成立专案组同时，称骗徐玉玉学费的银行账号已经锁定归属地，同时，还称8月19日临沂另一女大学生曾报案遭遇电话诈骗，被骗走了6800元的学费。

对于徐玉玉被骗身亡，公安部再次提醒公众警惕170、171开头电话号码，公安部公开解释说："170、171号段本来是为虚拟运营商准备的专门号段，但因为监管措施跟进不到位，无须实名登记即可购买，已经成了诈骗电话和短信的温床。"

在得知即将入学的徐玉玉突然离世后，南京邮电大学公开痛斥骗子可恨，希望泄露他人隐私与行骗的人都能够受到法律的制裁，并称该校助学金是在到校后学校统一组织申请的，不存在未入学先电话通知钱数事宜的情况。提醒新生谨防上当受骗。

教育部在8月24日上午获悉徐玉玉近万元大学学费被骗走消息后，特别提醒大学新生谨防以发放助学金等为名的欺诈恶行，并称，国家建立了完整的学生资助政策体系，只要有经济困难，政府和学校都会给学生提供合适的资助。

教育部郑重提醒广大学生尤其是大学新生，"无论是哪个单位或者个人提供资助，不应要求学生到ATM或网上进行双向互动操作。如有类似要求的，请先向老师和当地教育部门咨询,千万不要擅自按照对方要求操作转账,以免上当受骗。"

律师说法

精准诈骗在于信息泄露

北京典谟律师事务所主任律师王誓华对南都记者分析说,在徐玉玉被精准诈骗事件中,出现了考生和家长的电话信息,甚至家庭信息的泄露问题,"一定是在教育系统,这是这类信息的源头。"在他看来,从法律层面上,这侵犯了公民的个人隐私权。

盈科(广州)律师事务所合伙人律师邱恒榆在接受南都记者采访时说,我国刑法第二百五十三条规定,"违反国家有关规定,向他人出售或者提供公民个人信息,情节严重的,处三年以下有期徒刑或者拘役,并处或者单处罚金;情节特别严重的,处三年以上七年以下有期徒刑,并处罚金。"

这里的"公民个人信息",包括公民的姓名、年龄、有效证件号码、婚姻状况、工作单位、学历、履历、家庭住址、电话号码等能够识别公民个人身份或者涉及公民个人隐私的信息、数据资料。邱恒榆告诉南都记者,"如果有人非法获取、出售或者提供这些公民个人信息的,涉嫌犯罪,最高可能判处七年以下有期徒刑。"

来源:《南方都市报》

三、新闻述评写作

新闻述评的类型按评述的事件性质可分两种,一类是事件性述评,即就最近发生的事实进行评论,这类述评更靠近报道,要写好事实;另一类是非事件性述评,例如对社会问题、工作问题、思想问题等进行的述评,它往往"评"的成分较重。新闻述评的要求有如下三条。第一,典型题材,全局观点。如本节例文展示的案件是全国震惊的典型案例,展示其案对全局的警示意义。第二,因事论理,理由事出。全文首先是叙述整个事件过程,然后加以评析。第三,借人之口,为"评"增加权威性。本文在评析过程中,记者没有一句议论,记者想说的评议都是借人之口说出,如"南京邮电大学公开痛斥骗子可恨,希望泄露他人隐私与行骗之人都能够受到法律的制裁",教育部"特别提醒大学新生谨防以发放助学金等为名的欺诈恶行",并通过律师说法,指出"精准诈骗在于信息泄露",等等。

(一)写作特点

1. 评述结合,评述并举

述评集新闻报道和评论的职能于一身,既及时报道新闻事实反映现实生活的发展变化,又揭示新闻事实的本质和意义,指明事物的发展趋势。述评作为一种具有独特个性的新闻体裁一般都要对新闻事实进行比较全面的、多角度的介绍,包括典型的具体事实、概括的情况,以及必要的背景材料等,在叙述事实的同时进行议论。"评述结合"并不意味着"评"和"述"在篇幅或比重上相同,而主要表现在兼有新闻报道和新闻评论的特点,具备两者的功能,有学者认为它应是以"述"为主,也有学者认为是"评述并举"的。这就是说述评的目的在于"述"是为"评"服务的,"述"是"评"的基础,"评"是"述"的目的。

因此,就一篇述评来说,"评"多于"述"或"述"多于"评"都是常见的现象,有时在叙述新闻事实的同时已经包含了作者的倾向和分析,只要再画龙点睛加以议论,就足以说明问题了。

2. 述中有评,评中有述

述评以事实为依据,而事实来自现实生活,反映现实生活。述评的"评",或者说它所讲的道理,就是在对这些事实进行分析的过程中加以阐明的。"述"和"评"的有机结合体现了由个别到一般、由具体到抽象、由感性到理性的认识过程,易于被人们所理解。述评的"评"并不是就事论事,而是为了弄清客观事物的本质和它所包含的带有普遍性的新经验、新问题。许多述评采取夹叙夹议的论述方式,"述"中有"评","评"中有"述",可以从理论和实践的结合上把握事物之间的共同规律,并提出问题和解决问题。

3. 由述而评,以评统述

述评将摆事实和讲道理兼顾。它所讲的道理,是作者通过大量新闻事实进行分析而得出的结论。这也正是述评与某些推理性评论的区别。因此,述评更注重材料和观点的统一。述评中对新闻事实的叙述,有时多一些,有时少一些,但都服务于观点,或者说接受观点的统帅。述评的作者要掌握大量的事实和各种背景材料,这样才能经过分析研究得出正确的结论。但是在述评中不可能,也没有必要把所有的事实和材料都罗列出来,运用哪些新闻事实、哪些情况,概括地叙述哪些情况,用具体的典型事例加以说明,都要服从于"评",服从于记者阐明观点的需要。

(二) 写作方法

1. 选择好新闻述评的题材

下列报道题材可写述评性消息:第一,党和国家一项新的方针、政策或措施的制定原因和贯彻执行;第二,揭示重大的突发性事件的意义,帮助受众了解其前因后果;第三,重大的科学技术成果;第四,经济领域和其他社会生活中出现的影响较大、涉及广大群众切身利益的新情况、新问题等。

2. 把握新闻述评的结构

新闻述评无论写什么内容,首先要从结构入手把握好"是什么、为什么、怎么办",吃透了这三点,写作述评就具备了成功的基础。述评这种写作方法可以把新闻事实的前前后后各个侧面囊括进去。但在具体写作中,侧重点是不一样的:"是什么"重在求细,翔实地展现大量事实和细节;"为什么"重在求深,深入地探求事实背后的真相;"怎么办"重在求实,给出解决问题的思路和办法。三个部分结合,就可以把问题讲清楚、说明白。

3. 实现新闻述评的事理交融

新闻述评的优点在于,它不仅报道新闻事实的来龙去脉,而且对事实的意义做出解释和说明。所以,如果从内容上分析一篇好的新闻述评,一定包括新闻事实和评论两个部分。有的记者在采写述评的时候,要么把事实淹没在评论里,要么使精辟的评论被冗长的事实叙述所遮盖,难以吸引读者的眼球。因此,采写述评一定要注意事理交融。事理交融就是在述评中,事实与观点相互依存、相互确认。新闻述评如何实现事理交融呢?

首先,展示观点的建构过程。展示由事实到观点的分析推理过程,事实与观点才会在这一建构过程中达到统一。其次,表达公开而明确的因果关系。事实的叙述总是有明确观点指向的,叙述事实的安排也总是在一个观点统帅下的事实聚合。最后,让观点闪烁出理性的光芒。述评观点应大众化,并具有现实性,抓住普通人的情感。

4. 提高综合判断能力

和事件性新闻、工作通讯等体裁相比,新闻述评对采写的要求更高。采写新闻述评不但要了解一个个的事实,而且要认识它们之间的关系,还需要对新事实有整体的把握。记者采写述评要常常引述不同领域、各个层面权威人士的观点,常常概述不同的事例来分析其中的关系,探析事情的前因后果,预测形势的发展。这不但要求记者有高于别人的分析概括能力,还要求记者进行深入细致的采访,以第一手的事实来支撑自己的分析。有些述评之所以没有吸引力,除了因为作者本身缺乏积累外,还与没有独到的观点有关。胡乔木同志曾说:"培养名记者的一条重要方法是多写评论和述评……评论和述评是一种高层次的新闻报道。"[①]可见,要做一个合格的新闻工作者,就必须培养和加强自己的素养,就应当懂一点新闻评论学,在阅读和写作新闻评论上孜孜以求,日有所进。新闻报道从感性向理性发展,从浅层向深层发展,从单个信息向密集信息发展,从客观性向科学性发展,是新世纪读者需求变化的必然趋势。新闻报道和评论的互相渗透,对记者和评论员都提出了更高的要求,我们应当努力提高自己,充实自己,以适应新时代的要求。

> **本章小结**
>
> 描写性消息是以描写为基本手段写作的消息,其可以记录活的、有声有色的历史,发挥形象的感染力、震撼力,满足读者的视觉需求。描写性消息主要描绘人物和场景,"描中有叙""叙描结合"。新闻素描就是微型特写,基本上通篇描写,再现具有新闻价值的一幕,要灵活安排文章结构,描写好典型细节;用自然、准确的文字再现事物本色。花絮的特点是小角度,大视野,轻松幽默、亦庄亦谐,写作要求立意高远,写法灵活,语言精练。分析性消息就是背景新闻,写作特点突出"为什么"要素,注重纵横联系,大量使用背景材料来解释、分析新闻事实,夹叙夹议。观点、见解是分析性消息的灵魂。解释性消息是说明事物来龙去脉的分析性新闻,运用背景材料进行说明,用议论进行解释,揭示新闻事件的来龙去脉。解释性消息的写作原则要有大背景意识,用背景事实自身的逻辑力量说明新闻事件产生的必然性;巧妙开篇,引人入胜,开宗明义,提出问题,设置悬念。新闻述评是在报道新闻事件的同时,对事实发生的背景、原因、结果、影响等进行叙述与评说的新闻体裁,特点是视野开阔,材料丰富;材料概括,例子典型;边"述"边"评",讲究逻辑。新闻述评的写作特点是"评述结合,评述并举""述中有评,评中有述""由述而评,以评统述",要把握结构,事理交融,判断准确。

---

① 季忠民. 如何养成新闻评论写作习惯[J]. 新闻与写作,2012(7):86—88.

思考与练习

1. 根据课堂上放映的一段动感强烈的事件性消息视频,当堂写作一条描写性消息。
2. 分组准备新闻素材,在课堂上召开新闻发布会,当堂写成新闻述评。
3. 根据给出的数篇描写性消息与新闻述评,当堂宣读并评析哪一篇写得最好。

第十二章 通讯的写作

> **学习目标**
> 1. 了解通讯的写作特点。
> 2. 掌握通讯的故事化写作方法。
> 3. 掌握通讯的细节描写的方法。

新闻报道要用"事实说话",这是新闻体裁的共性。通讯不仅要求用事实说话,还要求"用形象说话"。苏联作家法捷耶夫说:"科学家用概念来思考,而艺术家则用形象来思考。"这是什么意思呢?这就是说,艺术家传达现象的本质不是通过该具体现象的抽象,而是通过对直接存在的具体展示和描绘。[①] 写通讯当然和文艺创作不同,通讯要求真实、准确,容不得想象和虚构。通讯中的形象不单是表达问题,也不靠妙笔生花,它贯穿在采写的全过程中:采访要掌握丰富的、形象化的事实——有情节、有故事、有细节、有情境;构思时要善于巧妙地组织材料,将一幅幅的"活动"画面有机地组合起来,生动地展现和深化主题;表达上则要求真切具体,有形象、有画面、有动态感,使读者如见其人,如闻其声,如临其境。

第一节 通讯写作特点

一、什么是通讯

通讯是记叙文的一种,属新闻体裁。通讯是比消息更为详尽和形象的报道典型人物和客观事物的新闻体裁,以叙述、描述为主,兼以议论、抒情等表达方式,是报纸、广播电台、通讯社常用的文体。

通讯可以用议论、描写、抒情等多种方法写人记事,通常用来评介人物、事件,推广工作经验,介绍地方风光等。通讯是一种详细、生动的新闻报道体裁,也是我国新闻报道中的常见文体。目前我们所称的"通讯"其实已经逐步演变为一种集合概念,一种广义的名称,是指报纸、刊物中运用的除消息以外,包括各类通讯、特写、专访等在内的所有详报型(或称深度型)新闻体裁的总称。

刘明华等的《新闻写作教程》将通讯分为人物通讯、事件通讯、工作通讯、风貌通讯、

---

① 唐芳贵.重视形象思维 提高创新能力[J].新疆教育学院学报,2002(04):29-31.

社会观察通讯、专访、新闻特写等类别。① 丁铂铨在《新闻采访与写作教程》中将通讯分为三类,即叙事型通讯、调查型通讯和访谈型通讯。② 本书结合两种分类,即将刘氏的人物通讯、事件通讯、新闻特写、社会观察通讯、工作通讯、风貌通讯、专访分别纳入丁氏的叙事型通讯、调查型通讯、和访谈型通讯中。

二、通讯的写作案例剖析

(一)写作要求

第一,主题要明确。有了明确的主题,取舍材料才有标准,起笔、过渡、高潮、结尾才有依据。第二,材料要精当。按照主题思想的要求,掂量材料、选取材料,将具有典型意义的和最有吸引力的材料写进去。第三,写人离不开事,写事为了写人。写人物通讯固然要写人,否则势必写得空洞。第四,角度要新颖。

(二)尺度把握

尺度也即分寸,尺度、分寸都是"度"的意思。通讯是新闻文体,报道的是具有新闻价值的人物、事件和工作,对"度"的要求很严格,要适度,勿失度。过(写过了头)与不及(写不到位)都是失度。"度"对通讯来说,实质上是新闻真实性问题。"度"没有把握好,往往导致虚假。

第一,用语要准确,常识不能错。用语不准确,常识弄错了,报道就会发生偏差,尺度就难以把握好。第二,事实须真实,细节不虚构。新闻事实不能随意添加、"合理"想象、张冠李戴,更不能无中生有。细节虽小,但关系全局,不能虚构,避免"一粒老鼠屎坏了满锅汤"。第三,思想要适度,先进但不能"过"。常用通讯来报道先进人物和先进工作,切忌唯恐"不先进",一定不要写过了头。

(三)注意事项

第一,立意要明确高远。有了明确高远的立意,文章才会有时代和社会意义,才会给世人以教育和启发,才能引起大家的注意。

第二,选材要精当典型。按照主题思想的要求,在真人真事的基础上进行选材和组织。

第三,善用议论抒情。"感人心者莫先乎情",任何文章都要有真情实感。都要以情动人,通讯也不例外。

女环卫工6年拽回5名轻生者

江水滔滔,大桥高高,面对命悬一线的轻生者,她丢下手里的扫把,冲上前将其拽回。过去6年里,这一幕在武汉长江大桥上重复了5次。

当获救者醒悟后说"我不会再做傻事"时,她开心;当施救不及而眼睁睁看着一条条鲜活的生命陨落时,她痛惜。

---

① 刘明华,徐泓,张征. 新闻写作教程[M]. 北京:中国人民大学出版社,2002:401-516.
② 丁柏铨. 新闻采访与写作教程[M]. 3版. 北京:高等教育出版社,2014:288.

她,就是武昌城管委大桥清洁班班长涂晓珍。

上个月,50岁的涂晓珍光荣退休。因为她热心快肠、工作认真,武昌城管委返聘她继续担任大桥清洁班班长。

6年来,"遇到轻生者,能拉就拉一把"成为大桥清洁班的班训。"只要在岗位一天,我就会在桥头守望生命。"昨日,涂晓珍说。

拽回轻生残疾女子　还帮她当上环卫工

家住汉阳王家湾的张华左腿残疾,找工作屡屡被拒,丈夫常常说她是"吃闲饭的",有时还会对她动粗。

2010年4月的一天,51岁的她再次找工作不顺,在家里又受到丈夫的讥笑,便带着满腹的委屈和伤心,从汉阳步行到长江大桥,准备到武昌的女儿家散散心。

当她走到武昌桥头堡附近时,越想越觉得生活没有希望,不禁大哭起来,一条腿翻过大桥护栏,准备结束这一切。

正在50米外清扫的涂晓珍,察觉到张华的异常。她丢下扫把,冲了上去,一把抱住张华的腰往回拽:"您家有什么事想不通的,要走这条路?""没活路了!老公嫌我吃闲饭,想找工作也找不到!"张华说。"你愿意做环卫工吗?"涂晓珍问。

张华有些不相信自己的耳朵,连连点头。

于是,涂晓珍带着张华回到清洁队,向组长周命说明情况,请她帮忙。

昨日,回忆起这一幕,周命仍记忆犹新。她说,当时涂晓珍还塞给张华100元钱,让她吃饭。当天,张华被安排到武汉市三医院门前路段做清洁工。"我有了工作,老公对我的态度也好多了。"第二天,张华喜滋滋地给涂晓珍打电话说。

3个多月后,张华的女儿生了孩子,请她到家里帮忙。虽然十分不舍环卫工作,她还是辞职去了女儿家。

过了一段时间,张华再次给涂晓珍打电话,说自己过得很开心,只是很想念曾经的环卫同事们。"你苦尽甘来,我真替你高兴!如果以后再遇到困难,还可以找我。"涂晓珍说。

接力救人陪走千米　男子打消轻生念头

今年3月的一天凌晨5时许,一名50岁模样的男子准备翻越长江大桥护栏。"再难也莫走这条路啊!"当时正在附近清扫路面的环卫工周锦秀发现后,冲上前把他拉了回来。

"你莫管!"男子摆脱周锦秀,再次抓住护栏。周锦秀只得一手紧紧抓着男子的衣服,一手掏出手机向涂晓珍求援。"你一定要拦住他!我马上赶来!"涂晓珍挂断电话,立即骑着电动车赶到现场。

当时,轻生男子的态度不像开始时那么激烈,顺着护栏来回走动,周锦秀紧紧跟在后面劝说着。当涂晓珍走近,他突然又准备翻越护栏,被涂晓珍和周锦秀拽回。"人生哪有过不去的坎呢?莫钻牛角尖,多想想家人,过段时间就好了。"涂晓珍拉着轻生男子,沿着人行道往汉阳方向走,边走边开导,"快回家吧,亲人还等着你呢!"

男子默默无语。走了1000多米,他终于开口:"给你们添麻烦了。你回家吧,我想通了,自己走回去。"

涂晓珍停下脚步,说:"那你好走。千万别再做傻事啊!"

望着男子渐渐远去的背影,涂晓珍放下心来,转身走回停车的位置。她掏出手机看了看时间,已是清晨6时零8分。

出走少女饿晕路边　万幸遇到"涂妈妈"

16岁的小屏(化名)初中毕业后,因家境贫困,父母让她辍学打工。

去年1月的一天,小屏赌气出走,离开家时身上只有10多元钱。她在街头晃悠了几天后,早已身无分文,又不愿回家面对父母,觉得生活没有希望,便往长江大桥方向走,准备一了百了。

没想到,当她快要走到桥上时,由于又饿又冷,晕倒在路边,被清扫路面的涂晓珍发现。"姑娘,你哪里不舒服?"

小屏慢慢睁开眼睛,"我不想活了……""你如果真走了,父母会着急哟!""他们才不会为我着急呢!我想读书,可家里拿不出钱……"小屏有气无力地说。"我也是母亲。哪个父母会不疼自己的孩子?"涂晓珍说。

两个人就这样聊了起来。半个小时过去,小屏突然说:"我三天没吃东西了,好饿。"

涂晓珍立即扶起小屏,把她带到一家小餐馆。看着小屏狼吞虎咽,吃得津津有味,涂晓珍疼爱地在一旁笑着。"我不跳桥了,打算去打工,等有钱了再读书。"吃完饭,小屏说。

分手时,涂晓珍又给了小屏10元钱做车费。小屏流着泪说:"我能不能叫你'涂妈妈'?"

涂晓珍连连点头:"当然可以呀。伢呀!"

如今一年多过去,涂晓珍再也没有小屏的消息,心里十分惦念:"不知道这个'女儿'现在怎么样了。希望她心想事成,开开心心。"

"拉一把"成为班训　三名同事救下三人

武昌城管委大桥清洁班共有9名环卫工在长江大桥上工作。班长涂晓珍除自己多次挽救轻生者外,还动员同事们积极救人。

环卫工陈小华说,6年前,"遇到轻生者,能拉就拉一把"成为大桥清洁班的班训,每次开班会,涂晓珍都会就此念叨几句。

涂晓珍说,大桥上的环卫工们平均每天工作10个小时左右,发现轻生者的概率远远高于他人,有救援的先机,于是她在6年前提出这一班训。同事们也确实做到了这一点,除周锦秀外,还有两人曾经参与救人。

今年8月的一天凌晨,环卫工蔡杏花发现一名男子正在翻越大桥护栏,因距离较远,她边跑边大声喊:"有人要跳桥哇!快救人!"

当时刚好一辆的士经过,听到呼救声,的哥紧急刹车,飞快冲下,一把抱住轻生男子。蔡杏花随即赶来,在一旁安抚开导。不久,民警接警赶到,将轻生男子带离。

去年5月的一天,一名中年男子一条腿已经跨过大桥护栏,环卫工陶细祥发现后,拉住男子耐心劝说,一边打电话报警,最终救回一命。

目睹鲜活生命陨落让她深感遗憾痛心

发现轻生者并成功救下,固然让涂晓珍欣慰。但有时候,眼睁睁看着有人跳桥,却来不及施救,又让她感到深深的遗憾和痛心。

去年6月的一天,一对年轻男女从武昌桥头向汉阳方向行走,不时争吵几句。突然,女孩调头而去,很快翻过护栏,跳入江中。当男孩赶来,江面已不见女孩的踪影,顿时痛哭起来。

女孩翻越护栏时,涂晓珍正在200米外清扫。她心说"糟了",丢下手中的清扫工具准备上前,却已救援不及。此后许多天,这一幕一直萦绕在她心头,挥之不去。"多么年轻的生命啊……"昨日她说。

2013年3月的一天,一辆轿车慢速行驶在长江大桥上,车中传出男女的争吵声。轿车经过涂晓珍身边时,她抬头观察,只见开车的男子停下车,径直奔向护栏,纵身跳了下去。车上女子下车追赶不及,望着江面哭成泪人。"如果护栏再高一些,我可能就有机会救下他。"涂晓珍说,当时她来不及反应,悲剧就已发生。"大桥那么高,江水那么急,一跳下去,后悔就来不及了。"她规劝那些一时想不开的市民,生命只有一次,失去了就不能重来,一定要珍惜。

来源:《楚天都市报》

据中国新闻奖评选材料介绍,2015年10月,记者敏锐地从一个《我的环卫姐》微电影剧本中,捕捉到有一位在武汉长江大桥上扫马路的环卫工,救助轻生者的真人真事。记者先后3次深入长江大桥进行深入采访,摸清了环卫工涂晓珍在长江大桥上清扫马路的6年时间,共拽回5名轻生者的事实。为了找到其中一名获救女子进行核实,记者寻找了一个月之久,先后2次找到武昌警方,从500多名同名同姓的人中查找。该作品通过3件"拽人"的故事,展示了一位只知"拉一把"而不求任何回报的草根人物形象,这样一种朴素的精神和价值观,根植于我们每一个人的心中,也是对践行和弘扬的社会主义核心价值观最为生动的诠释。该作品获第二十六届中国新闻奖通讯二等奖。

三、通讯特点

(一)新闻性

通讯是一种报道性的新闻体裁,它是客观事实的反映,受客观事实制约,即事实是第一性,通讯是第二性。也就是说通讯中所报道的人和事应该是新闻人物、新闻事件。因此写作通讯要求:一要真实准确,二要讲求时效。为什么优秀的通讯有着感人的力量?

重要原因是通讯中表现的都是现实生活中真实的人和事,是看得见、摸得着的活生生的典型,因而有着很强的可信性、可比性。正是因为通讯的新闻性,通讯与文艺创作划清了界限:即通讯是生动、形象地反映现实生活中的典型人物和事件,而文艺创作则是作家把现实生活中的素材,经过提炼、概括、加工、虚构塑造出的典型。正如鲁迅先生所说:"往往嘴在浙江,脸在北京,衣服在山西,是一个拼凑起来的脚色。"①有些同志写通讯片面追求生动性,不惜添枝加叶,这正是对新闻性这一质的规定性缺乏认识所致。同样,因为通讯具有了新闻性这一特点,它不仅要求反映真人真事,还要求反映现实生活中的新人新事,因此,同样是写人记事,通讯与历史故事也有着明显的区别。

(二) 形象性

新闻报道要用事实说话,这是新闻体裁的共性。通讯不仅要求用事实说话,还要求用形象说话。优秀的通讯之所以感人至深,不靠抽象的道理,更不靠空洞的说教,而是靠生动感人的形象;写人要有活灵活现的人物形象;写事要随着故事的展开,勾勒出与事件有关的人物群像;写风貌要有栩栩如生的风光景物等。通讯要求通过形象来展现主题,通过形象给听众、读者以深刻的印象和感受。有人把通讯中的形象称为"采写形象"。应该强调的是,通讯中的形象不单纯是表达问题,更不靠妙笔生花,它贯穿在采写的全过程中。形象生动丰富的通讯,感染力极强,从受众心理来讲,受众接受有血有肉的人物形象时,创造性想象的过程十分突出,它使人的注意力高度集中,真正激发和调动了听众的思绪和感情,使人激动不已,感慨万千,这就是榜样的力量。

(三) 评议性

消息强调客观叙述事实,一般情况下应努力避免议论和抒情。通讯不仅是叙述事实,描绘事实,记者还运用议论、抒情等多种手法表达自身的倾向和感受,具有比较明显的主观感情色彩。形象思维的过程始终伴随着感情色彩,这是形象思维的特点。记者采写通讯正经历着这样一个思维过程,现实生活中无数可歌可泣的事实不断丰富着记者的思想,撞击着记者的心灵,在写作中,记者深刻的见解和感受自然会从字里行间流露出来。随着情节的展开,在高潮和感人之处适当议论和抒情,往往成为深化主题的点睛之笔。当然,通讯中的议论、抒情不能代替客观事实的叙述,文字也不宜过多,关键在于恰到好处。精湛的议论应是寓意深刻,富于哲理;精彩的抒情文字应是感情的结晶和升华,传达动人心魄的力量。

加里宁曾说:"如果你想使你的通讯写出来能感动别人的话,那么就必须在这一篇通讯上花一番心血。如果你写的时候,自己很感动,自己有强烈的感觉,那么在通讯中也可以察觉出来,而通讯也会是好的、生动的。"通讯中的抒情与散文不同,散文的抒情以抒发作者情怀为主,通讯的抒情是缘事而发,在叙述与描写的基础上,对关键之处画龙点睛。通讯中的议论与评论也有不同:通讯中的议论是对精彩事实的生发和升华,全篇仍以记叙事实为主;评论则以说理为主,事实只是作为论述的依据,它通过演绎、推理、从理

---

① 鲁迅.鲁迅杂文小说散文全集[M].北京:中国致公出版社,2001:563.

论上阐明何题,以严密的逻辑思维为主。

第二节 通讯的故事化写作

一、写通讯要会讲故事

重视人物通讯的故事性,其实是尊重人们的阅读兴趣和审美情趣,说到底是尊重读者。

这里所说的"讲故事",包含三个方面的含义:一是故事性,二是故事结构,三是故事教益。用讲故事的方式写通讯,还要强调运用文字的魅力来叙述好故事这个问题。讲故事,进入、展开、描述、收拢等技巧很重要,但语法、文法、逻辑、修辞等文字的基本方面也不能忽视。为了充分运用文字的魅力把故事叙述得活灵活现,需要注意以下几点。

第一,具体。不要大而化之地用模糊语言,多用实在的、具体的、让人容易理解和接受的语言。第二,多用动词,少用形容词。动词使人不感到枯燥,形容词使人对新闻产生疑虑。第三,简洁。单刀直入,开门见山,不拖泥带水,不节外生枝。读者想知道时间,你不用告诉他钟表制作的原理。第四,善用描写。描写最能展示作者的才华,也能使故事变得生动有趣。第五,要有交谈感。作者给读者的感觉是个别聊天,而不是在体育馆里听演讲。第六,注意连贯性。故事要顺畅,一气呵成,不阻梗,不中断人的兴趣。为此,就要解决三个问题:一是过渡段落,写好转折和过渡;二是交代来历出处,以证实信息的可靠性;三是解释说明,不让读者纳闷和产生困惑。

讲故事要注意"线、谜、巧"。"线"是指线索,是故事叙述的脉络或思路;"谜"是指悬念,故事要设置悬念才引人入胜;"巧"是指结构安排要巧妙,结构问题说到底是材料安排的顺序问题,一般而言,只要将相反或相对的材料组合在一起,就会形成波澜。

二、故事化的写作技巧

第一,切入具体。入文一定要从具体的角度切入,哪怕是写群体写全局的事,也最好从具体的人和事入文。这样,给读者以形象具体的东西,读者就会感到亲切可读。如《女环卫工6年拽回5名轻生者》一开始就从具体场面写进来:

> 江水滔滔,大桥高高,面对命悬一线的轻生者,她丢下手里的扫把,冲上前将其拽回。过去6年里,这一幕在武汉长江大桥上重复了5次。

第二,追求奇特。猎奇心理是读者的普遍心理,奇特的故事会勾起读者极大的阅读兴趣。奇特的东西呈现着反常的特征,我们在写作中便要有意突出新闻事实中的反常之处。如前面通讯首段就交代女环卫工6年拽回5名轻生者,便突出了反常之处。

第三,注重细节。新闻的故事性写作实际上是文学手法在新闻中的运用。文学作品是十分讲究细节描写的。新闻的故事性写作同样少不了细节描写,不同的是,新闻写作

是采用叙述的方法来进行细节描写。仍以上文为例,如文中救人的细节描写十分具体:

> 当时刚好一辆的士经过,听到呼救声,的哥紧急刹车,飞快冲下,一把抱住轻生男子。蔡杏花随即赶来,在一旁安抚开导。不久,民警接警赶到,将轻生男子带离。

作者在描写这样的细节时也尽量运用叙述的语言,也就是白描的手法。这样,才能使新闻故事性写作更加简洁。

第四,讲究冲突。新闻的故事性写作不仅要求故事曲折,还要求有矛盾冲突,这便会出现戏剧化的效果,更加吸引读者。实际上这种冲突是随处可以发掘的,上文中多处寻死与救人的情节,就表现了生与死的冲突。此外,即便是缺少故事情节的事情也可以写出冲突。

第三节 通讯的细节描写

一篇好的新闻通讯,除了要有引人入胜的故事,还必须通过"抓细节"来刻画人物的精气神。真实的细节既可以给人留下深刻的印象,也能对人物性格刻画起到画龙点睛的作用。对于这一点,很多前辈早有体悟。新闻前辈穆青在《关于新闻改革的一点设想》中就强调"抓细节":"在外国记者的一些成功新闻报道中,我们看有两个东西比较突出:一个是评价,另一个是要注意抓细节。"[①]

一、细节增强通讯感染力

所谓细节,就是细小的环节或情节,描写是描绘和摹写事物的具体状态。细节,《辞海》的定义是:"在文学艺术作品中细腻地描绘人物性格、事件发展、社会环境和自然景物的最小的组成单位,是对生活中细琐小事或人物细微的神态动作的描写,刻画人物性格,揭示人物心灵的重要手段。社会环境和人物性格的完整描写是由许多细节描写所组成的。细节描写要服从艺术形象的塑造和主题思想的表达,以具体生动地反映事物的特征,增强艺术感染力。"

细节描写是指描写对象的"最小的组成单位",也就是对事物的基本组成单位进行刻画,如对人物的一举一动和心理活动、事物发展的具体环节、环境中的细小物体进行细微描摹等。而通讯则是以叙述、描写为主要表达方式,将具有新闻价值的人物或事件及时、具体、生动地报道的新闻体裁。因此,细节描写在通讯写作中被大量应用,有人形象地称细节是通讯的"血肉"。而且,实践告诉我们,通讯作品的感染力源于作者大量的细节描写,没有细节就难以产生感动。细节决定高度,细节决定深度。我们在阅读一些优秀的通讯作品时会发现,几乎每篇都采用了一些细节描写。三言两语的细节描写,也能成为整篇通讯的灵气和精神所在,刻画出了人物和事情的特点,丰满人物的个性,吸

---

① 金鸣.从几个实例谈新闻的结尾[J].新闻前哨,1995(04):20.

引和打动读者,增强文章感染力。

鲁迅先生认为,细节描写可以起到"借一斑略知全貌,以一目尽传精神"的作用。由于细节描写对于一篇通讯来说非常重要,通讯中的细节描写有两个突出的作用:一个是可以使新闻事件和人物清晰可见,另一个是使受众能身临其境,让报道感人肺腑。新闻记者只有捕捉到生活中的典型事实或形象,以生动的情节和丰富的情感去再现这种典型,才能感动人、激励人、教育人。

穆青等人在《县委书记的榜样——焦裕禄》一文中,就多次运用细节描写,表现焦裕禄这个县委书记不同于常人之处。其中一处是这样描述的:

> 很多人都发现,无论开会、作报告,他经常把右脚踩在椅子上,用右膝顶住肝部。他棉袄上的第二和第三个扣子是不扣的,左手经常揣在怀里。人们留心观察,原来他越来越多地用左手按着时时作痛的肝部,或者用一根硬东西顶在右边的椅背上。日子久了,他办公坐的藤椅上,右边被顶出了一个大窟窿。①

这段的几处细节既表现了焦裕禄与疾病抗争的顽强,又表现了他心中"装着全体党员和全体人民,唯独没有他自己"的无私品格,可以说感人至深,把一位县委书记对广大人民群众的大爱展现得淋漓尽致。

细节很重要,但对细节的使用要有度,在人物通讯的细节运用中,最忌"眉毛胡子一把抓"。如果细节过多,势必造成文章的冗长堆砌,把人物通讯写成"好人好事录",读起来像是流水账。

二、细节描写的四点要求

(一)深刻地揭示和表现主题

描写的作用在于使客观事物的特征形象地再现出来,使受众获得鲜明的印象和深刻的感受。通讯要深刻地揭示和表现主题,以及表现出人物个性或反映事物的特性,一般都要在细节的描写上下功夫。中国老一代的著名作家、记者萧乾就很会运用细节描写,去深刻地揭示和表现通讯主题。他在第一次独立进行旅行采访后写出的《流民图》这篇通讯中是如下这样描写一位老妇人的:

> 她闭着眼,抖着,嘴里念着:"我七八十岁的老太婆,受这个罪!"领到黑馍馍放到她怀里时,她用枯柴般的手牢牢抓着,死命地向嘴里填,胸脯的瘦骨即刻起了痉。她恨不得一口全都吞下去。旁边那个妇人劝她慢些,她赶紧勒紧前襟,狠狠地瞪了那妇人一眼,以为是要抢她的那份。②

这些细节描写,简直就是旧中国积贫积弱、人民处于水深火热之中的写照,看了直叫人痛心疾首,不敢忘却。

---

① 穆青,冯健,周原.县委书记的榜样——焦裕禄[N].人民日报,1966-02-07.
② 李劲松.通讯写作中细节描写的四点要求[J].湖北第二师范学院学报,2008(03):32-33.

（二）注重现场感

通讯中细节描写的目的在于表现主题,但不直接说明主题,而是通过再现现实生活的状态去表现主题。这就要求写人记事都要围绕事件发生的进程来行文,注重细节描写的现场感,把现场生活中捕捉到的人物的动作、声音、笑貌等细节加以再现,给读者带来身临其境的感受。细节描写要达到现场感,关键是要练就过硬的观察力和表现力。

一些好的细节,往往是记者通过在现场的精细观察而获得的,善于观察是一个记者必须掌握的基本功之一。怎样练就过硬的观察力？英国《泰晤士报》的总编,每当召见新记者时,都要问他到总编办公室来总共爬了多少级楼梯,答不上来的人要下楼重新走过,总编对这些记者说:"你要想成为有出息的记者,就要从数楼梯开始学会观察。"[①]这种注意培养记者细致入微地观察事物、猎取细节本领的做法,值得我们借鉴。所以,记者要在现场用眼睛去看,用手去摸,甚至用嘴去尝、用鼻子去闻,还用心去记,这是锻炼观察力的唯一手段,也是每个从事通讯写作的人的必备素质。观察细节还需敏感力、洞察力,要不放过采访现场的蛛丝马迹,以及采访对象的细微表情。

（三）真实传神

新闻的"生命"是真实。通讯要将特定的人物和伟大事件的瞬间记录下来,将真实的画面再现给读者,就要靠细节描写,它可以使事件和人物更加逼真传神,使读者"闻其声,辨其骨,睹其貌"。相反,如果不给读者具体、感性的东西,那等于让读者从远处"看山看人",结果只见轮廓虚影,难见真情实貌。如穆青同志写的人物通讯《县委书记的榜样——焦裕禄》中有以下这样一些细节描写:

> 有一次,焦裕禄从固阳公社回县城路上,遇到了白帐子猛雨。大雨下了7天7夜,全县变成了一片汪洋。焦裕禄想:"洪水呀,等还等不到哩,你自己送上门来了。"他回到县里后,连停也没停,就带着办公室的3个同志察看洪水去了。眼前只有水,哪里有路？他们靠着各人手里的一根棍,探着,走着。这时,焦裕禄突然感到一阵阵肝痛,时时弯下身子用左手按着肝部。3个青年恳求着说:"你回去休息吧。把任务交给我们,我们保证按照你的要求完成任务。"焦裕禄没同意,继续一路走,一路工作着。他站在洪水激流中,同志们为他张了伞,他画了一张又一张水的流向图。等他们赶到金营大队,支部书记李广志看见焦裕禄就吃惊地问:"一片汪洋大水,你是咋来的？"焦裕禄抡着手里的棍子说:"就坐这条船来的。"[②]

正是由于记者抓住了这转瞬即逝的情态和生活细节,深刻地反映出焦裕禄这位县委书记心中时刻装着人民群众,"鞠躬尽瘁,死而后已"的高尚情怀。

（四）画龙点睛

通讯中的细节描写可以说是惜墨如金,粗粗几笔,往往就能把一个人或一件事最重要的特征勾勒出来,就如同画龙点睛一样,达到朴素自然、鲜明生动、真实可信的效果。

---

① 李劲松.通讯写作中细节描写的四点要求[J].湖北第二师范学院学报,2008(03):32—33.
② 穆青,冯健,周原.县委书记的榜样——焦裕禄[N].人民日报,1966-02-07.

不能刻意烘托或追求修饰,应像鲁迅先生所说的那样"有真意,去粉饰,少做作,勿卖弄",做到自然流畅,让人一眼就能感觉到所写的人或事物的本质特征。如长篇通讯《生命的支柱——张海迪之歌》中的一些细节描写:

> 玲玲(张海迪小名)给小燕子的伤腿搽上红药水,用纱布包扎好,放在窗台的小纸盒里养着。小燕子一天天恢复了活力。玲玲把它捧在手心里,怜爱地说:"飞吧!"小燕子艰难地展开双翅飞向蓝天。
>
> ……
>
> "Study,这个英语单词不就是5个字母吗?为什么背了3天还是默写错了?唉,没上过学的人就是不行啊!"
>
> 她一抬头,看见墙上挂着一幅居里夫人的像,那双蓝色的眼睛仿佛在说:孩子,坚持下去!我们必须有恒心,尤其要有自信。①

张海迪的生命之歌曾经唱遍祖国大地,张海迪的精神世界曾经激励鼓舞了一代青少年。那么她的生命支柱是什么呢?作者没有写一些惊天动地的壮举,而是用这些似乎不起眼的细节描写,自然而真实地展现了她热爱生命、坚韧不屈、历经磨炼的精神世界,来深化主题,画龙点睛。

三、细节获取要深入一线

好新闻是走出来的。一分汗水收获一分果实。没有辛勤耕耘,就没有收获。通讯采写也是一样,不在采访中下苦功,"吃现成饭、吃别人嚼过的馍",就没有味道,不仅写不出好的通讯,有时还以讹传讹,制作出假新闻。因此,深入一线采访是获取真实细节的基础。记者菅峻青曾采写一位民营企业家捐资助教的事迹,他与这位民营企业家见面后,详细了解了其捐资助教的动力。企业家说,自己从小念不起书,因为读书少,吃了不少亏,所以他不希望下一代也吃这个亏。事情真的就这么简单吗?当时的几百万元可不是个小数字,舍得把自己半辈子辛苦打拼挣下的钱,一下捐给学校,肯定另有原因。几天采访后,记者与当事人也熟了,当事人终于说了实话:村里不愿接受他的捐赠。笔者问:为什么?他说:怕自己上台,就是进入村委班子。采访出来后,记者在村里转了转,了解到两个情况:一个是与左邻右舍、房前屋后的乡邻们相比,当事人的房子有鹤立鸡群的感觉,反映出了贫富差异;另一个情况是,当事人的村子紧邻滹沱河,滹沱河是黄河的支流,终归是要流入大海的。于是笔者写出了《小河的归宿》的通讯,其中也写出了这位民营企业家捐资助教的真正动力,既客观真实又感人可信。②

---

① 郭梅尼,徐家良.生命的支柱——张海迪之歌[N].中国青年报,1983-03-01.
② 菅峻青.让细节使通讯更加生动[J].中国地市报人,2014(09):41—44.

四、细节描写如何以情感人

（一）感动自己

怎样使自己感动？其一，深入采访，掌握大量素材，就能得到让自己感动的东西。其二，加强思想、政治、理论、新闻、文学以及科技等方面的修养，提高自身的理解力、感悟力和洞察力，达到与主人公同一个层次、同一个高度。这样才能理解融通，迅速找到那个"情结"。只有自己与主人公"等量齐观"，才能"心有灵犀一点通"。

（二）用活细节

通讯《人民的好医生李月华》中，写了这样一个细节：

> 李月华坐在床前一边观察病情，一边在想，如果王春得了更紧急的病，我醒得晚了，不是很危险吗？怎样才能不耽误时间呢？想着想着，叶大娘家的公鸡哩呢报晓了，李月华心里一亮：鸡能打鸣，狗叫不是也能给人个信号吗？回去以后，她就买了一条小黄狗。从此，只要有生人走进院子，小黄狗汪汪一叫，李月华的屋里就点了灯。①

这个细节充分反映了李月华时时刻刻把病人放在心上的职业操守。

（三）用事实说话

发表在《定西日报》的杨晓军的通讯《"时光切片"见证一个家庭40年巨变》（获第二十九届中国新闻奖通讯三等奖），文中有以下这样几段描写：

> 照片记录了20世纪70年代定西农村食不果腹、衣不蔽体的悲苦生活。其中有一张照片目不忍视，在天寒地冻的荒野，姐妹三人光着脚丫站在寒风中瑟瑟发抖，年龄最大的一个穿着一件明显不合身的破烂棉袄，年龄稍小一点的穿着满是补丁的单薄衣裳，年龄最小的一个连一条遮羞蔽体的裤子都没有，细瘦的双腿勉强支撑起羸弱的身体。
>
> 1991年，刘玉梅家盖起了一座土木结构的四合院，正房外墙上贴的彩色瓷砖在当时显得非常时髦和洋气，引得村里人十分羡慕。
>
> 2001年，夫妻俩花两万元在院门前又盖起了一排砖混平房，全封闭阳台，瓷砖地板，枝形吊灯，新式家具，一应俱全的电器都彰显着装修的豪华和生活的富足。"这房子，当时在全村算最阔气的。"说起挣下的家业，郭进山满满的自豪。
>
> 谈及现在的生活，夫妻俩很知足。三个孩子都成家立业，刘玉梅主要负责带孙子，丈夫在仅有的几亩地种点玉米，一年喂两头大肥猪，早早地杀了，一年到头吃不完，还有给亲戚们送的。

本文作者巧妙地通过一组新老照片的对比，用事实说话，反映了改革开放40年来定西人民生活发生的巨大变化，展现了定西反贫困斗争取得伟大胜利这一重大主题。

---

① 新华社记者.人民的好医生——李月华[N].人民日报,1972-12-19.

（四）情真意切

《中国冶金报》记者马金山在长篇通讯《在生命的跑道上冲刺》中，写了一个细节：

> 党支部书记郑重地交给莉莉一只绿色的钱包。她把钱包放在胸口，久久，久久。啊，这就是丈夫的遗物吗？他去得如此匆忙，他才38岁啊。他给妻子和儿子留了遗言吗？她打开钱包，发现一张他写的字条：我昨天弄坏一支体温表，要求照价赔偿。这洁白的纸条，像一面心灵的镜子，照出了一个共产党员无私的胸怀；这狭长的字条，如一座笔立的丰碑，衬出了陶凤联高大的形象。这比任何语言更珍贵，比任何行为更高尚，这是一笔宝贵的精神财富啊……莉莉再也控制不住自己的感情，她把纸条紧紧地贴在胸口，禁不住泪如泉涌，失声痛哭。

关于这个细节，马金山加了一段评论，以强化感染力。他写道："这是从我心底流出来的赞歌。读者反映说，这个细节引起了共鸣，一个光辉形象跃然纸上。"[①]这是作者被所写人物所感动后的真情流露。

（五）以理服人

每年春节期间，"回谁家过年"便成为异地结合夫妻的"终极辩题"，中国新闻社李佳赟的通讯《两岸夫妻"过年回谁家"？》（获第二十九届中国新闻奖通讯二等奖）在回答这个问题时，完全用事实讲道理，做到以理服人。

> "今年过年我们不回台湾，也没去太太的娘家广东。"在宁波开餐厅的台商丁志成告诉记者，因为事业发展顺利，今年便留在大陆过年。"年夜饭我们和员工一起吃，大家聚在一起，热热闹闹，很有年味。而且过年期间，留守大陆的台商朋友也非常多，可以互相'串门'拜年。"
>
> 诚然，从"惯例"回台湾过年到选择陪妻子在"娘家"过年，不仅是"回谁家过年"这道"终极"选择题的答案变迁，也折射出"两岸跨海婚恋"的发展与融合。
>
> 台商施建全成为"绍兴女婿"已有20年，在这期间，他目睹上述变化。他感叹："在早期，两岸婚姻多以陆配单方面流入台湾生活、定居为主。近年来，越来越多的两岸家庭留在大陆过年，甚至把在台湾的父母接来，一家人聚在大陆过团圆年。

记者敏锐地捕捉到两岸家庭的"春节档"正呈现新趋势：从曾经"陆配"惯例回台湾过年，变为"台湾女婿"携家带口陪妻子在"大陆娘家"过年。这个变化完全靠记者细细入微的事理打动读者。

---

① 马金山.新闻通讯中的情[J].新闻前哨，2003(06)：17-18.

本章小结

　　通讯有新闻性、形象性、评议性的特点。写通讯要会讲故事,故事生动,必须有细节。要用讲故事性的方法写通讯,其写作要求切入具体,追求奇特,注重细节,讲究冲突;要注意"线、谜、巧"。通讯的典型细节描写能增强通讯的感染力,细节描写要求深刻地揭示和表现主题,注重现场感,真实传神,画龙点睛。深入一线采访是获取真实细节的基础。新闻通讯要以情感人应做到感动自己,用活细节、用事实说话,情真意切,以理服人。

思考与练习

1. 按照"线、谜、巧"的要求,口述一条身边的小故事。
2. 分小组将口述的故事围绕一个主题像搭积木一样组合成一篇通讯。
3. 挑选好的故事在课堂上声情并茂地朗读,体会通讯的情感因素。

第十三章 叙事型通讯

学习目标

掌握人物、事件通讯和新闻特写的概念与写作方法。

叙事型通讯,既可以记人(相当于人物通讯),也可以记事(相当于事件通讯),还可以记场面(相当于新闻特写);既可以根据事后采访所得材料进行记述,也可以根据事发时的同步采访所得材料进行记述。由体验式采访所形成的通讯作品以及现场目击记等,均属此类。这一类通讯,既包括篇幅大、分量重的典型报道,也包括短小精悍的特写、素描、新闻小故事等。

第一节 人物通讯

一、人物通讯概述

(一)人物通讯定义

人物通讯是以人为对象、专门写人的通讯。具体说,人物通讯就是以通讯的形式报道具有新闻价值的人物,反映其行为、事迹和生活,再现其精神境界、人生轨迹和生存状态,从而达到教育、启迪大众,或监督、批判、警示社会的目的的通讯。

(二)当代人物通讯新特点

当代人物通讯较之20世纪的人物通讯,所报道的典型人物具有鲜明的时代特点,主要表现在这些典型人物是个性化的、平民化的和人性化的。

所谓个性化,就是主人公是活生生的个体,他的生命体验符合个体生命存在的基本要求。新时期优秀通讯作品中的主人公,只能是"这一个人"而不是"这一类人"。而所谓平民化,是相对于精英化而言的。现实的状况是,我们正在告别威权时代,对精英的敬仰和对权力的畏惧正被平民化的价值取向所消解。基于此,我们所期望的英雄主义主要不是表现在惊天动地的豪言壮举中,而是更多地体现于平民的日常言行中。而所谓人性化,就是典型人物的行为动机是符合人性逻辑的,让人感受到他是一个有血有肉、有情有感的普通人,对生的渴望与对死的恐惧并存,对物质的需求与对精神的追求并存,为他人与为自我并存。总之一句话,其高尚的思想与低卑的物欲并存。那种"高、大、全"式的人物只能出现在旧时代的"革命样板戏"中,在生活中是很难找得到的。因此,以往的人物通讯中有些写法理当受到质疑。比如写典型人物有病不治,带病工作,直至病死在工作岗位上。这样写是对个体生命的不尊重,有违人性。

其实,典型人物的个性化、平民化和人性化特点是与我们的时代精神相一致的。我们时代的精神就是新的人文主义,它强调尊重人的生存权利,维护人的尊严,对每一个生命个体都表现出特有的人文关怀。所以人物通讯就应当有相应的表达方式去表现这些特点。因此,如下三种表达方式是必不可少的。

其一,着力于典型人物情感状态的呈现。人物通讯的底色是情感,没有情感做底色的通讯是单调的、苍白的。古人常说,文章不是无情物,"文因情生""情之所至,文之所至"[①]。这都是从作者的角度提出的要求,但是如果把这些要求真正落实到一篇具体的人物通讯中,它就化为了典型人物的情感状态,因为人物的命运与作者的生命体验产生了共鸣。

其二,用柔性"小话语"去表达"大主题"。满篇堆积着大的政治话语,宣传意味太浓,使得人物虽典型,但可敬而不可亲,当然也不可信,因为人物是被理想化地,而不是生活化地呈现出来的。人物通讯即或要"讲政治",也不能让人物高调地喊政治口号,而是要用符合人物个性、生活经历、生活情景的"小话语"去展现人物的精神品质。笔者赞成这样一种观点:在人文主义精神的影响下,社会生活的方方面面都在由政治性向人文性回归,政治原则开始让位于人性原则。高调的政治话语的空间正在变小,刚性的咄咄逼人的政治话语,正变得柔软、温和。因此,用柔语轻声的"小话语"去叙事、言情最能感动人心,也最能为当下的大众所接受。

其三,着力于将人物言行情境化。优秀的人物通讯记者一定是情境记者,能把人物置于特定的情境中去呈现,能够用特定的情节或细节去展现人物生活的世界及其生存状态。人能创造环境,环境也同样能创造人。因此人是环境中的人,是环境化的人。假若把人与其生存的社会环境和自然环境剥离开来,就算再典型也不会感染别人,因为他的言行逻辑不可能在现实情境中得出合乎常理的解释。

(三)人物通讯报道对象类型

人物通讯的功能为:具体、生动、客观地报道新闻人物的典型事迹。新闻人物既可以是正面典型,也可以是反面典型;既可以是个体人物,也可以是以团体为对象的集体人物,如某个组织、单位等。可以简单地把通讯报道的人物分为四种类型:新闻人物、公众人物、普通人物和反面人物。

1. 新闻人物

在任何时候,新闻人物本身就是新闻,其价值在于其人格魅力和事业成就。例如,新华社著名记者朱玉就是一个善于采访新闻人物的记者。她写过袁隆平,独臂英雄丁晓兵,以及中国工程院院士刘先林、任长霞,这些人物的新闻价值不言而喻,他们具有典型性和影响力,在任何时候都是新闻,有可供挖掘的潜力,身上也有很多人们想了解的故事。

---

① 刘九洲.当代典型人物通讯新特点——以2009年湖北新闻奖报纸获奖通讯为例[J].新闻前哨,2010(7):27.

2. 公众人物

公众人物包括官员、艺术家、知识分子等。也许,他们本身的新闻价值不大,但很多有价值的新闻与他们有关,他们是新闻事件的参与者、策划者、反对者,因为他们的公众性,所以他们在新闻事件中的一举一动都能成为新闻。

3. 普通人物

普通人因为经历和遭遇而成为新闻,新闻的价值在于它的故事性。如 2009 年《江城日报》曾发表了《江城有个"新华读报"》《男帅女兵"球"转黄昏》《记者与孤儿的助学情》等稿件,就是选取了普通人物。虽说这些都是普通人物,但他们身上有着典型的进步意义,既弘扬了现今社会的精神,又能让读者有"其实我们也可以像他一样"的感悟。这也正是人物通讯的宣传意义所在,做到了文章立意既不脱离大众视线,又高于群体觉悟。

4. 反面人物

这类人物主要包括批评或揭露性报道中的反面人物及有争议的人物。

二、人物通讯示例

下面以笔者时任《武汉晚报》记者时写的一篇人物通讯为例:

> 婚礼尚未举行,杨德胜为抗洪献身。烈士的妻子桂丹强忍悲痛,在夫君为之献身的簰洲湾灾区,将价值 12 万元的衣物捐给了灾民。请看——

丹桂飘香簰洲湾

天漫漫,水茫茫。洪水肆虐过的嘉鱼县簰洲湾,仍是一片泽国。8 月 23 日,长长江堤上,缓缓行走着一位被人搀扶的白衣女子。白色的绢花,从她手中抛出,带着无限深情,无限哀思,抛向空中,洒向水面。

她叫桂丹,21 岁,武汉教育学院进修生。她在此祭奠的英灵,是她的丈夫杨德胜,25 岁的空军某高炮团专业军士。为抢救被洪水围困的受灾群众,杨德胜已献身于簰洲湾。

"不!他还没有走,我们还未举行婚礼——"桂丹一声悲泣,撕人心肺。扶着她的嫂子万小梅和侄女桂蓓扭过头来,掩面而泣。桂丹那一双望穿秋水的眼睛,泪水已哭干了,失神地望着江面,她仍然相信,丈夫会从水面浮现。

粼粼的波光中,她似乎看到丈夫的脸,浓浓的剑眉,透着一股英气。这是她朝思暮想的德胜。漫步在东湖之滨,德胜对她说:"趁年轻,多学点知识。21 世纪,是知识经济的世纪。"于是,她进了武汉教育学院外语系进修,转眼两年了。他俩已于今年 1 月 22 日拿了结婚证,婚期定在 8 月 18 日。

桂丹从小崇拜解放军。她目睹解放军战士的英勇,还是从她的德胜身上看到的。那是离别前不久的一天,他俩乘坐 525 专线车,从桂丹厂前的家中赶往红钢城。身着便装的杨德胜突然在车上发现小偷正在行窃,桂丹一把没抓住,杨德胜便冲向前去一把扭着小偷的胳膊,一声断喝:"拿出来!"交出钱包的小偷一溜烟下了车,满车的人都对这位见义勇为的小伙子投来钦佩的目光。桂丹感到特别的自豪。

最后一次见面,是7月19日。杨德胜哥哥的女儿满一岁,德胜扎起围腰下厨,一桌丰盛的菜肴端了出来,屋内充满了温馨。席间,德胜对桂丹耳语:"8月5日,你的生日,我再露一手。"岂料,这一次见面竟成诀别。

最后一次电话,是7月30日晚上20时:"我们已到簰洲湾,走得急,连打电话的钱都是找人借的。"杨德胜不无幽默。"你可当心,我在家等着你平安回来。""放心,8月还要露一手咧!"

然而,从此以后,德胜音讯全无,桂丹度日如年。8月5日,德胜不可能忘记的日子,还是没有消息,桂丹预感大事不好。8日,她同杨德胜的父亲和哥哥,风尘仆仆赶到簰洲湾,闻讯部队已撤,他们又风风火火赶回部队驻地。

"指导员,杨德胜的家人来了!"一战士失声高喊。连长,指导员和战士们都出来了。桂丹只听清最后一句话:"杨德胜同志失踪了!"如同晴天霹雳当顶击下,桂丹和杨德胜的父亲和兄长当即晕倒,被人送进医务室。

苏醒过来的桂丹,揩干眼泪,忍住悲伤:"我只要你们说实话,他是怎么去的。"又有谁能无视烈士妻子这一合理要求呢!8月1日夜里簰洲湾溃口一幕再现于桂丹眼前:

那一夜,月黑风高,水急浪涌。杨德胜驾驭第一台车往前开进,距大堤口处仅150米。洪水汹涌而至,漫过车轮,漫过驾驭室,杨德胜和三连官兵转移车顶。一个大浪打来,他和战友被冲入水中。杨德胜抱着一个木坐垫,见新战士康建乐水已没顶,双手在水面挣扎着,便把木坐垫塞给他手里。战友得救了,杨德胜却献出了年轻的生命。

噩耗传入杨家,如晴天霹雳,杨母哭肿了眼,老人怎么也难以相信儿子遭遇不幸。而此时桂丹已振作起来,这个家需要有人镇静。她默默地扫地、择菜、做饭……尽管她还是未过门的媳妇。

入夜,桂丹独守早已布置好的新房,翻阅着丈夫的来信。这一封是部队开拔至海边写的,战友们去看大海了。"我没有去看海,我利用这个时间给你打个电话,听听你的声音,给你写写信……我独自休息或夜深人静之时,那种思念之情无从言表,只好将你的照片放入怀中,才能很不情愿地入睡……"泪水像断了线的珍珠下落,浸湿了信纸。桂丹心如刀绞,她再也见不到多情多意的德胜。

桂丹再次见到德胜,是追悼会上看到他的遗像,她几步扑上前去,抱像痛哭:"胜,你怎么走得这样急!"此情此景,在场将士,无不动容,烈士的鲜血和生命,激励着他们誓与洪魔比高低的雄心和壮志。

一个重大决定,在桂丹脑中油然产生:她决定拿出办嫁妆的6万元献给灾区人民。这笔钱是桂丹的父母给她攒下的。她的父亲是国棉七厂退休工人,母亲是洪山区菜农,勤扒苦做的双亲毅然支持女儿的行动。做生意的哥哥嫂嫂感动了,拿出6万元钱以作弥补。桂丹决定一并捐出。

  8月18日,就在桂丹和杨德胜原订婚礼的日子,哥哥桂裕桥、嫂嫂万小梅、侄女桂蓓陪着桂丹来到湖北省民政厅接受救灾捐赠办公室,捐赠12万元的衣物。在武警湖北总队通信站服役的桂蓓,深为姑姑义举所感,捐出7000元钱购置迷彩衫,赠给武警防汛前钱战士,桂丹和嫂嫂还陪着桂蓓来到鄂州江堤上,将桂蓓送到防汛前钱参加抗洪斗争。

  尊重烈士遗嘱的愿望,湖北省民政厅将桂丹捐赠的价值12万元人民币的衣物拨给烈士为之献身的嘉鱼县簰洲湾灾区。23日,桂丹将她捐赠的衣物运抵嘉鱼县簰洲湾。

  在捐赠仪式上,嘉鱼县副县长为桂丹的义举感动得热泪盈眶。桂丹在分发衣物时,一位拄着拐杖的老太太颤巍巍地双膝跪地:"恩人哪,你这份情意叫我们怎么担当得起!"桂丹连忙搀起老人。

  面对着一个个噙着热泪的灾民,桂丹动情地说:"乡亲们,我的丈夫在这里牺牲了,他死得其所。作为烈士的妻子,我要完成他未竟的事业,假若他九泉有知,也会支持这个行动的。"霎时,如潮的掌声滚过大堤,回荡江面。

  桂丹走上江堤,祭奠丈夫英灵。她喃喃地说:"胜,你未走完的路,我会接着走下去的!"

  桂丹的义举,桂丹的精神,会像8月的桂花,飘香簰洲湾,飘香神州大地。

来源:《武汉晚报》

  1998年,武汉经历了一场面对特大洪水的防汛战斗。8月23日晚上看电视时,笔者从武汉电视台的新闻上看到了一位在抗洪中牺牲的军人的未婚妻桂丹,将准备结婚的12万元嫁妆款,购衣捐赠灾民的消息。此事立刻引起笔者的注意,连忙搜索自己的关系,当晚就获知了桂丹的联系方式,通知报社赶快来车进行采访。经过大量的多线采访,第二天,即1998年8月25日,《武汉晚报》头版头条发表了这篇通讯。报道引起强烈反响,先后被《人民日报(海外版)》《工人日报》《经济日报》等近20家媒体发表,此文后获中国记者协会所颁1998年全国抗洪救灾优秀报道三等奖和1998年中国晚报新闻奖一等奖。

三、人物通讯写作

(一) 写作特点

1. 切忌编造"显著性事迹"

  在报道新闻人物时,不能对人物不加分析地全盘肯定或否定,如写先进人物时,往往写得不近人情,编造诸如"父母去世不回家"等事迹;而写反面人物时,却又写得恶贯满盈,一无是处。如此编造典型"显著性事迹",不仅使得人物事迹缺乏新意、毫无特点,也有损新闻真实性,引起读者怀疑甚至反感。如有记者写道:

  22年来,他每天都坚持站在教室门口,迎送学生,风雨无阻。每天,他总是第一个来到学校,放学后,直到最后一名学生离开学校,他才离开。

"22年来,他总是第一个来到学校",文中以此突出一位教师的敬业,然而,细心的读者会发现,这样的"显著性事迹"往往经不起推敲,缺乏可信度。

在选择表现人物形象的事迹时,最好有采访支撑,即用直接引语或间接引语标示事迹的信源。如上文非要用"22年来,他总是第一个来到学校"这一事迹来表现人物,可做如下修改,以增强可信度:他的同事××说:"22年来,他几乎每天都第一个来到学校,直到最后一位学生离校,他才回家。"

之所以编造"显著性事迹",主要原因是有的记者对新闻人物不够了解,采访不够深入,或者采访时"先入为主",以挖掘"显著性事迹"为采访目标。因此,要避免"显著性事迹"造成新闻人物"失真",要深入采访,了解新闻人物的全貌及相关事件、语言、细节等,筛选出其中"与众不同"的内容。

2. 切忌模式化选材

人物通讯要善于截取新闻人物个性化的语言、行动、细节等读者意想不到(未知)的素材来表现人物,切忌模式化。在人物通讯写作过程中,存在以下几种模式化倾向。

一是人物形象刻板化。例如,只顾工作,不顾身体;只为别人,不为家人。"身体是革命的本钱。"类似"只爱工作不爱身体"的"典型"套路,既与现实生活不符,也有违人道、法治精神。事实上,这样的"行为",不仅于个人不利,更于工作无补,不应提倡。

二是典型事迹虚构化,"高大全"难掩"假大空"。

三是新闻细节想象化,违背新闻写作客观原则。对已去世典型人物的追记,一些作者往往喜欢通过"新闻还原"来再现新闻场景,以增强新闻的现场感。对这类新闻事实的"还原"应谨慎对待,必须有采访支撑,以免陷入"合理想象"的泥潭。

3. 切忌抽象叙事

人物的事迹应具体、可感,靠细节取胜,切忌概括性地抽象叙事。人物通讯不是典型人物的"个人总结",不能仅仅概括性地报道典型人物"破获了一批有影响的大案、要案""做了数不清的好事、实事"等,而要具体挖掘其中最有代表性的事件过程,通过扎实采访,用具体的故事、语言、行动等反映典型人物的"先进性"。

事在"人"为,通讯写作应坚持以"人"为本。因此,写好人物以及人物通讯,是通讯写作的关键。在人物通讯写作过程中应切记用耳朵听、用眼睛看、用心灵去感受,挖掘人物身上最鲜活、最具冲突、最有说服力的语言、动作、事件等生活细节;切忌以想象代替采访,想当然地为人物"创作"所谓的先进事迹,或者空洞地"总结"典型人物事迹,缺乏具体、生动、感人的故事、细节、语言等。

(二)写作方法

1. 采访要透彻

要写好人物通讯,首先必须采访好人物。在采访人物的过程中,记者首先要把采访过程看作是在排演一台戏,要有意识地把自己当成导演,把采访对象当成主角,把采访对象身边的人当成配角。记者要采用语言和行动两种方式去引导主角和配角,并用笔

"摄下"主角、配角的肖像、言行,以及记录下当时的场景。记者可以采用以下几种方式挖掘亮点。

第一,寻找共同点,尽快接触采访对象。以《丹桂飘香簰洲湾》(以下简称《丹文》)采访为例。在笔者与主角的兄嫂寒暄时得知其嫂是武钢职工,为了尽快获得一手信息,笔者以自身也曾为武钢职工的共同点拉近了彼此关系,让他们同意接受采访。

第二,提问要设身处地展开联想。因为最主要的新闻事件"桂丹捐赠"已经过去,况且电视台已经做了消息报道,不能再写消息,必须细致地全过程地报道这件事,那就必须写通讯。而通讯需要大量的细节与情节,采访就必须细致地挖掘素材,这就要求提问十分具体。笔者当时就调动自己生活积累,设身处地地想象桂丹到簰洲湾捐赠衣物的情景,再现当时的环境与场面。

第三,调度环境,围绕主题展开挖掘。《丹文》中涉及对主角情感生活的深入挖掘,如此私密的个人情感问题,必须设置相应的私密环境才便于交谈。于是,在采访深入情感阶段时,笔者支开了随行的司机与摄影记者,与桂丹在她家一个单独房间进行交谈,这样,能使她愿意且方便面对情感方面的话题。

2. 写作要精当

第一,集中画面。通讯体裁在采访时往往会搜集到很多素材,必须精选典型的有代表性的材料。而且还要善于将这些材料集中在典型的画面之中,这样才能显得条理清晰,形象生动。《丹文》开篇就展开桂丹在江堤上凭吊的画面,这个场景正好揭示了当时洪灾的环境,及她对夫君的思念,也便于抒发情感。这样一个画面,其实是可以将其他许多不在此时此景中发生的事情巧妙移入的。比如文中有:

粼粼的波光中,她似乎看到丈夫的脸,浓浓的剑眉,透着一股英气。这是她朝思暮想的德胜。

通过回忆手段融入其他材料,也自然转入下文。

第二,注入情感。要完全忠实于新闻人物的实际,最大限度地贴近新闻人物的性格、身份、情感等,并写出真实可信的"闪光点"。切记,"闪光点"不能是记者自己站出来直抒胸怀,而是要把情与景、意与境交融在一起,潜移默化地去感动读者。首先,要让自己的感情融于写作中。在具体的写作中,笔者往往是先让自己完全静下心来,在脑海中回味采访时的一幕幕场景,让自己的心中充满了激情,再提起笔来,并将这种激情倾注笔端。其次,要着力细节描写。生动、精彩的细节,往往能更加真实地体现人物的情感和精神,增强人物的艺术感染力,表现人物的内心世界及精神境界。要展开情感描写,就是要注重抓住能够调动人们感情的地方展开来写。比如《丹文》有几个地方就是感情迸裂之处:

"不!他还没有走,我们还未举行婚礼——"桂丹一声悲泣,撕人心肺。扶着她的嫂子万小梅和侄女桂蓓扭过头来,掩面而泣。桂丹那一双望穿秋水的眼睛,泪水已哭干了,失神地望着江面,她仍然相信,丈夫会从水面浮现。

"指导员,杨德胜的家人来了!"一战士失声高喊。连长,指导员和战士们都出来了。桂丹只听清最后一句话："杨德胜同志失踪了！"如同晴天霹雳当顶击下，桂丹和杨德胜的父亲和兄长当即晕倒，被人送进医务室。

第三，精选故事。通讯必须讲故事，没有故事就没有通讯。但是故事必须精选。如《丹文》中的故事：

> 身着便装的杨德胜突然在车上发现小偷正在行窃，桂丹一把没抓住，杨德胜便冲向前去一把扭着小偷的胳膊，一声断喝："拿出来！"交出钱包的小偷一溜烟下了车，满车的人都对这位见义勇为的小伙子投来钦佩的目光。桂丹感到特别的自豪。

这个抓小偷的故事，以及后来杨德胜救人献身的故事：

> 杨德胜抱着一个木坐垫，见新战士康建乐水已没顶，双手在水面挣扎着，便把木坐垫塞给他手里。战友得救了，杨德胜却献出了年轻的生命。

都是能够体现英雄的英雄个人品质方面的典型事例。

第四，设置意境。《丹文》的事情发生在8月，正是桂花飘香的日子。主角名叫桂丹，倒过来就是丹桂，当时灵机一动，便想到标题《丹桂飘香簰洲湾》，这个意境的设置更好地展现了人物的精神世界，并在最后一句结尾点题：

> 桂丹的义举，桂丹的精神，会像八月的桂花，飘香簰洲湾，飘香神州大地。

第二节　事件通讯

一、事件通讯概述

（一）事件通讯定义

事件通讯就是详细深入地报道具有新闻价值和社会意义的事件的新闻体裁。事件通讯的题材广泛，各行各业、各条战线，凡是社会中有报道价值的新闻事件都可作为报道对象。事件通讯是以新闻事件为报道内容的通讯类型，是消息的补充、扩展，应当深入、形象。与描述人物为主的人物通讯不同，事件通讯完整地记述事件发生的情况和过程、原因和结果、意义和影响。

（二）事件通讯特点

1. 题材广泛

应当说，在各类新闻体裁中，事件通讯的题材是最广泛的。因为人类社会是由人和事构成的，有人就有事，事因人生；有事便有人，人以事显。在复杂的社会形态、社会生活中，每时每刻，不同地域，不同社会层面，不同种族、性别、年龄、地位的人都在干着大大小小、形形色色的事。没有事件就没有世界，就没有人类社会。因此，从个体到群体，再到人类社会及大千世界，大到联合国的国际事务、战争、太空探索，小到黎民百姓的喜怒哀乐、饮食起居，无论正面反面，凡是对人们、对社会有益、有趣、有影响的事件都可以巧妙勾连，尽收眼底，游走笔端，成为事件通讯的写作题材，其范围之广是无可非议的，这完全可以从近百年的中外事件通讯中得到证实。

2. 取材典型

事件通讯虽然题材十分广泛，但绝不能信手拈来，随意入题，而是要有所选择、讲求典型。因为写通讯不同于写消息，这种报道方式本身就决定了通讯需要具备可读性、故事性、情节性；凡是新闻性不强、不重大的题材就不能用来写通讯。事件通讯的典型性主要体现在题材的重大性、重要性，故事本身的情节性、完整性。事件通讯意义重大，影响深远，时效性强，表现时代风貌，具有广泛的代表性和较强的说服力，能揭示事件本质，对人类、对社会能起到教育、启示、鼓舞、鞭策和警示的作用，绝不能写日常生活琐事或鸡毛蒜皮类的小事。即便是那种用来写小通讯、新闻小故事的凡人新事，也应是具有重大价值，能以小见大、见微知著，是精心筛选出来的，也同样是典型的。

3. 形象生动

事件通讯形象的生动性除了源于事件本身的鲜活性和事件生成的自然与社会环境因素之外，主要还源于并表现在以下两个方面。

一是故事性、情节性强。从众多通讯中不难看出，凡是事件通讯，都是将事件的来龙去脉、起因结果、发生发展过程，以及高潮、结局予以完整叙写，以此来具体展开情节、再现场景、交代过程、表现主题。事件通讯集人、事、景、物、情、理于一体，错综交织，有的还构成了复杂离奇的故事情节，让人读起来峰回路转、一波三折，趣味性、可读性都非常强。

二是运用多种表现手法，使叙写变得生动。这既包括对人物，也包括对景物的描写，还包括了对情节的安排，以及对语言文字的锤炼。只要不违背生活的真实，什么样的手法都可以运用，使读者获得与阅读文学作品并无多大差异的审美感受。

（三）事件通讯的基本类型

1. 突发性事件

突发性事件，指事先无法预知、突然发生的事件，例如政治冲突、民族骚乱、刑事犯罪案件、重大责任事故和各种突然降临的自然灾害等。对于突发性的事件，多数媒体总是循着"先简后详"的原则，先用消息抢先报道，将灾难的大致情况和损害程度抢先告诉受众，以满足他们尽快获知信息的心理需求，继而再采写详细的事件通讯，将消息中的"事件（WHAT）"以及"事件的原因（WHY）"要素一一展开，对事件的原因进行探索，满足老百姓想要详知、深知的心理需要。

2. 预知事件

以预知事件为题材写成的事件通讯，大多数有以下三个特征。

第一，因题材重大，报道的社会影响也较大，记者写的报道可以起到历史文献的作用。

第二，现场材料丰富，可感可信。因为采访预先知道的事件，记者有较充分的时间进行策划和采访准备。另外，记者有可能赶赴现场进行采访，"见证历史"。大量的镜头化语言使通讯可感性强，可信度高。

第三,写作"投入",富有激情。这些事件一般是意义重大且事前预知。如党的重要会议的召开、长江三峡成功实施截流、卫星发射成功、阅兵、重大体育赛事、重大考古发现、重要的审判等。对这些历史性的重大事件,报纸一般要发表大型的具有历史文献性质的纪实性事件通讯。

3. 小故事

通过展示这类故事的发生、发展和矛盾解决过程,褒扬人的美德,传递精神文明,针砭时弊、抨击邪恶,有利于扶正祛邪,净化社会风气,发挥新闻引导舆论的作用。

二、事件通讯示例

4小时,一颗滚烫的"爱心"从桂林送抵北京

为挽救他人的生命,他的家人毅然决定捐献他的器官;为了保障他的心脏在6小时内成功移植,5月2日,桂林和北京两地的医院、航空公司、机场、公安紧密联手,上演了一场千里送"爱心"的故事——

12岁男孩小包(化名)因心力衰竭而生命垂危,只有进行心脏移植手术才能挽回生命。在千里之外的桂林,21岁贺州小伙小叶不幸离开了人世,他的亲人毅然决定捐献他的心脏等遗体器官,让他的生命得到延续。

然而,心脏移植手术必须在心脏离开供体6小时以内进行。桂林和北京两地相隔2000多千米,飞机飞行时间需要近3小时。为了保障心脏在6小时以内成功移植,5月2日,两地的医院、航空公司、机场、公安紧密联手,上演了一场千里送"爱心"的故事。

21岁贺州小伙不幸离世,家人大义捐其器官

今年21岁的小叶(化名)是贺州市昭平县樟木林乡樟林村人,有3个哥哥和1个姐姐。作为家里最小的孩子,从小到大他都特别受到父母、哥姐的照顾,他也一直是家人眼中的乖孩子。

17岁那年,小叶离开贺州到广东打工,曾先后做过多份工作,虽然工资不高,但节俭的他每个月都能攒下一些钱寄回家里给父母。随着年龄增长,工作能力不断提高,他也希望通过自己努力,创出一番事业。

然而,悲剧却意外地降临到他的身上。2013年,小叶因为经常恶心、呕吐和头痛,到医院检查,医生发现他出现脑出血的症状。当年8月,他返回贺州市接受治疗,经贺州市人民医院医生诊断,他患有原发性脑瘤。几次手术后,小叶的病情不仅没有好转,反而逐渐恶化。

今年4月,小叶已经不能开口说话,医生让小叶的父亲叶绍毅做"最坏的打算",并询问他如果小叶出现不测,是否愿意捐献他的器官。

得知儿子可能离开,叶绍毅非常悲伤,捐献器官的提议他也是第一次碰到,他一时无法做出决定。"我回去跟家人商量一下,"他对医生说。

"一开始我不同意捐献弟弟的器官。"小叶的哥哥叶佩对记者说:"按照家乡的传统,遗体要完整地火化后再下葬。如果捐献了弟弟的器官,村里的人可能会有看法。"

在家庭会议上,一家人并未达成一致。但叶绍毅在深思熟虑后还是做出了捐献小叶器官的决定,并慢慢说服了其他家庭成员。"能救几个就救几个,如果捐出孩子的器官,能让他的生命在其他人身上得到延续,我就心满意足了。"叶绍毅对记者说。

4月30日23时,小叶被专家确定为脑死亡。他的心脏在呼吸机的工作下,还暂时维持着跳动。

解放军第181医院器官捐献协调员史锋说,得知小叶家人同意捐献的消息后,该院医护人员立即赶往贺州市人民医院,为小叶进行了身体检查,确定其已经脑死亡,而他的心脏、肝脏、肾脏、眼角膜等器官符合捐献标准。

5月1日上午11时,叶绍毅一家在小叶的遗体器官捐献志愿书上签字同意捐献,小叶随即被送往解放军第181医院准备进行器官摘取手术。

12岁江西男孩苦寻心脏救命,绝望中从桂林传来好消息

江西男孩小包今年12岁,他患心肌病已有近三年时间。为了治疗,小包的父亲曾带着他到全国各地求医,甚至还去到香港看过病。由于病情严重,多家医院都得出他需要进行心脏移植的结论。

孩子这么小,要找到适合移植的心脏谈何容易。时间一天天过去,小包的病情在不断加重。他的父母心急如焚。

4月28日,小包因严重心脏衰竭住进了北京安贞医院。30日,他的病情突然加重,还出现了肾衰竭等多项危急情况。医院采取紧急手术,为他的心脏安装了人工体外心肺辅助装置,稳住了血压,肾功能、肝功能得到暂时好转,小包清醒了。但这个装置不能长时间使用,若超过7天,小包还是可能会出血、感染等。

"小包的生命可能只剩下几天时间,必须立即进行心脏移植手术,才可能挽救他的生命。"安贞医院著名心脏外科专家、小包心脏移植手术主刀医生孟旭在接受本报记者电话采访时说。

30日晚,安贞医院紧急联系国家器官移植捐献管理中心及各个合作医院等,寻找和小包血型匹配的O型血人的心脏。事实上,孟旭等人清楚地知道,现在捐献器官的人并不多,小包是否能等来这颗救命心脏,只是一个未知数。"在捐献供体里获得好的心脏特别不容易,通常10名捐献者中只有1人的心脏可用。我们也知道找到合适的心脏就像大海捞针,但小包一家人不想放弃希望。"孟旭说。

就在小包一家人几乎陷入绝望时,千里之外的桂林传来了好消息——在叶绍毅同意捐献小叶的器官后,181医院与安贞医院对两人的各项指标进行检测比对,配型基本吻合,可以捐献。

多方紧急联手开辟生命通道,"爱心"4个小时内飞抵北京

据悉,心脏由于其特殊性,在离开供体后,必须在6小时以内为受体进行捐献。桂林到北京的距离约为2000多千米,飞机飞行需要近3个小时,加上从医院到机场,机场再到医院也需要一定时间,再加上可能出现的飞机晚点情况,时间如此之紧张,来得及吗?

5月1日23时2分,小包的母亲通过微博发出求助信息:"恳请2014年5月2日下午,南航航班号CZ3287由桂林飞往北京的航班全力确保准点起飞,因为有一个捐赠器官搭乘该架飞机,我的孩子急需这个器官移植救命,如果错过了最佳移植时间孩子就会……请南方航空大爱无疆!"

这条微博还"@"了中国南方航空微博和南航官方网站。

与此同时,181医院也向南航广西分公司发出一份紧急申请函:"因心脏供体离体时间要求在6小时以内,为保障心脏移植手术顺利进行,希望南方航空公司予以协助保证该航班正点起飞,以挽救患者生命!"

"时间就是生命,一刻也不容耽搁。"南航广西分公司员工梁燕告诉记者,在接到申请后,公司上下都非常重视,2日早上7时32分,广西分公司向南航总部详细汇报了相关情况并请求总部支援。

2日8时05分,南航运行指挥中心向国家民航局调度室提出航班优先保障申请,并请求华东、华北、中南、东北空管部门,优先放行涉及的相关航段航班,确保航班准点出行;南航广西分公司专门组织各相关部门提前做好保障工作,准备了两架飞机作为备份运力,与桂林机场安检部门协调办理活体器官运送的相关证明,同时安排了工作经验丰富的工作人员进行全程引导护送,优先保障医务人员以最快时间通检登机。另外,该公司还在机上提前安排放置装载活体器官器械的特定储存区域。

为了让焦急等待的小包的父母放心,南航特意通过官方微博进行了回复:"我们牵挂孩子的生命安危!南方航空正全力保障该次航班。愿小朋友能顺利手术,渡过难关!"

2日16时,在遗体告别仪式结束后,小叶的心脏摘取手术开始进行。16时55分,手术顺利完成,小叶的心脏被成功取出,181医院医生马上将其装入特定装置箱,并即刻坐上救护车赶往两江机场。此时,在机场等候医院消息的南航广西分公司工作人员得知手术提前成功完成的消息,立马着手组织旅客提前登机、申请提前起飞的工作。

17时25分,救护车来到两江机场,工作人员马上为陪运医务人员送上早已办理好的登机牌,并引导他们走快速安检及登机通道。随后,飞机乘务员把医务人员安排在头等舱第一排位置,身边的一个座位用来放置储存箱,乘务员用软垫等器具对储存箱进行固定和缓冲,并且绑上安全带,确保飞行途中的稳定。

18时,原计划于18时15分起飞的航班提前起飞,又争取了宝贵的一刻钟。

记者从北京当地相关媒体获悉,按照原计划,安贞医院的救护车会在机场外等待,平时从机场到安贞医院用时约40分钟,但小长假期间可能会出现交通拥堵问题,为了确保"爱心"及时达到手术室,经过多方协调,北京有关部门决定出动急救直升机从机场直接将移植心脏送达医院。

20时20分,飞机抵达北京首都国际机场,比计划提前了35分钟,直升机已经在机场等候;20时39分,这颗心脏搭上直升机;20时52分,心脏送到安贞医院手术室,这离心脏摘取手术仅为4小时。

而主刀医生孟旭,刚从加拿大回到北京,他也不顾旅途辛劳立刻投入手术。

换心手术成功实施他捐赠的器官救了6人

2日21时20分,心脏移植手术开始。经过孟旭等人的妙手施刀,手术进行非常顺利,22时30分,小包的心脏恢复了跳动。

手术成功了!

3日19时54分,记者再次电话联系孟旭,他说,小包已经清醒了,现正在重症监护室治疗,再观察两三天时间就可以确定是否脱离生命危险。一般而言,心脏移植手术成功后,10年内的存活率在70%左右,20年内的存活率在40%~50%。由于小包还处于生长期,如果后期未出现排斥反应,各方面恢复良好的话,有望存活15年。

记者又从181医院获悉,小叶的两个肾脏和一个肝脏,已成功移植到该院三位重症患者体内,而两个眼角膜也在外地医院成功为患者进行移植。这意味着,小叶在离世后用他的器官拯救了4人,并帮助2人重见光明。

市红十字会赈济救护部部长李霞介绍,我市从2011年启动器官捐献工作以来,累计已有74人在离世后捐献器官,并呈逐年上涨趋势,占广西器官捐献总量的半数以上,在全国也排名前列,堪称广西首善之城。小叶是今年桂林第18位捐献者,他虽然离开了我们,但他们一家人的义举,挽救了更多生命。也希望更多人加入死后无偿捐献器官的志愿者中来,为我国器官移植事业做出贡献。

据了解,有网友称小包和小叶是亲戚,所以,叶绍毅指定要将小叶的心脏捐给小包;另外,北京某地方媒体在未采访叶家任何人的情况下,称叶绍毅表示"将在小包恢复健康后前往北京看望他"。对于这些说法,叶绍毅特别叮嘱本报记者向公众澄清,他们一家并不知道心脏捐给谁,与小包也没有任何关系,并且此次捐赠行为是无偿的,他们只希望小包尽快恢复健康。

3日晚,叶绍毅回到贺州主持小叶的丧礼。临行前他告诉记者:"孩子心地很好,如果他知道最后还能帮助到别人,一定会很开心的。"

来源:《桂林日报》

这篇事件通讯获得2014年第二十五届中国新闻二等奖。从此文的分析中可以看出事件通讯的以下特点。

一是题材有个性,充满正能量。在整个事件中,各方付出的努力都被清楚记录,展现出万众一心挽救生命的场景,感人肺腑。该报道还对广西的器官捐赠事业起到积极推动作用,以桂林为例,近年来已有近百人在离世后捐献遗体器官。此新闻事件充满正能量,引发社会普遍关注,反响较好。

二是采访要扎实全面。在采访期间,记者先后对小叶的父亲、哥哥,181医院医护人员,桂林红十字会工作人员进行了现场详细采访。记者从医护人员口中了解到小包求医的情况和北京方面出动直升机救人的精彩故事,为了使文章更加丰满生动,又两次电话联系采访了小包的主刀医生,详细了解小包的病情和救治过程。另外,虽然未能随机到北京现场采访,但记者通过北京的相关媒体了解了事件的进展过程,并且多次电话联系补充采访了南航的相关负责人,南航也向笔者提供了运送过程记录的书面答复和现场照片。

三是新闻价值大、关注度高。这次事件引发了全国媒体的普遍关注,中央电视台、新华网进行了跟踪报道,新浪网、腾讯网、网易等一线网站也对此进行了关注。

这篇通讯的叙述方法是采用平铺直叙的顺序法,即实实在在地按时间的先后顺序,什么倒叙、插叙,一概都没有用。一般说来,写文章最好不要采用平铺直叙的方法,尤其写通讯更需忌讳。可是,为什么在这篇通讯中,这种叙述方法却使读者兴趣盎然地读下来又不觉枯燥呢,奥妙就在于作者使用了大量的具体细节,把事件讲得娓娓动听。

这篇通讯朴实无华、情感真挚,采用纵式结构,准确贴切地概括了每一时间段的事实情况,层层推进,使得通讯更加通俗易懂、生动形象。全篇多侧重细节描写,真实具体,有现场感,不滥用抒情、议论,是难得的佳作。

三、事件通讯写作

(一)写作特点

1. 事件完整

事件通讯叙述的事件不是片段的,而是完整地叙述和描写事件的发生、发展、变化、结束全过程,给受众展示一个完整的新闻故事。

2. 事件条理清晰

理清线索。比较单一的事件较好把握,按时间顺序叙述即可。对一些头绪较多的事件,叙述时要特别注意多头绪之间的"分"与"合",事件如何开端,如何分成多头绪、多线索叙述,又如何将它们合为一体等。

交代清楚事件因果关系。报道的事件是"果",但也一定要注意交代清楚"因",一个结果,可能有一个原因,更多的情况是可能有多个原因。

见事见人。事件通讯以记叙描写事件为主,但事件的核心是人,事件实际上就是人物行动的全过程,事与人是互相联系的。事件通讯的写作,要求既见事也见人。

3. 选取相关材料

一是有事件。事件是故事从某一状态向另一状态的转化,即事件是一个过程,一种变化。通俗地讲,在故事中,事件就是行动(行动是由某一人物发出的,所以写事件通讯离不开写人)。

A:小李病了。
B:小李住医院了。
C:小李没有亲戚和朋友。
D:只有一个人来给小李送饭。

以上这四个叙述句中,ABD都属于事件,都展现了一个行动、一个过程,构成了叙事事件序列中的环节。而C不是叙述时间链条上的一环,也没有展现小李或其他人的任何行动,仅仅揭示了小李的某种性质或属性。简单来说,上述四项叙述中,ABD都可以用画面来表示其行动的流程,可成为事件,C无法传达画面给读者,因为它没有动作,不具有可操作性,因此不是一个事件。

二是有故事。有了事,还要有故事。什么样的事才是有故事呢?一个故事至少包括两个事件,这些事件构成一个序列,这个序列必须有某种可续性,即故事中的事件必须安排得能够激起读者的兴趣,让他们渴望看到且能够看到下一步将会发生的事,某一人物、某个场面将会发生的变化,以及矛盾的解决。通讯叙事重视事件的结果,因其促使受众饶有兴味地看、听、读。正因为如此,某些连续报道才会吸引众多读者。

三是有时间。通讯中的时间有两个作用:一是显示事件是何时发生的,即时效性;二是关联性,即时间在事件叙述中起联系作用,事件与事件之间通过时间联系起来,使故事成为一个整体。时间的第一个作用能表明事件的新颖度,是新闻的灵魂;第二个作用表明事件的内在逻辑性,这在法律性新闻叙述中的作用尤为明显。因为事件的每一个细节与另一细节的时间联系,可能显示出案件的某些性质。

四是有空间。空间是联系事件的又一因素。在中国的叙事传统中,空间因素占重要的地位,空间叙述手法也很活跃,诸如"花开两朵,各表一枝"等在通讯的叙述中很常用,其中的叙述空间不断转换,故事情节扣人心弦。

4. 选取具有可读性的事件

事件通讯就是把新闻事件编织成详细的故事。"编织"故事是一门写作艺术。通讯写作的目的除了是让受众知道事实的真相外,还是为人们叙述有意思的故事,即故事里的故事。"有意思"在信息社会里显得更为重要。

第一,有"可读性"才能吸引读者。网络时代,信息如洪水般泻来,传统媒体只有将新闻写得有"可读性"才能有竞争力。

第二,故事容易被人们接受。信息时代,工作节奏加快,社会竞争激烈,人们更愿意在工作之余轻松休闲地享受信息"快餐",那些"有意思"的故事容易被人们接受。故事的威力在于感染力,感染的力量比说教的力量作用大,尤其对当代年轻人来说。一些媒体总是出于好心,怕别人不理解,一件事还没叙述完,就急急忙忙要表态、急不可耐要抒情。

其实,叙述事件的基本功在于先把事件叙述得有意思,人们愿意听、看、读,这样才能潜移默化感染人。这种潜移默化的感染本身就是宣传,并且效果更好。故事如果为了宣传去编织,它的客观性难免会受到质疑,而新闻的价值在于提供事实。

事件通讯当然是写社会生活中的事。过去的通讯强调写具有重大意义的事件,这当然是没错的,但这只是事件通讯要写的部分内容。百姓身边每天也发生许许多多的故事,百姓对这些故事更感兴趣,因为就发生在自己身边。

事件通讯中的故事应多一些人情味。网络时代报纸和期刊的发展趋势是让新闻在写作和制作方面,更多地采用特写和人情味浓的表达手法,直截了当的传统手法不是主要的报道手段。这不仅仅是操作层面的变化,也是写作观念的变化。这种写法使新闻读起来更具故事性和戏剧性。在现代信息社会,读者选取信息的空间大,自由度也大,谁的新闻更吸引人,谁就会成为市场的赢家。也就是说,新闻价值的选择权在读者手中,而不是在政府或媒体手中。因此,有人情味的新闻写作方法,将是未来通讯写作的主要手段。有人情味的写法,可以从家庭的故事写起、从交友的活动写起、从个人的爱好写起等,这些人们关心的小事可能会引起读者的极大兴趣。

5. 以事件为主,写事、见人

事件是人完成的,写事离不开写人。与人物通讯不同的是,事件通讯写人是为了介绍事件的过程、结果和意义。人物通讯写人是为表现人物的行动,通过行动表现人物内在的思想。人物通讯写人的行动、语言、神态等,写得很详细、具体;事件通讯写人的行动、语言、神态,一般都很概括。

(二) 写作方法

1. 慎重选择题材,深刻揭示意义

事件通讯应当尽力追求题材的重大性、典型性,这就必然有一个郑重而严格的选材,使之以一当十,产生巨大的震撼力、感染力。

深刻地揭示意义需要深入开掘主题。很多新闻事件的意义较为浅近,一看即明,不需花太多的时间来提炼。但有的事件却不一样,其价值意义是深层次的,并非轻而易举、唾手可得,而是要经过认真分析,反复多次地深入开掘才能提炼出来。这里要求的"深刻"是高层次的,它不仅仅指看到事件的本质,还指看到事件本身所产生的社会历史意义,看到事件重大的社会现实意义,即对当今社会产生的影响。

2. 巧妙组织情节,生动再现场景

新闻报道不存在虚构、编造情节问题,因为它的基本事实是真实的,唯其真实,才冠之以"组织"二字。虽然通讯用的是真实材料,但同样的材料、同样的情节,如果采用不同的理念、方式进行组合,哪怕表达的主题都一致,效果却会大相径庭。

生动地再现场景,就是通讯与消息写作的不同之处。消息只是简明地让人知道事件的大致情况,通讯则要具体地描述过程、情景,给人以如见其人、如闻其声、如临其境的真实感受,这就包括了各种描写(人物、景物、环境、过程)和叙述、说明、议论抒情,以及各种不违背生活真实的其他艺术手法的运用。

3. 精心安排结构,恰当措置人事

事件通讯写作涉及的问题固然很多,但其间的结构安排是十分重要的。因为就事件来讲,要交代清楚其发生、发展的相关问题,让人搞清来龙去脉,要能增强其可读性、吸引力,很好地表现主题,这在很大程度上都取决于对相关材料的安排,对结构的处置。由于结构具有表述性,同样是那些材料,谁先谁后,孰轻孰重,怎样才能最大限度地表情达意,求得最佳效果,都是颇值研究玩味的问题。对于通讯来讲,其结构形式众多,可供选择的余地非常大,关键是一定要对其重要性有充分的认识。

人和事都是人物与事件通讯不可回避的问题,因为社会生活的主体是人,人是要干事的,事是由人来干的,写人必然涉及写事,写事必然涉及写人,人、事交叉,关键在以什么为主。首先,作为事件通讯,固然当以事为主,以事来带人;其次,在写事时虽然要写到人,但不能静止、孤立地写人,让人占了主体,而应当将其穿插在事中,让其动态地出现。而且在写人的时候一定要简笔勾勒,不能精雕细刻,更不能浓墨重彩,喧宾夺主,本末倒置,使稿件变成人物通讯而非事件通讯。

第三节 新闻特写

一、新闻特写概述

(一)新闻特写含义

特写是以描写为主要表现手段,截取新闻事实中某个最能反映其特点或本质的"片段""剖面"或者细节,做形象化的再现与放大的一种新闻体裁。

将特写这种近距离聚焦、放大细部的拍摄手法引入新闻写作中来,去截取新闻事实某个片段画面,就是新闻特写。新闻特写与摄影特写一样,追求的都是镜头感的画面。不同的是,摄影特写是直观的画面;新闻特写是文字的画面,是靠记者的文字描述,使读者脑海中浮现的画面。

《齐鲁晚报》的记者写出了照片背后的故事,以下面这篇新闻特写为例:

舟曲与总理对话 被困少年为母亲撑到生命尽头

2010年8月12日,《齐鲁晚报》从舟曲泥石流灾害现场发出报道,记者采访还原了救援过程中那令人感动的一幕:温家宝总理来到挖出的救援洞口前,得知里面有两个被困群众后,弯下腰,仔细向洞口内察看。温总理向他们大声喊道:"老乡,要坚持,子弟兵正在救你们。"废墟下传出被困男孩的声音:"总理,您放心。我能挺住。"洞里面压着母子两个。男孩叫张新建,只有14岁。为了支撑着母亲活下去,他坚持到了生命的最后一刻。

8月8日下午3点,救援部队在城关小学南侧发现有母子两人被压在洞里,一个孩子,他侧卧着身子,身上压着一根大梁木,距离孩子一两米的地方,是个中年妇

女,腿也被大梁木压着。里面传出孩子的声音:"老师,先救我妈妈。"而孩子的妈妈已经难以忍受疼痛,叫喊着"给我把刀,我不活了"。"妈妈你别着急,大家都在想办法。"男孩俨然一个大人,安慰他的妈妈。不知什么时候温总理赶到了现场,温总理又是往洞里喊话,又是帮着递千斤顶、牛奶,里面的孩子知道是温总理来了,喊了一声"总理,您放心,我能挺住!"

救援战士通过4个小时的努力,终于将男孩救了出来。两小时后,孩子的妈妈也被救了出来。被救的47岁的中年妇女党巴金,被送到医院终于脱离了危险。然而,尽管医务人员全力抢救了8个小时,但由于内脏受损严重,她的儿子张新建在她苏醒前已经离开了人间。张新建说的最后一句话是:"我想回家。"

读了这篇新闻特写,不少人为之感动。人们感动的不仅仅是温总理亲临救灾第一线,也不仅仅是救援部队战士全力以赴的抢救,更是这位14岁少年勇敢顽强,将生的希望留给母亲。

(二)新闻特写文体特征

新闻特写文体的特点即为透视感、镜头感和现场感。

上面这篇新闻特写,500余字;画面很小,只是定格了温总理与被困母子,然而,这个小小的画面却反映出我国党和国家领导人与灾区人民群众心心相印的血肉关系,也从少年身上反映出中华民族的传统美德:一种古朴的感恩情怀。这种小场面展现大主题的效果,就是以小见大的手法,就是所谓的"透视感",即新闻特写文体的一个特征,是指特写比其他新闻文体更强调"以小见大"的传播效果。

新闻特写之所以有如此的感染力,是因为它用文字的语言,展现了一幅幅画面,犹如一组组镜头,即"镜头感",巧妙地"截取"镜头,适当的"放大"局部。

这种镜头,是活生生的镜头,它使我们仿佛看到了温总理,看到了那位14岁的舟曲少年,看到了解放军指战员的抢救。这种如临其境、如闻其声、如见其人的感觉,叫作"现场感"。与其他新闻文体相比,特写一定是来自现场的报道,作者一定要在现场采访,必须是新闻事实或被采访人的现场目击者。现场感的另一个特点,表现在特写的写作要历历如绘、情景交融。

二、新闻特写示例

1. 人物特写

人物特写要求绘声绘色地再现人物的某种行动、行为或者性格。它比人物通讯更集中、凝练,同时"画面感"与"动感"更强。

人物特写:一双手

我握过各种各样的手——老手、嫩手、黑手、白手、粗手、细手,但都未曾留下很深的印象。

1988年5月,小兴安岭上积雪化净了,树木睁开了惺忪的睡眼,林区人扛镐上山。

我去小兴安岭的乌马河林业局采访。在山场我握过一只手,我敢说,今后不论在什么地方,只要再握到它,就能马上说出。那是天下第一奇手——林业工人张迎善的手。

和素常采访一样,我们见面时,先礼节性地握手。两只手握到一起的瞬间,我惊讶了:我握的是手吗?那简直是半截老松木!

我本能地想抽回手来,可是抽不回。那只大手像一条厚棉被,把我的手紧紧地裹住了。

我低下头去察看他的一双手。翻过来看手心,调过去看手背。

这双手皮肤呈木色,纹络又深又粗,一道道黑土色。很明显,为了这次见面、握手,他事先用肥皂把这双手认真地洗过了。

掌面鼓皮样硬,老茧布满每个角落。手指特别粗大肥圆,一只手指像一根三节老甘蔗。

左手大拇指没有指甲,长过指甲的地方,刻着四条裂纹,形成上下两个"人"字形,又黑又深。手指各个关节都缠着线,线染成了泥色。

"指关节缠线做什么?"我问。

"治手裂。"张迎善说。

"手裂贴胶布涂手油多好?"

"栽树是手活。穴里的草根根,石块块得用手拣出来。要保证苗苗不窝根,苗根得用手送进土里。栽一根苗,手得往土里插三四次。胶布、手油不顶用。"

"你一天能栽多少棵树?"

"1000多棵。"

一天栽1000多棵树!他的手一天得往土里插三四千次!10天、20天?……这双手亏得是肉长的,若是铁铸的,怕也是磨光、磨透了。

"你等等。"我边说边去里屋取来一圈米尺。我丈量土地似的量起他的手来:长24厘米,宽10厘米,厚2.5厘米,这真是我今生今世见到的天下第一号大手。

量完,我用自己的手在他的手掌上哗哗搓了几个来回。我的手火烧火燎地痛,看看,红了,他的手仍呈木色。

林业局工会一位负责同志向我介绍说:"这双手已经栽树26万多棵。仅1981年至1985年就造林33垧,改造迹地林和次生林44.5垧,这双手生产木材1300立方米,枝丫3500层积立方米。这双手让这位32岁的年轻林业工人,成为伊春林区最年轻的育林功臣,荣获全国'五一'劳动奖章。这双手栽的树使小兴安岭上的西北岔河水,仿佛第一次变清了。这是一双创建绿色宝库的手。"

看着这双手,我仿佛看到了一山山的翠绿的森林……

来源:《人民日报》

2. 场景特写

除了人物特写之外,我们把其他的特写都用场景特写这个"大篮子"装起来了。主要是因为,在原来的分类中,例如事件特写、工作特写或者风情特写等,其实都是通过截取某一个或者一些关键性或者典型性的场景而完成的,取材的基本方法也相同,不同的只是作品表现的内容。因此可以不再做详细的区分。

热情比气温还高

"骨肉团圆,振兴中华",南京市民黄乃海举着一面鲜红色的锦旗站在人群里,欢迎前来拜谒中山陵的中国国民党大陆访问团。

27日上午8时50分,当中国国民党主席连战及访问团成员走过博爱广场,踏上中山陵的墓道时,自发前来的南京市民和各地游人早已等候在两侧。人们有的拉着"连战主席,欢迎您""热烈欢迎中国国民党主席连战率团访问"字样的自制横幅;有的不断挥手向连战致意。连战一行放慢脚步,频频挥手回应。前往祭堂的路上,一次次相互挥手,一声声彼此问候,一张张热切的脸庞,组成了激动人心的场面。

72岁的顾老先生对记者说,他清晨6时就从家里出发,希望能向连战一行表达大陆人民对台湾同胞的深情厚谊,希望他们能经常来大陆走走看看,增进彼此的了解。老人说,他的姐姐、姐夫都在台湾居住,彼此之间经常电话联络,谈得最多的就是两岸关系的话题。

从广场到祭堂共有392级台阶,连战一行拾级而上,人们也一路随行,在碑亭、牌楼前注目仰望。他们中有南京市民,有来自各地的游客,有年逾古稀的老者,也有风华正茂的大学生,他们地域、身份不同,心愿却是一致的。

"同胞亲情是分割不断的!"一位南京的中年女教师说,"连战主席率团访问大陆,国共两党实现了跨越历史的再次握手,这应该对促进两岸关系发展有积极意义。"

来自云南西双版纳的一位小伙子说,能赶上这个有历史意义的重要时刻,心情非常激动。他说:"我更期盼中国统一、两岸团圆的那个时刻!"

两位南京工业大学的大学生身着白色T恤衫,上面写着"连则两利,战则两败""血浓于水""反对台独"字样。他们告诉记者,学校里的同学们都很关心两岸关系,今天来到这里,就是要表达大陆年轻一代盼望国家统一的心声。

谒陵结束时,连战说,对于市民的热烈欢迎,他"非常感动","时间虽短,但心情永难忘记"。国民党副主席林澄枝对在场的记者说,今天自己几度眼眶湿润,她一定要把这样的感受带回台湾,让更多的人了解。国民党副主席吴伯雄说,今天人们的热情真比气温还要高。

来源:新华社

三、新闻特写写作

（一）写作特点

新闻特写是利用一种形象化的语言来报道新闻事件，以达到让人们身临其境的目的，真实地让读者感受到新闻现场的某个片段，从而产生共鸣，以达到身临其境的效果。新闻特写是视觉化的新闻，所谓视觉化，就是能给人一个事件以还原当时的完美画面，以细节显主题，反映新闻事件本质。通过对一个个细节片段的描写来感动读者。简而言之，新闻特写就是对新闻场景的一种再现，通过对一组组镜头进行串联，给读者视觉上的冲击。要求记者在采访的过程当中，要善于捕捉细腻的镜头，深刻领会当事人的一个微笑、一句话、一个动作，思考其代表了什么内在含义，人物的音容笑貌，肢体语言，都是新闻特写中必不可少的镜头，描写语言要生动活泼。

1. 新闻特写的"特"

不能单纯地将"新闻特写"中的"特"理解为"特别"的意思，这里的"特"是指一种抓住细节特点的描写，是一个新闻的局部镜头。"特写"一词，顾名思义，就是特别写照，它必须有绝对的真实性，不允许张冠李戴，也不能移花接木，而且应具有形象化的特点。深入推广新闻特写中这种细节描写的写作形式，是新闻题材变革的重要表现之一，可以有效地克服略显枯燥呆板的新闻语言，让新闻事件真正做到"活起来"，以迎合观众接受新时代媒体信息的需要。

2. 新闻特写的取材

新闻特写的取材也非常重要，要做到三个"需要"，一是需要有重点，二是需要有细节，三是需要有场面，做到了上述三点，新闻特写的"特"字才能体现出真正的含义，"特"的味道才能体现出来。

新闻特写就是对新闻场景的再现，将其串联成一组新闻镜头，给读者视觉上的冲击，进行全方位细致的描写，语言生动活泼地描绘典型细节，使之产生惟妙惟肖的形象感，让人读来如临其境、如见其人、如闻其声。

新闻特写不是全篇描写，而是挑取一个片段、一个情节，"以点带面"。用一个个细致入微的小片段、小镜头来感染观众，抓住观众的视线，让观众对当时的事件有着一种切身的体会，以产生强烈的共鸣感，达到良好的效果。

新闻特写的要旨在于"以点带面"，以局部反映事件全貌，而不在事物的全貌上泛施笔墨。新闻特写讲究的是视觉化的新闻。这里所谓"视觉化"，就是能给人一个或是完美或是特别的画面来还原一个个的新闻事件，让读者在阅读新闻文字的同时，脑海中能够浮现出新闻现场的情景。生动的画面描写是新闻视觉化中一个非常重要的部分，它需要我们紧紧抓住新闻事件的视觉点，让读者感受到新闻事件的细节。有人把新闻特写比喻成新闻题材里的"抒情文"，这种说法不无道理，它要求我们更加感性，用心去感受、用心去捕捉。新闻特写的这种文艺的笔法，是新闻特写中的一大特点，当读者读到新闻特写作品的时候，会被感动，被所描写的场景吸引，达到这样的效果，才说明我们的新闻写作是成功的,是足够深入人心的。

3. 新闻特写的时态

新闻特写强调的是一种正在进行时,是正在发生的变化着的新闻事实。具有很强的时效性,只有突出时效性,才能让读者感受到现场的真实性。还原现场情境最主要的就是要真实,对现场的新闻人物的经历做细致的刻画描写,标明重要的时间节点,达到清楚、准确、生动、形象的目的。新闻特写在时空上可以位于同一地点,也可以在不同地点,只要注重角度和距离就可以,将镜头串联起来,进行合理的排列组合,让新闻稿件有条理性。

4. 写作要真实而富有美感

如果能准确地找到新闻点,进行描写,就能体现出新闻价值,掌握放大细节这个写作手法,就可以把清晰的细节展现出来。

强烈的感情色彩是表现出来的,而不是靠所谓的客观陈述表达出来的。还原人物对话是阐述新闻现场情景的最好方式,对话要挑选比较有代表性的语言,从而让读者更快速、更准确地了解现场情景。新闻特写的篇幅一般都不长,不需要长篇大论,不需要记录每一个细节,而是在整个新闻事件中挑选具有代表性的片段,通过一个个细节描写来感动读者。

写作题材要新颖,紧跟社会潮流,剖析社会热点问题。在报纸的题材方面,一些模块版面都比较注重新闻特写这种题材,因为细节描写非常适合基层报道。在新闻事件中截取一个"横断面",可以是一个片段也可以是个情节,用优美严谨的语言来刻画描写,将新闻点深入细致地放大描写,对局部的事实铺开并实录。在文学表现手法上,特写可以以第一人称,也可以以第三人称来写,主要的目的在于通过对细节的描写反映整体的意义。记者应把事件发展的关键、情节展开的高潮,写得细致透彻,在写高潮的时候绝对不能从头至尾一一道来,要有重点地写,写细写透。

(二) 写作方法

1. 抓新闻眼

新闻眼就是从新闻要素中提炼出来的主题思想,它往往表现在新闻事实中最具新闻价值的地方。"眼"为何物?按《辞海》的解释:关节也。引申为文章的精要处,如字眼、句眼。我们这里所说的"新闻眼",指的是一则新闻的主题、红线、灵魂,是整个报道思路和整篇新闻文脉交织的枢纽,是新闻作品中的精气神和最为光彩照人的闪光点。有没有新闻眼,新闻眼显不显著、抢不抢眼,将直接关系到一篇新闻作品的深浅高低和成败得失。

抓新闻眼,也就是提炼新闻特写的主题思想。新闻眼不是从天上掉下来的,而是从采访中形成的,是记者从大量繁杂的新闻素材里提炼出来的。它表现在作品中,可以是简单的一个词组、一句话,也可以是极其精致的一个段落,还可以是新闻的主标题、引题或副题,也可以是不声不响地"潜伏"在消息中的导语。其实,所谓新闻眼就是从新闻要素中提炼出来的主题思想。

新闻眼是关于新闻敏感的一个形象比喻,是说作为记者要有独特的观察事物的能力和发现问题的能力。同样一件事情,别的人也许感觉司空见惯,而作为记者却要善于见微知著,看到别人忽视的东西,并从中发现具有新闻价值的信息,写成稿子。平时要注意积累各种知识,甚至,可以在采访现场临时准备,大量收集背景材料,这样才不会错过稍纵即逝的有价值的新闻事实,才能够看到平常背后的反常。

2. 抓特点

抓人物的特殊性。如前面的例文《舟曲与总理对话 被困少年为母亲撑到生命尽头》中的人物——到探视舟曲被困群众的温家宝,是总理,身份特殊。舟曲少年,遭遇特大泥石流灾害,又在灾害中与国家总理相遇,经历特殊。正是因为身份特殊、经历特殊,人物被写进特写才有特点,才有吸引人的地方。

抓环境的特殊性。环境是由时间与空间构成的。新闻特写要抓重要的时间与典型的环境。特殊人物置身特殊环境,就是文学作品追求的典型环境中的典型性格。因此,我们说,新闻特写具备文学作品的风格,这正是新闻特写魅力的来源所在。

抓细节的特殊性。这里借用前文提及的新闻素描(特写性消息)《日本签字投降》举例,其细节特征抓得好:

(重光葵)跛着那条木制的假腿,一瘸一拐地走向摆着文件的覆盖着绿呢的桌子。他沉重地拄着手杖,很费劲地坐了下来。当他签字时,靠在桌边的手杖歪倒了,打在这艘战舰的甲板上……在"密苏里号"军舰上参加整个仪式的任何一方都没有同日本人打招呼,唯一例外的是日本外相的助手,有的同他打招呼,是因为要告诉他在哪里放日本请求无条件投降的文件。当重光葵爬到右舷梯顶,踏上"密苏里号"甲板时,他摘下了他的丝帽。

几处细节刻画,将日本签字投降这一新闻事件的中心人物重光葵内心的沉重、沮丧和无奈表现得淋漓尽致,同时也从侧面反映出日本处在一种令人窒息的孤立氛围之中,已经完全失去了当年的嚣张气焰。通过细节描写,寥寥数笔即将这一具有历史意义的场面意味深长地再现出来。

3. 抓画面

抓画面是新闻特写独特的写作技巧。参见笔者采写的一例:

三十一届国际数学奥赛金牌得主周彤终遇难题
鲜花不知献给谁

7月20日下午,31届国际数学奥林金牌得主,17岁的周彤由京城载誉返回武钢三中时,手里捧着一束鲜花。

这束鲜花,是周彤中午刚下火车,踏上武昌火车站月台时,湖北省人大常委会副主任梁淑芬、副省长张怀念等领导及少先队员们欢迎他时送给他的。

现在,周彤出现在母校会议室门口,在这里等候儿子凯旋的爸爸周进元和妈妈魏连英立刻兴奋地站起来。教学副校长陈泰坤见周彤手执鲜花向校领导奔来,赶紧说:"快把鲜花给你妈妈呀!从你牙牙学语起,你妈连乘车走路的空都不放过,编儿歌见缝插针地教你知识,鲜花应该属于母亲。"妈妈一使眼色,指着武钢三中特级教师钱展望,对儿子说:"彤彤,快把鲜花给钱老师!钱老师一周几个晚上为你辅导,连寒暑假的学习都替你安排,还'满世界'跑书店为你买参考书。鲜花应该属于苦心培养你的老师。"钱老师连连摆手:"周彤几年来就盯着这块金牌,为迎接这次竞赛,解数学题 3000 多道,草稿纸堆起来只怕比他人高。鲜花应该属于得金牌的人。"

正当推让之际,武钢副经理赵文源和李运茂赶来学校了。他们齐向周彤道贺,勉励他取得荣誉后要饮水思源,加倍努力,报效祖国。此语使周彤蓦然想起中午在火车站时,省科委一位领导同志说的一句话:"在这个时候,你们会想到自己的母亲,更要想到祖国母亲!"望着眼前的领导、老师和母亲,周彤迷茫了,鲜花送给谁呢?这位没被国际数学竞赛题难倒的数学"王子",竟被眼前这道难题难住了。

多亏校长王锦龙巧点迷津:"来,周彤拿着鲜花站当中,我们一起照张相!"

咔嚓一声,银光一闪,这一历史瞬间永远凝固了。然而,出现在照片上的周彤并未拿鲜花。鲜花被他悄悄留在学校会议室里了。

来源:《武钢工人报》

这是笔者时任《武钢工人报》记者时写的一篇现场短新闻,后被《人民日报(海外版)》《中国冶金报》《武汉晚报》等媒体转发。此文获 1990 年第二届全国现场短新闻一等奖。从此文可以看到以下几点技巧。

第一,抓画面集中。此文中只有一个场景:武钢三中会议室。新闻特写就像独幕剧,讲究场景简洁。如何做到画面集中?有两个办法。一是剪切法。戏剧有开端、发展、高潮、结局,新闻特写,不必如此铺陈,直接从高潮入笔,才能写得短,写得集中。二是插入法。新闻特写的材料可以有很多场景,很多画面,我们可以选择最有新闻价值的主画面,其他不得不写入的画面采用插入的方法,例如通过人物的回忆、心理活动、对话等带进来。

第二,抓背景的融汇。新闻特写的画面与背景可以说是一对相互依赖又相互排斥的矛盾体。不用背景材料,新闻特写的画面不深刻;充斥背景材料,新闻特写的画面不够生动。背景材料毕竟是过去发生的事情,画面展现的是现在进行的人物活动和场景,硬将过去的背景材料扯进来,就会破坏新闻特写的画面感。如何穿插背景呢?例如巧妙地将"过去式"变化为"现在进行式"交代。《鲜花不知送给谁》是采用人物对话描写交代背景。周彤先后与校长、妈妈、老师的对话,揭示了周彤成才与环境的关系,突现了此文的主题思想。而这些背景材料是通过画面中活动中的人物嘴说出来的,十分自然。

第三,抓结构的变化。新闻特写,尽管文章篇幅短小,也十分讲究结构。文章最忌平铺直叙,没有起伏,特写虽然短小,也要有波澜,要会转弯。笔者的新闻写作实践证明,将相反相对的材料成组地排列下来,就会形成波澜,形成曲折。如本节例文,周彤献花给妈妈、校长和老师,出现"三献三拒",正是这种矛盾冲突造成情节的起伏,形成了曲折的波澜。文章曲折,才会生动,才有嚼头。

本章小结

叙事型通讯，包括记人（人物通讯）、记事（事件通讯）和记场面（新闻特写）的类型，既包括篇幅大、分量重的典型报道，也包括短小精悍的特写、素描、新闻小故事等。人物通讯是以人为对象、专门写人的通讯。当代人物通讯较之20世纪的人物通讯，其间的典型人物具有个性化、平民化和人性化的特点，主要写四类人物：新闻人物、公众人物、普通人物和反面人物。人物通讯采访要透彻，选材要典型，写作要精当。事件通讯就是详细深入地报道具有新闻价值和社会意义的事件的新闻体裁，特点是题材广泛，取材典型，形象生动，基本类型有突发性事件、预知事件、小故事。事件通讯的写作要慎重选择题材，深刻揭示意义；巧妙组织情节，生动再现场景；精心安排结构，恰当措置人事。新闻特写是以描写为主要表现手段，截取新闻事实中某个最能反映其特点或本质的"片段""剖面"或者细节，做形象化的再现与放大的一种新闻体裁，文体特征有镜头感、透视感、现场感。新闻特写包括人物特写和场景特写，反映重大事件，影响深远，是写作长篇通讯的基础。写作新闻特写要抓新闻眼、抓特点、抓画面。

思考与练习

1. 以身边人物为素材，写作一篇人物通讯。
2. 在课堂上口述一则身边的故事，课后写作一篇事件通讯并在课堂宣读，互相评议。
3. 抓住学校运动会或某活动片段，写一篇新闻特写。

第十四章　调查型通讯

> **学习目标**
>
> 掌握社会观察通讯,工作通讯,风貌通讯的概念和写作方法。

调查分析型通讯包括几种类型,其中社会观察通讯对社会问题、认识误区、错误倾向有较多的理性思考;工作通讯包含了对工作经验抑或失误的揭示;风貌通讯因为近年来已经发生变化,不仅仅局限于地域风貌的描述,也往往分析探讨当地问题,有考察与分析的因素在内,所以也单列出解析。这些调查分析型通讯一部分演变成了问题通讯,以提出各类严峻的问题为目标,目的在于引起有关受众的注意,可以开出药方,也可以不给出药方。这类通讯中的一部分,往往要进行艰难的取证工作,对调查采访的要求很高,除进行公开记者身份的明访外,还常要进行隐蔽记者身份的暗访。通常所说的调查性报道、解释性报道、新闻分析、深度报道,大致都可以归入此类。

第一节　社会观察通讯

一、社会观察通讯概述

（一）社会观察通讯定义

所谓社会观察通讯,是指站在独立的观察者的角度去观察社会现象、剖析社会问题的通讯。这类通讯强调观察者视角的独立性和思考的独立性,它是新闻工作者为了迅速反映社会现实,全面、深入地监督社会生活的一种创造。

社会观察通讯的着眼点在于记者独立的观察与思考。与工作通讯不同的是,它的选题不受已经列入党和政府议事日程的中心工作范围的限制,而是依据新闻工作者深入、广泛的调查和敏锐的洞察力来确定选题和报道思路。另外,社会观察通讯既然主要出自记者观察社会、破解社会难题的初衷,在报道中就包含了既报道事实、又探索出路的综合视角,这一点在记者获取事实、梳理事实和表达事实的过程中是必须予以关照的。社会观察通讯,在不同的媒体上有不同的称谓。"新闻观察""纪实报道""问题通讯""调查报道",以及某些报纸上的"社会大特写",都属于社会观察通讯。[①]

社会观察通讯既可以满足人们及时了解社会动态的需要,又可以实现设置议题、引

---

① 刘明华,等.新闻写作教程[M].北京:中国人民大学出版社,2002:476.

起人们的关注和思考,从而引导舆论的社会功能。社会观察通讯所提出的问题,还可能引起各级政府的警醒和关注,为政策层面的调整提供新鲜和有力的依据。

(二)社会观察通讯主要功能

1. 拓展了通讯的报道视野

首先,在选题和报道对象上,社会观察通讯集中于社会现象和社会问题,促进了通讯由"典型报道"的写作模式向新闻文体的回归;其次,它在通讯的写作理念上有较大创新,往往以多角度、多侧面的"立体报道"方式曝光社会现象、展示社会矛盾、追踪动态中的时代思潮,以新鲜的信息和敏锐的视角进行新闻写作。

2. 满足受众获知欲

社会观察通讯的选题来自社会实践,并集中于那些普遍存在的新现象、新问题,因此它可以比较及时地向受众提供最新的相关社会信息。相当一部分的社会观察通讯以揭露、批评报道为主,而它所揭露与批评的重点往往是贴近百姓生活的问题,特别是一些社会不公正的现象。

3. 设置议题,行使新闻监督权

社会观察通讯强调从社会生活中选题,强调以调查采访为主,这决定了它能够把受众关心的话题变成具体的新闻报道,然后通过媒体传播进一步提升这个话题的社会关注度,直至把这个话题"设置"进入社会议题,引起政府决策部门的重视。

社会观察通讯中有大量的调查性报道。调查性报道是一种以揭示真相为宗旨的报道方式,是新闻工作者针对被掩盖或者被忽视的损害公众利益的行为以及社会问题,通过独立、系统、科学、有针对性的调查完成的报道。它被称作媒体的利器,越来越受到人们的重视。

调查性报道是西方新闻界经常采用的报道体裁,最早产生于美国新闻界。一百多年来,世界各国都出现了一大批经典、影响巨大的调查性报道。例如《华盛顿邮报》等对"水门事件"的追踪报道,《申报》对"杨乃武与小白菜案"长达三年的调查,《工人日报》《人民日报》对"渤海二号"事件的披露,《南方都市报》对"孙志刚事件"的揭露,等等。

二、社会观察通讯示例

以下为一篇获2013年中国新闻奖通讯二等奖的调查报道:

学生午餐费咋变成老师泡脚盆

近两个多月来,记者经连续细致调查,发现一些中小学把20%以上、最高约有26%的学生餐费,变成了学校与老师的福利;与此同时,不少学校的学生反映,学校伙食荤菜少、品种少,不好吃、吃不饱。而食品专家对其中部分食谱的分析结论是,这些午餐营养成分不足。

少荤寡味难吃好

大荤是霉干菜烧肉,只有两三个小肉块;小荤是西红柿炒鸡蛋,却只有零星的蛋屑;雪菜炒豆干,豆干薄薄三五片;还有就是烧白菜。这是去年12月26日中午,记者在南京第66中学初三(3)班教室见到的"7元钱盒饭"的菜肴。

一连在两个班级,记者发现装盒饭的筐子里都有一盒没有动过的盒饭。"这是食堂送给为我们上第四节课的老师吃的,但老师们几乎都不吃这盒免费饭。"有同学介绍。记者不免困惑:学生餐免费送给老师,他们为什么都不愿吃?

在楼下,记者遇见一位提着一袋包子的同学。"没吃饱,刚去超市买的。"他说,他们高一(5)班40人,25个是男生,给添的饭一会就被加光,五六个男生都是再到校外买吃的,"早餐3块钱一份,稀饭是很稀的,我们不少住校生到第三节课就饿了。"

去年11月15日下午4时多,南京三条巷小学一放学,很多孩子就涌向校门口的奶茶、汉堡店。一名五年级男生买了两块炸鸡排,边吃边对记者说:"今天中午吃的是肉圆、大白菜杂烩和青菜汤,肉圆子面多肉少,下午早就饿了。"经了解,该校自去年9月起,向学生每顿收午餐费8元,仅提供一荤一素的两菜和一汤。

记者在网上发现,南京中央路小学家长去年10月31日发帖反映,该校6.5元一顿的午餐,当天只有豆芽、蒸鸡蛋、米饭和汤,孩子说不好吃、没吃饱。记者从该校了解到,近3年给学生吃的午餐,都是一荤一素的两菜和一汤,收费的确是高年级6.5元一顿、低年级6元一顿。几名四五年级的学生恳切地对记者说:希望菜能多点,3个菜就好了!

记者从其他多所学校了解到的情况是:学生普遍反映午餐荤腥少、吃不好乃至还有一些人没吃饱。

巧立名目成"教师福利"

记者设法联系到一位知情者。他介绍,以三条巷小学为例,该校食堂由一家餐饮公司托管,全校就餐学生有700名左右,每顿8元,每月能收取午餐费十几万元。按学校要求,餐饮公司每月返还学校的费用有:食堂设备折旧费5000元;每个学生25元的就餐管理费,计17500元;教师收款劳务费,每生2元约1400元;5名校行政干部巡视费,每人240元计1200元;总务主任劳务费300元;年级组长劳务费,每人50元计300元;教师值班与校行政干部巡视的误餐费,每人每天5元,计2000元左右。此外,供给在校教职工免费中餐,每月成本费约3000元。"这些,实际上都是从学生伙食费中支出的。"

既然已收取学生就餐管理费,为何还要加收所谓"巡视费""劳务费"呢?其实值班教师与巡视的校行政干部每人是有一份免费饭的,却又得到一份"误餐费",知情者说,这不是巧立名目乱收费又是什么?

以去年11月和12月为例进行计算,该校学生餐费分别有大约25%与26%给了学校和老师。

这位知情者说,餐饮公司给的折旧费,已是学校福利费的重要来源。以前,差不多每个月都给教师发一回食用油、草鸡蛋、水果什么的,"后来有老师说食用油没吃完、鸡蛋摆坏了,就改为两个月发一次,品种也换了,今年元旦前给每个教师发了一个高档泡脚盆,是网购的,300多元一个,店里要卖四五百元哩。"

一位业内人士估算,除去返回款、餐饮公司10%左右的利润,以及接待检查开销约5%,学生每餐交的8元,实际上只能吃到4.8元左右,难怪学生常喊吃不好了。

一位餐饮公司管理人员也向记者反映,他近年来参与了南京5所小学的食堂托管,仅有1所学生人数较少的学校要求每月返还2000多元;其他4所学校都是每月返还数万元。另一家餐饮公司的管理人员说得更直接:"学生餐费的20%以上都要以看班费、水果费等名义返还给学校和老师。不然,校长就不会让你的公司去托管食堂。"

问题症结是监管滞后

记者今年1月11日和去年12月26日两次到南京66中食堂伙房内,看到仅供厨师掌握、不对学生公开的当周食谱,上面都有单独一栏:"老师加菜"每周加菜3次,隔日一次,分别是土豆烧牛肉、烧大排、红烧鱼段、蒜泥菠菜等。

从事中小学餐饮工作的人员向记者道出了其中秘密:不管是托管学校食堂,还是学校自办食堂,最重要的是把教师伙食搞好,食堂要经常单独为教师烧菜,教师们不花钱或少花钱,却吃得比学生好,"这样,就只有克扣学生了"。难怪一些小学生也对记者说:"我们只有喝汤,老师却在啃排骨。食堂经常给老师增加一两样菜,像带鱼、雪菜炒肉丝什么的,我们却从来没有吃过学校的红烧带鱼。"

南京第17中学有1200名学生在校就餐,去年12月17日午餐的大荤是萝卜烧小排。经了解,只用了130斤小排,平均每人不到1两1钱;小荤是手撕包菜,只配了25斤肉片,人均仅有肉2钱。

记者选取了两所中学3周中的3天午餐食谱,请南京农业大学食品科技学院副教授周玉林分析。结论是:3天午餐中所含的蛋白质、脂肪,仅有一天的脂肪含量达到女生需要指标,其他都没有达标,其中蛋白质、脂肪分别缺乏最多达18%和21%;钙、铁、锌等矿物质和维生素A、维生素B2不足。膳食结构方面,缺少水产类食物等。食谱中,上述营养素不足的情况比较突出。周玉林介绍说,每周至少应有2~3次水产类食物,才能满足学生长身体的需要。而记者查看了这两所学校3周的食谱,只有一次安排了香酥鱼排。

托管学校食堂的餐饮公司人员介绍,现在,市区有关部门到学校食堂检查还是比较多的,但主要都是关于安全卫生方面的,还没有对学生餐营养质量的具体检查。

南京市中小学卫生保健所的苏所长兼任该市学生营养与健康促进会副会长。他坦陈,现在对中小学食堂的监督重点,是在"让学生吃得安全"上,至于要让学生吃得营养,还是下一步的工作。对食堂的经营,现在还是由学校自己管理。

"中小学学生餐的营养质量问题目前比较突出,迫切需要强化管理。"周玉林认为,现在对学生餐的营养质量,远远没有重视起来。按照科学的饮食标准,中餐应提供人一天中40%的能量和营养成分。如果学生在校午餐没有吃好,家长给孩子晚餐恶补一下,久而久之就会造成膳食营养不均衡,导致更多"小胖墩"出现,直接影响到青少年身心发育。美日等国及我国台湾地区已十分重视向学生提供营养餐,把它当作教育环节的一部分,美国还通过立法,强制实行学生在校午餐的营养质量标准。我国虽已有人提出提案,要为义务教育阶段实行营养午餐立法,但还没有明显进展。

作为食品科研工作者,他郑重建议,应由省或市的相关部门统一制定中小学生的午餐食谱,统一管理,规范实施。学校、教育主管部门、家长及社会组织,要加强对中小学学生餐的营养监管,保证学生定量、足额吃饱、吃好。目前的一项重要工作,应该是立即制止侵占餐费、克扣学生餐的行为。

来源:《新华日报》

三、社会观察通讯写作

(一)写作特点

社会观察通讯中的调查性报道是由媒体独立完成,以记者调查为主要方式,揭示不为人知的新闻事实的深度报道形式。它在表现非揭露性题材,即中性、正面题材方面同样可以大显身手,这也是调查性报道的中国特色体现,其写作特点如下。

1. 揭露为主

它的内容是以揭露为主,旨在暴露政治、经济、司法领域的问题,揭露社会弊端。

2. 深度分析

它是一种更为详尽、更有分析性、更有深度、更要花费时间的报道。

3. 独立调查

它不是依靠政府或上级主管部门提供材料,而是依靠记者或编辑部发现新闻线索并经过调查写成的报道。

4. 影响重大

它是一种费时费力、篇幅长、分量重的报道,发表后往往能产生重大的社会影响。

(二)写作方法

1. 深入调查

社会观察通讯特别注重"调查",其重点又在"查"字上,即要查清、证实事实的真相。它既不同于一般的新闻采访,又不同于一般的工作性调查和社会调查,关键在于获取新闻内容的性质上存在不同。一般的新闻采访、工作调查等是要了解掌握正面或正反面都需要的事实情况,而社会观察通讯是要了解掌握隐藏的问题。采访一般性新闻和进行工作性调查,与事实有关的人员一般都能积极配合并提供资料,而社会观察通讯的采访对象因利害关系,一般不愿意主动配合、不肯提供真实情况,甚至还要竭力隐瞒、掩盖真相,千方百计地给采访者设置困难,阻碍记者了解到真实情况。由此可见,一般的新闻采访、工作性调查与社会观察通讯的调查采访在获取事实的难易程度上差别极大。因此,社会观察通讯的采访一定要深入、深入再深入,获取多源印证,要"素材链",不要"单信源",防止片面与孤证。例如,案例中的记者进入4所学校暗访,目睹了学生吃午餐,还发现上第四节课的老师不愿吃免费送的学生午餐,看到许多没吃饱的中学生丢下餐盒就跑向校外买包子、烧卖,回到教室里狼吞虎咽的情景。他走出教室,又奔向学校食堂,并进入操作间,拍摄下仅供厨师掌握的一周食谱,等等。由于采访调查深入,文中的现场场景、账目数据、典型事例等都真实可靠,具有很强的说服力和感染力。报道见报后,社会反响强烈,收到了很好的传播效果。

2. 科学选题

古人云"文以意为帅","意"即主题。主题是社会观察通讯中的调查报告的"文眼",对调查报告的质量影响很大。主题选得好,才能吸引人、感染人,起到先声夺人的效果。从这个意义上讲,选题本身就是一种艺术。选题应把握以下四个原则。

一是关注社会热点,力求"新"。古人云,"文章合为时而著"。调查报告要有生命力,必须把握时代的脉搏,抓住事物发展的主流,总结新经验,推广新做法,提出新观点、新思想,这样才能给人以启迪和借鉴。

二是另辟蹊径注重"特"。社会观察通讯中的调查报告写作切忌步人后尘、落入俗套,只有独树一帜、写出特色,才能使读者受到强烈感染,产生浓厚兴趣。如果一个选题属于"冷门""盲点",那它本身就是一种特色,因为"冷门"不可能一直"冷","盲点"总有一天会"浮出水面";如果一个选题别人已经写过但又很有价值,那么写出特色的关键就是要变换角度去研究,选取一个最适宜、最新颖的角度去论述。正如北宋吴可所说的那样,"直待自家都了得,等闲拈出便超然"[①],以新的视角就会写出新颖独到的见解,从而实现新的跨越。

三是文章"大",题目"小"。社会观察通讯中的调查报告应"小题大做",不能"大题小做"。题目选得大,势必要求掌握的材料量也大,而且在结构、用语等方面也相当复杂,驾驭不好,就容易写得肤浅,甚至出现漏洞。而小题目由于"入口"小,中心容易集中,容易找到最佳的写作角度,也就容易写得深入透彻。所以,调查报告选题应讲究"小而精""窄而深",以"小"题目写出"大"文章。

四是贴近实际突出"实"。社会观察通讯中的调查报告最大的特点就是用事实说话,事实本身就是最好的佐证。所以,选题时一定要贴近实际,针砭时弊,有的放矢,注重实效。"道非文不著,文非道不生"[②]。任何一个有生命力的选题都是围绕某种普遍现象、某个焦点问题而成的,切忌无中生有,无病呻吟,打造"空中楼阁",最后导致调查报告言之无物,成为一朵"不结果实的花"。

3. 结构严谨

第一,叙事要完整。社会观察通讯要通过记者的调查采访和报道使被掩盖的事实展现在读者面前,如果记者的报道零碎、散乱,这种社会观察通讯就不能客观、全面、真实

---

① 熊坤新.直待自家都了得 等闲拈出便超然——读《道德学说》有感[J].中国图书评论,1992(01):81-83.
② 邱010华."道非文不著,文非道不生"——浅谈语文教学对德育工作的渗透作用[J].读写算(教育教学研究),2013(43):404-405.

地呈现,有时候还会导致读者得出截然相反的结论。所以社会观察通讯的叙事必须相对完整。一般来说,社会观察通讯的叙事内容包括:事情的开头或者起因,事情的发展,事情发展过程中被掩盖或者忽视的事实,事实的真实面目,以及事情最后的结果。

第二,逻辑要缜密。社会观察通讯是一种带有分析性的报道,通过分析调查的事件逐步逼近事实的真相。调查报道的结论,就是分析的产物。在具体写作过程中,为了增强调查报告的表达效果,有以下几种方法可以借鉴。

一是比较法。有比较才有鉴别。比较法是确定事物之间的共同点和差异的方法,是一种由个别到个别,通过把性质特点相同或相近的事物或者性质特点不同或相反的事物放在一起加以比较,从而证明论点的方法。恰当运用这一方法,可以更加准确地阐明道理、表述见解、论证问题。

二是逻辑法。任何事物作为一个整体,其内部都存在着互相联系的逻辑关系。运用系统论的观点和逻辑思维的方法,可以将事物的内在规律有逻辑地反映出来,使调查报告更加严谨周密,令人信服。

在写作社会观察通讯中的调查性报道时,应该对事实进行缜密的分析。记者要运用逻辑思维考量采访对象,并且在文章中严密、准确地表达自己的观点,要留有余地、埋伏笔,切忌模棱两可、似是而非地推理,否则容易引发新闻官司。报道应秉持媒体的独立思考,还原媒体的公共价值和舆论监督功能,在政府和市民之间搭起了一座桥梁,有效地传达民意、化解矛盾,最终促进社会和谐。

4. 语言形象

社会观察通讯要多用事实及当事人的直接言辞,避免主观主义,要留有余地,切忌把话说绝。社会观察通讯揭露的多数对象并不是犯罪分子,批评的目的是为了纠正错误、改进工作、共同进步。像劳资关系、干群关系、服务质量、工作作风等问题,都需要在改革中逐步解决,绝不能上纲上线地下结论,更不能使用侮辱性词汇。即便是犯罪分子,文章的写作也不能背离调查性报道启发、警示的主旨。

可以探索以下几种表达方式。一是叙述具体事例。社会观察通讯中的调查报告的特点是用事实说话。只有多叙述具体事例,才能使典型性调查报告生动感人、具体形象。二是引用俗语。俗语包括谚语、歇后语、惯用语、地方土语、民谣等,这些语言大多是劳动人民创造出来的,反映了人民的生活、经验和愿望,简练而形象。适当引用这些俗语,有助于增强典型性调查报告语言的生动形象性。三是综合运用多种表达方式。一篇高质量的典型性调查报告,离不开多种表达方式的综合运用。

第二节 工作通讯

一、工作通讯概述

工作通讯主要指问题性、论述性、经验性的通讯。它以提出问题、分析问题、介绍经验为主要内容,以指导工作和思想为主要目的。一般是记叙某项工作如何开展、如何打开局面,或是某项工作取得的新成绩、新经验,或是回答在实际工作中所关心的和迫切需要解决的问题,借以推广经验、解决问题,以及指导和推动工作。介绍成就和经验在工作通讯中占主导地位。工作通讯是中国特色的新闻体裁,西方很少见到。

二、工作通讯示例

甩掉一只马桶有多难

姑苏区宝城桥街5号402室,不到3平方米的卫生间,抽水马桶、台盆一应俱全。"在这里住了30多年,没想到还能过上这样的好日子",看着眼前的新设施,86岁的许珍娥喜不自禁。昨天,她面对前来走访的省委常委、市委书记蒋宏坤等领导,连声说"谢谢"。

这样的"好日子",源自城区居民家庭"改厕"工程。三年前,苏州市委、市政府打响了消灭城区最后2万余只马桶的"歼灭战",或"个案解决",或"项目征收",随着"改厕"工程不断推进,受惠居民迎接新生活的喜悦成了苏州现代化建设中最新的幸福注解。

不惧老大难
零星低洼老屋"欠账"多

"终于能过清清爽爽的日子了。"山塘街倪家场23号,听到要实施"改厕"的消息,82岁的段金森和老伴喜形于色,一遍遍地和邻里分享着这一喜讯。

这一幕出现在三年前。2010年12月22日,市委、市政府召开城区居民家庭"改厕"工程动员大会:我市将用3到4年时间,让城区的居民彻底甩掉马桶。

小小一只马桶,事关民生大计。20世纪80年代中期,在苏州城区内,约有10万户居民居住在20世纪初建造的老房子内,日常生活与"三桶一炉"(马桶、浴桶、吊桶和煤炉)为伴。

历届市委、市政府高度重视切实改善居民生活条件。随着古城街坊解危安居、老住宅小区综合改造等一系列民生工程的推进,苏州城区先后甩掉了8万多只马桶。但由于受条件限制,到2010年,仍有2万余户居民还在使用马桶,这些居民的住所多为地势低洼的零星楼,基础设施"欠账"严重,普遍存在房屋结构陈旧、污水管网不通等"症结"。

经济社会快速发展,市委提出力争率先基本实现现代化。站在全新的发展起点上,"马桶现象"的存在,与现代化建设的要求不相符,更与广大老百姓过上更好生活的新期待不相配。"从吃的到穿的,现在的生活条件已经大大改善了,但每天还要下楼倒马桶,这不是我们想要的现代生活,也不是光靠我们自己就能实现的。"段金森说。

"改厕",已是民心所向,势在必行。

在深入调研的基础上,"改厕"目标明确:坚持"政府主导、管网先行、居民配合、政策引导、分类实施、改造到户,标本兼治、改造彻底"的原则,做到"五个结合",即"改厕"工程要与解决住房困难相结合,切实改善老城区居民基本生活条件;与危旧房改造相结合,使人民群众住得更放心、更舒心;与疏解居住密度相结合,有效优化老城区人口布局;与历史文化传承相结合,全面体现古城风貌与现代文明的完美融合;与水环境综合整治相结合,再现古城小桥流水人家的生活景象,全面改善城区居民生活设施与环境,全面提升城市品质和古城保护水平。

推进"改厕"工程,资金是绕不开的一大难题。三年来,市、区两级财政克服困难,千方百计筹措资金,累计投入已达23亿元,平均花10万元扔掉一只马桶。

巧解施工难
细节让民心工程更贴心

"螺蛳壳里做道场",技术难题纷至沓来。集思广益攻关,一个个奇思妙想换来居民们的开心笑颜。

下塘街10号,清代状元陆润庠故居。扔掉了马桶,72家房客连说"想不到"。大院里一共住着20多户人家,"改厕"工程启动后,十余户先完成了"改厕"。但受条件限制,还剩8户人家,由于楼板承重能力差、排水困难等,"改厕"施工一度无法顺利进行,这也让盼了多年的居民百般焦急。工程技术人员不厌其烦,一趟趟上门测量,一次次出新方案。不久,一个个漂亮的卫生间终于安装进了家,困扰多年的生活难题得到了圆满解决。

受地理条件限制,无法机械施工,开挖、运送材料就靠人力完成;解决部分区域地势低洼排水困难的问题,建设了提升泵站;解决二楼木楼板承重问题,进行结构加固并推广使用轻质的整体卫生间;解决狭窄街巷铺设污水管道难题,引进了"一管双孔"的水污一体管……

更多的细节让这一民心工程更加贴心。

外五泾弄一栋老居民楼。楼上"改厕",污水管要从头顶过,楼下人家就是不答应。社区工作人员一天两次上门沟通,现场反复测量,调整卫生间的安装位置,重新规划污水管道的走向,既确保居民使用方便,又绕开了有争议的区域。双方都表示认可后,才确定施工方案。

"改厕"工程确保不遗漏一户居民。实施中采用以道路、小巷为基本单位的网格化施工方式,逐一上门查看,对符合条件的当场设计;严把质量关,所有主材送第三方检验,邀请市质监站、市整治办等相关单位定期检查,每个环节监理到位,做好台账;针对"改厕"实施过程中的诸多诉求,每户"改厕"结束,除了让居民签字确认外,改厕办还动态回访,及时解决日常使用中的问题。

攻坚覆盖难
用心用情啃下"硬骨头"

马桶扔掉了,小区环境还变好了,家住专诸巷39号的杨梅芳满心喜悦。专诸巷

39号是一栋老的零星楼,上下5层,共住了10多户人家。"改厕"工程实施前,大楼的每层只有一个倒粪池,一到夏天臭气熏天,"门窗不开家里都是一股臭味。"提及过去,80多岁的杨梅芳皱起眉头连连摇头。

"改厕"施工人员进场后,除了对每户进行个性化设计,还对整个楼进行了集中改造,封堵倒粪池,粉刷楼道,一个个人性化的举措让杨梅芳和邻里们竖起大拇指。到2013年"改厕"收官之年,最初统计的21013户增加到了23568户,零星楼、空关户以及受地理条件限制无法排污等的居民户就像一块块"硬骨头",影响着这项惠民实事的全覆盖。

数据显示,今年零星楼共涉及20多栋、400户居民。针对零星楼的特点,改厕办确定了"试点——改善——推广"三步走的方针。以东中市234号为零星楼"改厕"试点,通过每户入户设计,方案统一公示,居民全部同意后再施工的程序确保"改厕"顺利进行;通过将污水管网进行统一规划,每户一管,做到可以及时排查及时追溯。找不到户主,空关户影响着"改厕"进程。改厕办、街道、社区所有工作人员一有空就上门查看,在"改厕"工程涉及范围张贴公告,同时将印有"改厕"政策的环保袋发放给周边居民,尽可能使居民享受"改厕"福利。

因客观条件限制导致无法实施"改厕"的居民户也不能落下。改厕办多次会同市相关部门一起踏勘现场,研究可实施的方案,除对遵义新村、向阳新村等采取片区整体搬迁外,还充分利用正在进行的虎丘综改、城中村改造等重点项目,带动了"改厕"工程推进实施。

用心用情用劲,"啃"下了一块又一块"硬骨头"。

"这里的马桶是不是就扔不掉了?"眼见着技术人员来过一拨又一拨,但就是不见动静,宝城桥街5号,70岁的胡琴华和邻里们曾无比焦急。而现在,整个楼道家家装上了全新的内隔卫生间,"有了它,生活质量大大提高了。"卫生间刚一装好,胡阿姨就迫不及待地添置了热水器、冲淋喷头、洗衣机等。昨天,面对前来走访的蒋宏坤等市领导,胡阿姨欢喜地"晒"出家里的新装备。

"到我家里来看看呢。"86岁的许珍娥就住在对门402室,向客人们发出邀请。"我在这里住了30多年了,终于赶上了这样的好时光,终于可以不闻臭味过日子了,终于可以每天舒心洗澡了。"许阿婆连说了三个"终于"表达她的兴奋劲。

看着居民个个喜笑颜开,蒋宏坤也笑了:"'改厕'工程3年花了23亿,能让老百姓过上舒心生活,再难也值!"

来源:《苏州日报》

这篇报道最大的特点在于"以小见大",题目《甩掉一只马桶有多难》,看起来目的明确、范围很小,但是胜在立意新颖,马桶在许多人眼中不过是寻常的物品,但是有一只马桶很难甩掉,成了一种新鲜事,吸引了读者的目光。其次,仔细阅读文章发现,这篇文章从马桶入手,实则描述了改革发展的前景之美好。以一只马桶作为切入点,深刻的表现了我国改革发展的新面貌。同时,作者对多位古城居民的采访描写生动写实,贴近群众生活,读起来既能看到政府切心实意的行动,也能感受到与古城居民同样的欢乐感。此文获第二十四届中国新闻奖通讯三等奖。

三、工作通讯写作

(一) 写作特点

1. 展示新经验、新思想和新观念

报道各项工作中的典型经验,除了采取综合性消息的形式以外,工作通讯因其篇幅和时效的宽容度,一直是最具有传播效果的一种新闻报道体裁。

2. 反映工作中的问题和教训

这种类型的工作通讯比较多地体现在调查性上,是近年来越来越受到青睐的一种报道形式。它的报道内容更侧重于揭露问题,展开批评,揭示的这些问题和教训中带有普遍意义的内涵,引起了社会的关注,从而推进各项工作的顺利进行。

3. 剖析工作难点,探讨对策与方法

这种类型的工作通讯比较多地体现在分析性报道上。也就是说,它不仅要通过调查,展现出工作过程中的各种矛盾和问题,还要对此进行分析与解剖,找出问题的原因,探寻可能的解决方案。一般来说,它的选题要紧扣工作中的"老大难"问题和大众舆论关注的"热点"问题。

(二) 写作方法

1. 提出问题,分析问题,解决问题

顾名思义,工作通讯是写工作经验、问题的通讯,其用途一是通过各种典型事实来宣传某地区、某单位在贯彻国家、上级方针政策中的具体经验和工作方法;二是反映实际工作中需要解决而没有解决的实际问题;三是对一些新情况、新问题进行探讨或研究。工作通讯形式多种多样,可以写成记者来信、采访札记、工作研究(观察思考)、散记、纪事、侧记、纪行等;写法也灵活自如,有叙有议,不拘一格。工作通讯虽然是介绍经验或分析、反映问题,一般允许有较多的议论,但主要还是通过具体事例来反映经验或认识,应当以叙事为主,概括性的语言必须建立在以事实说话的基础上,寓道理于事实之中,道理是事实逻辑的必然结果。《经济日报》的记者罗开富有言:读一篇好的工作通讯,好比在报纸上举行了一次推广先进经验的现场会,使人从思想作风到工作方法都得到很大的教益。

2. 内容要"求实"

工作通讯内容求实,一是要选择反映带有普遍性的问题,要观点鲜明,针对性强;二是要深入浅出,寓事于理,特别是对常见的但未能引起重视或没有来得及深入思考的问题,经过入情入理的分析,提出精辟的见解,更能使人受到启发。

工作通讯贵在实事求是地对事物做具体分析,要讲清楚为什么。不能道理没讲清,就以惊人的词语去吸引读者。有些问题比较复杂,就要写出其复杂性,提倡多方面报道,反映多方面意见,不要急于下结论,简单下判断。有时,提出问题、反映多种看法本身就为有关部门的工作提供了很好的参考意见,从而使实际工作更细致、更有针对性。从这个角度说,工作通讯可以看作是一篇"长篇消息",文章涉及的时间、地点、人物以及事件的起因、经过和结果等要素都需要作者认真核实,然后经过精心组织,把企业或部门的工作亮点如实报道出来,严禁生编硬造、乱扣"帽子"。另外,所有事实和依据都必须事先核实好。有些工作措施只是落在纸面上,而落在纸面上并不等于已经施行,这一点在写作时需要准确拿捏。

3. 挖掘要"求深"

工作通讯一般篇幅较长,如果只是对工作措施和内容泛泛而谈,而缺乏有说服力的阐释,必然会使读者失去继续阅读的耐心,难以收到实效。因此,在写作工作通讯时要事先下功夫做足"准备文章",找出最能体现主题的新闻点,然后对每一个"点"展开论述,将最有价值、读者最感兴趣的内容"筛"出来。同时,要走出去,多翻阅一些资料、多采访几个当事人、多了解一些事实背后的东西,这样写出来的文章才称得上是深度报道,才能把工作亮点和新变化立体地展示在人们眼前。总之,记者只要在平时的工作中多观察、多思考、多练笔,就能写出令人欣赏、对各项工作有促进作用的高质量的工作通讯。

工作通讯最重要的是要写出特点和深度。比较而言,工作通讯往往比人物通讯对记者的能力有更高的要求,除了写作上的能力外,更主要的是政策水平、认识能力、对所写工作内容的专业理解等,要克服片面得出结论的倾向,以及简单化、概念化地用一些因果关系的错误。

记者必须把工作通讯和工作总结、调查报告等文体区分开来。工作总结是第一人称写法,也就是说,工作总结都是以自己为表现对象的。而工作通讯是第三人称写法,是记者站在旁观者的立场上所做的报道,另外,工作总结在叙述事实的时候讲究系统性和完整性,不讲究新闻性,而工作通讯突出有新闻价值的那部分事实。调查报告罗列事实和数据比较多,在大量事实和数据的基础上寻找规律性认识,不注重内容的新闻性;而工作通讯一般无须大量列举事实和数据,更看重文章的精炼性、可读性,尤其突出新闻性。

4. 形式要"求新"

一个鲜活的、有针对性的"新闻由头"(即引出文章主题的"引子")会有效提高工作通讯的新闻性和时效性。除了具体事例,某个人物所说过的比较典型的话及其心理变化等,同样可以让文章有一个"抓人眼球"的开头。此外,巧妙的结构、相对押韵的小标题再加上几个典型的、有感染力的细节,会使工作通讯既有"骨头"又有"血肉",整篇文章的脉络更加清晰、层次更加分明。

工作通讯是谈问题、谈经验的,比起人物、事件、风貌通讯,其题材的生动性要欠缺一些,但有时题材的重要性和尖锐性却超过其他通讯。要扬长避短,特别是不要套用平时写工作总结的老套格式,写成一情况、二经验、三措施、四效果、五努力方向之类的老格式,写经验也要尽可能避免罗列要点或概念加例子地排列。

工作通讯应当写得灵活多样,生动形象。人们的认识一般是从感性认识到理性认识。工作通讯都是传播理性认识的,但这种理性认识又是从大量的感性认识中得来的,把感性到理性的过程如实地反映出来,就容易写出具体形象的东西。

工作通讯可以有曲折的情节,可以有人物的对话,可以有场景的描写,也可以有知识趣闻的穿插。在叙述典型事实的过程中提出问题、分析问题、得出结论,就不会是空洞的说教。工作通讯的写作技巧可以总结为:抓住典型,着重求"新";抓好经验,着实求"用";抓准问题,着力求"深";抓住特点,着意写"活"。

第三节 风貌通讯

一、风貌通讯概述

风貌通讯又称概貌通讯、旅途通讯、旅游通讯。它是以采访者旅行见闻的视角反映社会变化和风土人情的通讯,因此,也有人简称为"记地"的通讯。现在的风貌通讯与过去仅记当地风光风貌不同,在记录这些的同时,还展示当地的新变化、新特点并做些实地的考察与调研。

二、风貌通讯示例

以下是风貌通讯案例。往年,乡村大量农民进城务工,云和县城实现了人口和产业大聚集,许多古朴乡村濒临消逝。如今,"乡愁"和"原生态"成了现代生活新时尚,进城务工的农民又大批量返乡创业。

乡村在复兴

长汀村的"阳光沙滩"游人如织,垟田村的"世外桃源"美景如画,规溪村的"浪漫水乡"如童话般美好,后垟村的"金牌网店"声名远扬……

在偏僻山区,许多原本寂静、萧条的乡村又一个个热闹了起来!

古朴的民居、独特的民俗、特殊的高山小气候、特有的人文和自然景观,都成为乡村"美丽蜕变"的元素。

"县域内100多个濒临消亡的村庄,如今已有70多个正在满血复活!"云和县农办主任王兰夏介绍,正因为全县乡村的"燎原式"复兴,今年云和还被列入全国农民返乡创业试点县。

新农村、新商机"围城"

地处浙西南山区的云和县,昔日实施"小县大城"的城市化发展战略,产业和人口大集聚吸引了大批农村劳动力进城务工,城市化率曾一度达到了65.2%。

随着农村人口向城镇大批量转移,乡村"空心化""空壳化",逐渐变得寂静和萧条。然而,也就因为这样适时、适度的寂静,让乡村的自然生态得到了休养生息。

近年来,"美丽乡村"建设全面推进,以及"乡村旅游"发展步伐加快,让大批经历城市经济洗礼和城市文化熏陶的农民,准确地捕捉到了商机。他们又纷纷离开城市,回归农村,掀起了返乡创业的热潮。

石塘镇长汀村,是个只有288人的小山村,坐落在云和湖畔,交通不便。往年,村里大量劳力进城务工。到了2014年,全村只剩下84人。

2015年初,转机来临。云和县实施"全域旅游行动",把长汀村纳入"十里云河"风景线来打造。在村庄环境集中整治中,村里采纳旅游规划专家的建议,将村前1500米长的湖滩建成一片漂亮的"阳光沙滩",使村容村貌焕然一新。

2016年5月,"阳光沙滩"建成,长汀村游人如织,立马热闹了起来。看到家乡的变化,在宁波务工的村民吴伟,毅然和老婆一起回村办起"农家乐"。

村民徐宇军也果断关停了开在县城的理发店,回村开办了"汀海农家乐"。从7月份营业至今,5个多月时间,他就获利近20万元。

"过去,70%的村民外出务工。现在,基本上都回村里创业了!"村党支部书记蓝克明提起村庄的变迁就特自豪。他激动地说,在村里就能开"农家乐"、民宿,做小生意,以前沉寂的村庄,如今每天热闹得像过年一样。

海拔1200米的后垟村,山高路远。如果在去年,哪怕是农忙时节,村里也见不到一位年轻人,全村三分之二的田地荒芜。

今年,在外地务工多年的张建芬回村了。她承包并耕种了100多亩抛荒地,雇请了20多位留守老人,种植高山黄瓜、辣椒、大白菜、萝卜等。

张建芬还将网线拉进山村,在网上开了家"白鹤尖店铺",将高山生态瓜果蔬菜通过互联网源源不断地销往全国各地。"白鹤尖店铺"很快成了有2颗皇冠的"金牌网店"。

一条"基地+农户+合作社+电商+深加工"的生态农产品产业链,在偏远山村悄然形成。今年,"白鹤尖店铺"的网上销售额就达280万元。

新青年、新资本"下乡"

返乡创业潮就像一阵阵密集的鼓点,催促着乡村新青年"下乡",吸引着外出务工人员积累的新资本流进古朴的乡村。据云和县农村劳动力培训办公室统计,近两年来,全县就有210个返乡创业项目分别在各乡村落地,直接投资或间接带动投资达6000多万元。

季伟平是28岁那年离开垟田村南山湖自然村的。他记得,自己出外务工那年,原本90多人的村庄,只剩下四五位老人留守。

2015年,已有"葡萄大王"美誉的季伟平,回到了阔别13年之久的老家,着手开发南山湖。他计划把百亩已抛荒成"高山湿地"的良田,重新开发和利用。

群山环抱,绿树葱茏,泥墙瓦房,小桥流水……

垟田村浓浓的"乡愁"味道,不仅吸引着季伟平,同时也把旅居德国26年的华侨陈伟春吸引到这个村。

陈伟春对这个几乎完全荒废的垟田村"一见倾心",立马决定投资3000万元,打造一个云和版的"世外桃源"。

2017年的春天,陈伟春还打算邀请一批德国乡村旅游和乡土文化专家,来垟田村感受和体验中国乡村的农耕文化。

新青年"下乡",不仅给古老的村庄带来村容村貌的变化,还带来了青春的活力。

31岁的项庭毅,带着全家人,从杭州回到偏远的赤石乡建林村龙坑自然村,当起了"羊倌"。

远离喧嚣的龙坑自然村,因为有了他的回归,一个漂亮的高山牧场应运而生。

"虽然因技术和经验不足,2014年亏损了40万元;但到2015年,就实现了20万元的盈利;到2016年,牧场的销售收入超过60万元,盈利将大大超过上一年。"项庭毅说,在青山绿水间放羊,那画面很有诗意,能让人深深体验到人与自然的高度和谐,感受到山水田园"慢生活"的惬意。

新业态、新理念"扎根"

乡村的复兴,源动力在于生态文明理念的全民觉醒,以及"乡村旅游"业态的迅猛发展、"乡愁"文化的时尚引领,再加上供给侧结构性改革的牵引。

如果说,新青年和新资本的"下乡",是给乡村的复兴拉开序幕的话。那么,新业态和新理念在乡村"扎根",如同为乡村复兴的大戏鸣锣开场。

崇头镇沙铺村,山高路远,离县城有48千米,海拔900多米。原先1300多人口的大村庄,到2015年只剩下80多个老人留守。

去年,34岁的项德林回来了。他带回在上海挣下的百万元资金,还有倡导自然农耕的"契约种植"新理念。

"现在,我们也在严格按照德林的要求做,种植蔬菜不使用任何农药和化肥。"76岁的村民项希说,他家的农田都种上了高山蔬菜,成熟后全由项德林统一收购。

"村民遵守'契约种植'规则,种植的都是绿色蔬菜,收购价比普通蔬菜要高20%。"项德林说,"契约种植"的蔬菜全部配送给杭、沪等大城市的高端客户,可以稳定增加留守村民的收入。

在项德林的带动下,村里又成立了渔业养殖合作社,越来越多留守村民主动遵循"契约养殖",村民增收致富的路更宽了。

云和湖畔的规溪村,依山傍水,景色秀美。

但在过去,人口流失非常严重。近年来这个村却声名远播,外出人口纷纷回流,人气大增。

该村以"浪漫水乡、多彩规溪"为主题,改造民居外墙立面,建设门楼及文化墙,新造沿溪绿化带。粉红、米黄、橘色、紫色等多种富有浪漫气息的色彩上墙,让规溪变成了一个五彩缤纷的童话村落。

乡村的复兴,孕育着新希望。村民金畀伟说,他已将自家房屋装修一新,开起了民宿,生意十分兴隆,好日子就在眼前了。

云和湖水域千顷,波光潋滟。

三年前,拥有水产专业大学文凭的翦晓红,说服丈夫一起回到家乡,在云和湖摸索出国内首个渔业"上山下乡三段式"生态养殖模式。2016年,她创办的专业合作社年产值达到3000万元,带动库区30多户渔民户年均增收2万元。

乡村复兴,已成为农村发展的一个新趋势。

云和县委、县政府予以高度关注,县政府针对农民返乡创业遇到的基础设施不完善、公共服务不配套、融资难、证照办理环节多等问题,已开展深入研究,并出台相应政策,在项目和资金上给予大力扶持。

来源:《丽水日报》

记者敏锐地捕捉到乡村从沉寂到复兴的经济社会发展的新动向,深入一线挖掘,写就新闻性和历史沧桑感很强的风貌通讯。

《乡村在复兴》通过对一个县的复兴情况进行解剖"麻雀",由"点"及"面",具有很强的典型引导性和示范推广作用,"云和模式"对全省乃至全国扶持和研究乡村复兴具有很好的参考和借鉴意义。稿件刊发后,人民网、新华网、中新网等纷纷转载,《浙江日报》还派记者到云和县进行专题采访报道。

这篇通讯具有风貌通讯的特色,着力写"变",又带有工作通讯的特色,以小见大,用许多小故事折射社会发展大背景,选题和构思新颖,角度新鲜和巧妙,新闻性价值高,典型性、引导性强,是一篇很有深度的新闻佳作。

三、风貌通讯写作

(一)写作特点

1. 写变化

综合报道某个地区、某条战线的今昔变化和新的建设成就,是风貌通讯的重头戏。这种报道在综合性媒体尤其常见。

2. 写特点

风貌通讯报道某地的风土人情,人的精神面貌。中国地大物博、民族众多,各地迥然有别的风土人情,往往是足不出户的读者最感兴趣的题材。

3. 写情操

风貌通讯报道历史文化遗产,以景写情,睹物思人,重游中外历史文化遗产的诞生地,使人领略文化韵味,聆听历史的足音,启发思绪,陶冶情操。

(二)写作方法

1. 善于观察,突出见闻

感受风貌的变化,主要来自观察。记者写作风貌通讯,必须有两个方面的特点:一是必须有自身的实地观察、真见真闻;二是必须有自身的直接感受、现场印象。为此,要做到以下两点。

第一,现实材料要多而实、新,背景材料要少而精、明,不要把真实、具体的事物、面貌做抽象化、概念化的交代和空洞的叙述;不要忽视一掠而过的见闻,须知:情景一失再难描。

第二，通常采用移步换景的描写方法，像带领读者去参观一般，娓娓动听地给人们介绍自己的所见所闻，要在作品中交代"行"的路线。"行"，就是现场，就是动感，就是吸引力；"行"有起始和终结，以行为线索就能使文章顺而有序。记者在行进中，通过自己眼、耳、鼻、舌、身和心去感受、思索，向读者传递各种信息。"行"在延伸，信息在增加，印象在加深，认识在深化，才能写出丰厚深刻的风貌通讯。

2. 抓住特征，着力写"变"

一要比较，写变化。风貌通讯要有旅行者的视角——新鲜。什么是新鲜？变化的东西就是新鲜的东西。风貌通讯既然写的是事物发展过程中的新变化、新面貌，就要善于写出动中之变，"娓娓动听"地给人们介绍亲眼所见、亲耳所闻的事实。要反映时代气息，就有一个新旧材料的对比问题。没有对比，就说明不了变化。要注意运用背景材料，进行对比描写、对比叙述。这种对比包括：纵的比较，即过去和现在比较，把过去旧面貌作为衬托，来突出现在的新面貌，从而体现出事物的变化；横的比较，即面上的比较，单位之间、地区之间、国内外之间的比较，使新面貌更加鲜明突出。通过比较写变化，可以写场景状貌的对比，写具体数字的对比，人们心理状态的对比，人物群众语言对比。

二要描"新"写"变"，要抓特点。风貌通讯本身就是勾勒某一地区、某条战线或某个单位面貌变化的一种通讯。它是以报道神州大地新风貌为主要内容的通讯，它呈现给读者的是某地的新变化、新气象、新面貌，能开阔读者的视野，振奋读者的精神。描"新"写"变"是风貌通讯必然承担的任务。写这种变化，当然也要抓住特点，只有与众不同的、富有个性特征的变化，才能别开生面、引人注目，令读者眼睛一亮。

三要访今问昔，对比衬托。要展现新貌，仅写今日风貌是不够的，还要用昔日的风貌加以衬托，否则，读者看不出"新"在哪里，"变"在哪里，"变"在何处。以旧貌衬新颜，主题思想也就显豁了。旧的材料要简略而典型，尽量具体形象，以收到生动感人的效果。要"厚今薄古"，着重写好新的状貌和态势，运用新鲜有力、生动形象的材料勾画出新面貌、新风貌，以开阔人们眼界、鼓舞人心，促进现代化建设，也促进理解与友谊。风貌通讯在介绍变化时，不是写介绍信、说明书，而是要展示生活的画面；不能平面地介绍，而是要立体地描绘。要重视对"第一印象""最初感受"的叙述和描写。要"点面结合"，纵横驰骋，把"点"上的观察和"面"上的了解、微观的材料和宏观的材料、现实的材料和历史的变迁很好地结合起来，使文章有厚度、深度和力度。

四要动静结合，"画"中见人。风貌通讯是"风俗画"和"风景画"的融合汇一，但无论是"描"自然风景，还是"绘"社会风情，都要既写静景，又写动景，尤其是要写活动中的人。人，是"画面"的主体，只有通过人，才能生动而深刻地表现社会现实，展示社会风情。比如张万舒的通讯《故乡人民的笑声》(续篇)(新华社合肥1981年10月30日电)，就在风俗画里展现了一系列人物的音容笑貌，特别是通过记者的大哥张维波的谈话，使记者三次暗中吃惊，并以回忆的方式追叙了大哥过去的精神状态，两相对照，显示出大哥精神面貌的巨大变化，从人的变化中，透出农村变化，透出时代的新气象。

3. 主题不容忽视

风貌通讯常运用历史、地理、文化、科学等方面的知识来增强知识性和趣味性。但也应注意扣主题、关联现实、恰到好处、避免冗杂。风貌通讯，常常以旅行为"经"，以历史地理文化科学知识为"纬"，综合立体、交叉记叙。风貌通讯使各种人都感兴趣的原因之一，就是它的知识性、趣味性。一个人不可能做到事事阅历，处处亲临，那就要靠间接的传播。风貌通讯就肩负着传播知识的任务。它又不同于课堂上的传播灌输，而着重于有声有色地介绍现场见闻。

风貌通讯中的知识、情趣，都是为表现一定的主题思想服务的。离开了主题思想，就变成"游离物"了。不能在风貌通讯中堆砌大量的知识，要少而精，恰到好处说明问题。特别是有关的历史地理知识，要有目的地引用。风貌通讯不能写成知识小品和情况汇报。风貌通讯在写知识和情趣时，还要注意真实性和科学性，要处理好知识性、真实性和科学性之间的关系。

恰当地穿插背景，引用历史、典故、神话传说、诗词歌赋以及有关的科学知识，既能拓宽通讯的视野，又能增强作品的知识和趣味性。

4. 缘物寄情，感同身受

风貌通讯以叙事为主，但可以较多地发表议论和抒情，使通讯"叙议结合"，情景交融，深深地打动人、感染人。记者要尽量进入角色，做到"物我相融"。一般地说，风貌通讯所介绍的风貌，是记者自己感兴趣的，所以在向读者介绍时，会较多地带上主观的感受，感情色彩比较浓厚。记者不应是纯客观的记录者，而应是新时代、新生活和新风貌的讴歌者。要善于将现场见闻、历史事实、群众对话、个人回忆等巧妙地糅合在一起，形成一幅幅情景交融的生活画卷，以唤起千百万人为建设更美好的未来而努力奋斗的热情。

风貌通讯应是主观和客观的完满结合，营造一种美的意境，纯客观地、似写地理和历史教科书一样去写，必然重复雷同、了无生气；纯写景式的浓妆艳抹，美是美了，但也难达到预期的目的。风貌通讯要介绍，更要感染、启示。为此，必须注入记者的灵魂和血肉。记者在深入采访、感受生活、心潮难平之时，自能笔下生花。

风貌通讯可灵活调动多种表达方式。可以边叙边议，"叙议结合"；也可写景抒情、情景交融。风貌通讯的写作技巧要点面结合，写出事物全貌；用对比衬托的方法表现事物的新貌；在写景状物中贯穿一个"情"字，抒发记者的心怀。

5. 风貌通讯常见的结构方法

第一，移步换景式。此结构方法即随着记者脚步的移动、空间的变化，逐步展开文章。这种结构，每到一个角度，便会出现一个新的画面和新的感觉，多数"参观记""访问记"常用此法，其重点镜头，可详细描绘。

第二，截取式。此结构方法截取片段、横断面、侧面来写，从一个或几个片段洞观全貌，一般侧记、散记缘此方法。

第三，巡视式。这是一个印象式的结构法，以目光所及的镜头为材料主干。一般"巡礼""掠影""一瞥"，缘此方法。它类似"移步换景"法，但视野不以移步为准，更开阔自由。

但使用这种方法要避免"掠影""走马观花","一瞥"即"了"和游而不"采",不能游而不记。

第四,纵横交叉式。此法适用于较重大的题材,涉及时间、空间都较宽,材料较多者,宜用此法。

第五,跳跃式。此结构方法使若干镜头之间距离较大,不依次按部就班地介绍见闻,而是用主题将几个跳跃性较大的片段连接起来。一般"杂记""见闻"常用此法。这种结构方法取材小、灵活、广泛,但透视力强。另外,还有笔记小品结构,如日记体、通信体等。

不论采取哪种方法,记者都要通过对当下事件面貌的描述,既衬托出从过去到现在的发展变化,又看出未来的发展趋向。这就是风貌通讯的任务。

> **本章小结**
>
> 调查分析型通讯有社会观察通讯、工作通讯、风貌通讯。社会观察通讯拓展了通讯文体的报道视野,满足受众对社会信息的获知欲,设置议题,行使新闻监督权。这类通讯的调查性报道是由媒体独立完成、以记者调查为主要方式、揭示不为人知的新闻事实的深度报道形式。采写要求注意调查的深入性、选题的科学性、结构的严谨性、语言的形象性。工作通讯的特点是指导性强,理性认识寓于新闻事实之中,报道内容包括:展示各项工作中的新经验、新思想和新观念,反映工作中的问题和教训,剖析工作中的难点问题,探讨对策与解决方法。这类通讯的写作,要提出问题、分析问题、解决问题,内容要"求实",挖掘要"求深",形式要"求新"。风貌通讯继承了我国历代山水游记的文体特征,着重描写事物发展中的新变化、新面貌,风貌通讯尚需增强新闻性;报道内容主要是综合报道某个地区、某条战线的今昔变化和新的建设成就,某地的风土人情,人的精神面貌,历史文化遗产,以景写情,睹物思人。写作风貌通讯要善于观察,突出见闻;抓住特征,着力写"变";不忽视主题;缘物寄情,感同身受。

思考与练习

1. 谈谈调查型通讯的采访特点,记者调查应该注意什么?
2. 工作通讯与工作总结有何不同,写一篇反映在校生活的工作通讯。
3. 利用出行或考察机会写一篇风貌通讯,包含调查分析的内容。

第十五章 访谈型通讯

> **学习目标**
>
> 掌握访谈型通讯的文体特征、类型和采写要领。

访谈型通讯包括专访、访谈、谈话记录等比较特殊的通讯文体。在这一类通讯中,谈话既是主要的采访方式,同时也是作品的主要内容。记者的采访提问,常常被如实地写进通讯。被采访者的谈话则多被原封不动地大段引用,有时甚至由谈话构成全篇通讯。访谈类新闻近年来在广播、电视与网络媒体中比较流行,获得受众的欢迎与喜爱。

第一节 访谈型通讯的文体特征

一、从一篇习作修改看专访文体特征

对新闻人物进行的专门访问,原来只是一种采访手法,后来逐渐发展,慢慢演变成一种文体。这种文体仍属于通讯体裁的一种。这里借用批改一篇学生的习作来谈谈专访文体的特点,习作原稿如下:

"听讲座达人"大三学生
接到海外公司"橄榄枝"

在大四学生皆忙着找工作时,华中科技大学武昌分校外语系大三男生郑彬却喜从天降,被马来西亚某家公司预录,只待他英语专业四级通过后,直接出国。说到自己即将被录取的马来西亚公司,郑彬道,公司需要一个有一定理工科知识的英文翻译,于是辅导员便将他推荐过去。他的各方面能力都审核通过,公司决定待他英语专业四级过了,就直接给他办理出国手续。

大一下学期,郑彬就开始到各大高校去听讲座,两年时间,他跑了将近二十所高校,听了近百场讲座。每一次的讲座,郑彬都认真记录,时间、地点、主讲人、讲座内容、自己感受,厚厚的三个笔记本是他两年来的收获。"武汉是一个高校云集的地区,每一天,基本上都有高校邀请名师名家前来。每一场的讲座都让我受益匪浅,从讲座当中学到许多知识。而且,他们讲课的方式幽默风趣,整个氛围非常好。"郑彬说道。每次听讲座,他都要提前两三个小时到,七点的讲座,五点就到了,然后排上一个多小时的队,拿门票,还不算上乘车的时间。"碰上易中天这样的名师,去的就

更早了,你去晚了,基本上都进不去。"

在听讲座的途中,他结识了许多同道中人。为了方便各大高校酷爱听讲座的同学及时得到信息,大二下学期,郑彬就召集了武汉十余所高校的20名同学,组建了一个讲座团队,搜集各大高校最新的讲座以及选修课信息,通过QQ群、人人网、微博、武汉爱讲座网等渠道发布出去。到现在,他们共组建十几个QQ群,共有1000多的好友。

郑彬的兴趣比较广泛。从初中开始,他一直在看全国发行的科学期刊《大科学·科学之谜》。他先后在这本杂志上发表了三篇论文,表达自己对于某一领域的理解。"我一直在思考,为什么地图上陆地的尖端都是朝向南方,而不是北,像好望角,非洲南端等地。然后我就发现,这些地方都有洋流,而且是冷暖洋流交替。"通过各类讲座,也使得他对于人文方面兴趣越发浓厚。有一定的英语底子的他,大二就已经过了四六级。于是,他决定从电气工程与自动化专业转到英语专业。

在武汉纺织大学听的一场关于国家专利的讲座启发了他。"平时大家都是指甲钳和掏耳勺分开来用,我就觉得非常麻烦,想到是否可以组装起来使用,"他说,"那场讲座增加了我自己的专利意识,有了想法以后,我就决定去申请一个实用新型国家专利,看一下是怎样的过程。"郑彬成功地申请到这项专利。现在他又在准备另一项外观型专利的申请。在郑彬的宿舍里,放置着他自制的木制台灯,USB接口的应急灯、剃须刀等物品,这些都是他用自己坏掉的物品改造而来的。身边女同学生日的时候,他会自制音乐盒送给同学。

郑彬说:"大学,其实不必要一开始就担心自己工作不好找啊,应该利用时间培养自己的爱好,并且花大时间投入,出了成果,工作自然也就来了。除了马来西亚的公司,武汉其他的一些教育机构也希望我到那里去,我堂哥也想我去他那做模具翻译。所以说,只要自己学到的东西多了,工作自然也就来了。"

看到此稿,一个问题就会浮现出来:此稿是什么文体?没有消息头,没有导语,没有交代时间、地点,新闻要素残缺。但是,此稿也有可取之处,即主人公被一家海外公司录用,这个连重点大学毕业生都羡慕的工作居然被一所三本大学的大三学生获取了,这就是新闻价值,特别是对于学校媒体来说,肯定是可以采用的。

如果写作消息,补足残缺新闻要素即可,但是不够生动;作为人物通讯还缺乏细节,而写作人物专访则比较合适,并且由主人公本人来谈其学习经验更让人信服。于是,笔者布置学生将其改写为人物专访。

二、专访文体特征

(一) 专访强调的是"专"

专访强调一个"专"字,要有专门的采访对象、专门的内容。专门的采访对象,是事先经过选择的"特定的被访问者"。即便有的专访是"记事""记言",也是通过访问与此有关的"特定的人"来完成的。而专门的内容,即突出专题性,回答"特定的问题",有专一性。

无论写人、记事还是记言,都不面面俱到,而是突出某一些侧面,这些侧面是记者根据报道的需要专门选择的。

针对此稿,如何满足"两专"?第一,专门的人物有了,就是此稿主人公——郑彬。第二,专门的内容大致有了,然后就要考虑如何集中和提炼专门的问题。由文中内容和受众需求可以提炼出来,大家关心的是,郑彬是如何将自己培养成为社会适用的人才的?联系其个人经历,此问题可以更个性化,即社会讲座如何帮助其成才?这样的问题就更让受众关心了。当然,在采访时,还需将此问题细化。围绕此问题细分:比如为什么会喜欢讲座?讲座给他带来哪些益处?听讲座会遇到哪些困难?有哪些付出?应该如何听讲座,如何将讲座与自己成才结合起来?等等。根据这样的问题,记者采取与新闻人物直接面对面对话的方式,传播效果就会更好,更让人信服。

(二)专访强调的是"访"

与其他新闻文体相比,专访更注重采访手段,它所采用的是一种特殊的访问,或称正式访问,即记者是有备而来的,事先怀着一个比较明确的、特定的采访目的到现场去。多数采访是按预先准备好的既定方案或计划进行的。而且一般说来,在正式的访问开始之前,记者已确立了文体,很明确要写一篇专访。而记者在进行其他采访的时候,多数情况下,行动之前并没有明确的文体意识,只有在采访的过程中或结束后才面临"量体裁衣"的问题。

修改此文时,如果回顾一下采访材料,能够满足专访的要求,就不需要进行二次采访,否则还得再次采访。因为写作已经确定专访文体,写作角度、叙述人称等会发生变化,所以整个文章的口气都要有变化。专访的一个文体特征,就是记者出面以第一人称写作,这在新闻中是少有的。这种让记者亲历的方式,更易贴近报道对象而让受众信服。而且,报道的内容是当事人直接的诉说,这样,受众也更加信服。

(三)专访的三要素

专访的三要素,系指人物、现场和记者。

"人物",即被访者,是个特定的概念,不是指作品中的人物,而是指被采访的人。"人物"是专访内容的主角,不仅是指活生生的个人,还包括人格化的集体。

"现场",即采访现场,也是特指的概念,不是指专访再现新闻事实的现场,而是指记者采访访问对象的现场。专访现场是构成专访内容的重要陪衬,使作品增辉添色,显得生动、真实。不过,专访现场不必过于花费笔墨,简洁为好。

"记者",指专访者,在专访的内容构成上起配角作用,但对于"人物"和"现场"又起着支配作用。记者不一定在每篇专访中出现,有时也在专访之中隐形。

原稿除"人物"出现外,其他两个要素不明显,要进行补充。如果原来采访已经很清晰,那么只需还原当时的采访情形即可。至于"现场",可以直接描述当时的采访环境,这一点很有必要,可以证实记者直接与采访对象见面且访谈过。有些所谓"专访"仅凭人物的讲座或发言稿写成,没有与专访对象直接交谈,不能称作专访。

三、学生习作修改要点及过程

（一）补足三要素

此文应加入记者采写的场面：记者于何时、何地采访了郑彬。可以适当描述当时谈话的场景、人物讲述的神情，还可以加些说话语气的描写。一些生动的语言可以采用直接引语的形式写出来。

（二）提炼专门的问题

提炼专门的问题首先要考虑人物的特点和受众的需求，这样的问题在采访中应该已经问过，如果当时没有问，则需要进行补充采访。设计专门的问题还需要进行取舍，对于与主题无关的问题要抛弃。前面已经提到此文专门的问题是讲座如何帮助他成才，要对此细化，并体现一定的逻辑性，做到层层深入，有所起伏。

（三）增加细节

专访属于通讯文体，必须有细节，否则就不生动形象。修改时要注意加强细节描写，如果没有则要补充采访。

（四）修改过程

下面展示一下此稿的修改过程。

1. 标题修改：

"听讲座达人"大三学生接到海外公司"橄榄枝"
——访华中科技大学武昌分校外语系学生郑彬

标题的主标题保留原题，增加了一个副标题，指出专访对象。

2. 设计开头

写作开头应极力采用反差最大的信息和最有特点的信息，于是以下面的内容作为开头。

> 即使是一本院校大四学生也难进的海外公司，却向一位三本院校的大三学生抛出"橄榄枝"。华中科技大学武昌分校外语系大三男生郑彬喜从天降，被马来西亚某家公司预录，只待他英语专业四级通过后，直接出国。

3. 补足要素

> 昨日，记者在 xx 地点访问了郑彬。（可稍做人物及现场描述）

4. 提炼专题增加细节

记者的提问可以直接写入文中，还可增加一些关于他转专业以后如何适应现在岗位知识方面的材料。当记者问到他能够被海外公司青睐的秘诀时，他却笑谈了一个被他人所封的头衔——"听讲座达人"，据其介绍：

> 大一下学期，他就开始到各大高校去听讲座，两年时间，他跑了将近二十所高校，听了近百场讲座。每一次的讲座，郑彬都认真记录，时间、地点、主讲人、讲座内

容、自己感受,厚厚的三个笔记本是他两年来的收获。

"武汉是一个高校云集的地区,每一天,基本上都有高校邀请名师名家前来。每一场的讲座都让我受益匪浅,从讲座当中学到许多知识。而且,他们讲课的方式幽默风趣,整个氛围非常好。"郑彬说道。

每次听讲座,他都要提前两三个小时到,七点钟的讲座,五点就到了,然后排上一个多小时的队,拿门票,还不算上乘车的时间。"碰上易中天这样的名师,去的就更早了,你去晚了,基本上都进不去。"

……

在听讲座的途中,他结识了许多同道中人。为了方便各大高校酷爱听讲座的同学及时得到信息,大二下学期,郑彬就召集了武汉十余所高校的20名同学,组建了一个讲座团队,搜集各大高校最新的讲座以及选修课信息,通过QQ群、人人网、微博、武汉爱讲座网等渠道发布出去。到现在,他们共组建十几个QQ群,共有1000多的好友。

5.结尾

郑彬说:"大学,其实不必要一开始就担心自己工作不好找啊,应该利用时间培养自己的爱好,并且花大时间投入,出了成果,工作自然也就来了。除了马来西亚的公司,武汉其他的一些教育机构也希望我到那里去,我堂哥也想我去他那做模具翻译。所以说,只要自己学到的东西多了,工作自然也就来了。"

第二节 访谈型通讯的类型

一、人物专访

(一)人物专访概述

人物专访重在报道某一新闻人物,侧重于介绍这个新闻人物的事迹,介绍他的经历、爱好、品德、性格等。在较多的情况下,人物专访的报道对象就是它的采访对象,如《深情的嘱托——访聂荣臻元帅》(1990年7月26日《光明日报》)。有时候,人物专访的报道对象不一定是它的采访对象,如《访阿里夫人》(1995年5月19日《文汇报》),访问的是拳王阿里的夫人,阿里夫人着重谈的是拳王阿里的个性、爱好等。

名人被认为有做人物专访的价值,因为他们做的某些事比一般人特殊。但是许多人物专访,尤其是报纸中的人物专访,其对象可能是社区中的普通一员,他们可能做了一些值得书写的事情,但是他们并不具备名人的身份。

不管专访的人物是谁,所有的人物专访都至少需要具备以下两个身份:一是新闻人物;二是读者关心的有特点的人物。

(二)人物专访的特点

第一,特别强调新闻性与现实针对性。人物专访应是当前众所关注的人物,专访要师出有名,有针对性。

第二,特别重视再现访问的过程与现场情况。

第三,特别突出专题性。专访的突破口一般都很小,有明确的目的,问题集中于某一点。

人物专访写作有三个特殊要求:特定的问题,特定的对象,特定的场合。

下面是笔者采写的一篇人物专访:

"'癌症'是个与死亡联系较紧的字眼。因此,人们谈'癌'色变,甚至怕与癌症患者接触。我却在一群癌症患者组成的艺术团中当了5年的团长,因年岁太大不得不卸挑子时,还与他们难分难离"——

割舍不下那份"生死情"

倾诉者:姜振华

年　　龄:76岁

职　　业:离休干部,曾任武汉高等建筑专科学校党委书记、武汉科技大学教授、湖北省红十字会生命之歌艺术团团长

(记者来到他家时,发现满屋都是艺术团的影子:电视机屏幕上显现的是光碟录入的艺术团演出节目,墙壁上挂的是团里摄影师拍的照片,茶几上摊的是他的自传、诗集、剪报,记录着艺术团的辉煌与悲壮。我奇怪,姜振华没患癌症,怎么当了这个由癌症患者组成的艺术团的团长?)

因为"死期"将至,我们走到一起

1995年,我刚好70岁,得到一份殊荣,获"全国健康老人"称号。为此,我和老伴双双进京。我是武汉高校合唱团的团长,男高音独唱是我的绝活,因而,被邀与北京的名角同台表演,中央电视台还播过我们的演出。也许是乐极生悲,回到武汉,我住进医院。从老伴和子女躲躲闪闪的神情、吞吞吐吐的话语中,我意识到病情不轻。我烦了,是福不是祸,是祸躲不过,有什么你们说个干脆。老伴见我真恼了,暗暗吐了真情,便侧身抽泣起来。

"结肠癌!"犹如晴天霹雳,当顶炸响。尽管我当过多年的校党委书记,尽管我是个唯物主义者,当得知自己"死期将至",精神也难以振作起来,我多么希望这是个假消息呀,我感到悲哀。我不甘心,拼命地翻阅各种资料,然而,每一次阅读,都给我加深这个印象:癌症等于死亡。全世界每年癌症发病人数1000万人,每4秒钟便有一人死亡,癌症成了人类健康的凶恶杀手。

我得了癌症,有一人"窃喜",她是武汉市癌症康复会副秘书长刘松寒。她想要我筹建一个由癌症患者组成的艺术团。是啊,与其坐以待毙,不如奋力一搏,就是死,也要死得痛快!我答应了。我成了市癌症康复会副会长,负责艺术团的筹建工

作。1996年5月,生命之歌艺术团开始筹建,当时资金非常困难,40名团员演出服装无钱做。我拿出个万元存折,取出9999。说实在的,命都难保,还在乎钱吗!我一出头,大家都十分豪爽,有钱出钱,有物出物。终于,首场演出的大幕拉开了。

老朋友诀别动真情

一个戏剧性的变化出乎意料,经过手术,我被告知,没患癌症,只是癌前病变。家人闻讯,高兴万分。我在庆幸之余,却伤感起来。因为我不是癌症患者便失去留在团内的资格,但此时,我已和团员们建立了深厚的感情。

人说:"十个癌症九个埋,还有一个不是癌"。癌症患者的高死亡率,使我这个年过七旬的老人承受不了如此频繁的感情折磨,我决定还是离开艺术团为好。团员们闻讯纷纷挽留。特别是老朋友胡贤木诀别前的一席话动了真情,把我留住了。老胡曾在一个县城当了25年专业演员,后调任石牌岭中学当音乐教师,他患有胃癌,是艺术团的艺术总监。

我忘不了1999年4月的一天,一医院六楼大厅,烛光、蛋糕,一个特殊的生日晚会在此举行。为鼓励大家的生存意识,我们给届满5年癌龄的团员集体过生日,并给他们戴大红花。

我环视一周,咦?胡贤木怎么还没到,他已有几次排练没来了。我心中一沉,赶紧打电话。最担心的事情终于发生了,电话里传来胡妻哽咽声:老胡身体很差,在住院,他想见大家。我当即派人"打的"去接。胡贤木太忙了,我忘不了,去医院、学校、广场、部队乃至抗洪义演,场场演出他都付出大量心血。特别是这几个月中,事情多,他常从住院化疗中偷跑出来,忙着给大家排练、演出。他是团里的台柱子,可不能倒下呀!

胡贤木来了,瘦得像一把干柴。我心里一酸,连忙搀扶他坐下来。他拼着气力说:"人说我是'胡快活',就是最后一天,我们也要快活,我舍不得大家呀!"他转过脸来,望着我说,"老姜,你没得癌,我恭喜你!你可不能走啊,这个团离不了你,上上下下靠你张罗,你可不要拂了大家的心哪,这就算我最后的拜托了。"他说这话时,眼里闪着泪光,我不忍看,哽咽着点头。

几天后,胡贤木"走"了。我又一次破了自己的规矩——70岁以后不参加追悼会,白发人送黑发人是感情折磨。但是,我不能不去送老胡。对着老胡的遗像,我低声说,老胡,你放心去吧,老姜不走了。

几年来我们团先后"走"了18名团员。我忘不了,一位团员临终前,向我要求穿团服上路,我答应了。大年初一,一个电话把我唤到病房,常务副团长郭启非在弥留之际要求我关照其子并说:"我的儿子就是团的儿子,拜托你我最放心。"我又答应了。

我们的团员对我们的团有着多么深厚的感情哪!正是这种割舍不下的"生死情"将我一再留在团内。

面对死亡,我们放声歌唱

虽然我已是70多岁的老人,虽然家人一再劝说我在家中安享晚年,但我不能不去艺术团。一到团里,我就觉得浑身长精神,就感到生活有味道。癌症是残酷的,但是我发现,我们这个艺术团80余个癌症患者,大家有说有笑,唱唱跳跳,充满生机。这说明精神的作用不可忽视。

于是,我在团内倡导探索一条"科学治疗+团队精神"的康复心理治疗的道路。

团歌是我写的,著名老音乐家莎莱谱的曲。里面有这样的歌词:"……我们热爱事业热爱祖国/珍惜了生命才真懂得生活/生命是在追求中延续/要战胜死神必须拼搏……"我们在拼搏,我们在相互鼓舞相互激励。我们每年都搞一个特殊的生日晚会,为癌龄满5年的团员祝寿。团里给寿星一个小礼物和一句祝福的话,再给他戴大红花。

面对死亡,我们仍然放声歌唱,我们的生命在歌声中延续。生日晚会每年照办不误,每个团员都期待自己的生日到来。戴大红花的人一年比一年多起来,加入这个队伍的有曾因患晚期骨癌几度悲观绝望后因加入艺术团而顽强地在舞台翩翩起舞的傅怀珍;有自己患癌并转移、又挺住患癌的儿子在部队不幸离世打击的舞蹈队长邓响玲;有被医院宣告只能活3个月的中校张燕,她不仅届满5年癌龄戴上了大红花,还担任了艺术团的秘书长和临时党支部书记;有患骨癌7次手术险些锯腿的服饰表演队长黄毓凤……在集体抗癌的精神鼓舞下,团员们不仅展示了艺术风采,也在延续生命。

四年多来,我们团在武汉的医院、公园、剧院、学校、部队、抗洪前线乃至宜昌、广州、深圳参加抗癌演出40多场,并被中央及省市电视台和报刊媒体报道。可是有谁知,团里没有固定的经费来源,每次微薄的演出费都靠人赞助,团员中有一半是下岗职工,尽管每次演出都是无私的奉献,但是,他们无怨无悔,情绪特别高涨。特别令我感动的一次是在佳丽广场配合电视台为抗洪募捐演出获款40万元,演出一结束,团员们排着队献爱心,一位20岁患脑癌待业的团员把仅有的10元钱投入了募捐箱,连自己的车费都没留下。有一个演出骨干,夫妻双下岗,一月只有200多元的生活费,困难得要到餐馆里拣剩菜,仍然坚持义演并捐款。

卸了"挑子"也不走

去年12月,我终于卸下团长的重担。毕竟年龄不饶人,我已经76岁了,团长的担子挑不动了。当然,为了走到这一步,我也做了不少工作。因为我们团有不俗的成绩,加上我四处游说,终于给艺术团找到一个挂靠单位,湖北省红十字会。这样,团里的活动经费总算有了一定保障。

令我欣慰的是我们团有了一批出色的演出人才,当初可像觅宝一样地找他们呐!我听莎莱说,原武汉歌舞剧院歌剧团的团长李至刚已退休,患胃癌手术后在家休息。我闻讯大热天拉着老伴往他家跑,可谓"三顾茅庐",真个把他说动了,他来到艺术团,成了我们的副团长、艺术总监,可起了大作用。

12岁的小姑娘王伊娜不幸患了卵巢癌,幸得就读的丹水池小学师生的捐助,她动了手术。小姑娘的故事让人落泪,小姑娘的歌声更让人称奇。当其亲属将她带进团时,我一眼便看中了她。尽管我不提倡在团内募捐,还是带头送给她一部小收录机。常务副团长褚四翠一次送她500元,其他团员纷纷相赠。我提议将她命名为"团的女儿",又为她作词并请名师谱曲。经过"包装"的王伊娜,每次登台,她的歌声和身世总是催人泪下。

由于我们广罗人才,生命之歌艺术团人才济济,就连一些国家级的编导和演员也乐于为我们做顾问。

当然,我现在最满意的是通过民主选举产生的新团长。她就是本团的节目主持人王占华,50余岁,原是武汉体育馆的副馆长、中南地区老年网球双打冠军,曾获评2000年世纪老人,也是省体育界金话筒奖得主。

我还有三个心愿:一是出一本精美的画册,展现团的历程,将来放在国际红十字会日内瓦总部的展览馆里,这个,在台湾的表哥被我说动,已出钱赞助此事;二是在2004年中国红十字会诞生100周年时进京演出;三是有一批医疗专家给我们集体抗癌成果做科研,拿出说服人的数据向世人证实,癌症绝不等于死亡。

编后:癌症严重威胁人们的健康,给家庭、社会、国家造成沉重的负担,是个突出的社会问题。在谈"癌"色变的今天,姜振华这位70多岁的老教授,却能勇敢地投入抗癌事业,领导生命之歌艺术团喊出生命最强音:癌症绝不等于死亡。这个"带有悲壮美感的群体",以自己的实践证明,人类在癌症面前并非无能为力。我们希望社会各方面包括医务工作者能给这个特殊群体帮助和支持。

来源:《武汉晚报》

(三)人物专访的采写

人物专访的采写要选准专访对象、场所和时机。

选择专访对象时应该关注两类人物,一是引人注目的新闻人物,包括先进人物、风云人物、社会名流等;二是新闻事件中的关键人物,例如某些与重要新闻事件或新闻人物有关的知情人。

专访场所要选择特定的环境,使当事人可以因境而忆事,触景而生情。

专访时机应尽可能选在访问对象心情愉快或放松的时候,比如在有纪念意义的生日、节假日等,或是在其刚刚获奖升学遇有大喜之时,此时访问,专访对象往往容易打开话匣子,谈兴很浓。

(四)专访前的准备

第一,专访前记者要尽可能了解并研究同采访对象有关的情况。"抓住核心问题,开门见山,切中要害是法拉奇的一贯风格。"[①]法拉奇是意大利著名的女记者。每次采访前,她都会用很长的时间去精心准备,然后根据不同的采访对象,拟定一个符合对方的

---

① 徐琼.意大利著名记者法拉奇的采访提问艺术[J].新闻与写作,2006(11):38-39.

采访基调,绝不打无准备之仗。这样做的好处在于能够尽快找到沟通双方思想感情的桥梁,尽快进入实质性谈话,还可对采访中可能遇到的问题进行预测和应对。

第二,尽可能拟订一个切实可行的采访计划与谈话提纲,提纲内容包括专访的主题,适当的访问场所与时间,访问方式,采访中提问的顺序,以及谈话提纲、观点和要点。

第三,进行访前联系。与采访对象约定专访时间、地点,使其明确采访意图和大致范围。

(五)专访的方法与技巧

第一,谈话的原则:确定以怎样的方式开始谈话;采访过程中要尽可能控制谈话的方向;前一个问题与后一个问题之间要有逻辑上的联系;采访提问要注意张弛结合;不要因为对方的"无可奉告"就轻易放弃。

第二,倾听的原则:避免对采访对象做长篇介绍;敞开思想,接受各种不同的观点;尽量避免频繁地、不得要领地打断别人;注意采访对象"话中有话"。

第三,观察的原则:要有意识地观察、比较;要有明确的观察目的;要观察专访对象和周围环境。

第四,应注意的问题:要注重谈话纪实;要保留谈话的本来风格,体现对象的个性特征;再现现场场景;有目的地勾勒人物形象。

二、问题专访

问题专访是以解答问题为主的专访,通常是就人们迫切关心、亟待解决的某一问题,访问有关的专家、学者、领导或权威人士,请他们对这一问题做出解释和解答,以帮助读者了解问题、认识问题、解决问题。

奥琳埃娜·法拉奇是意大利的著名女记者,她采访报道过数十位国家首脑人物,在国际新闻界颇有名声。在法拉奇采访的各色政治人物中,最难"对付"的是亨利·基辛格。亨利·基辛格是资本主义社会里叱咤风云的人物,是新闻界一致公认的最难"攻克"的政府官员。法拉奇曾惊叹:"他是一条比冰还滑的鳗鱼!"在采访过程中,面对基辛格的傲慢,法拉奇毫不示弱,表现出了坚韧的采访作风。她和基辛格交谈了当时的越南战局和形势。在法拉奇回答了基辛格提出的问题,以及对一些政治领袖做出了鞭辟入里的分析和评价后,基辛格才有所触动,意识到法拉奇是个不好"对付"的对手。

1972年11月2日和4日,基辛格两次接见了法拉奇。法拉奇的这次访问,后来写成了访问记,先是刊登在美国《新共和》杂志上,而后华盛顿、纽约的报刊竞相转载,最后几乎所有美国的报刊都转载了这篇访问记。法拉奇不屈不挠的提问风格成为新闻业界和学界津津乐道的话题之一。下面请欣赏这篇问题专访的片断。

亨利·基辛格

……

奥琳埃娜·法拉奇(以下简称"法"):什么时候恢复谈判?这是关键。

亨利·基辛格(以下简称"基"):当黎德寿再想见我的时候。我在这里等候……你们不愿相信,从我说和平已经在握那时开始,一切都在按照我预想的那样发展,好像我当时就已经估计到需要几个星期的时间。但是即使要多花几个星期……够了,我不想再谈越南了,目前这个时期,我不能再让自己谈论它了。我说的每一个字都会成为新闻,也许在11月底……您听我说,为什么我们不在11月底见面?

法:基辛格博士,因为现在见面更有意思。因为阮文绍向您提出了挑战。请您看看这则从《纽约时报》上剪下来的消息,上面登着阮文绍的话:"你们去问基辛格,我们的分歧在哪里?我们的分歧在哪里?哪些问题是我不能接受的?"

基:请给我看……啊!不,我不能回答他。我不理他的挑战。

法:基辛格博士,他已经做了回答。他已经说了,根据您所接受的协议,北越军队将留在南越,这是产生分歧的原因。基辛格博士,您能说服阮文绍吗?您认为美国应单独与河内签约吗?

基:请别问我,我应该坚持我10天前公开讲过的话……我不能,也不应该考虑我认为不会成为事实,也不应该成为事实的假设。我只能告诉您,我们决心实现和平,在我与黎德寿再次会晤的最短时间内无论如何我们要实现它。阮文绍爱说什么就说什么,这是他的事情。

法:基辛格博士,如果我把手枪对准您的太阳穴,命令您在阮文绍和黎德寿之间选择一人共进晚餐……那您会选择谁?

基:我不能回答这个问题。

法:如果我替您回答,我想您会更乐意与黎德寿共进晚餐,是吗?

基:不能,我不能……我不愿意回答这个问题。

法:那么您能不能回答另一个问题:您喜欢黎德寿吗?

基:喜欢,我发现他是一位对他的事业富有献身精神的人。他很严肃,很果敢,总是彬彬有礼,很有教养。他有时也非常强硬,甚至很难对付。但是,这是我一向尊敬他的地方。是的,我很尊敬黎德寿。当然我们的关系完全是工作上的。但是我相信……我相信自己已经发现他身上存在某种程度的和蔼。真的,有时我们还互相开玩笑。我们说也许有一天我会去河内大学教国际关系学,他会来哈佛大学讲授马列主义。可以说,我们之间的关系是良好的。[①]

法拉奇对基辛格的专访就是问题专访。这种以记言为主的"问题专访",也称"意见专访""言论专访"或"学术专访"。这种类型的专访是记者带着社会生活和实际工作中人们共同关心和迫切需要解决的问题做的专题采访,请有关人士加以解答。

三、事件专访

事件专访重在介绍某一新闻事件或历史事件,作者专门访问某一事件的当事人或知情者,由他们介绍这一事件的有关情况。仔细阅读下面一篇专访,分析记者是如何描写现场和采访对象的神态的。

---

① 奥琳埃娜·法拉奇. 风云人物采访记(全译本)[M]. 嵇书佩,乐华,顺祥,译. 北京:新华出版社,1988:14—15.

马加爵专访:悟出"生命中最重要的是情"

4月26日,在马加爵被一审宣判后的第三天,本报记者在昆明市第一看守所独家采访了马加爵。

亡命天涯的恐惧

"在三亚逃亡的日子,睡得着觉吗?"记者问。

"睡着过,但不踏实,很容易惊醒。还梦见过那几个受害者,梦醒后,很害怕。"马加爵说。

马加爵告诉记者,2月28日,他看到了通缉令,感到害怕,但不想自首。

在法庭上,马加爵说曾经有个人两次问他是不是马加爵。

"他问你,你怕不怕?"记者问。

"不怕。"马加爵说。

"为什么不怕?你不怕他去举报你吗?"

马加爵笑了笑,他用了"释然"这个词来形容他当时的心情。

"既然有人来问你是不是马加爵,有没有想到跑?"记者问。

"没有,无所谓了。"

"有没有想到会侥幸逃脱?"

"逃是逃不过去的。"马加爵说。

"在三亚都想了些什么呢?"记者问。

马加爵表情明显沉重起来,说:"想大学时跟他们(受害人)在一起的生活,想家人。"

在法庭上,马加爵说在三亚买了复读机和十盘磁带,想录音后寄出去,但是只录了两盘。

"为什么没接着录?"记者问。

"当时想录完十盘磁带寄出去后,就去滥杀无辜,后来不想干这种事,就没再录音。"马加爵说。

"生命中最重要的是情"

有媒体报道说,马加爵最喜欢的一句歌词,是王菲的"一百年前,你不是你,我不是我,一百年后,没有你也没有我"。当记者说起这句歌词时,马加爵想了想说:"好像有这么一句歌词。"

"这是你最喜欢的歌词吗?"记者问。

马加爵连连摇头说不是。

"那你现在怎么评价这句歌词?"记者问。

"一般歌词都没有什么意义。"马加爵告诉记者,他最喜欢的是许巍的《温暖》,旋律很优美。

"这首歌有什么含义吗?"记者问。

"没有。"马加爵说。

"那你为什么会这么看重'温暖'这两个字,是不是跟你的心境有关系,身在他乡,思念家人,思念朋友?"马加爵点点头。

记者问是否上诉,马加爵很坚决,说:"不上诉。"

4月24日下午,昆明中级人民法院对马加爵一审宣判完毕,马加爵被押解出法庭时,他的姐姐在旁听席上大声喊叫:"你一定要上诉,这样我们能多见你几次。"

"那天宣判时,你姐姐在法庭上喊的话你听见了吗?有什么感受?"记者问。

"我听见了,当时心里很难受。"马加爵说。

"上诉,时间不是又延长一点了吗?"记者问。

马加爵很难受,说不出话来。

"你想去承担自己行为的后果,是吗?"记者问。

马加爵点了点头。

"你想对同龄人说些什么?"记者问。

"希望他们好好珍惜自己,不要触犯法律。"马加爵说。

"经历这么多事,你现在觉得生命中什么是最重要的?"记者问。

"生命中最重要的是情。"马加爵说。

来源:《人民法院报》

马加爵,因杀人潜逃,被公安部列为A级通缉犯,并最终被抓获执行死刑。

这篇专访就是《人民法院报》记者在马加爵被一审宣判后的第三天采访的。将这样一个十恶不赦的罪犯作为采访对象当然能够引起受众注意,但是仅此还不够,记者仍然从专访中发掘出了积极意义。写了马加爵的忏悔,人性的流露,最后得出生命中最重要的是情的结论,这就有了积极的意义。

一般来说,只有新闻事件才能构成事件专访,而且与事件性通讯相区别,事件专访是指记述某些新闻事件的特殊意义、内幕情况或者澄清事实真相的专题访问。它主要是通过采访这些事件的参与者、目击者或者见证人来"复原"与"剖析"新闻事件的,回答人们渴望知晓的内幕消息。

第三节 访谈型通讯采写要领

一、访谈型通讯的文本形式

(一)问答整理式

问答整理式是访谈型通讯最常见的叙述方式之一,也是最简单、最能体现专访文体特征的叙述方式,其写作要领就是在整理实录后,将采访过程以记者提问、受访者回答的问答体形式发表。

问答整理式写作要注意:第一,提问的问题要精彩;第二,采访的内容要真实;第三,现场的观察要仔细。

（二）散文处理式

散文处理式也可称为隐性问答体式。它基本摆脱了一问一答的模式，记者可根据专访报道的需要自由取舍问答的内容，并灵活地运用描写、议论、抒情等手法，穿插叙述访问的情景、过程，或者勾画被采访者的形象、性格等。这种体式的优点为篇幅精炼，记者不受问答的局限，可以灵活描绘现场和对方；缺点是有主观痕迹，容易使人感觉整体思路不完整。

（三）口述实录式

口述实录式实际上是隐去了记者的问话，将专访对象的话语直接摆出来，以第一人称的口吻"说话"。这种体式的好处是能够直接坦露专访对象的心声，使读者感到亲切直接。

二、采写注意事项

访谈型通讯采写的最大也是最实际的问题是如何接触采访对象。前面说首先要选准采访对象，这应该比较好掌握。但有时候合适的专访对象突然来临，记者没有充分的时间准备怎么办？这就是一个问题。问受访对象什么问题？又是一个问题。怎么问？这是第三个问题。先说第一个问题：没有时间准备怎么办？

笔者当记者时，不像现在，可以用手机上网搜一下，人物的背景材料马上出来了。一次笔者偶然遇到采访刘兰芳的机会，就立刻赶往她将演出的剧院，先是在剧院的休息室中看到了当天的报纸，发现《长江日报》上有她的介绍，地方报纸已经做了专访。又向剧院要了她的节目单了解了一些情况。这样，笔者就了解了其人的经历，知道在评书界有哪些问题，有何独到之处。在现今艺术海洋中，说书人就凭一张嘴就能够吸引听众（观众）使之如痴如醉，的确不容易。于是，问题就出来了，即在当今的艺术海洋中，刘兰芳的评书为何能够一花独放？她做了何种努力？当然，这样的问题比较大，如果就这样去问的话，就叫人"老虎吞天，无从开口"。大问题必须先化成小问题。于是，笔者问：你当时讲书是用的什么本子？做了什么改动？为什么这样改？这样问得具体，别人就好回答了。这就是要将繁杂的问题简单化、具体化。

三、材料引用要准确

专访对象往往是匆匆过客，以后再难见面，必须即时核实材料是否准确，也要注意留下具体的联系方式。现如今，可以留下手机、微信、QQ号等联络方式。

专访要注意挖掘细节，并随时核实。比如，刘兰芳谈到她在参加武汉的百花书会时，曾参观了武汉的归元寺，看到了阎立本赞观音的诗句，就将其抄录下来，留着以后说评书时用。她随时留意收集评书资料的这种细节很好，可以体现其随时注意汲取丰富养分、改进评书语言的精神。笔者当时就觉得这样的细节可能会用上，于是马上就进行核实，向她索取当时抄录的小本子看看。刘兰芳让其丈夫拿出当时记载的小本子，笔者马上将其上阎立本赞观音的诗句抄录下来。

在采访中及时核实材料,可以争取采访一次成功,而且,有些采访对象可能只有一次见面的机会,倘若当时没有核实材料,写作时拿不准就不敢用了。同时,当场核实材料,如果发现材料不实,马上就会剔除,不必再挖这个材料的细节,这便节约了时间。如果发现采访对象提供的材料有多处不实或不准确,便可及时意识到,这个采访对象所言不可靠,可停止对他采访,或者弄清他有什么企图。

本章小结

访谈型通讯包括专访、访谈、谈话记录等比较特殊的通讯文体,采访前要选准专访的对象、时机和场所,做好准备,采访时要把握好谈话、倾听、观察的原则。人物专访重在报道某一新闻人物,侧重于介绍这个新闻人物的事迹,介绍他的经历、爱好、品德、性格等。问题专访是以解答问题为主的专访,是记者带着社会生活和实际工作中人们共同关心和迫切需要解决的问题做的专题采访,请有关人士加以解答。事件专访重在介绍某一新闻事件或历史事件,作者专门访问某一事件的当事人或知情者,由他们介绍这一事件的有关情况。访谈型通讯采写最大也是最实际的问题是如何接触采访对象,采访时注意核对材料引用一定要准确,其文体形式有问答整理式、散文处理式、口述实录式。

思考与练习

1. 在网上搜索一篇近期的人物专访,设想自己遇到这样的人物会如何采访。
2. 参加并观察学校的某项比赛活动,采访冠军人物并拟一份采访提纲。
3. 选择校园明星人物或者自己能够接触到的新闻人物写一篇人物专访。

第十六章 报纸新闻写作

学习目标

1. 理解媒介融合对报纸新闻写作的影响。
2. 掌握报纸新闻深度报道写作,以及报纸新闻系列报道写作的方法。

在全媒体环境下,媒体竞争导致报纸出现两个明显变化。一是"注意力"竞争导致报纸导语的单要素化,广播电视出现以后,新闻报道得以"今日消息,今日报道";无线电和卫星技术应用于电子传播以后,电子新闻实现了"现时新闻,现时报道"。而到了网络传播时代,报刊记者便面临一种进退两难的困境:如何向已经先从广播上获知新闻事件主要内容的读者报道同一新闻呢?这就导致了全要素导语向部分要素或单要素导语的演变。二是差异化竞争导致深度报道成为报纸的重头戏。报纸开始避己之短,扬己之长,大量采用调查性、解释性的深度报道,实行差异化竞争以应对广播电视带来的挑战。本章将围绕媒介融合与竞争给报纸新闻写作带来的冲击,阐述报纸新闻写作出现的本土化、碎片化和网络化的现象,并对报纸为发挥自身优势较多使用的系列报道、深度报道写作进行介绍。

第一节 媒介融合对报纸新闻写作的影响

一、本土化

地方新闻写作的优势在于接近性。国外不少地方性报纸认为,当地新闻是他们战胜对手的有力武器。新闻接近性的最突出表现是国际新闻大幅减少。美国和日本报纸都非常重视地方新闻,普及率相当高,这主要得益于它的地方新闻大量刊登当地商品信息、生活信息和社会新闻。这些涉及读者衣食住行和身边大小事情的新闻题材都在重大国内、国际新闻之外,这种本土新闻看起来较为琐碎,却与当地读者密切相关,因而活跃了地方经济和地方生活,本土新闻成为报纸与其他媒体竞争的有力武器。

二、碎片化

碎片化,英文为 fragmentation,原意为"将完整的东西打破成诸多碎片",我们也可将碎片化理解为一种多元化。伴随着物质生活的极大丰富,人们的消费呈现出多元的碎片化形态,精神消费亦如此。

第三届《人民日报》读者评报活动结果显示,网络(54.12%)、报纸(46.32%)和电视(43.83%)是受访读者最重要的三种信息获取渠道。在被问及阅读习惯时,近四成(38.35%)的人习惯于"先看标题",另有32.99%的人会"挑喜欢的版面或栏目看",而"从头到尾仔细看"的不到15%。过半数(51.56%)的受调查者平均每天用于阅读报纸的时间在半小时以内,只有17.44%的读者选择了"一小时以上"。① 上述数字在一定程度上说明了新媒体时代读者阅读时间的减少和碎片化趋势。面对网络媒体的碎片化和读者阅读习惯的改变,传统媒体必须进行改变,植入碎片化的写作方式,方可更好地满足读者和市场所需,保持旺盛的生命力。

新闻写作碎片化,最先在面向市民阶层的报纸上兴起,并且大胆地运用于较为严肃的时政新闻。

三、网络化

报纸与网络的融合不仅表现在媒介形态上,同样也反映在具体的新闻业务上。一方面,目前的网络新闻传播样式与报纸有较高的吻合性,在标题制作、栏目设置、写作风格等方面,网络新闻与报纸新闻都比较接近;另一方面,报纸的新闻写作同样从逐渐成形的网络新闻写作中汲取养分。两者的相互借鉴形成了新旧媒体的"叠加效应"。

（一）新闻"传、受互动化"

互联网的一个突出亮点就是交互性。人人都成了作者,传播者和受众的概念已模糊或消失,匿名的个性化、个人化交流(写作)成为一种时尚。这恰恰满足了传统媒体孜孜以求的一个目标——最大限度地吸引读者参与新闻传播。

报纸的信息反馈虽然不可能像网络传播那么迅速,但这种形式依然得到了模仿。如杭州《都市快报》2002年3月17日一篇题为《腻心虫儿还是宝贝嘞》的报道中的导语写道：

真没想到,昨天在本报第三版亮相的腻心蠕虫不但无害,还是一种经济价值颇为看好的虫子,学名叫沙蚕。

文章接着分别说8位读者的反馈:有的说它俗名叫"海娱蚁";有的说在某个地方发现过很多这种虫子;有的介绍了它的生理习性;有的说它味道很好,但价格很贵。几位读者的反馈在导语和标题的统合之下组合成一篇完整的报道。

（二）内容延伸丰富化

网络新闻的丰富性主要体现在新闻的容量上,任何一次报道,都必须考虑到当前的新闻与过去的某一则新闻有哪些关联之处。网络新闻的读者会非常自然地在某一则新闻稿里面寻找超级链接。这种混合化的超文本阅读方式,正是网络新闻的魅力之一。网络新闻的这种特征引发了报纸新闻写作的结构模块化现象。比如2011年3月8日《青

---

① 张凌.以"碎片化"方式改进报纸新闻写作[J].新闻论坛,2015(06):75-76.

岛早报》刊发据读者来电采写的消息与图片新闻《百岁流苏藏在山崖边》，旁边就配新闻链接介绍：

> 流苏树，为落叶小乔木或灌木，木樨科植物；国家二级保护植物；初夏满树白花，如覆霜盖雪，清丽宜人，适宜植于建筑物四周，或公园中池畔和行道旁，也可盆栽，制作桩景。

虽然"链接"这样的字眼也经常出现在报纸的新闻报道中，但是由于报纸的版面容量有限，所以实际上的链接还是有局限的。

（三）报网媒体互补化

为了弥补读者对所关注新闻的信息量获取不足，报纸新闻写作中出现了网络新闻的阅读提示。如《金华日报》2002年4月12日《英语职称考带词典有新规定　四本词典被禁带》的报道。

> 本报讯　全国职称外语等级考试带词典问题有了新规定，国家人事部人事考试中心对所带词典有了限制，四本词典不可带入考场。昨天记者从市人事局职称处了解到，这四本词典是中国经济出版社的《2002年职称英语考试傻瓜词典》、中国人事出版社的《实用多功能英汉词典》、石油工业出版社的《全国专业技术人员职称晋升英汉词典》和《职称英语考试巧记速记星火词典》。考生欲知详细情况，可点击网站（网址）。

出于考试者的普遍心理——知道得越多心里越踏实，这样的简单报道显然还不能为读者"解渴"，那么只好请网络帮忙了。

（四）观点表达明显化

在报纸新闻写作中，一般的观点认为，报道和评论要分开（当然述评新闻例外），所以不提倡在新闻报道中夹杂记者的主观评判。但是，在网络新闻评论随意性的影响下，新闻评论也明显地作为一个板块出现在新闻报道之中。如杭州《今日早报》2002年4月6日《烈士英雄，也是我们的亲人》的报道。

> 早报讯　一夜春雨，清明节的杭城格外晴朗。记者跟随扫墓大军分别来到安贤陵园与南山公墓，在半天的采访中，记者撷取了其中的一个镜头。事件：在安贤陵园最显眼的位置上，是海空卫士王伟墓地。各界人士奉献的鲜花，将王伟的塑像装点得无比庄严肃穆。扫墓的人群路过时，都会停下匆忙的脚步，行一下注目礼。
>
> 点评：英雄就在我们身边，在清明时节，我们除了要祭奠已故的先人，也不要忘记那些为我们幸福生活付出生命的英雄们，其实他们也是我们的亲人。

（五）标题制作提要化

从目前的实际情况看，网络新闻标题的形式有从报纸新闻的多行题向一行题转化、从虚实结合向实题转化的趋势，但在这种转变趋势之下又有新的改进。网络新闻标题的这种特点也在报纸新闻写作中得到越来越多的应用，也就是说，原来并不常用的提要题现在的地位已经得到提高。《青年时报》2002 年 7 月 13 日的一篇报道如下：

（主题）伊拉克离战争会有多远？

（提要题）在美军向海湾调兵准备对伊拉克动武之际，流亡英国的伊拉克主要反对派组织伊拉克国民大会同一些伊拉克前军官昨日聚首伦敦，共商如何推翻萨达姆·侯赛因领导的伊拉克现政府。同时，美英两军特工人员正在伊拉克境内煽动反政府派别和伊拉克总统萨达姆心腹起事。伊拉克离战争会有多远？

同理，长引题的频繁出现也成为一种普遍现象，《南方周末》的标题制作就显示了这种倾向。

以上仅仅是网络新闻对报纸新闻写作产生影响的有限梳理，罗列这些变化的意义不在于认为其会成为一种潮流，事实上，报纸新闻写作对网络新闻写作的借鉴更多的是外在的、细枝末节的，远远谈不上是一种颠覆性的借鉴，而且这种借鉴也不会成为主流，从某种意义上说，它们只是丰富了报纸新闻写作的形式。报纸新闻写作依旧有它恒久的魅力。但不可否认的是，潜藏在这些变化后的意义却是非常深刻的。纵览大众传播媒介的发展历史，在每次新媒介诞生并与旧媒介并列的交叠关头，始终存在着一种"新瓶装旧酒"的现象，即尽管新媒介在技术手段、传播特性方面迥异于旧媒介，但在开始发展的一段时期内，它的传播内容、传播形式都直接借鉴原有的媒介。

第二节　报纸新闻深度报道写作

一、报纸新闻深度报道概述

深度报道是一种系统反映重大新闻事件和社会问题，深入挖掘和阐明事件的因果关系以揭示其实质和意义，追踪和探索其发展趋向的报道方式。

深度报道概念诞生于 20 世纪 40 年代，是报纸为应对电子传媒竞争发展而来的，西方的解释性、调查性报道体裁基本属于深度报道范畴。所谓深度报道，是运用解释、分析、预测等方法，从历史渊源、因果关系、矛盾演变、影响作用和发展趋势等方面报道新闻的形式。它突破了一人一地一事的报道模式。一面剖析事实内部，一面展示事实宏观背景，把握真实性，着重揭示"事件的原因（WHY）"和"怎么样（HOW）"两个新闻要素。

报纸深度报道在我国的新闻改革中具有十分重要的地位，因为它的崛起改变了报纸报道结构，也促使其他的媒体开始借鉴这种先进的报道方式，形成了深度报道的大发展。

（一）深度报道是报纸突围的有力武器

受众需要怎样的阅读是纸媒需要思考的时代课题，只有不断地求新求变，才能在媒体的博弈中走得更远，游刃有余。深度报道确立了这种报道的结构方式和地位，为报纸重新赢得了公信和赞赏。

深度报道在运用背景材料时不受时空限制,可深入浅出:第一,解释性、系列调查等深度报道增多,通过新闻链接、新闻评论等延伸性阅读立体地解读信息;第二,故事化、细节化的讲述方式是媒体在传播方法上对新闻可读性与趣味性的发扬;第三,独家新闻的获取与媒介品牌的树立是纸媒突围的手段之一。

深度报道发端于第一次世界大战期间兴起的解释性报道。到第二次世界大战后,西方报纸为与新兴的广播电视媒体竞争,在原有的解释性报道的基础上发展成为"以今日之事态,核对昨日之背景,从而说出明天的意义"[①]的深度报道,即要求记者以探索和研究的态度,对重大的及群众关心的社会问题进行全方位、多侧面的报道,同时展示与之相关的各种背景材料,从而揭示事物的本质及意义,并在此基础上预测事物的发展趋势。就中国而言,深度报道是新闻改革逐步深化的产物,崛起于20世纪80年代中期,全国性大报纸上首先涌现了诸如《大学生成才追踪记》《关广梅现象》《中国改革的历史方位》《改革阵痛中的觉悟》,"三色报道"(《红色的警告》《绿色的悲哀》《黑色的咏叹》)和《命运备忘录》等一大批优秀的深度报道,并在很短的时间内波及基层的报纸。同时,深度报道,这种能很好地发挥记者主动性的报道方式,也得到了党和国家领导机关及广大群众的广泛欢迎,产生了良好的社会反响。

经过不断的发展和完善,报纸的深度报道已经进入了一个较为稳定的成熟时期,即无论从报道形式还是从规模数量上都已经有了长足的进展,但也应该看到,在媒体竞争日益激烈的时代,广播电视媒体采用了"拿来主义"政策,大量借鉴了报纸首先使用的深度报道这种报道方式,并结合自身的特点和优势,形成了更为抢眼和典型的深度报道栏目。而互联网更是凭借其存储量大、交互性强的优势,大大增强了深度报道的表现效果。

(二)深度报道离不开新闻策划

新闻策划是20世纪90年代中后期中国新闻理论界及实践者争论的一个热点话题。20世纪70年代,麦克斯维尔·麦库姆斯(Maxwell McCombs)与唐纳德·肖(Donald Shaw)一起提出了大众传播理论中著名的"议程设置理论"。研究者通过大量的定量分析证实:受众多因媒体的报道而意识到问题的存在,媒体所建立的问题顺序一般来说是受众接受的优先次序;媒体对问题的强调程度将引导受众赋予该问题以相同的重要性。因此,1976年,麦库姆斯与肖提出:"这种影响个人中间认知变化的能力是大众传播的效力最重要的方面之一。"[②]所以我们可以说,新闻策划是具有合理动因的,在尊重客观事实的基础上,媒体对重大的、群众关心的社会问题完全可以大胆主动地进行策划,以充分发掘其新闻价值,从而取得更好的传播效果。

中国的深度报道从诞生之时起,其实就已经具有了某些策划的成分。1987年12月2日《中国青年报》刊登了由六名记者所写的典型深度报道《命运备忘录——38名工商管理硕士的境遇剖析》,对1984年10月经过层层筛选赴美参加工商管理硕士培训并学成

---

① 程世寿.深度报道与新闻思维[M].北京:新华出版社,1991:23.
② 丹尼斯·麦奎尔,斯文·温德尔.大众传播模式论[M].祝建华,武伟,译.上海:上海译文出版社,1987:85.

回国的 38 名工商管理硕士学生进行了报道。稿件出来后得到了国家经济委员会的高度重视,专门就此文章中所提及的问题进行了研讨,而且也得到广大群众的热情支持和肯定。①

深度报道以独特的视角开掘新闻事件本身,以独特的观点体现报纸的独家特色。深度报道需要加强策划,由编辑和记者共同打造、精心组织新闻策划,对如何展开报道进行富有创意的设计。现在很多深度报道,已不再是单靠记者采写了,许多重大的、有深度的"独家新闻"都是新闻媒体精心策划、记者深入采写、编辑妙手配合的产物,是多方合作的成果。

(三)深度报道重视主题的策划

主题指的是记者通过事实材料所表现出的中心思想和基本观点。由于深度报道适用于那些重大的、群众关心的社会话题,因此,主题的策划就更必要了。深度报道主题的策划是策划的重点和起点,不仅仅是记者个人能力的体现,更多的是报社集体智慧的结晶,是经过认真的研究和探索后才能得出的精华。

1. 主题策划要求"深"

记者应在深入了解和领会党和国家某一阶段的方针政策的基础上,策划与之相关的深度报道主题。如报道"西部大开发"等国家战略,这种重大的、世人广泛关注的题材运用深度报道的方式是再好不过了。《南方周末》在"西部论坛"召开前夕推出了一个大型的系列深度报道《南方周末走西部》,编辑部全体成员在全面深入领会党中央国务院提出的"西部大开发"政策基础上,配合党政工作重点,该报的编辑部这样说明他们的策划:"我们热切地关注着西部。年初,我们即筹划西部开发的大型报道,五六月间,我们派编辑分别进西北、西南考察,完善策划;此后,又派出十路记者,直奔西部各省、直辖市、自治区,行程数万里,采访第一手材料,本期推出的《南方周末走西部》系列报道就是其中的精髓。"②

2. 主题策划要求"快"

记者在报道主题的策划上应尽可能地注重时效性。毋庸讳言,与其他报道方式不同,深度报道需要较长时期的积累和谋划,因此报纸的深度报道多为内容陈旧的、时效性不强的报道,大大削弱了报道本身所具有的价值。因此,在主题策划时,记者应具有相当强的把握能力,注重平日的积累和临时的应变,尽可能使报道主题与报道内容新鲜。2001 年 3 月 8 日,正值全国"两会"召开之际,《南方周末》就及时推出了深度报道《代表人民》,对人民代表的权利职责等方面的问题和成绩进行了全方位、多角度的展示,起到弘扬正风、警醒代表的作用,这种快捷的主题策划得益于记者平时的积累和临时的应变能力,值得策划者注意学习和领会。

时效性很强的主题策划还应讲"活""趣",即深度报道也不应总是局限于重大的、政

---

① 陆小娅.《命运备忘录》发表的前前后后[J]. 中国记者,1988(02):20—22.
② 《南方周末》编辑部.南方周末走西部[N].南方周末,2000-10-19.

治性、政策性强的硬新闻方面，应该更好地开掘其他群众当下关心的或感兴趣的领域，因此报道主题的策划者应更主动地开拓新的主题，《南方周末》的专版《新文化》上就经常及时刊登一些娱乐性强、知识性更强的深度报道，其在报道主题的策划方面有上佳的表现，因此也颇受大众欢迎。①

二、报纸新闻深度报道示例

大学女教师患癌被开除事件调查

58岁的刘宏是一位父亲，也是一位癌症晚期患者。这两天，他整夜睁着眼，情不自禁地翻看女儿的手机。看到别人给女儿的微信发来的文章——《在兰州一所大学教英语的她，在患癌后就被开除了》，泪水止不住地往外涌。

女儿刘伶利正是这条微信的主人公，可惜她永远看不到朋友发来的微信了。8月14日8时许，因为癌症并发心脏病，32岁的她离开了人世。

大学女老师患癌症

1984年出生的刘伶利一直是家人的骄傲。2012年，她从兰州交通大学外语专业硕士毕业，来到兰州交通大学博文学院工作，成了一名大学教师。

"她爸爸有癌症，孩子特别懂事，除了上班，还给高三学生当家教补贴家用。"刘伶利的母亲刘淑琴告诉《中国青年报·中青在线》记者。

工作两年后，2014年6月1日，上完家教课回到家，刘伶利突然感觉腰部剧烈疼痛。当晚，父亲就带她去了甘肃省第二人民医院，医生说需要进一步检查。

"第二天，感觉不怎么疼了，孩子就要去上班。"刘淑琴说，当时，女儿告诉她，如果不去上班，学校会扣钱，加上当时快期末考试了，怕耽误学生复习，就上班去了，直到学生放假后，7月23日才住院接受治疗。

刘伶利家人提供的甘肃省人民医院冷冻切片诊断报告书显示，当时诊断为（双侧卵巢）增生性（交界性）浆液性肿瘤，高级别。

那个暑假，父母带着刘伶利到北京求医。中国医学科学院肿瘤医院2014年10月出具的一份病理报告显示：刘伶利"左附件区纤维脂肪组织及右侧卵巢、输卵管内仍可见大量高级别浆液性乳头状腺癌浸润"，"乙状结肠带结节、直肠窝肿物、大网膜、左侧结肠旁沟肿瘤内均可见浆液性乳头状腺癌浸润"。这意味着，刘伶利得了卵巢癌并且已经扩散。

刘淑琴向《中国青年报·中青在线》记者确认，在北京治疗期间，女儿已经向学校请假。病情确诊后，随之而来的是化疗、开腹手术、切除卵巢……手术前，身为独生子女的刘伶利，曾一度想把自己的卵子冷冻保存下来，但是最后因为费用太高而放弃。

---

① 陈晓兰,段弘.新闻策划:报纸深度报道的一种"突围"方式[J].西南民族学院学报(哲学社会科学版),2001(12):89-91.

2015年1月12日，一家人从北京乘坐火车返回兰州。刘淑琴告诉记者，女儿在火车上接到了博文学院的电话："人事处的一位工作人员问她能不能来上班，让她14日去学校，女儿回复说身体不好，要和家人商量一下。"

拿着厚厚一叠病历，带着北京的医生补开的请假条，1月14日，刘淑琴来到博文学院人事处为女儿请假。"学校原以为孩子得的是子宫肌瘤，病历上写得清清楚楚，学校才知道孩子得了癌症。"刘淑琴说。

当时，考虑到女儿不能上班，刘淑琴请求这位领导，希望单位能继续给孩子买医疗保险。

对方没有应允。刘淑琴当场哭了。据刘淑琴向记者描述，人事处处长当时告诉她："不要给我哭，我见这样的事情挺多的，学校有规章制度，我也没有办法。"

生病期间遭学校开除

让刘淑琴万万没想到的是，仅仅5天之后，刘伶利的工作就没了。

"过了一周，学校让我女儿去一趟，当时她正在兰州治疗，就没去。事后，女儿确认自己被学校开除了。"刘淑琴说。

刘伶利的家属给记者提供的一份兰州交通大学博文学院《关于开除刘伶利等同志的决定》显示：经2015年1月19日院长办公会议研究决定，该两位同志（包括刘伶利——记者注）连续旷工已违反"兰博人字（2009）6号文件"规定，违反了劳动协议的相关约定。为规范我院用工，决定开除刘伶利同志，解除与该同志的劳动关系。

记者注意到，这份文件由陈玲签发，陈玲是兰州交通大学博文学院院长。

事后，刘伶利在微信中与一位朋友说："过了没几天（学校）打电话让我去一趟，我说没时间，然后就把文件寄回来了。"刘淑琴说，当时，女儿的身体已经很虚弱，一直在兰州治疗。

在博文学院辛勤工作了3年，刘伶利收到学校寄来的开除文件，一时难以接受。她在微信聊天中向朋友抱怨："开始他们不知道我具体的病情，我请了一个学期假，期末还打电话问我下学期能不能去上班，我妈妈就去学院告诉他们我具体的病情，他们一知道我真实病情就把我开除了。"

被开除，是职业生涯中不光彩的事。一时，身患重病的刘伶利有些绝望。其间，当朋友问及生病期间学校是否看望过她时，她在微信中回复："没有，我妈去的时候都说让他们给我交保险，我们出钱他们都不愿意。"

近年来，刘伶利的家庭频遭不幸。父亲下岗，也是癌症患者；母亲退休，还要照顾痴呆的老父亲。学校停止给她医保缴费，对于这个不幸的家庭来说负担更重了。

"2014年7月刘伶利接受治疗，过了暑假，学校就没有给孩子发工资，我的钱加上我父亲的退休金，用来给女儿看病，孩子他爸在社区帮忙，每个月1700元的工资只够他自己的医药费。"刘淑琴说完，站在一旁的父亲刘宏掀开衣服给记者看他身上的造瘘（用来排尿）。

"学校没人来看望过孩子,2014年10月,学校提过一次来看,可是我们在北京治疗,以后再就没有说过。"说起学校如何对待重病的女儿,身患癌症的刘宏很伤心。

直至去世,学校仍未履行法院判决

面对学校突如其来的开除通知,刘伶利和家人都感到无法忍受,他们选择了诉诸法律。

2015年3月29日,刘伶利向甘肃省榆中县劳动人事争议仲裁委员会提出仲裁请求,请求对学校做出的开除决定进行仲裁。2015年4月17日,因证据不足,该委员会做出对刘伶利的仲裁请求不予受理的决定。5月,刘伶利向学校所在地的榆中县人民法院提起诉讼。

2015年10月20日,榆中县人民法院一审判决:"被告兰州交通大学博文学院于2015年1月19日做出[兰博院发(2015)14号]《关于开除刘伶利等同志的决定》无效,双方恢复劳动关系。"至于刘伶利要求支付治疗期间的病休工资等福利待遇,因其未提供相关计算标准,法院不予支持;对用人单位未按时足额缴纳的社会保险费,判决由社会保险费征收机构责令其限期缴纳或补足;对原告要求被告补缴各项社会保险费用,判决表示不属于人民法院民事案件的受理范围,不做处理。

刘淑琴告诉《中国青年报·中青在线》记者,由于家人忙着给刘伶利治疗,都没有时间出庭。她回忆道,一审的官司打得并不好,由于博文学院没有继续给孩子买医保,当时看病的花销很大,家人只能给她买居民医保,报销的比例比较低。

博文学院不服一审判决,向兰州市中级人民法院提出上诉。

兰州中院二审判决维持了原判。二审判决书写道:"二审中,交大博文学院亦认可在刘伶利与交大博文学院电话通话中,刘伶利陈述其本人及家人都在外地就医,无法履行请假手续,等回来后补办请假手续……不属于《兰州交通大学博文学院教师聘用合同》第三条第八项第3款约定的擅自离岗、旷工的情况。"

判决载明:"交大博文学院以此为由开除刘伶利并解除与刘伶利的劳动关系无事实和法律依据,一审认定交大博文学院开除刘伶利决定无效,双方恢复劳动关系正确,本院予以确定。唯适法律不当,本院予以纠正,上诉人交大博文学院的上诉请求于法无据,应予以驳回。"

"判决下来不久,上上周电话说协商解决,昨天(学校)来电话又说开学再说。"刘伶利给朋友发微信说。此时,是她去世前的半个月。

律师:开除系违法 学校:开学后再说

在刘伶利二审代理律师蔡翔看来,开除是一种纪律处罚,学校的行为是非法解除劳动关系,也就是恶意解雇。

"这是一种逃避企业法定义务的行为,刘伶利的要求很低,就是医保别停,能够减少自己看病的经济负担,可是学校还是把她开除了。兰州中院采纳了我们的意见,认为解除刘伶利劳动合同违法。"蔡翔说,"学院没有对教师的人文关怀,没有依法办事,在明知刘伶利患病并电话请假的情况下,还依然认为刘伶利是旷工,缺乏对教师的必要关心。"

他告诉《中国青年报·中青在线》记者:"二审判决之后刘伶利的社保和医保还没有恢复,学校并没有主动执行法院的判决,由于她的病情恶化,一直在治疗,我们也没有时间申请法院强制执行。判决下来后,学校方面还是没有到医院看望刘伶利。"

当被问及刘伶利去世之后,其经济损失是否能追回时,蔡翔表示:"孩子去世之后,父母有可能要求学校赔偿刘伶利的损失。劳动合同解除违法行为,造成了医药费能由医保报销的没有报销。挽回这个家庭的损失,我们还是会再提起一个诉讼,追讨学校停缴医疗保险造成的损失。"

从劳动仲裁到二审判决,用了超过1年的时间。其间,刘伶利的病情也在不断地恶化,治疗花费了三四十万元,家中已经没有积蓄,只能靠舅舅接济进行治疗。刘伶利考虑到家庭实际情况,最终选择了中医保守治疗,这样的选择只是想多省点钱。只有在病情恶化的时候,才断断续续选择住院治疗。

记者就此致电兰州交通大学博文学院办公室主任王世斌,他表示,对于此事,具体情况他不了解,也没有负责处理这个事情,学校正在放假,还没有开学,等开学后再说。记者又多次电话联系兰州交通大学博文学院院长陈玲,但对方一直未接电话。

去世前曾摆摊卖衣服

据了解,刘伶利曾网购印度生产的抗癌药,因为价格更便宜。她加入过很多微信和QQ的抗癌群,与群友相互鼓励。住院期间,她还会自己涂上红色的指甲油,抹上口红,打开美颜相机自拍。

"她是个要强的孩子,去年9月至12月在兰州治疗期间,看见家里经济条件不好,非要在家附近摆摊卖衣服。"刘淑琴拗不过她,让刘伶利坐在轮椅上,推着她到兰州东部综合批发市场批发衣服,孩子负责挑选,母亲负责拿东西。

那些天,每到18时,母亲装上几包衣服,拉着小推车,拿着晾衣架,父亲推着刘伶利,一家三口去摆地摊。大多数时候,刘伶利坐在边上,母亲张罗卖衣服。

"有一次城管过来,让我们收摊,我和她父亲整理衣服,她坐在轮椅上,城管就质问她'为什么坐着不动',当时就把孩子吓哭了。"刘淑琴告诉记者。

刘宏含着泪说:"那天孩子回来心情就不好,不吭气,我知道她很委屈,放下了一个大学老师的尊严,摆地摊被城管追着,但是我也无能为力。"

"妈妈呀,太痛苦了,妈妈救救我呀!"由于癌细胞扩散,刘伶利时常全身剧痛,只能靠打哌替啶缓解疼痛。去世前几天,她把母亲手机中自己的照片全部删去。

"真不想成为你故事中的主人公。"去世前几天,她给一个朋友发了一条微信,紧接着她又发了一条,"不好玩"。

来源:《中国青年报》

三、报纸新闻深度报道写作

(一) 写作特点

1. 深度报道的核心在"深"

深刻性是深度报道的生命。报道的深刻,离不开选题的深厚、采访的深入和思考的深化。深度报道不像客观报道那样就事论事、一事一报,而是由此及彼、由表及里,既要探讨事实的来龙去脉、前因后果,又要揭示事实的意义、影响,预测其发展趋势,着重回答"事件的原因(WHY)"和"怎么样(HOW)",从而确立它在读者心理上的"深度优势"。如本节例文《大学女教师患癌被开除事件调查》,就是关注青年现状、反映青年问题的深度报道,此文已获第二十七届中国新闻奖调查性报道二等奖,据评奖材料介绍,稿件首先在《中国青年报》官网"中青在线"即时发出,第二天《中国青年报》"特别报道版"大篇幅刊发其报道,引发各大媒体竞相跟进报道,形成了舆论关注的高潮,触发了年轻人的共鸣,引发了全社会的反思。再如自 2004 年 5 月 14 日在《人民日报》要闻二版开设的"政策解读"栏目,就是一个典型的深度报道栏目。它始终坚持站在高端求贴近,针对群众普遍关心的政策法规及其执行中的疑点难点,以通俗易懂的方式解疑释惑,发挥党报优势,正确引导舆论,增强了主流媒体的权威性和公信力,深受广大读者的好评。[①]

2. 追求开掘报道"面"的深度

长期以来,报纸在新闻报道中习惯于"线性"的思维方式,总是着眼于事件的起因、发展和结果而缺乏深度;只是平面地告诉人们开始怎样、中间怎样、后来怎样而缺少立体感。深度报道追求开掘报道"面"的深度,"面"既是深度报道的内涵,也是其表现手段。它要求记者以独特的视角去分析、解剖事实,以更高的思维层次去驾驭事实。对深度报道而言,就是要使新闻得以充分延伸和拓展,既表现新闻事实的全过程,又表现新闻事实的各个方面,这样的报道才是独特的、有一定深度的,才能成为独家新闻。

如上案例,记者在采访完之后,又采写《年轻人患病"丢饭碗"该如何维权》,就年轻人如何面对类似情况,采访了相关领域专家,进一步挖掘了此事件的社会效应。记者并没有把这条新闻当作单一的社会新闻来处理,而是立足于维护青年权益,从道德与法律层面进行探讨,引导青年了解面对类似境况如何维权,使其富有现实意义。

(二) 写作方法

1. "热点"切入

采写深度报道,首先要关注热点、研究热点,从热点切入,做深度剖析。我们切不可回避"热点",如果回避读者所关心的东西,就会失去读者,进而影响报纸的公信力。本节例文《大学女教师患癌被开除事件调查》就是大家关心的一个热点问题。彼时,关于青年因病被开除或遭解雇的现象频频出现,典型的案例,一经刊出,引发了强烈的社会反响。

该报道发出后,随着舆论的不断发酵,女教师刘伶利的遭遇得到了相关部门和学校

---

① 程少华. 人民日报精耕《政策解读》大田[N]. 中国新闻出版报,2011-01-11.

的高度重视,兰州交通大学博文学院发出公开道歉,给予其父母补偿,不久,该学院院长陈玲辞职;同时,甘肃省教育厅也召开专门会议,进一步规范了该省民办院校办学,出台了相关政策和办法。可见,报道热点话题具有极高的社会价值。

2. 用事实说话

深度报道的"深度"必须通过大量有说服力的事实来实现。"用事实说话"是新闻报道的基本要求,但在信息时代,许多看起来不相关的事,其实是有关联的。对深度报道来说,如何表达这些关联非常重要。报道的重点要放在深层事实的挖掘上,深层事实出来了,深层思想也就自然而然地产生了。

如上案例,记者第一时间关注此事并得知,刘伶利在三天前已去世,遂两次前往家中采访其父母,经允许独家查看了刘伶利生前的微信、微博信息。整个报道全部以事实说话,记者并没有直接发言。如文中列举了不少证据:

刘伶利家人提供的甘肃省人民医院冷冻切片诊断报告书显示,当时诊断为(双侧卵巢)增生性(交界性)浆液性肿瘤,高级别。

中国医学科学院肿瘤医院2014年10月出具的一份病理报告。

刘伶利的家属给记者提供的一份兰州交大博文学院《关于开除刘伶利等同志的决定》。

记者注意到,这份文件由陈玲签发,陈玲是兰州交通大学博文学院院长。

文中没有发表记者的主观意见,一些观点看法是借别人之口说出的,比如:

在刘伶利二审代理律师蔡翔看来,开除是一种纪律处罚,学校的行为是非法解除劳动关系,也就是恶意解雇。

文中还有一些细节描写也是冷静地描述事实:

"有一次城管过来,让我们收摊,我和她父亲整理衣服,她坐在轮椅上,城管就质问她'为什么坐着不动',当时就把孩子吓哭了。"刘淑琴告诉记者。

刘宏含着泪说:"那天孩子回来心情就不好,不吭气,我知道她很委屈,放下了一个大学老师的尊严,摆地摊被城管追着,但是我也无能为力。"

"妈妈呀,太痛苦了,妈妈救救我呀!"

这些细节事实更引起读者对刘伶利的同情。

3. 背景分析

使用好背景材料,对开掘新闻的深度大有裨益。深度报道中背景材料的运用是以事实帮助记者表明自己的观点,也帮助读者将事物置于特定的环境、条件中去理解、分析,从而引出深层次的思考。

在例文中,记者对事件进行了全过程的深入调查了解,包括刘伶俐遭遇城管等具体情况,正是这些大量的背景材料的揭示,才引发人们对此事件的深层次思考。

4. 思辨色彩

同样一个新生事物,在这一地区是适合的,在另一地区可能不适合;在此一时是正确的,在彼一时则可能走向反面。新闻报道中的辩证无处不在。要把报道写得有深度,就要改变思维方式,增加思辨色彩,用联系的、发展的、全面的观点看问题。这里所说的思辨色彩,不是大道理的简单堆砌,不是理论观点的表象演绎,而是隐含在事实对比叙述的理性思考中,事实叙述本身就体现了记者的思辨性。

5. 宏观审视

从宏观、全局的角度去审视事物发展的过程,才会有深度。写宏观报道需要宏观视角,写小事情、小人物、小片段也要以小见大,对微观事实进行宏观审视,这就是我们说的"要站在田埂上看天安门""要以微观之'矢'射宏观之'的'"。比如一篇名为《擦鞋者说》的报道,记者从《南京日报》的一篇小稿中"捡到了"一位智慧而能吃苦的普通擦鞋者,并把他的事迹搬到党中央机关报上。从擦鞋者这个小人物的生活,反映农村劳动力转移和下岗职工再就业这个大问题;从小人物的几个小窍门,表现"创新"这个大主题。① 这对全国的人民群众都是一种示范、鼓舞和引导。

6. 见解独特

新闻的思想性,在很大程度上表现为针对性,也就是一针见血地提出现实生活中的某些弊端及问题,并探索解决的路子和办法,而这些路子和办法,又是发人深省的、具有独特见解的,能使人茅塞顿开。新闻的针对性和独特见解,来源于记者对中央方针政策的深刻理解,来源于对政治经济学政治、哲学等理论的深厚理解,来源于对社会问题和现象的深入思考。只有这样,记者才能独具慧眼、抓住本质,引导读者正确看待社会生活中的新情况、新问题。

7. 意识"超前"

所谓超前意识,是指新闻的前瞻性,亦即预见性。这种预测是建立在深入调查研究的基础上,是在把握大量事实之后,进行科学分析、判断的结果,而不是凭空想象。记者要通过深度报道,提出符合事物发展规律的预见和对策,帮助广大读者分析研究改革发展的趋势;还要在深入宣传政策的同时,善于发现政策中的不足和问题,帮助党和政府不断完善各项政策。

第三节 报纸新闻系列报道写作

一、报纸新闻系列报道概述

所谓"系列报道",是指围绕同一新闻题材、新闻主题从不同侧面、不同角度做多次、

---

① 顾兆农. 华彩乐章是"民歌"——龚永泉作品中的平民情怀[EB/OL]. 人民网,2010-09-13[2019-12-15]. http://media.people.com.cn/GB/192301/202791/202792/12712162.html.

连续的报道,各条报道没有外在的时间顺序,却有内在的必然联系。多个独立报道集合在同一主题思想下,以求对新闻事实做比较系统、全面、深度的报道。

二、报纸新闻系列报道示例

下面《工人日报》的一组系列报道获得第二十六届中国新闻奖一等奖。

"为什么2元钱的'救命药'没有人做?"

为了帮一位白血病患者找到一种已停产的廉价针剂,一批媒体记者在全国范围内求助。但一直到第4天,白血病患者才拿到这种"救命药"。许多热心的记者和网友都很纳闷:为什么一些有用的廉价药,现在买不到了?

4月9日,在北京空军总医院,来自辽宁的白血病患者安宁骨髓移植后已经连续发烧两个月,情况危急。安宁的女友孙菊发布微博求救:安宁最后的希望是等待一种救命药——复方新诺明针剂。

复方新诺明针剂(也叫复方磺胺甲噁唑针剂),价格大约2元钱一支。由于价格低廉,利润少,国内大部分药企已经停止生产,但是对于骨髓移植后突发感染的白血病患者而言,此药效果极好,没有替代品。

安宁的求助消息在阿里公益搭建的全国公益记者联盟微信群中传开后,一批公益记者通过他们所在的平台与死神展开赛跑。他们四处传播信息,为患者寻找特效药。甘肃、辽宁、内蒙古、云南、广西、四川……到4月11日中午,所有记者反馈来的消息几乎全都一致:我们省(区)找遍了,复方新诺明针剂停产了!

救人的脚步没有停止。记者们一方面通过报纸、微博、微信等平台继续找药(本报微博也曾于4月9日发布求助信息"紧急求助!白血病患者急需复方磺胺甲噁唑"),另一方面通过关系在香港和国外寻找这种针剂。

转机终于在4月11日晚上出现。河南一位白血病患儿的母亲也在寻找复方新诺明针剂,她提供了一位帮着找药的好心人凌先生的联系方式。据凌先生介绍,这种药香港有,但内地患者很难买到。在凌先生的联系帮助下,一位儿子患白血病的内蒙古父亲将手中的剩余药品捐献了出来。

4月12日晚,安宁的家属取到了28支"救命药"。但安宁一共需要40支针剂,这意味着还有12支针剂的缺口。但这已让安宁和女友孙菊激动万分,他们相信,有这么多人的帮助,他们一定会挺过难关。

在全国各地公益记者的联动中,大家感受最深的就是:为什么2元钱的"救命药"没有人做?也有网友在转发求助信息的过程中感叹:"现在好多疗效很好又很便宜的药都被淘汰了,唉……"

"嫌贵不想买?那就忍着吧"

辽宁白血病患者安宁买不到廉价"救命药"的消息,让全国不少媒体都在帮着找药。而其他廉价药,还能在市面上买到吗?记者探访北京部分医院和药房发现,一些廉价药正渐行渐远。

去年4月,国家发改委颁布《国家发展改革委关于改进低价药品价格管理有关问题的通知》,同时发布了"低价药品清单"。

接连走访北京数家医院和药店后,记者发现,清单上的非那根(异丙嗪)、复方丹参片、双黄连注射液都很难找到。北京天衡大药房的一位销售人员说:"我们这没有双黄连注射液,那都是医院才有的。"而在北京大学第三医院取药窗口,工作人员告诉记者该院也没有双黄连注射液。

在采访中,北京大学第三医院一位医务人员还表示,氯霉素滴眼剂至少3年都没有了,红霉素和牙周宁(糖酯醇片)同样也"难得一见"。

原先定价几元钱一瓶的牙周宁片,平价大药房销售人员推荐的替代品是人工牛黄甲硝唑胶囊,称是和牙周宁同样适用于牙周炎的西药,价格有15元和19.8元两种。同仁堂药房推荐治疗牙周炎的药也是人工牛黄甲硝唑胶囊,并称"这就是牙周宁"。

在另外一家药房,销售人员告诉记者,这里也没有牙周宁片,现在市面上治疗牙周炎的药都在10元以上。听到记者还想买便宜的牙周宁片,销售人员表示可能是"白跑腿":"这都还嫌贵不想买?那就忍着吧。"

想买廉价药,为什么那么难呢?

北京市一家医院药剂科的工作人员,从医院角度解释为什么一些低价药没有现货:第一种情况是企业还在生产但是没有在医院的招标中中标。目前,各省(市)、市(区)医院的招标单位划分比较细,哪一级没有投中,该地区可能就没有该企业的药出现。此外,药品还存在中标后不被使用的可能——中标的相同效果的药不止一种,医院会优先考虑药品质量,从中标的药品中选择某种或某几种药品来使用。第二种情况就是企业不再生产了。由于成本上涨等原因,药企利润缩小,再加上"企业那么多人要吃饭",就会减少或停止廉价药的生产,因此在市面上很难见到。

还有业内人士透露,从行业利润角度讲,有些药企为了保持一定的增幅,只能把廉价药淘汰掉。但这并非药企一家之过,需要政府、企业、医院合力,才能让老百姓用上廉价药。

"让药企愿意生产,让医生肯开处方"

连日来,本报连续报道了药房和医院廉价药难买的新闻,引发读者广泛关注。如何让廉价药重回"寻常百姓家"?业内人士表示,只有"让药企愿意生产,让医生肯开处方",廉价药才能送到民众手中。

"以前用的氯霉素滴眼液只要1毛7分钱,现在用的小乐敦滴眼液却要23元。""复方鲜竹沥液1年半前价格大约15元,现在涨到32元左右。即使这样,有些医生都不愿意用它,更多是开其他的自费药。"不少患者抱怨。

到底是什么原因让廉价药离百姓生活越来越远?北京大学第三医院药剂科医生张晓乐认为,药企生产成本提高,是廉价药供应紧张的一个重要原因。例如,药监部门目前推行 GMP 认证,要求药厂必须达到一定生产要求。这就意味着企业需要改造生产设施、增加生产设备,而增加投入的同时就得在药品上加价。

此前,国家卫计委相关负责人也曾公开表示:"在招标压价及零售价格不能灵活上调的影响下,低价药品生产供应意愿下降。"

事实上,针对廉价药难买现象,有关部门一直在努力解决。去年 4 月 1 日,国家卫计委等八部门下发《关于做好常用低价药品供应保障工作的意见》,取消廉价药的最高零售限价,允许药企调整药价,但必须在日均费用标准范围内:西药不超过 3 元,中成药不超过 5 元。这些措施意图为药企提供一定盈利空间,而廉价药也不会大幅涨价。

但目前来看,有些药企即使是在上述政策范围内生产廉价药,还是难以盈利甚至会亏损。

"市场经济条件下,廉价药短缺问题还应通过市场手段解决。"张晓乐医生认为,政府应放松对廉价药的价格限制,允许药企根据成本和供需关系适当调整药价。但不同于一般商品,药品是特殊商品,价格不能完全放开,国家还必须进行必要的管控。

中国医学科学院卫生政策与管理研究中心副研究员陈瑶则表示,政府可以考虑对无法盈利的廉价药生产企业提供一定的财政补贴。

有关专家认为,要想提高医务人员使用廉价药的积极性,需要从根本上推进公立医院改革、取消药品加成、破除"以药养医"机制,实现药品改革和公立医院改革的联动,从而让廉价药重回老百姓视野。

来源:《工人日报》

三、报纸新闻系列报道写作

(一)写作特点

近年来,报纸的系列报道作品能够紧紧围绕国内新近发生或出现的重大事件、重大主题、重要人物展开多角度、多侧面、多方式的系列或连续的报道,所报道的内容题材重大、新闻性强、社会关注度高,报道之后产生的社会反响大,舆论导向效果好。报纸系列报道作品有以下几个特点。

1. 题材重大,深度开掘

报纸的系列报道作品往往涉及重大事件、重大问题和重要人物的重大题材,如反映国家大事、时代英雄、重大经济建设成就、县乡人大换届选举,反映金融改革、见义勇为行为、环境治理问题,等等。这体现了我国主流媒体在弘扬主旋律、体现服务党和国家工作大局方面的积极作为。

注重深度开掘是报纸系列报道作品的突出特点。很多作品都没有停留在就事报事、就事论事上,而是深入挖掘新闻事实中所蕴含的深刻思想内涵,力求揭示其内在的思想价值,从而赋予整组报道以鲜明的时代感和深刻的现实意义。例如上文示例的系列报道就关注病人需要时为什么找不到一些廉价救命药？这种怪现象反映出来什么问题？这组报道就这个贴近民情民生的问题展开深入采访和报道，层次分明、引人关注。记者不仅抓住了"活鱼"，而且对问题做了抽丝剥茧的深入采访。这样深刻的主题，使报道增添了思想内涵和实践价值。

2. 关注民生，感情真挚

新闻媒体关于民生的报道呈逐年上升趋势。许多系列报道作品中涉及的民生问题比重很大，具体内容包括农民工问题、女工问题、城市贫困人口问题、农村医疗问题、公民权益问题等。这一方面说明党中央新的执政理念在新闻报道中已经得到很好的落实，另一方面也说明新闻界在贯彻"走、转、改"方面已经获得了很大进展，取得了很大成绩。因为大多数有关民生问题的新闻报道都是记者深入实际、深入生活和深入群众采访的结果。许多系列报道作品都可以让人感受到作者们在其中所倾注的真挚情感，一些作品催人泪下，感人至深。

据中国新闻奖评奖材料介绍，上文示例报道后，求助消息在一个公益记者联盟微信群中传开后，《工人日报》记者除了积极帮助患者找药，还针对廉价药难寻这一现象展开了追踪报道。这一系列报道牵出医药市场面临的现实难题，完整地报道了廉价药在生产、销售等多个环节存在的问题，采访深入、时效性强、贴近民生，且有"报、网互动"特色。报道同时还在微博上展开了"如何让百姓买到廉价药"的微调查，网友参与投票，对廉价药的生产、销售建言献策。在连续报道中，相关微博还被做成了二维码放到报纸版面上，网友可以扫描二维码参与话题讨论。同时，这一组报道还发布在《工人日报》的微信公众号上，在网络上起到"二次发力"的效果。该系列报道推出后，被新华网、人民网、光明网、中新网、网易等多家网站转载，取得较好的传播效果，有不少网友加入帮患者找药的队伍中来。最终，文中的患者在媒体及网友帮助下找到了这种廉价救命药，该报道不仅帮助了患者，而且产生了良好的社会效应。

3. 精心策划，通力合作

许多报社都由主要业务领导牵头组成专门报道班子，系列报道都需要有策划，而且策划得越是精心，报道的效果越好。优秀的系列报道几乎都同所在报社领导与记者、编辑共同谋划，精心组织，全面实施报道计划有着直接的关系。系列报道的采访、写作、编辑、发稿都经过全面、周到的策划和精心、细致的安排，能够按部就班，循序进行，从而收到预期的效果。例如《工人日报》第十七届中国新闻奖获奖作品《九省市农民工求职地图》，就是在报社总编辑和主管副总编辑的指导下，由分管副总编辑组织经济部的编辑和记者共同策划和制订的报道方案。方案中确定的上海、北京、广州、深圳、浙江、福建、重庆、武汉、海南9省市的记者积极配合，他们跑到劳动部门获取权威分析数据，到劳动力市场了解用工信息以及农民工对求职的需求等。编辑部编辑根据前方记者提供的第一手的数据和鲜活的新闻事实，对每一篇稿件进行加工提炼，精心编辑，同时配合报道每天发布各地的求职信息，以及各地农民工求职的最新变化和供需特点，并且将报道挂在中央政府门户网站的首页上，以扩大影响，收到了很好的传播效果。

（二）写作方法

1. 重视系列报道的策划

在报业竞争异常激烈的当下，新闻的竞争越来越体现为策划的竞争。特别是对一些重大的非事件新闻，各类报纸通常会组织一些大型系列报道，策划出独特的形式、角度和包装风格，赢得受众或者市场的认可，从而在报业竞争中抢得先机。新闻策划使媒体形成具有自身特色的差异化报道，从而成为实现新闻价值的重要手段，对于充分利用新闻资源、增强媒体影响力具有重要作用。系列报道策划是一种体现一定报道思想，以新闻为基础、以版面为中心的报道组织活动。系列报道的依据是相对静态的"问题"，是对处于盘根错节的矛盾胶着状态的社会问题的分析和认识，因而可以在一个大的主题框架下，划分成若干个独立篇章，定期发表，呈现出有规律的持续性。从国内报纸的实践来看，系列报道一般都有三个"固定"：版面位置固定、字数固定、间隔时间固定。文体的统一性决定了系列报道需要策划。

找准系列报道新闻策划的切入点至关重要。在重大主题系列报道策划中，选准策划的切入点非常关键，因为切入点事关素材选取、采访路径、报道风格。能否选取一个准确的切入点，将决定系列报道能否实现传播效果。选准系列策划的切入点可取得事半功倍效果，可以提升系列报道的深度和广度，使受众在更广阔的视角中了解新闻事件。系列报道策划要注意整体性和合作的协调性。一方面，绝不能偏离策划定位和标准，对于周期很长的策划要注意进行阶段性调整。另一方面，分头采写必须遵循报道计划进行，且按照发稿计划统一发稿，以达成同步见报的效果。

2. 重视系列报道的写作过程

题材要选准。系列报道的题材选择，有两点不可忽视。一是时代感要强，能反映时代精神、时代风貌，让读者感触到时代的脉搏。二是新闻性与指导性要强，既要能为决策部门提供制定政策或实施管理的依据，更要着眼于提供广大群众关注的新闻；既为领导服务，当好"耳目喉舌"，也要着眼于为群众服务，反映老百姓的呼声和愿望，给人以启迪。

主题要立好。主题的好坏，是系列报道成败的关键。一个称得上好的"主题"，必须既是党和政府所关注的，又是群众所关心的事物的关节点。并且，随着它的提出或解决，某种推动社会发展的社会行为、心理和取向就有可能形成。

结构要得当。系列报道是一个以"化整为零"到"集零为整"的群集，其中各个篇章既是统一主题的一部分，又是各分主题的相对完整、独立的"个体"。这样根据内容选定相应的篇与篇之间的结构形式，就能做到"神散意不散"，顺利实现从"化整为零"到"集零为整"的转化，这是系列报道又一突出的个性特色。

体裁要适宜。报道可以是单一体裁的系列，一般多采用通讯、特写、述评性新闻、分析性新闻等；也可以是一种体裁为主，多种体裁配合的系列。

效果好的系列报道一般具有"五好"的特点：好策划＋好稿件＋好标题＋好照片＋好版式。这"五好"可成为报纸新闻系列报道的写作方法的追求目标。

3. 系列报道操作技法

（1）披露问题

新闻媒体应该反映群众的呼声，唤起社会的关注。例如，老百姓看病难，买药难，这是一个普遍现象，也是一个亟待解决的问题，而这样的问题如果仅仅停留在一般性的号召上，是很难引起人们的重视的。示例中的系列报道，抓住了一个典型案例，并将援助过程报道出来，引起了社会的广泛注意。同时又去调研这个问题为什么会发生，存在哪些原因，又应该怎么解决。这样一个报道过程，也是一个问题的披露过程，会引起社会与有关方面的重视，收到良好的报道效果。

（2）摆事论理

要抓住热点问题，选择有说服力的典型事实，深化主题，使专题报道更有力度。上文示例中的记者没有从空洞的道理去阐述，而是通过一批业内人士和专家们的解说，为读者提出令人信服的原因分析。这样做，既达到摆事实讲道理的效果，又符合系列报道追求客观公允的特点。

（3）细化专题

要使系列报道逻辑性强，必须细化专题。记者在采访前就必须做好系列报道的审题工作，及时地与有关单位"通气"，提出与采访工作有关的要求。如《中国水运报》的《在呼唤》系列采访报道原定主题是以"走西江，话市场"为主要内容，集中反映珠江水系港航单位水运市场在改革中的新变化。后来记者广泛征求意见，扩大采访线索，根据实际情况，及时地调整了原定主题。于是，记者再对系列报道进行精心策划，拟定阶段性选题，多侧面、多层次、多角度地做文章，然后从微观和宏观方面细化主题，使报道逐步深入，一环扣一环，给人留下深刻的印象。由于主题细化工作做得好，珠江航务管理局局长评价说："连续报道主题选得非常好，文章写得很活，反映的内容也很有贴近性，真是做了一件有意义的事情，为珠江航运职工办了一件好事。"[①]

（4）综合分析

系列报道中的篇数一般较多，因此要有连贯性，每篇报道必须紧扣主题，有机地结合。为此，系列报道应结合"呼"与"应"。专题性系列报道发表多篇后，可针对报道内容进行阶段性归纳或综合分析，对于反映问题的报道，一定要注意把握分寸，不要加大问题的宣传力度，运用的事实不重复。阶段性的报道应力求对问题有回应，让读者看后有新鲜感。

本章小结

在全媒体环境下，媒体竞争导致报纸出现两个明显变化：一是"注意力"竞争导致报纸导语的单要素化，二是差异化竞争导致深度报道成为报纸的重头戏。媒介融合与竞争对报纸新闻写作产生影响，导致报纸新闻写作本土化、碎片化、网络化。深

---

① 胡乾想.专题系列报道写作方法探[J].新闻传播，1998(4):40+44.

度报道是报纸突围的一个有力武器,是一种系统反映重大新闻事件和社会问题,深入挖掘和阐明事件的因果关系以揭示其实质和意义,追踪和探索其发展趋向的报道方式。深度报道讲究主题、规模、形式的策划,写作要求从"热点"切入,用事实说话,加入背景分析、思辨色彩,宏观审视、见解独特、意识"超前"。报纸另一重头戏是系列报道,是围绕同一新闻题材、新闻主题从不同侧面、不同角度做多次、连续的报道。系列报道写作特点为:媒体精心策划、通力合作,题材重大、深度开掘,关注民生、感情真挚;写作方法要重视策划和写作过程,具体操作应注重披露问题、摆事论理、细化专题、综合分析。

思考与练习

1. 全媒体环境使报纸新闻写作发生了哪些变化?
2. 为什么说深度报道是报纸突围的利器?试举例说明。
3. 分析本章的系列报道例文,说说系列报道的特点。

第十七章　广播新闻写作

> **学习目标**
> 1. 理解广播新闻写作特点。
> 2. 掌握广播消息写作，以及广播专题新闻写作的方法。

广播是我国的传统媒体，它经过了长期的发展与变革，在社会、经济、政治及文化生活中具有权威的信息发布功能和强大的舆论引导功能，新兴媒体在这些方面则有所欠缺。广播的政治特性决定了它在获取新闻和解读政策时的政治优先权利，这也是广播新闻所具有的优势。广播新闻写作还要适应声音传播的个性要求，多种声音符号协作，生动、鲜活地传播新闻事实和信息，精选现场典型音响和特色音响，让听众闻其人、听其声。广播新闻要便于收听，广播语言口语化、形象、通俗、简明、清晰是广播新闻写作的特点。

第一节　广播新闻写作特点

一、广播新闻传播特性

用声音来传播信息，是广播新闻独有的传播特性。广播新闻写作，既需要新闻思维，也需要声音思维。广播记者写作的稿件，是供人们"听"的，而不是用来阅读的。这种信息的传播和接收方式，使得记者在选材、结构、语体、表述方式等各方面都要考虑新闻的收听效果。广播新闻中采制于新闻现场的声音符号，能真实、生动地还原现场，传递现场氛围，能有效地增强报道的准确性、现场感，使听众如临其境。而节目中采用的采访对象的声音，不仅能传递信息、表达情感和观点，还包含很丰富的非语言符号，如采访对象的口音、知识层次等。这也是广播新闻写作重视运用现场音响的原因。

声音符号生动形象，然而声音的传播转瞬即逝，不易保存。读报读不懂可以重复读，但听广播没听清楚的地方没法回过头再听。尽管现在数字技术的发展使音频、视频节目可以很方便地存储、回听回看，但在直播状态下仍是线性播出的，因此，广播新闻稿要写得清晰易懂。

广播新闻的传播渠道只有一个——声音。如何发挥声音的潜力，如何运用声音来传递新闻事实、思想和情感，是广播新闻记者要思考的问题。广播新闻稿是写给听众听的，而不是给他们读的，从听众的角度来说，稿件要能听懂、好听，这是选择广播，而非报纸的原因。写作广播新闻,需要了解声音在传播信息方面的特点,充分发挥声音传播的潜力。听众能听懂,有兴趣听,是广播新闻实现传播效果的前提。因而记者在写稿时,不仅要清楚写什么,还要考虑听众的听觉特点。

二、广播新闻写作要求

"为听而写",是广播新闻写作的总要求。广播新闻写作,既受到新闻写作要求的制约,又要体现广播的传播特点,适应广播节目的收听语境。"为听而写"是广播特性对新闻写作的要求。当记者坐在打字机或电脑旁为广播、电视写作时,应在脑海里设想一个典型的听众或观众,直接地、一对一地对这个假想的受众"说话"。关键是运用非正式的、简洁的、生动的生活语言。

(一)叙述语言与音响有机结合

音响是增强广播新闻现场感的重要元素,但音响不是万能的,只有与叙述语言相结合,才能清晰地传达信息。音响是手段,不是目的,不能为了用音响而用音响。音响应根据信息内容、主题表现来决定是否应用。选用的音响要典型、清晰、有表现力(即有个性、有特色、有情感)。

由于节目时间长度、节目主题等多种原因,节目中使用的音响往往是从新闻事实中挑选出来的片段,并非事实发生的全部过程。这时候,叙述语言(有声语言)将起到说明、解释、陈述事实概要,补充相关背景,衔接不同音响片段等作用。

人物谈话录音常用来表达观点、情感,有时也用来为当事人、目击者、知情者或权威信息源提供一些重要信息。在使用这种音响的时候,需要交代说话人的姓名、身份,以及这段话是针对什么问题、在什么场合下说出的。

环境音响能表现环境的特征,增添现场感,但不能交代确切的地点信息,叙述语言可以弥补这方面的不足。

新闻报道为了更好地让听众了解事件的来龙去脉,认识事件产生的原因和影响,有时需要回顾事件的历史,或把新闻事实放置在一定的社会背景下来观察。叙述语言是交代新闻背景的重要途径,有时候也可以通过音响资料、人物访谈提供部分背景,以避免表达方式单一、乏味。

音响、叙述语言在传播信息、传情达意方面有各自的优势,写作中要注意二者的自然衔接、功能互补、有机融合。

(二)广播新闻的语言特点

1. 口语化

记者在写新闻稿时,要想象自己是在把新闻故事讲给朋友听。下面是中国国际广播电台 2005 年 10 月 17 日播出的广播消息《中国第二次载人航天飞行获得圆满成功》片段,此消息获第十六届中国新闻奖广播消息二等奖。

【出音响1 北京航天飞行控制中心大厅内欢呼声 记者口播】

听众朋友,我是记者耿庆庆。我现在是在北京航天飞行控制中心为您做报道。今天凌晨4时33分,我在控制中心大厅的大屏幕上看到"神舟六号"载人飞船在位于中国北部内蒙古自治区的主着陆场顺利着陆了,航天员费俊龙和聂海胜走出舱门。现在,我所在的控制中心大厅已经是一片沸腾,人们热烈鼓掌,庆贺中国进行的第二次载人航天飞行获得圆满成功。

……

【出音响2 着陆现场音响】

当看到航天员费俊龙和聂海胜安然走出舱门时,人群爆发出欢呼声。尽管经历了5天的太空飞行,两位航天员仍面带微笑,不断向人群挥手。随后进行的医学检测显示,两位航天员的身体状况良好,各项生理指标正常。

中国全国人大常委会委员长吴邦国在北京航天飞行控制中心观看了飞船着陆全过程。在飞船安全着陆之后,他代表中共中央、国务院、中央军委宣读了贺电。

【出音响3 吴邦国讲话】

"神舟六号"载人航天飞行的成功,标志着我国在发展载人航天技术、进行有人参与的空间实验活动方面取得了又一个具有里程碑意义的重大胜利。

"听众朋友,我是记者耿庆庆。我现在是在北京航天飞行控制中心为您做报道。"这是记者直接在采访现场向观众述说,这些都是生活化的表达方式。记者通过现场描述的场景和吴邦国委员长的讲话录音,从具体、感性的事实入手,再引出节目的主旨,这种写作方式也是听众容易接受的。

第一,用语尽可能多地运用日常口语。在时间的表达方面,报纸新闻中会用书面表达:8月9日11时许。在广播新闻中则会说:8月9号上午11点左右。当然,生活化的表达方式远不止是时间方面,还应清晰表达,避免使用还要听众思考的用语。如"本单位"应说成"××××单位","连日来"应说成"这几天","途经"应说成"路过","竣工"应说成"完成"等。

第二,词汇少用或不用单音节词,多用双音节词。单音节词,顾名思义是由一个字组成,自然音节只有一个,像"该""因""即"等。由于单音节的词读起来不够响亮,对要表达的意思就没有那么高的完整度,听众听起来理解就比较吃力了。比如"昨晚他没有时间,故并不愿去玩"这句话,如果改为"昨天晚上他因为没有时间,所以并不愿意到外面去玩"就更适合了。同样的词语还有不少,除了上面列举的几个外,像"应""如"等,改为"应该""例如"效果会比较好。

尽量少用或不用半文半白的词语或文言词语,多用口头词语。广播新闻语言要尽可能少用书面词语,尽量改用口头语。2009年12月25日,舟山跨海大桥全线通车。有广播媒体报道说"舟山从此告别和大陆舟楫往来的历史……""舟楫"是书面词汇,需要有一定文化程度才能理解,而且要求听众在播出的瞬间就听明白,是有一定难度的。古汉语的文言词语仍有少量存在于现代汉语中。但半文半白的词语或文言词语可听性很差,所以在广播新闻语言中应尽可能不用,将其改成口头词语效果好得多。比如:"乃"应说成"是","日益"应说成"越来越","部署"应说成"安排","忘却"应说成"忘记","该厂"应说成"这个厂"等。

尽量少用会产生歧义的词。语言的歧义主要表现在词语的同音(类似音)不同义上,听众的耳朵是不能直接进行区别的,例如,把"必须"听成"必需","近年来"听成"今年来","产品全部合格"听成"产品全不合格"等。在广播新闻稿采写过程中,就要尽可能将这类词语用其他词语做同义替换。如将"必须"换成"一定","近年来"换成"这几年来","产品全部合格"换成"产品全都合格"等。

不滥用简缩词。简缩词,大部分只限于某一局部地区使用,其他地区的人往往难以听懂。比如"电台"这个简称,有些听众就会以为是发报用的专门工具,极易产生误解。

少用关联词、虚词。关联词在人们的口头语中用得比较少,在现代报刊中,"之""乎""者""也"等虚词已经用得不多了,在广播新闻中就更不宜多用了。

第三,句式尽可能不用倒装句。倒装句是欧化句,指有引语而将其出处后置的句子,它不符合中国人的欣赏、文化习惯。例如"'我们这次高校运动会,共参加了六大类别30多项比赛,取得了很好的成绩',校团委李书记对记者说。"将其改成广播新闻稿的话,就可以把说的话放到后面,而把说话人的姓名提前,即"校团委李书记对记者说,这次高校运动会我们共参加了六大类别30多项比赛,取得了很好的成绩"。

尽量使用主动式语句。一般来说,如果在广播新闻中经常采用被动式语句,那么,听众有可能就无法第一时间理解新闻的意思。而主动式语句会让意思的表达显得更加强劲有力。如在新闻中说"珠宝店员工被抢劫犯强迫拿出珠宝",不如直接写"抢劫犯强迫珠宝店员工交出珠宝"。

2. 形象化

听众听觉规律和广播的特点决定了广播语言应该形象化。广播语言的形象化,就是运用具体、生动、鲜明和逼真的词语,将广播新闻中听众看不到、摸不透的事件和景象,通过广播的语言独特地展现在他们面前,使听众获得真切的感受,如身临其境一般理解事件背后的道理。

用声音描述现场、建构形象。现场,是新闻内容中最鲜活的部分。广播新闻写作,需要借助声音符号为听众描述现场。这要通过捕捉生动的细节得以实现。广播新闻稿通过细节描写,生动真实地刻画出记者在现场的所闻、所见、所感,使听众头脑中产生"影像",有一种身临其境的感觉。

> 通车仪式后,记者随着六辆敲锣打鼓披红挂彩的花车,从江南隧道入口出发驶向江北。车队沿着平坦而舒缓的坡路进入隧道,首先映入记者眼帘的是隧道里柔和的橘红色灯光,各种醒目的标志牌,让人们清楚地知道哪里是逃生通道、哪里有消防设施。隧道两头出口处矗立的巨大的自动钢闸门,可以确保紧急情况下城市的安全。

这是武汉人民广播电台 2008 年录音新闻《万里长江第一条越江隧道建成通车》(获第十九届中国新闻奖广播消息二等奖)中的一个片段,用简洁的语言描述了记者在隧道内的见闻和感受,为听众提供了视觉画面。节目中还描写了市民赶来观看的场景:

> 车队不到 5 分钟就穿过了隧道。隧道江北出口就是繁华的汉口大智路。大智路两旁和附近的天桥上,挤满了赶来观看隧道通车盛况的市民。
>
> 市民章红用照相机不断拍下隧道通车的情景。她的父亲章勇先是中华人民共和国成立后武汉第一批特等劳动模范,今年 8 月份因病去世。章红告诉我们,她要把一些照片放在父亲的遗像前。

广播新闻中适当的现场描写,能给人具体生动的印象,引发听众的联想,使听众眼前仿佛出现了现场画面,产生身临其境之感。除了新闻事件的现场,广播新闻在报道非事件性题材,如社会现象、新闻人物时,也需要适当地对典型场景、典型人物进行白描,为听众提供有画面感的现场环境、情境和细节。另外,人物形象也是广播新闻需要通过声音向听众传达的。

广播新闻中的现场情景有两种表达方式:一种是写作时的文字语言描述,转化成口播语言,给听众带来现场感;另外一种是记者在现场的口头描述。例如中央人民广播电台对"天宫一号"和"神舟八号"交会对接的直播报道,记者王亮为听众描述了他在现场观察到的火箭升空过程中的亮度变化:

> 【现场口头报道】王亮:现在我们还可以看见火箭尾部的火焰,现在火箭越来越快、越来越高,现在在天空当中已经变成了一个小的亮点,好像是把黑色的天空都戳开了一个窟窿。现在亮点越来越小,现在就是一个明亮的亮点,已经由橘红色变成了一个明亮的白色的发光的亮点,已经渐渐地从我们视线当中消失了,让我们一起祝愿天宫一号一路平安。
>
> 来源:中央人民广播电台

3. 大众化

新闻语言,形象地说就是要"说人话",也就是要说老百姓听得懂、喜欢听的话。编辑、记者就要改变工作态度和作风,深入群众,深入生活,时刻把听众放在首位,熟悉各行各业的人的语气和心理。

第一,采用谈话体。谈话体有对话感、交流感。广播节目的交流感既体现在记者、播音员、主持人之间的相互沟通上,也体现在他们作为传播者与听众之间的交流上。更重要的是,整个叙述语言应像对听众讲故事。

从奥运到世博——生命的约定

各位听众,在上海世博会开幕 100 天和北京奥运会开幕两周年的特殊纪念日,世博浦西园区的信息通信馆昨天迎来了一批特殊的参观者。据了解,此次"生命的世博"活动由上海癌症康复俱乐部举办。请听本台记者赵旻发来的报道。

实况:感动,第一个字,我首先进入这儿……

这段实况是两年前的8月,记者在上海火车站送200名癌症患者去北京为奥运助威时录的,这些抗癌勇士们在当时的五年之前,就开始每天存两块钱,把存了5年的两块钱作为去北京看奥运的费用,把活到2008年奥运作为生命的一个目标。上海癌症俱乐部会长袁正平说,奥运之后,在回来的路上,就有人说,好不容易盼到奥运了,接下来一定要再活两年,等到世博。

实况:记得当时在北京回上海的火车上,我们中有位叫蔡剑英的病人,她叹息一声,讲了这么一句话:"两年以后的世博会,我还在吗?"因为她患肠癌,肝转移、肺转移。然后当时在座的朋友们都鼓励她,说你不许胡说,到时候,我们一个都不少,相聚在世博会的园区里。

90岁的奥运助威团成员王汝霖说,尽管随时可能收到死神"请柬",依然觉得很幸运能看到奥运、世博两大盛会,尤其世博会就在家门口,准备多看几次。

……

遗憾的是,昨天,当他们再次相聚,在去北京奥运的200名病友中,已经有6名永远离开了。当时队中最重的病人邱海娣,是带着氧气瓶去北京的。她,没能等到世博会开幕。两年前陪这些抗癌勇士去北京的志愿者昨天哭了,当时他们为了让邱海娣看一眼长城,几个人抬着轮椅爬长城。

……

实况:在高雄路值勤的一个武警战士,21岁,刚刚发现白血病,现在在住院治疗。这个小伙子生病以后,住院之前提了个要求再站一个小时的岗,他真的去站了这一个小时的岗。这些人让我们看到了其实世博会除了传递技术的进步,我觉得很重要的,就是传递一种积极向上的人生观。

来源:上海人民广播电台

第二,通俗易懂。广播媒体的传播是转瞬即逝的,受众不能像看报纸新闻那样仔细阅读每个文字,不能根据自己的理解来调整收听的速度,不能在费解的地方琢磨推敲,或回过头来重新收听。因而在撰写广播稿件时,要做到以下几点:

1. 广播写作需使用规范的普通话词汇,一般情况下不用方言词汇。
2. 广播不适宜使用文言词语。
3. 要使用规范的简称。经过规范的在社会上具有通用性的简称略语可在广播中使用,如"两会""北大"等。那些在局部地区或少数人使用的简称略语则不宜在广播中使用。
4. 不宜生造词语。新闻中不宜使用生造的词语,即记者自己造的、词典上查不到的词语。
5. 专业性的内容要转译、解释,使其通俗易懂。请看下面的例子在"天宫一号"即将发射之前,记者王亮对发射塔的现场进行了生动的描述,并用打比方的方法解释了电缆摆杆的作用。

【现场口头报道】王亮：现在四层回转平台都已经打开，现在我们看到这个蓝色的发射塔架和白色的火箭之间还有连接，那就是最后的四根橘黄色的电缆摆杆，这是发射塔和火箭之间最后的连接。打个比方，就像是母体连接婴儿的脐带。发射塔是通过电缆摆杆为火箭提供最后的地面支持，包括供电、供气等。电缆摇杆要到最后一分钟才会和箭体分离，然后再打开。

(三) 广播新闻的写作技巧

广播新闻是"耳朵新闻"，所以选择材料时要尽可能地通过展现听觉形象，调动听众自身经验储备的视觉、嗅觉、触觉的通常感受，达到如见其人、如临其境的境界。广播新闻的选材要做到角度新颖，有生动的细节和典型的音响材料。

首先，角度新颖。新闻角度是记者凭借新闻敏感，为了充分展现事实的价值而选择的报道角度。面对新闻素材，能否从一个新颖的角度去把握是关键。所选角度要贴近普通人的感情，作品的思想内容离普通人的感情越近，人们就容易关注它，进而也就容易在人们心中形成波澜。所选角度要贴近普通人的日常生活，在选择角度时，应以求真、求实、求新的要旨，明白晓畅、贴近大众，看似信手拈来，实则匠心独运，从而提出问题、切出波澜，推动波澜汹涌前进，使人有观澜逐水、别有洞天之感。

其次，标题生动。标题制作第一要准确，确保标题与新闻的基本事实、基本思想完全一致，并且表述清楚无歧义；第二要鲜明，褒奖得当、分寸适中；第三要生动、讲究修辞，做到虚实结合、合理配置。广播新闻标题起着四大作用：一是导听作用，二是集纳传播作用，三是点睛作用，四是导向作用。广播新闻标题不像报纸标题一般只有一个主题，且要求措辞精练，用最简单的语言，把最具新闻价值且易于为听众接受的典型事实浓缩出来，删繁就简，准确生动地提炼概括。广播新闻标题要形象生动，达到呼之欲出的效果，多用、巧用动词是一个办法，要选取最确切、最具个性的动态语言来表达新闻事实，做到字字掷地有声，使整个标题都能动起来、活起来。

再次，重视提要。写好新闻提要，灵活多样的表达方式非常重要。从形态上分析，提要可分为概括式、对比式、集纳式、悬念式等。概括式是在对新闻消息融会贯通的基础上高度提炼、概括、升华的结晶体。对比式是把互相对立的事物放在一起，用对仗式的方式对比事物，将事物之间的异同加以比较，引导听众去鉴别真善美、假恶丑，以达到新闻媒体针砭时弊、惩恶扬善的目的。集纳式是指为了体现一个重大主题，记者用一条提要，来包含一组内容相近的消息，这样可以加重分量，发挥整体效果。悬念式是利用人们的好奇心理，巧设悬念，把听众的胃口吊起来。在具体实践中，围绕充分发挥新闻提要的表现功能这一目标，在提要的写作上应着重注意：一是要确切反映节目的基本面貌，选择纳入节目提要的新闻，就需要从发挥节目提要的全功能出发，对本次节目的内容做全面的分析、权衡；二是要有的放矢地提示新闻内容。

最后，注重细节。细节是故事化的重要组成部分，有细节的地方往往最出故事。细节是被放大了的小故事,广播新闻留给人印象最深的往往是一个个真实感人的细节。尤其要抓住细节中最本质的最能打动人的东西。此外,要注重增加悬念和冲突。人们在收听广播时经常不知道他们将会得到什么。悬念会使听众听下去,刺激听众的收听欲望。当然,在增加悬念的同时还要不停地用小标题和花絮来提醒听众,使听众欲罢不能、连续收听,直至结束时才揭开谜底。由于故事是由矛盾构成的,因此不妨通过设置矛盾、铺垫人物、交叉故事、加快节奏等手法,激化悬念与冲突,使得渲染一环套一环,冲突一个接一个,从而找到最为精彩的内容,把它精彩地"讲好"。

第二节　广播消息写作

广义的广播新闻涵盖电台常用的各种新闻体裁和节目类型,狭义的广播新闻则专指广播消息。广播消息的写作与一般写作有所不同,它有时包括某些制作环节,如录音材料、解说的剪裁和合成。但无论写作还是制作,其实都服务于同一目的,遵循共同的要求,因此这里统称为写作。

一、广播消息概述

(一) 广播消息含义

广播消息是运用由电波传送的声音(包括有声语言和音响)迅速及时、简明扼要地报道新闻事实的广播新闻体裁。这种体裁,实际上是消息在广播中的具体运用,或与广播媒介相结合的产物。作为消息的分支或派生形式,它需要体现消息的基本体裁特征,力求以最快的速度、最简洁的语言报道新闻事实,从而有别于广播通讯等其他广播体裁。而作为广播中的一种体裁,广播消息又需要遵循广播的传播规律,以便于声音传播,便于用口说耳听的方式方法描述事物,并以此区别于其他新闻媒介。所以,全面认识广播消息,必须把上述两种角度的考察结合起来,着重弄清楚它怎样在广播的条件下体现消息的基本体裁特征。[1]

1998年长江、嫩江和松花江发生特大洪水,当抗洪处于紧张阶段,全国广播电台播发数以千计的反映抗洪救灾最新事态的消息。下面是中央人民广播电台在8月30日《新闻和报纸摘要》节目中播发的一组消息:

> 长江新一轮洪峰昨天中午通过重庆市向下游推进,预计31号到达宜昌。另外,大庆市昨天第二次炸坝泄洪,大庆油田可望尽早恢复正常生产。请听记者今天凌晨发来的报道:
>
> 长江上游新一轮洪峰29号上午8点安全通过重庆市。据防汛办(公室)的消息说,上午8点重庆市主城区出现了184.1米的洪峰水位,超警戒水位4.01米。由于近日连下大雨,重庆下游的涪陵到万洲河段出现了入汛以来最高洪峰水位。据万

---

[1] 王振业.广播新闻与电视新闻[M].武汉:武汉大学出版社,2001:146.

洲水文站预测,8月30号20点,水位将达130.7米,超保证水位1.7米。希望长江中下游地区提高警惕,及时做好迎接新一轮洪峰的准备。

(现场报道)继肇源老坎于堤坝28号炸坝泄洪之后,昨天上午大庆防汛指挥部又在这里进行第二次炸坝。同时两台掘土机在肇源古下闸门的西侧,掘开了一道300米的口子,以加大洪水的下泻速度。堤坝决口处只见洪水滔滔而下,滞留在肇源境内达半月之久的洪水,从这两个决口退回到松花江中。目前这里的洪水水位高于松花江74厘米左右,泄洪量达每秒650立方米。如果按照这个速度泄洪,大庆和肇源的防洪压力可望得到减轻。据了解,大庆市正竭尽全力疏通水道,加大泄洪速度,同时还组织人力拉运石块和铁丝网,进行护堤,以保证泄洪工作安全顺利进行。

湖北境内的长江洪水仍在高水位波动运行。昨天晚上湖北省防汛指挥部就公安县个别地方出现疏漏情况发出炸坝泄洪通报,要求务必把察险工作落到实处。另外,广州军区司令员陶伯军、政委史玉效昨天发布命令,号召奋战在长江湖北、湖南段的13万陆海空及武警部队将士深入贯彻江主席重要指示,迎战新的洪峰,夺取新的胜利。

这组报道包括三则消息,合计七百来字,播报时间三分钟左右。前两则是记者从现场直接播报的电话录音,后一则是依据录音改写的口播消息;前面的导语是节目编辑根据消息内容撰写的,但不是将消息内容简单综合,而主要着眼于揭示消息蕴含的潜在信息,也就是指出南北两地抗洪救灾斗争的近期走向。一个导语、三则消息构成了一个整体,为听众提供了他们关心的最新事态和近期发展趋向。

从消息写作的角度看,上述消息虽然未必精湛,却称得上是既体现了消息体裁特征,又具有广播消息的特点:①迅速及时地反映了最新事态,显示了广播消息的时效优势;②简明扼要地突出听众最关心的事实——水位,长江新洪峰即将到来,大庆第二次炸坝泄洪等;③赋予消息一定程度的动态性和现场感,如堤坝决口处只见洪水滔滔而下,滞留在肇源境内达半月之久的洪水,从这两个决口退回到松花江中;④发挥了导语提示内容、揭示潜在含义的作用。多则消息相互配合所形成的某种互补效应,在这组消息中体现得也相当明显,如第一、三则消息前后呼应的格局,仿佛给人上下游对话的感觉:上游报告"新洪峰正向你那里奔涌",下游回答说"这里已做好准备"。不过这已超越了消息本身,属于节目编辑的范畴了。[①]

(二)广播消息的种类

广播消息包括许多具体形式。了解广播消息的分类,明确这些形式之间的界限和各自的表现功能,以及常用形式的采写、制作要求,是掌握和恰当运用这种体裁的先决条件之一。下面把广播消息的常用形式,按是否运用实况音响划分为两大类,再做进一步划分。

[①] 王振业.广播新闻与电视新闻[M].武汉:武汉大学出版社,2001:148.

第一大类是不带音响的广播消息。此类消息习惯上又称"口播消息",一般由播音员、主持人根据文字稿播报。它的具体形式多沿用消息的分类名称,或按内容的性质分为事件性消息、经验性消息、述评性消息、人物消息等;或按内容构成分为单因素消息、多因素消息;或按内容和形式相结合的原则,分为动态消息、非动态消息、综合性消息、简讯等。但不管怎样分类、采用什么名称,口播消息都要既遵循一般消息的写作要求,又坚持为听而写的原则,力求每则消息都不仅能够迅速及时、简明扼要地传播新闻信息,而且具有朗朗上口、娓娓动听的表现力。

第二大类为带音响的消息。此类消息,实际上是各种实况音响在消息中的运用。按采制方式的不同,可分为三类,即录音消息、现场消息、现场直播消息。

二、广播消息示例

公安微博危机公关十小时

昨天下午,山大南路上,一起普通的治安案件引发千人围堵的群体事件。济南公安微博第一时间公布权威信息,将这场风波顺利平息。请听济南台记者采制的录音报道《公安微博危机公关十小时》。

昨天 17 点,在山大南路,一名女警察与一对修车的老人突发争执,市民李先生:(录音)"她嫌人家老头老太太修得慢了,就跟人家争吵起来,然后就开口骂人。"

争吵中,女警叫来一名男子,将两位老人打倒,并迫使老太太跪在地上。周围群众看不下去了,纷纷要求他们给老人道歉。

17 点 17 分,历城巡警闻讯赶到现场,刘警官:(录音)"经过了解,是一起治安纠纷。由于现场人太多,我们准备把双方带到就近的派出所做进一步处理。"

然而不明就里的群众误以为警车是想掩护女警察逃走,于是将警车也团团围住:(录音,现场)"出来!出来!出来!"

18 点 32 分,网上出现了"刘三好学生"的一条微博:"山大南门东边,据说发生警察殴打老太太致老太太下跪的事!"

这条微博被迅速转发。更多市民赶往现场,在很短的时间内就聚集了一千多人。(录音)后来人越聚越多,大家很气愤嘛,就把这个车拥到路中间,这个山大南路就不能走了。

19 点 31 分,济南市公安局微博警察孙海东发现了这一情况,立即通过"济南公安"官方微博介入:"历城分局,怎么回事?"

19 点 45 分,孙海东随市公安局领导一同赶到现场参与处置:(录音)"现场很多人举着手机,不断地拍照,发微博。但大部分群众都没有看到第一现场。如果以讹传讹,事情会越闹越大。所以我们必须和时间赛跑,在微博上将真相尽快发布出去。"

(键盘声,压混)

20 点 15 分,"经调查,一名省司法厅女狱警在修车过程中与群众发生冲突。"

20点20分,"经核实,省女子监狱民警林某着警服修电瓶车时发生纠纷,叫其丈夫将受害人打伤。"

20点26分,"现场的警车是历城巡警的处警车,是为了先期处置。"

20点36分,"目前打人者已被扭送山大路派出所。现正在接受处理。"

这些微博被转发了7163次。网上的声浪渐渐平息,现场的群众也因为了解了真相而陆续散去。

今天凌晨4点07分,"济南公安"微博再发最新进展:"打人者林某和朱某被处以十五天行政拘留。两人已被连夜拘留。"

众多网友对"济南公安"微博好做法表示了赞许:网友"多多"表示"'济南公安'微博辟谣真快,真给力。"

网友"大晴天":"从处理结果来看,政府没有偏袒。赞一个。"

济南市公安局副局长徐春华:(录音)"微博传播谣言非常快,传递真相、消除谣言同样快。在突发事件中,一定要及时地将信息公开。你不说,别人就会乱说。相反,信息越公开,民众的情绪就会越稳定。"

山东大学教授王忠武:(录音)"在这个事件中,林某的特权意识和对争执对象人格的不尊重,触及了警民非正常互动的底线,这样就引发了旁观者对自身权利和安全感的一种焦虑和不安。济南公安局以微博应对微博,效率、公正性可圈可点。这应该是政务微博发展的一个方向。"

来源:济南广播电视台

广播消息《公安微博危机公关十小时》记录了2011年8月17日,济南市公安局面对网络上迅速发酵的警察打人的误传,主动选择信息公开,第一时间向广大网友和市民公布真相,最终使这场网络风波归于平静。这一新闻事件作品充分发挥广播优势,紧紧抓住各个重要时间节点,将汹涌的网络声浪、紧张的现场情景、政务微博不断公布的真相有机融合,展现了政务微博发展的新方向和信息公开在维护社会稳定方面的重要作用,受到了评委的一致好评。

这条广播消息获第二十二届中国新闻奖一等奖。该消息只有短短三分钟,但有现场、有故事、有冲突、有评论,既有拼比速度的赛跑,又有持续深入的挖掘,既有突发事件处置的高效反应,又有媒体担当的价值体现。这些,通过记者"讲故事"般地形象记录和讲述,广播新闻就像一部跌宕起伏的微型剧向听众立体化呈现新闻内容,成就了精彩。

三、广播消息写作

(一)写作特点

广播消息既不是广播自身孕育的体裁,也不是对先于广播存在的消息体裁的简单搬用,而是消息体裁适应广播传播方式的产物。这个体裁适应媒介的过程,是广播按自己的需要移植和改造消息体裁的过程,也是广播消息从消息中分离出来,并逐渐形成自己的特点的过程。因此,广播消息的特点多数属于相对特点。它与其他媒介消息的区别,主要表现为具体要求和处理方式有所不同。

1. 时效性更强

任何媒介的消息都具有迅速及时、简明扼要的特点。但不同媒介在体现这个基本特点时,又有不同的要求和方式方法,从而形成各自的相对特点。报刊消息受出版周期的限制,最快不过是提供"昨日新闻"或"上午新闻"(限于晚报);电视新闻的传播速度,也在一定程度上受制作的影响。广播消息则可以凭借广播的传播优势,达到其他消息难以企及的时效,不仅提供"今日新闻",而且提供一小时、几分钟以前,甚至正在发生的新闻。这就必然在采访、写作或制作方面提出不同的要求,或导致某些变化。前面所举的中央人民广播电台在《新闻和报纸摘要》节目中播发的特大洪水的那组消息,在一个共同的导语下播出三则凌晨从现场通过电话发来的相对独立的消息,报纸未必能够如此快捷,但如果赶得上最后截稿时间,则通常利用前方记者提供的材料写成综合性消息,为读者提供整体态势信息。对于广播消息来说,体现这个特点不能不顾及广播稍纵即逝、过耳不留的传播劣势,因此应特别注重突出主体事实。为了这个目的,它在叙述具体事实时,只要有必要甚至不辞繁复,包括以适当的方式重复最重要的事实和关键性细节,解释不可回避或替代的专门词语等。比如中央人民广播电台在朱建华创造跳高世界纪录的录音报道中,不仅先后五次出现"两米三八"这个高度,而且还有以下这样一段描述。

现在场上的横竿已经升到了两米三八,这个高度比朱建华在今年六月在全运会预赛上(创造的)两米三七的纪录还要高出一厘米。①

五次重复同一个高度,这在报刊消息中也许是累赘,而在广播消息中则有利于加深人们对主体事实的印象,仍不失简明扼要。

2. 取材更精粹

这是由简明扼要这一基本特点引申出来的具体特点。广播消息诉诸人们的听觉,它要适应听众的收听状态,内容就不能不力求精粹,对新闻素材的选择、剪裁自然也要精益求精,最大限度地舍弃那些可有可无的材料。

广播消息取材更精粹,不光是材料多少或剪裁详略的问题,更重要的是材料的价值取向或重点有所不同。一般地说,广播消息从便于让听众听明白出发,取材的注意重点在于:能够反映事物、事件结局或事物最新发展状况的事实,有关事物或事件发展过程关键环节的事实,能够说明事物或事件发展变化根本原因或主要影响的事实。当然,在一则具体消息中,究竟需要哪些材料,只能根据事物或事件的实际情况和报道意图进行取舍。但无论如何取舍,都应当有利于突出重点,充分表现主体事实,力求材料典型精当、剪裁详略得体,既防止面面俱到、节外生枝,也防止堆砌具体事例或数字。

---

① 第二届全国广播节目评委会.一九八三年全国优秀广播节目稿选[M].北京:中国广播电视出版社,1985:50.

3. 更富于传真性

这是在声音传播基础上形成的一个特点。广播消息以声音传播信息,可以比文字更为逼真地反映事物的本来面目,再现现场情景和人物的音容笑貌。

其中的口播消息虽然诉诸文字,但在转化为声音的过程中,也可以进行高低、强弱、长短、停顿等的处理,增强语词反映和再现现场场景的能力。

> 一向以推手推车闻名的胶南县农民,(现在)做起了卖手推车的生意。他们别出心裁造出了多用途的车子,并千方百计推向世界。如今,这个县每年有40多万辆手推车漂洋过海,销往42个国家和地区,200多万美元的洋钱流进了当地农村的钱柜。
>
> ……
>
> 手推车一推出国门,便遇上了激烈的竞争……日本客商和田川先生拿来样品订单,36小时后就接到合格成品。他辞掉其他合同,全部从中国胶南订货……(他们先后)造出了24种多用途手推车,以灵便、漂亮、耐用、价廉一举压倒韩国、中国台湾、日本的三大制造商,发展成为亚洲手推车出口基地……①

这是《手推车推向世界》中的两个片段。不妨出声念一念,从听的角度体味一番,不难从它的遣词(如"飘洋过海""流进"这类动词)、用语(如"别出心裁""推向世界")、炼句(如开头的一句和"以灵便、漂亮、耐用、价廉一举压倒……")感受到强烈的现场和感染力。当然,这也是记者带着"写供听的消息"的观念写稿的结果。

录音消息除解说词以外,还运用实况音响传递信息。这两种信息符号恰当配合,更可以绘声绘色地表现新闻事实,再现现场情景,给听众以如闻其声、如临其境的感受。例如前面引述的广播消息《中国第二次载人航天飞行获得圆满成功》中关于飞船胜利返回时的现场欢呼和现场讲话录音等,就真实地再现了现场情景。

广播消息传真性强,并不等于具体作品一定具有传真性。这个体裁特点能否转化为具体作品的特点,取决于采写者、播报者在采制过程中,是否坚持广播的传播规律,善于调动声音的直接表现力。所以,人们历来强调要"像说话那样去写""写完后高声读一遍",英国广播公司(BBC)甚至把后者列入工作条例,原因即在于提醒广播工作者时刻保持这种自觉性。

4. 结构更紧凑

与声音的线性传播方式相适应,广播消息在组织和表达内容时,也大多以单因素为主,一环紧扣一环地叙述事实。单因素消息固然如此,而就算是多因素消息,也尽可能一个因素一个因素地叙述,以便于听众接收和理解。至于如何体现这一特点,第三节还将进一步阐述。

总之,与其他媒介,尤其是供读的报刊消息相比,广播消息除时效性更强、更简明扼

---

① 中国广播电视学会.1991年优秀广播新闻·社教节目稿选与评析[M].北京:中国广播电视出版社,1992:20—21.

要以外,还具有取材更精粹、更富于传真性、结构更紧凑的特点。这些特点相辅相成、相互为用,赋予这种体裁以旺盛的生命力,使它能够在说、听条件下,更好地传播信息。

(二) 写作方法

广播消息的写作应该遵循如报纸消息一样的常规要求,下面根据广播新闻传播特点,着重介绍广播消息的导语与主体写作上要注意的地方。

1. 导语

导语是消息中扼要表述最重要或最精彩的新闻事实的开头部分。作为消息开头,它一般位于消息的第一段或前几段,具有点明新闻核心内容、唤起受众注意和兴趣的作用。导语是消息的开头,但开头不一定都是导语。有些按新闻事实发生顺序写的消息,开头就未必是导语,所以切勿把导语与消息的开头等同起来。

广播消息运用声音传播信息,供人们收听。它要在听的条件下,引导人们注意新闻的核心内容,吸引人们的收听兴趣,更需要精心构思和写作导语,赋予它更强的冲击力和引人入胜的魅力。

从写作上说,尤其需要注意突出最能表现最新事态的新闻要素。广播消息的导语,往往不可能三言两语概括全部新闻要素,而只能着重强调某些最重要的要素。哪些要素重要? 这取决于新闻事实和吸引收听的需要。一般地说,事件性消息注重何时、何事,人物新闻多强调何时、何人,经验性消息更关心何因、如何。至于其他要素,如非必要,完全可以放在新闻主体中分别交代。

导语是一则消息的有机组成部分,不管以什么形式出现,它在内容和语言风格上,都要与新闻主体协调一致、相互呼应,防止相互脱节、重复或矛盾。至于如何具体处理二者之间的关系,则只能从新闻题材本身的特点出发,比较常见的有下列三种方式:

(1) 概括主体事实的本质

> 本台消息:1988 年 8 月 25 日,全国首例"农民告县府"案几经周折,终于在浙江省苍南县电影院公开开庭审理。和土地打了半辈子交道的包郑照老汉端着水烟袋,带着一家老少,走上庄严的法庭,与他们的"父母官"——县长黄德余对簿公堂。①

这条导语用白描手法,寥寥几笔勾勒出法庭现场的大概场景。听众不到现场,也可以想象出这位敢于同县长打官司的农民形象。这条导语深刻地揭示了主体事实的重大社会意义,以农民与县官对簿公堂的典型事实,赋予消息重要的舆论导向价值。

(2) 突出最精彩的事实

写作广播新闻导语要善于突出变动的、富有个性特征的新闻事实,不仅可凭借听众的收听心理与广播新闻导语有效地吸引听众注意,还能做到常写常新。

浙江台曾播出一条消息:《哪志贵嫁出五个女儿 个个婚事简办》,其导语是这样写的:

---

① 沈爱国.收听心理与广播新闻导语写作[J].杭州大学学报(哲学社会科学版),1995(02):102—109.

  本台消息:前天上午,诸暨市大侣乡王家堰村农民哪志贵的女儿莲芳出嫁,村民们都来送行。新郎蔡仲达笑咯咯地分着喜糖,屋里屋外一片笑声。十点钟光景,新郎用脚踏车载着新娘上路了,后面也并没有大担小包的嫁妆跟随。[1]

  这条导语的新意就在于避开了其他雷同的材料,没有笼统地写一个农家女儿婚事简办、不送嫁妆之类的套话;而是巧妙地选择了一个很有特色的送亲场面,不落俗套,使听众一听就觉得新奇和形象。

  请看下面一则浙江省德清县广播电台采写的广播新闻导语:

  本台消息:昨天,禹越乡木桥小学"三算"班八岁女学生周晓敏,跟担任乡总会计的父亲周长林,在家里展开了一场加减百子小珠算比赛。父亲、女儿拨珠如飞,珠声嘀嘀嗒嗒。比赛结果,周晓敏以一分和一分三十秒的成绩,两次胜过了打了二十五年算盘的父亲。[2]

  这则导语在描述父女俩珠算比赛现场时,选用了"珠声嘀嘀嗒嗒"的象声词,表现了父女拨珠的娴熟和紧张的气氛,给人以如闻其声、如临其境之感。古人云:"情动于中而形于外。"黑格尔也曾说过:"能把个人的性格、思想和目的最清楚地表现出来的是动作。人的最深刻的方面只有通过动作才能见诸实现。"[3]在广播新闻导语中,恰当地描写人的动作和神态细节,可以使新闻事实显得具体和生动,有助于引发听众下意识的关注。

  (3)强调主体的某一要点

  本台消息:一向只能进城给别人当保姆的农民,如今把"家庭服务员"请进了自己的家门。据统计,北京市朝阳区太阳宫乡已有190户农户请了保姆。[4]

  这则导语,以农民的前后境遇做对比,使听众形成明显的感受反差,不失为成功之作。在我们的日常生活中,还有许许多多平凡细小的琐事,可以通过对比的手法,表现强烈的反差,使听众的感官为之一震,产生定向反射。

  导语是消息的点睛之笔。广播消息没有标题,要想唤起听众的注意和收听兴趣,尤其需要精心写好导语。

2. 主体

  除简讯外,一则广播消息通常由导语和新闻主体构成。它的写作要求,实际上是消息写作的基本要求在广播传播条件下的体现,是共同要求与特殊要求的统一。下面着重围绕如何适应广播传播方式,探讨广播消息的写作要求。

  消息的主体具体叙述新闻事实。如果说导语概括新闻的核心内容,为消息"点睛",那么以提供具体事实为主要任务的主体,就是消息的血肉之躯了。它与导语相辅相成,

---

[1] 沈爱国.收听心理与广播新闻导语写作[J].杭州大学学报(哲学社会科学版),1995(02):102—109.
[2] 同上.
[3] 张秀珍."写人要凸显个性"作文专题导写[J].新作文(教育教学研究),2009(02):60.
[4] 沈爱国.收听心理与广播新闻导语写作[J].杭州大学学报(哲学社会科学版),1995(02):102—109.

同样是消息的重要组成部分。广播消息的主体,既要求内容充实、具体,又要求便于听知。怎样在有限的篇幅内,同时满足这两项要求?以上文《公安微博危机公关十小时》为例,通过这条消息,大致可以把握写作广播消息主体的基本方法。

(1) 用典型事实说话

广播消息篇幅有限,主体是否充实,主要取决于材料的质量而不是数量。就这条消息来说,它的主要事实就是济南市公安局主动公开网络上发酵的警察打人的误传信息,通篇的表现以"时间"为主线,所以加入模拟"时钟"有节奏嘀嗒运转的音效,更加强调"突发事件的紧张跌宕、步步跟进",生动、鲜活、富有表现力,也紧扣和吻合了"十小时快速化解危机"的主题,使场景更加鲜明、真实、悬念迭起,快节奏但有条理地"讲述故事"。可见主体是否充实,在于材料是否典型,是否精当,是否蕴含"以一当十"的表现力。这当然不是信手拈来的,而是在拥有大量材料的基础上,精细选择、提炼的结果。

(2) 充分运用音响

作品通过多人分饰角色、配音情景再现、模拟特种音效等手段,将汹涌的网络声浪、紧张的现场情景,以及政务微博不断公布的真相有机地融合在一起,让整个过程丝丝入扣、引人入胜,营造出了强烈的现场感,这在新闻传播手法上进行了有益的尝试,非常成功。这篇消息记者十分巧妙地利用微博表达了网友对公安机关合理处理此事的赞许。最后两段又采用济南市公安局副局长徐春华和山东大学教授王忠武的录音,表达了正确的观点并引导了舆论。

(3) 繁简有致叙事

广播消息为适应听众"听"的需要,整体上要求简明扼要、以简驭繁,但对于局部或具体事实却需要权衡轻重、主次,分别对待。尽可能舍弃或一笔带过无关紧要的事实或次要的局部,而对于重要的局部,尤其是典型事实,则要舍得笔墨,力求具体详尽。纵观这则报道的文字,时间节点出现的次数非常多,凸显了事件的紧迫感,更体现了济南公安部门解决问题的高效率。借用新兴的媒体——微博,济南市公安局将这场在网络引发公众关注的事件,及时、真实地反映在了受众面前。

(4) 恰当交代背景

背景本身不提供信息,却可以烘托新闻事实,帮助人们理解其内在含义,让人们接受正确信息导向。背景材料种类繁多,几乎包括与新闻事实有关的各种材料,如政治、经济、文化状况,历史、地理、风土习俗,以及此前的事实状态。广播消息交代背景,既要善于调动多种材料,又要精打细算,讲究方式方法,尽可能使背景与事实恰到好处地融为一体。此消息交代背景也利用了广播的特长,如采用录音介绍事情发生的经过:

昨天17点,在山大南路,一名女警察与一对修车的老人突发争执,市民李先生:(录音)"她嫌人家老头老太太修得慢了,就跟人家争吵起来,然后就开口骂人。"

争吵中,女警叫来一名男子,将两位老人打倒,并迫使老太太跪在地上。周围群众看不下去了,纷纷要求他们给老人道歉。

此段乍看像是集中交代背景,却句句与现实紧密联系在一起,于情节发展中交代背景,使得事实增值、增色,方便和加深了人们对新闻事实的理解。在这里,重要的是掌握恰当的"度",即将背景材料运用严格控制在有助于听众正确理解事实的限度内,切忌无节制运用;尽量与事实紧密联系起来,防止不适当地"间隔"或割裂。

消息题材各种各样,如何处理主体也不能一概而论。上述不过是基本要求,至于如何具体体现,还得从题材的实际和广播的传播特点出发。人们常说,没有规矩不成方圆,但是明确了规矩之后,不仅可以画方画圆,而且可以衍化出各种各样的形状。消息主体的写作也是这样,在基本要求明确之后,一切就都在于灵活运用了。

第三节 广播新闻专题写作

一、广播新闻专题概述

广播新闻专题报道是对现实生活中某些具有典型意义和较高新闻价值的新闻人物、事件、问题、社会现象等,进行记录、调查、分析、解释、评述,深入、系统而又生动反映其发生发展、结果和影响的全过程,并揭示其深刻主题意义的新闻报道形式。这种报道类似于报纸、广播的通讯,是广播新闻深度报道的主要形式之一,同时也是各大门户网站追踪报道的形式,是各大广播电台的重要业务。

二、广播新闻专题示例

杨利伟:21小时的太空之旅

听众朋友,我是记者谭淑惠,2003年10月15号,"航天英雄"杨利伟承载着中华民族的千年飞天梦想,乘坐着我国自行设计制造的载人飞船成功遨游太空。作为中华飞天第一人,杨利伟在21个多小时的太空之旅中,有哪些特殊的经历?战胜了怎样的挑战?在太空飞行时的心情如何?这些都是人们关注的焦点。10月底,经过系统医学检查的杨利伟第一次面对媒体接受采访,我有幸第一个近距离地采访了他。在这次节目中,就请听飞天英雄杨利伟讲述他鲜为人知的太空之旅。

【飞船发射前,十、九、八倒数秒音响,压混】

数秒时,我的心情保持得很平静。作为我来说,没有压力是不可能的,我们这些航天员奋斗了五年多,就是为了这件事情,不管谁去执行这个任务,大家的愿望就是这个愿望,对于我个人来说,去实现这个梦想,也是很光荣的。这份光荣就代表着大家的努力。那么从十、九、八、七数的时候,我很自然地给大家敬礼,这完全都是程序以外的东西,当时我听到大厅里传来的掌声,非常受鼓舞,当时也很振奋,感谢这么多年专家教练和全国人民的培养去执行这个任务去给大家敬礼,也对大家有个表示,让大家放心,我去完成这个任务,很自信地给大家敬礼。

【火箭升空的音响,压混】

火箭升空中,有很大的负荷,好多感觉是地面训练无法模拟的。忽然间失重,当时飘起来以后,看好多束缚带都立起来了,舱里的小东西、灰尘飘起来,景象很壮观,一看就是真正失重了。但是当时在我身体上也出现错觉,我感觉身体向下了,倒过来了,这是一个很难受的事情,因为真正在失重情况下,是没有上下之分的,人飘起来后无所谓了,你睡觉也是一样,随便怎么躺都是一样的。只要你固定自己别到处飘到处碰,你不管是横着躺竖着躺都没有问题,像这种错觉更多地需要你的意志力来对抗它,就是强迫自己不让自己倒着。很短的时间内把这种错觉对抗掉了。这个我感觉是非常耗精力的一件事情,做起来很困难。待恢复正常后,在上面做了很多工作。

【入轨、测控音响,压混】

大家看到我的每一次过站的时候,很老实地看着程序,在那儿报告。因为你做之前需要确认,做之后还要确认,防止误操作。因为这种误操作会引起人为的麻烦。要求你在几分几秒发,你必须在这个时候发,早了不行,晚了也不行。整个有200多项操作,例行的都做了,回来跟训练部门报,跟主管部门报,没有一次误操作。所在的操作都在时间节点上,没有误差时间。

【在太空中向世界问好的音响,压混】

刚入轨的时候,我写下一段话,为了世界的和平和进步,中国人来到太空了,当时写这段话的时候,我摘下手套,拿笔去写的时候,确实有这种民族的骄傲,当时作为中国人,中华民族能够屹立在世界民族之林,充分展示了中国的智慧和勇气,当时是抒发一种感情,确实为祖国而骄傲。

【天地对话的音响,压混】

在空中怕地面看不到我,每次进站之前就把自己在座椅上束缚好,然后跟地面进行这种交流,去报告自己的身体和工作情况,真正在上面的大部分时间,都是不束缚的,我在里面飘着,非常有意思。自己尽可能多地去体验空中这种经验、经历,包括我上面的日常管理,包括自己测一些血压,都是自己测的,自己做,体验一下失重是怎么回事,也折腾折腾自己。

【在太空和妻儿的对话,压混】

因为事先不知道,以这种方式能够跟我爱人和孩子通话。这是很不容易的一件事,也很有意义,当时很受感动,同时也感到首长的关心,作为我自己,也是听到家里的声音,感到特别亲切。

【和地面联系音响,神舟五号到,压混】

虽然在整个飞行过程中,大家从屏幕上看到我的时候,是在束缚状态下,实际上离开测控区之后,我基本上都是在舱里飘浮着,因为很多操作也需要在飘浮中去做,那么整个的飘浮就是很有趣的事情。比如说,你稍稍给身体一点力,你会马上飘起来,在就餐的时候,在饮水的时候,当时带着的航天食品——小月饼,在失重的情况下就在眼前飘浮,你稍给它一点力,就到你的嘴边去,甚至你吸口气都能把它吸到嘴里,感觉非常有趣。饲水带稍稍在那一挂,稍受点力,它就在那儿飘着,不会飘走。比如说把笔放开以后,它就在你眼前这么晃着,你不用管它,它不会走掉,再用时,一伸手随时就可以拿到了,非常方便。类似这些,在工作之余,或者说是你在执行任务的时候发生,也很好玩,也给当时的工作增加了很多乐趣。

【返回调姿音响,压混】

返回呢,比上升更让人难受,因为它进稠密大气层的时候,进黑障的时候,从窗外看通红一片,很壮观,同时也很紧张。有好多压迫空气的呼啸声,有好多的过载冲击,无论从身体上、心理上、意志品质力上,都更考验人。飞船着陆的冲击力也非常大,比较庆幸的是落点很精确,搜救人员到得非常快。返回舱返回之后,我的头是倒位的,头朝下,当时解开束缚带后,调整自己的体位,返回时非常清醒,做的第一项工作是打开平衡筏,按照程序做完后,就看见外面有手电光过来了,不知道是什么光,反正我知道当时非常放心,人已经来了。(笑声)

【在西郊机场的汇报词,压混】

我感觉这次太空之旅倾注的不是一个人在上面待了14圈或者是21个小时多一点,而是成千上万人的几十年的努力,不是自己有什么成功,高兴的是梦想的实现,从我自身来说,我确实非常高兴,确实为祖国而自豪。无论谁去执行这个任务,都会做得很好。执行任务时很多航天员都在做技术支持,大家都没有说话,但是21个小时有大家都在那儿陪伴着我。有人问我,在上面孤独吗,我确实没有感觉到孤独,一个是在上面工作很充实,更多的是下面很多战友在做技术支持,我现在想起来也很受感动,很多人为了这件事情,耗了一辈子的精力,几十年都在为之奋斗,无论是老专家还是现在工作的。当时我很平静,说起来的时候平静不下来,有想流泪的感觉。

【杨利伟唱航天员之歌,压混】

作为我个人来说,现在已经参加训练,通过这次这么圆满的成功,我对今后的载人航天,应该说非常乐观和有信心,我个人会调整自己的身体和心理,参加训练,以比较好的身体储备,更快地投入训练,为下一步的"神六"和以后的出舱和对接做准备工作,随着这次的成功,后续工作会越来越多,而且我想会做得一次比一次好。

来源:中央人民广播电台

此新闻专题获第十四届中国新闻奖广播专题二等奖。据评奖材料介绍,这个新闻专题节目播出后,领导和杨利伟本人对记者的采访作风和这篇报道给予热情称赞。不少听众来信、来电,对于能够从广播里及时听到飞天英雄的内心独白,感到十分激动,加深了对英雄事迹和中国载人航天工程意义的理解。下面,结合对此专题的分析谈谈广播专题的写作要求。

三、广播新闻专题写作

（一）写作特点

1. 题材结构故事化

广播电视的初步发展阶段借鉴了许多报纸新闻的写作技巧，包括倒金字塔结构方式等。但随着创作者对广播电视特性的挖掘，发现故事化的叙述越来越受到人们的喜爱。故事化的叙事结构发端于20世纪60年代美国CBS的《60分钟》，正如主持人华莱士所说："我们节目长盛不衰的奥妙在于我们知道怎么讲述一个好故事。"① 上文示例的报道即讲了一个好故事，在坚持正确导向的前提下，其特别注意发挥广播特点及节目可听性，没有大话、套话和多余的话，全部是英雄的内心独白和真实故事。

2. 叙事方式感情化

王国维曾说："大家之作，其言情也必沁人心脾，其写景也必豁人耳目。其辞脱口而出，又无矫揉装束之态。以其所见者真，所知者深也。"其强调的是作家要有生活阅历和思想感悟。同样，在新闻采制过程中，拥有了现场的第一手资料，作品的情感才能自然而然地表达。

据中国新闻奖评奖材料介绍，"神舟五号"发射成功以后，本专题记者很幸运地成为极少数获准进入航天城采访杨利伟的记者，但是，由于人物身份特殊，采访困难重重，经过再三努力，终于获得一个小时近距离采访的机会。为了在如此有限的时间内完成三篇报摘新闻稿的采访和这篇新闻专题的录音采访，记者避开人们熟知的材料和规定的报道思路，直接进入飞天英雄的内心世界。这一点，连杨利伟本人和在场的领导都感到意外。正是凭着这种"贴近"和"深入"的采访，使杨利伟在轻松自然的气氛中向记者打开心门，披露了21个小时飞天旅程中鲜为人知的细节和内心世界，让听众分享他飞天经历的同时获得教益。

3. 人物展示个性化

不管是事件类专题，还是人物类、调查类专题，都离不开对人的叙述、塑造。一部好的新闻专题，塑造的人物形象应该是真实的、有个性的。人物的个性可以通过人物讲话（同期声）来体现。声学研究表明，声音是人的生物名片，每个人都有自己独特的声音效果。根据声音可以判定与人相关的大量生物信息，判断人的生理或者心理状态。

这篇广播专题突破一般典型报道的套路，以太空之旅为主线，以典型音响作为段落间的起承转合；制作精良却又不露痕迹，形式新颖却很自然，题材重大却亲切朴实。无论是从典型报道的范畴来看，还是从整个中国载人航天报道来看，这无疑是一篇很好地体现了"三贴近"原则、内容和形式都比较上乘的广播作品。

---

① 周炯. 连播35年魅力不倒 CBS《60分钟》成功秘诀何在？[EB/OL]. (2009-08-21)[2020-01-10] 搜狐新闻 http://news.sohu.com/20090821/n266123558.shtml.

（二）写作方法

1. 广播新闻专题的结构

（1）线索结构

这里的"线索"，指把文章的全部材料贯穿成为一个有机整体的脉络。线索的表现元素，可以是解说词，也可以是同期声、音乐音响等。确定线索，是使文章结构严密、紧凑的前提条件。

一是单线结构，指专题报道按事件发生、发展的顺序组织材料，用于对脉络清晰的事件报道的结构。这种结构线索单一，易于被受众接受，是专题报道最基本、最常见的结构方式。如以时间顺序讲述主人公一天的经历，或者以时间顺序叙述一件事情的开始、经过、结果，都属于单线结构。

二是复线结构，指在专题报道中设置多条线索分别展开叙事，线索之间相互关联、影响或交叉的结构，适合报道人物众多，情节复杂，背景丰富的题材。这种结构方式有助于满足新闻专题的主题深刻、报道深入等要求。

（2）层次结构

专题报道按层次安排的不同，结构呈现出不同的方式。

一是事件顺序式结构。广播新闻专题不通过记者讲述告诉受众发生了什么事情，而是通过声音完整、实时再现新闻过程，事件的结果在作品结束才揭晓，这种结构带来的悬念与未知自然而然地吸引了受众，是受众喜爱的、能发挥广播媒介优势的结构。这类专题报道的叙述顺序为：导语—事件过程及细节—事件结束。这种叙述结构不仅适用于简单的事件类消息，也适用于复杂的事件性追踪报道。

二是调查分析式结构，根据记者的采访调查过程和清晰的调查路线组织事实材料。该结构通常以调查的进行过程为纵线，以调查所涉及的人物、地域、单位等方面的平移及事实细节的展示为横线，清晰的纵线和丰富的横线交错进行，逐步揭示新闻事实的过程和因果关系，引导受众接近事实真相，启发受众认识和理解事实本质。在这类专题报道中，叙述顺序为：导语（某一新闻事实）—由此新闻事实引出的相关人士和事实—根据调查发现新的事实—对新事实涉及的采访对象的访问。这种结构让受众随着记者调查的逐步深入，发现更多、更有价值的信息，也使事件内部各因素之间的关系逐渐清晰。因为关键环节和关键细节的展现，专题更客观、可信。

三是并列组合式结构。这类专题报道没有明显的时间、空间线索，而是按主题组织素材，安排顺序、详略。叙述顺序大致表现为：综合式导语—第一则新闻事实—第二则新闻事实—第三则新闻事实……总结。这种结构适用于主题集中、明确的专题，比如关于在不同单位，但有着相同的工作经验，或者在不同地域，庆祝同一节日，诸如此类的题材，都可以考虑使用并列组合式结构。

在写作实践中，专题文稿采用哪种结构，要根据题材的特点、主题的需要来考虑，思路不能刻板、僵化。

2.广播新闻专题开头

万事开头难,下面着重谈谈广播新闻专题的几种开头方法。

(1)开门见山式

作品的开头直接叙述事实的核心内容,属于新闻的一部分。开头通过交代新闻要素中的一个或几个要素,简要介绍新闻内容。比如,第二十四届新闻奖三等奖广播专题《当张瑞敏遇上马云——海尔开启跨界融合的平台》深度解读了海尔与阿里巴巴的合作和海尔的互联网思维,并采访了国内知名财经专家,揭示企业发展之道。作品的开头讲述:

> 商战风云瞬息万变,互联网时代尤为如此。当你还在为前一秒的领先沾沾自喜时,有人却四两拨千斤,跨界洗牌,改变着市场格局。海尔,全球制造业巨头,连续四年蝉联全球白电第一品牌;阿里巴巴,互联网霸主,引领电商瞬间横扫实体经济;12月9号,两大巨头正式牵手,共同打造航母级物流平台。业内解读,一场颠覆已有商业模式的跨界融合正在开启。

这则专题的开头,包含了"时间(WHEN)""人物(WHO)""事件(WHAT)""怎么样(HOW)"等新闻要素,将新闻主要内容开门见山道出,便于受众理解,此类开头在经济类题材的专题中使用较多,方便受众把握新闻的主要内容和主要观点。

(2)间接入题式

开头阐述与新闻内容相关的某一方面,而不直接告诉受众新闻要报道什么。比如,第二十四届中国新闻奖一等奖广播专题《小村大事》,讲述了河南信阳市平桥区郝堂村的变迁,探索了现阶段广大农村该如何发展,农民该如何有尊严地生活,农业该如何产生价值等问题。作品的开头讲述:

> 11月21日,中央人民政府网站公布"第一批建设美丽宜居小镇,美丽宜居村庄示范名单",首批十二个村镇,河南信阳市平桥区郝堂村入选。

开头并没有明确提示专题的主要内容,而是阐述与表现对象郝堂村相关的一件事,但这件事的选择足以看出记者的匠心所在。从最新事实——建设美丽宜居村庄——入手,为专题找到了一个恰当的新闻由头:"中央人民政府网站公布",又强调了新闻信息来源的权威、可靠。

(3)对比悬念式

开头通过对比的方式凸显表现对象,同时,也注意突出新闻最具新闻价值之处。悬念的设置要注意选择与报道内容性质相反或相对的内容。作品的开头就将两个进行比较的事实列举出来。为何二者遭遇相同,而命运不同呢?这个悬念吸引观众继续往下看。

(4)提问式

开头把受众最关心、最想知道的东西通过提问的形式在导语中体现出来,吸引受众注意。提问的形式可以是疑问,也可以是设问。

> **本章小结**
>
> 　　用声音来传播信息,是广播新闻独有的传播特性。广播新闻写作,既需要新闻思维,也需要声音思维,需要调动有声语言、音响、音乐等多种声音符号,在传达信息的同时,带给人们真切的现场体验。"为听而写",是广播新闻写作的总要求。要注意叙述语言与音响有机结合。广播新闻的语言特点有口语化、形象化、大众化。广播新闻的写作注意迅速及时、简明扼要、有动态性和现场感,发挥导语提示作用。广播消息分为不带音响的广播消息和带音响的消息两大类。广播消息与其他传统媒体相比,时效性更强、取材更精粹、更富于传真性、结构更紧凑。根据广播新闻传播特点,导语要概括主体本质、突出精彩事实、强调主体要点;主体要事实典型、充分运用音响、叙事繁简有致、恰当交代背景。广播新闻专题写作特点包括:题材结构故事化,叙事方式感情化,人物展示个性化。广播新闻专题的结构有线索结构、层次结构。广播新闻专题的开头有开门见山式、间接入题式、对比悬念式、提问式。

思考与练习

1. 遵循广播新闻语言特点,将一篇报纸消息改为广播稿。
2. 收听或阅读一篇广播专题新闻稿,并分析广播专题的特点。
3. 用手机采集一些音响并制作一则录音报道。

第十八章 电视新闻写作

> **学习目标**
> 1. 理解电视新闻写作特点。
> 2. 掌握电视消息写作,以及电视专题新闻写作方法。

电视新闻写作运用画面、解说词、同期声、字幕等符号共同完成信息的传递,其中占主要地位的是解说词部分。解说词是新闻工作者为了把没有次序的画面连接成有序、完整的情节,将真实的现场场景再次展现给受众而撰写的文字稿。解说要体现视听传播的特点,适于观众边看边听。电视是视听结合的媒体,有着不同于报纸、杂志和广播的传播特点,电视新闻的写作也因此而具有不同于其他媒体的特殊要求。

第一节 电视新闻写作特点

一、综合调动多种元素传递信息

在电视新闻中,文字需要配合画面、同期声等其他元素,共同为观众提供完整的信息。单看文字部分,它所传达的内容往往是不完整的,段落之间也可能是不连贯的。下面,先看一条获得了第二十一届中国新闻奖电视消息一等奖的解说词。

一堆木头与一连串车祸

画面	解说词
主持人演播室串联词	【导语】 今天下午4点多钟,在荆州荆监一级公路江北段,一辆满载木头的货车突然冲出公路,一头栽进路边的树林,木头散落在公路上,天色渐暗,这些木头成为一个个路障,非常危险。

跟着一辆行驶中的车,从地上的木头摇到公路远端 从出事路面摆到出事货车,推进货车,轮胎特写 带着血迹的土块和玻璃碴一个人形的大坑	【画外音】 记者赶到事发现场看到,来往车辆只能从一条狭缝中驶过。那辆运送木头的肇事货车挡风玻璃破碎,前轮也被撞掉,草丛里还留有血迹。受伤的肇事司机已被送往医院救治。
从远处环境推进到散落在路上的木头 路面上零零散散的木头 记者打电话	记者意识到这些散落在路上的木头就是危险的路障,如不及时清理,很容易发生二次事故,赶紧拨打了110报警。
一辆轿车从木头"丛"中过 跟着一辆行驶中的大货车,从地上的木头摆到公路远端,货车的车速较快 从出事货车的变形的车位摆到车头,再推到车厢内还在闪烁的指示灯	接警的110值班民警说出事地在郊外,让记者找辖区派出所。但记者联系当地的窑湾派出所,却被告知道路故障必须找交警处理。
记者再次焦急地打电话报警 出事货车散落在草丛中的残渣 一个简陋的红色三角形警示标志,天色也渐暗了 采访车的远光灯不停闪烁 几辆车缓行经过路障 司机诉说险情	记者随即拨打122报警,没料想值班交警还是要记者找辖区派出所。无奈之下,记者只好在离木头50米处设立警示标志,打开采访车的警示灯提醒司机减速缓行。可就在这时候,事故还是发生了。 【同期声】 事故货车司机:吓死了,吓死了!(记者:没看到木头是吧?) 事故货车司机:哪里看得到?下雨哪里看得见?眼睛看到了来不及刹车。这边(又)有车。
货车撞坏的挡板 司机检查破损的油箱 天降大雨,镜头上都是雨水,远处的警车闪灯 闪着的警灯 民警清扫路障 来往车辆在高速行驶	【画外音】 货车挡板被撞坏,油箱受损,幸好人没受伤。在接到记者报警一个小时后,窑湾派出所民警来到现场,他们一边联系交警来清障,一边和记者一起,将散落在路中间的木头抬到路边。不料想,又一起车祸发生了。

续表

一辆面包车与货车相撞瞬间 货车司机下车看情况,讲述刚刚的险情	【同期声】 事故面包车司机没看到,走到眼前才看得到。看到时已经来不及了。
记者走到面包车门,查看情况 乘客面部受伤	【画外音】 面包车车门被撞凹了进去,车上一名乘客的眼角被玻璃碎片划伤,鲜血直流。 【同期声】 记者:坚持一下,您坚持一下。
货车被撞面也受损严重 俯拍地上摩托车倒在路障中 医护人员在抬摩托车司机上担架 司机被抬上救护车	【画外音】 这边事故还在处理,那边又有车祸发生,一辆摩托车撞到木头上,司机直接飞出了好几米,当即不省人事。
天下着雨,摩托车被卡在路障中 黑夜中,一个交警在指挥交通 散落的木头和警灯闪烁 两个交警在指挥交通,路上比较畅通	【同期声】 医生这里压着了,脚脚脚,往前推,往前推。帮忙把血止一下。家属,家属!赶紧上来!
一辆摩托车倒在木头中 三个人倒在路上	【画外音】 在现场先后发生了四起车祸后,交警终于赶到了现场。由于漆黑一片,木头散落范围较大,交警随即又调来两辆警车挡在公路两头,着手清理木头。 由于黑暗,视线太差,从黑暗中冲来的又一辆摩托车,接连撞上了好几根木头,车上三人当即倒地。
被撞的一人诉说车祸原因 受伤腿部伤口 医护人员将伤者抬上救护车 救护车呼啸而过	【同期声】 伤者:哪个知道这里有树呢? 【画外音】 为了避免更多的车祸发生,交警喊来了工人搬运木头。直到晚上9点钟,现场的木头才被完全清除,道路通行得以恢复。这起连环撞车祸共计5辆车受损,6人受伤。

工人搬运木头 出事大货车、摩托车 清除路障的工程车 黑夜中，路障没了，交通终于恢复正常 主持人演播室评论	【编后】 发生在眼前的一连串车祸，让我们现场采访的记者心惊胆战，同时也有些自责和纠结。他们说也许多设几个醒目的警示标志，也许不先忙于拍摄采访，而且是将精力放在对来往的车辆进行提醒上，这5起事故说不定能减少一些。在这起连环交通事故中，110、辖区派出所、交警的值班民警相互推诿、反应迟缓，很让人恼火！要说，像这样的工作作风和服务态度在许多职能部门都存在着，我们平常已见怪不怪了。只是，平常这样的不作为、慢作为带来的最多只是办事效率低下，惹办事的一肚子气而已。可人命关天的事故就这样发生在漫不经心的拖沓和推诿中，相关部门看了作何感想，还可以无动于衷吗？真的希望这血淋淋的镜头能够唤起他们的警醒，让类似一堆木头引发一连串车祸，让人民群众生命财产遭受重大损失的事情不要再发生了！ 来源：荆州电视台

在网上也有一篇类似内容的报纸新闻，如下：

一堆木头制造出一个交通盲点

近日，读者王先生致电新报新闻热线×××反映：义乌廿三里街道何宅村公路边的一处农田里堆放了大量的木头，严重影响过往车辆驾驶员的视线，已经造成了多起交通事故。

特约记者徐贤康核实报道：王先生反映的这堆木头，堆放在廿三里街道何宅村与东阳江北街道山口村交会处的一片农田里，最高处离地面有3米左右。

王先生说，自一个月前这里堆放了木头后，就已发生了好几起车祸。"木头堆得老高，而边上又是一个十字路口，自然就会影响驾驶员的视线，导致事故频繁发生。"

在离这堆木头不到20米的地方，正是廿三里巴士在山口村的站点。据了解，每天有10辆巴士往返于该站点和廿三里南站，每辆车每天经过该十字路口的次数都在30次以上。

一名姓张的巴士司机说，他有两个同事的车都在这个十字路口被别的车撞了，分别是在11月30日和12月4日，前后只有5天。之前，他们从没在这个路口发生过任何事故。

骆师傅就是其中一名曾出过车祸的司机，12月4日上午10时左右，他从山口村拉着6个客人去廿三里南站时，在这个路口被一辆过路的皮卡车撞了。"这个路口,我们都开得很小心,因为知道这里容易发生事故,但其他的过路车司机通常没这个心理准备,当他们发现我们的车从木头堆里开出来,踩刹车就晚了。"

巴士司机表示,马上就到春运,巴士跑的趟数会翻倍增长,如果这堆木头还是放在这里,可能还会发生车祸。

随后,记者联系到这堆木头的主人刘先生。他说,农田是在10月10日租来的,租期一年。"这块地是租来专门存放木头的,如果工地上要用就到这里搬。"

这堆木头已导致多起交通事故的事情,刘先生说他并不知情。经过协商,刘先生表示,他会尽快叫工人把木头往田中间挪挪,让木头堆的高度降下来,消除交通盲点。

来源:《浙中新报》

对比两种新闻文稿,可以看到,电视新闻文本与报纸新闻文本有以下不同特点。

(一)新闻叙事调动多种元素

电视新闻的解说词是不连贯的,需要与画面、同期声和音响一起完成叙事。

仅看《一堆木头与一连串车祸》电视文本解说词,会觉得段落之间的内容在逻辑上并不连贯,令人费解。但是当解说和相应的画面、同期声组合在一起,其信息则是流畅的,逻辑是紧密的。因此,可以看出,电视写作不同于文字写作,电视写作不能孤立进行,需要统筹画面、声音等多种表现元素,综合立体地传达信息。电视新闻的内容是画面、同期声、解说词、字幕、图表等元素的有机统一体。通过这条电视新闻可以了解到,电视写作的一个重要特点就是解说词的非独立性。

报纸文本语言流畅,只要看下去就会明明白白。上文示例的消息是按照时间顺序安排材料的,文章从先接到热线电话,记者到现场核查、了解背景情况、找到现场司机了解情况,到最后找到木堆主人解决问题,整个事件就是一个完整故事,记者平静客观地叙述,没有发表自己的主观意见,显示了报纸消息文体的客观性。

(二)现场感强,但有时空限制

画面、同期声和细节是最能够增强现场感的电视新闻要素。在这一则新闻中,它们都充分发挥了作用。除了运用镜头调度反映现场的状况外,该消息的画面还注重呈现车祸发生的转瞬即逝的细节场景,如带着血迹的土块和玻璃碴、一个人形的大坑、面部受伤的乘客等,用接踵而至的车祸镜头、血淋淋的事实让观众感受到事故的严重程度,并通过展现公安等职能部门互相推诿的状况,给人带来一种身临其境的疼痛感和无奈感;记者多次神色焦急地拨打电话,要求有关部门处理,增强了事件现场的紧张感,突出了险情的严重性。此外,消息还用了五次同期声增强现场感。第一次、第二次和第五次由发生事故的几位受伤司机胆战心惊地解释自己因看不见木头而发生车祸,通过当事人的语言叙述呈现车祸发生情景。第三次是记者鼓励受伤的乘客要坚持忍耐,第四次是医生的救助过程。此外,消息还收录了撞击声、油门声、警笛声等现场音响。这些同期声包含了整个事件发展的多个主体的声音,从不同的侧面还原了事实真相,强化了真实感。但是,电视记者若不及时到现场就无法拍摄画面和采集同期声,从这点来说,电视新闻文本的某些优势会受时空的限制。

报纸文本写作的一个最大好处在于没有时空限制,电视记者如果不到现场就没有画面与现场音响,就丧失了电视报道的优势。而报纸记者则可以通过事后采访追记,并还原现场和再现现场,甚至可以叙述与当时新闻事实时空相隔久远的背景情况。例如,《浙中新报》的记者此例文中,有记者现场观察到的情景:

> 王先生反映的这堆木头,堆放在廿三里街道何宅村与东阳江北街道山口村交会处的一片农田,最高处离地面有3米左右。

也有记者了解的背景情况:

> 在离这堆木头不到20米的地方,正是廿三里巴士在山口村的站点。据了解,每天有10辆巴士往返于该站点和廿三里南站,每辆车每天经过该十字路口的次数都在30次以上。

记者有大量时间可以追寻出木头堆的主人。随后,记者联系到这堆木头的主人刘先生:

> 他说,农田是在10月10日租来的,租期一年。"这块地是租来专门存放木头的,如果工地上要用就到这里搬。"

这件租田事件与木堆惹的祸事不处在同一个时空,记者的叙述将它们联系到一起,可见报纸文字记者采写内容可不受时空限制。

(三)文字无需像报纸文本那样详尽

报纸的文字报道描写细致,生动形象。但电视新闻却不需要进行如此详细的描写,例如关于"神舟九号"电视消息可以展示刘洋在空中打太极拳的画面,解说词只需提及此事即可,而文字报道则要详尽描述这个画面。

二、画面与解说词的组合关系处理

电视消息中,画面与解说词之间的关系处理尤为重要。由于电视消息解说词的写作一般安排在前期采访和拍摄之后,因此,电视消息写作阶段的主要任务就是处理好画面与解说词之间的关系。画面叙事功能的高低往往决定文字稿是否承担主要的信息传播角色:当画面信息量比较充分、叙事结构较为清晰时,文字稿主要起到对位补充的作用,这是最常见的电视新闻报道方式,表现为新闻信息的补充性解说和叙事性画面的组合;当画面叙事结构完整、信息量丰富,观众可以不听解说词就能够直接理解新闻的主要内容时,文字稿往往起到点缀作用,如烘托气氛、升华主题,这种电视消息的报道方式表现为点缀性解说和叙事性画面的组合。

第二节　电视消息写作

电视消息就是狭义的电视新闻。"电视新闻"是一个多义概念。广义的电视新闻是电视屏幕上各种新闻报道、各类新闻性节目的总称。狭义的电视新闻是指电视中的消息体裁,或消息体裁在电视中的习惯名称。

一、电视消息概述

(一)电视消息含义

电视消息是迅速、简要、广泛、新颖地报道新近、正在或即将发生的事件和事态的新闻类电视节目形态。电视消息可进一步细分为电视短消息和电视长消息两种子形态。电视短消息是指长度在 1 分 30 秒以内的电视消息节目形态。有学者将其特点归纳为"五个一",即一个事件、一个时效、一个现场、一个动态、一个主题。电视短消息以小见大,视角独特,主题鲜明,视觉冲击力强,是电视短消息的魅力所在。电视长消息是指长度长于 1 分 30 秒,短于 4 分钟的电视消息节目形态。电视长消息具有四个特点,即题材重要、内容浓缩、立意深远、手段丰富。弘扬主旋律、具有历史感和时代感,是电视长消息的魅力。[①]

电视短消息短小精悍、简洁明快、采集迅速、播发方便,可以在最短的时间内,以最快的速度、最简洁的方式将已被发现的、正在发生的、有价值的、变动着的事实及时地告知公众,是人们获得信息的最佳方式,并且已经成为各电视台新闻传播中最为常用的、最有效的一种报道形式。电视短消息用简单直白的文字,把最关键的有新闻要点的事实讲述出来,一般情况下,只有导语和主体两个部分,有的则没有导语。电视短消息的文稿,一般几十字、上百字或几百字,原因在于,如今媒体的时间观念极强,希望在最短的时间传播尽量多的信息。电视短消息就非常"吝啬"字眼,能够一句话说清楚的,绝对不会说两句,小篇幅、小片子、小标题,却将丰富的新闻要素传播出去。

电视长消息则比较复杂。在拍摄前都要首先选定一个主题,如新闻人物或事件,之后是对人物、事件进行专题报道,以及从不同角度进行系列报道或是进行深度评论。再者,与电视短消息不同,电视长消息具备成为完整电视片的所有要素,可以制作成为完全意义上的电视片。电视消息与其他体裁的新闻文体一样,都必须遵循两大基本原则:其一,准确无误,完全真实;其二,寓理于事,叙述为主。电视消息可以把观众带到新闻现场,让观众看见、听见、感受现场的真实情形。电视媒体综合了纸质媒体和广播媒体的特点,声画同步,这算是电视最大的优势。

(二)电视消息具体形式

电视消息在按电视的传播特点移植、改造消息体裁的过程中,逐步形成了一些利于发挥电视传播优势、更好满足日益多样化的信息需求的具体形式。下面就几种常用形式的主要特点、表现功能和要求,扼要说明。

1. 口播新闻

口播新闻是一种由播音员播报的电视新闻形式。除播音员播报文字新闻稿以外,

[①] 孙宝国.电视消息的定义、特征与源流[J].今传媒,2011(12):125-126.

有时还配合运用图片、图表和屏幕文字等表现手段。这种新闻报道形式,迄今仍然是及时为观众提供重大信息的重要电视新闻形式。

口播新闻主要以由文字稿转化的声音传播信息,方便灵活,在没有反映新闻事件及其现场的画面,或还来不及进行摄像采访的情况下,及时传播重要的信息,增强电视新闻的时效性;而且还可以拓展新闻来源(如选用其他媒介的重要新闻),扩大报道题材,扩大电视新闻的反映面和节目信息容量。此外,在新闻节目中适当穿插一些口播新闻,也具有调整节目节奏,或间隔不同内容的新闻组合的作用。

目前电视口播新闻主要用于报道两类新闻。一类是方针政策性新闻,如重要公报、决议,新出台的方针政策,国家领导机构或首脑发布的命令、通知等。这类新闻一般没有图像素材,大都由播音员播报;播报特别重要的文件时,为强调文件的要点、增强可视性,常用屏幕文字与播音员的画外音相配合的方式播出。另一类是简讯,对某些有一定新闻价值但没有图像素材的新闻,多采用口播形式对新闻事实进行简要报道。此外,重大的突发性新闻事件,在电视记者赶赴现场之前,也常用口播新闻及时报道最初事态。

口播新闻以有声语言为传达信息的主要手段。早期的口播新闻继承了广播新闻的播报方法,由播音员播读新闻稿。随着电子技术的飞速发展和观念的更新,电视传播的潜能不断地被开发出来。现在的口播新闻常常利用"抠像"等电视特技,配发照片、图表、地图、图示、实物、标题字幕和活动背景资料等,充分发挥了电视传播的长处。这些形象化手段的运用,弥补了缺乏现场画面的不足,增强了口播新闻的生动性,也扩大了单位时间的信息容量。

2. 图像新闻

图像新闻是采用电子摄录系统在新闻事件现场摄录画面和声音,再经过后期编辑和包装,并配以解说词,对新闻事实进行报道的形式。它以生动形象的画面和同期声为主要表现手段,是电视新闻中运用较早、最具表现优势的报道形式。随着制作和传送设备的现代化,图像新闻的时效性不断增强,越来越成为电视传播最新信息的主导形式。

图像新闻具体、形象、直观,能够真实地再现新闻事件的过程、场景,绘声绘色地表现客观事物,还原新闻事实的本来面貌。但是,运用这种形式需要一个前提条件,即题材本身具有宜于用画面和同期声表现的具体事实和人物活动。因此,图像新闻最擅长的题材是动态性新闻或事件性新闻。如两会开幕,火箭升空,北极探险,汽车、摩托车飞越黄河,世界杯足球决赛,这些都是图像新闻报道的好题材。

3. 现场直播新闻

现场直播新闻指在新闻现场通过专用设备传送到发射中心直接播出的图像新闻,是图像新闻的一种特殊形式。之所以把它从图像新闻中抽出来,单独加以阐述,是因为它是一种方兴未艾、具有旺盛生命力的电视新闻形式。

现场直播新闻与其他图像新闻的相同点在于它们都以动态性的事件作为主要的报道对象。它们之间的最大区别,则在于现场直播新闻的采录、制作几乎与接收同步,使新闻的时效达到了极致。它的传播过程也是观众的参与过程,这种同步性是时效的极致。

这种现在进行时式的报道比现在完成时式的报道所产生的影响、冲击和渗透性要强百倍。

不过,现场直播新闻的采制和播出,都需要一定的条件。有业界同仁把这些条件概括为策划运作,并且要以直播重大事件为核心加强。既要有一定的预测、分析能力,也要在突发事件面前有快速的应变能力,比如很快请到相关领域的官员、专家,很快调出相关的数据、资料、背景,很快制作出有助于观众理解的动画、模型,很快拿出报道方案和后续计划,等等。要加强编辑部的意识和力量,采、编、播人员要具备应付各种情况的能力。采播设备要跟上,要加快建立由一定数量的卫星直播车和采发一体的摄像机、快速的交通工具和操作简便的多媒体电视制作、动态美工特技创作设备组成的采、播合一的技术系统。

二、电视消息示例

下面看一则电视消息。此电视消息获得2011年第二十二届中国新闻奖电视消息一等奖。

刁娜:舍己一条腿救人一条命

【导语】

近日,烟台龙口一名女子在下班途中被车撞倒,南山旅游景区24岁女孩奋不顾身,从车流中舍身救人,感人事迹在齐鲁大地引发强烈反响,这位被人们誉为最美的烟台女孩,在这个冬天温暖了无数人的心。

【画面:医院,刁娜,腿伤,X光片】

记者赶到龙口市人民医院,是在车祸发生半月之后。因为刁娜和家人的低调,她的故事直到今天才被大家了解。躺在病床上的刁娜笑容满面,但她腿上的伤疤和X光片见证了她经历的那个惊险时刻。

【画面:街道夜景,车流】

2011年10月23日下午6点左右,龙口市民刁娜和丈夫开车经过通海路时,突然发现路中央有一团黑乎乎的物体。当时天下着小雨,视线很差。小心绕过时,刁娜才看清,那是一名躺在血泊中的女子。

【同期声】

刁娜:我看到她的时候,我就想起来小悦悦那个事件了,我就想如果我就这样走了的话,是不是就昧了自己的良心了。

【画面:车流】

此时,刁娜的车已经驶出十多米远,她毫不迟疑地让丈夫停车营救。

【同期声】

刁娜:她当时头部严重受伤,然后满地是鲜血,然后我就下车帮忙,帮她指挥过来的车辆往旁边绕行,我怕把她再第二次碾压。

刁娜的丈夫隋美正：我说太危险了，她说你去把车上的三角指示牌拿下来。

【画面：车流，动画演示】

几分钟时间里，许多车辆在刁娜的指挥下绕行。然而，当刁娜的丈夫回车上去拿警示牌时，危险发生了，一辆汽车因超车躲闪不及，重重地撞上了刁娜。

【同期声】

刁娜的丈夫隋美正：我回头刚走了三四步，就听见砰的一声，回头看见她一下就飞出去了。

【画面：急救车，医院，王园园】

120急救车迅速赶到，将刁娜和受伤女子一起送到医院。事后刁娜才知道，被救起的女子叫王园园，当时被撞断十根肋骨，颅内出血，危在旦夕。

【同期声】

王园园丈夫戴勇业：没有她就没有我们这个家庭，没有她我们这个家庭就会破碎。

【画面：刁娜，骨折X光片】

王园园获救了，刁娜却被撞成右腿严重骨折。

【同期声】

刁娜：腿断了可以再康复，这人命没了就没了。

【画面：医院，床头花束，司机的母亲】

在刁娜养伤的日子里，撞伤刁娜的司机多次到医院看望道歉，并提前交上足额医药费，他的母亲顾不上照顾怀孕的儿媳，天天来病房送饭陪床。

【同期声】

杜女士：在家坐不住啊，也是为儿子，也是对小姑娘挺敬佩。

【画面：刁娜下床，坐手推车】

虽然刁娜和王园园同在一所医院治疗，却无法见面，王园园的伤情一直让刁娜牵挂。经过半个月的治疗后，今天刁娜终于能下床了，她要求去看看同在一个医院治疗的王园园。这是十多天来的第二次相见。

【同期声】

王园园：我真的，我特别的幸运，遇见了你。我希望所有的好人一生平安。

王园园丈夫戴勇业：一定会的，一定会的。

【画面：市民看望刁娜】

刁娜用自己的爱，感动了无数市民，许多人自发来到医院看望刁娜。

【同期声】

蓬莱市民：怎么说呢，叫我真是竖起大拇指夸奖。

【画面：刁娜活动，刁娜特写，王园园特写，众人，床头鲜花】

一场车祸，将三个原本不相识的家庭连在了一起。施救者、被救者、肇事者因而结缘，刁娜救人的举动，温暖了这个冬天。

电视消息《刁娜:舍己一条腿救人一条命》(以下简称《刁娜》)于 2011 年 11 月 1 日在山东卫视首播。同年 11 月 13 日,中央电视台《新闻联播》以"女孩车流中舍身救人"为题对刁娜的见义勇为进行了报道。12 月 4 日晚,由中央电视台和全国普法办联合举办的"法治的力量——2011 年度法治人物颁奖盛典"在北京揭晓,刁娜获得"2011 最美中国人"和 2011 年全国道德模范称号。下面结合分析此消息,谈谈电视消息的写作。

三、电视消息写作

电视消息的写作,在文体上的要求应该与报纸、广播的消息的写作要求一样,这里不多讲。但是电视消息的采制(统称写作),远比报纸、广播的消息复杂得多。它的全过程,包括确定新闻题材、摄录音像素材、选择表现形式,以及后期制作等许多环节。这里主要围绕充分发挥电视消息的传播优势,就几个需要特别注意的问题做些阐述。

(一)写作特点

1. 采写的时效性

电视消息以时效取胜,力争及时地把事实性新闻信息和意见性新闻信息传播出去。如中央电视台在 1998 年 12 月 19 日报道的《巴格达遭空袭》,该条电视消息报道就是当时记者在一线战场实拍到的现场报道,以最快的速度传回国内,当天在中央电视台播出,具有很强的时效性。

2. 内容的简要性

电视消息的文字稿也应是字字珠玑,言简意赅,高度浓缩,在简练的文字、语言和形象中,包含尽可能丰富的事实性信息和意见性信息。

3. 题材的广泛性

电视消息的题材十分广泛,涵盖经济、政治、文化、社会、生态等诸方面。示例中的电视消息虽然没能抢在第一时间报道事件,但是记者一旦获悉这个为救助车祸伤者而自己被撞伤的事件之后,马上联想到此事蕴含的新闻价值,当时正值关于"小悦悦"事件"救还是不救"的社会道德大讨论,事件中人们展示出来的冷漠冷酷,几乎让世人对中国社会的道德良知产生了严重质疑,而这个救人事件与"小悦悦"事件形成了鲜明的对比,与冷漠相对的是温暖,这样,定位于"温暖"的救人助人报道,适时填补了社会正能量的缺失,有效缓解了人们对道德沦丧的担忧,让人们心里着实温暖了一下。

(二)写作方法

1. 扩大有效信息容量

所提供的新闻事实越能消除人们对事物的不确定认识,新闻的信息容量就越大。提到扩大信息量,有人往往与拉长新闻篇幅、延长节目时间、增加节目档次联系起来。这种以扩大外延的方式来增加信息容量固然是一种办法,但要注意时间有限。扩大电视新闻信息容量的最佳途径,是精心提炼新闻素材,优化新闻的内涵,增加单位时间内的有效信息含量。电视消息从题材到内容都要突出观众应知、欲知而未知的信息,以新鲜生动的画面形象和文字语言,以采访对象的个性化语言、形象给观众以信息。

电视消息是多通道、多符号的新闻报道形式。所谓精心提炼新闻素材,首先是认真捕捉、筛选富于特点和表现力的画面和同期声,让每种符号都能发挥自己的独特功能,满负荷运转。然后在这个基础上,围绕表现新闻题材和体现报道意图组织画面、同期声、解说词、字幕、动画特技等,力求让声画有机结合,各种符号优势互补,为观众提供既易于理解、又能激发他们思考和联想的信息。这就要求在解说词的写作上,一定要做到"五要素"俱全,这是消除不确定性的基础;在画面选择上,尽量剔除"万能画面",力求每幅画面都具有鲜明的含义和指向;字幕简明扼要,能够发挥画龙点睛、一以当十的作用……总之要尽可能在一条新闻中,去掉可有可无的字、句、段,以及类似的画面、同期声或字幕等。

例如在示例的电视消息中,刁娜救人被撞事件中涉及的场景、环节和人物较多。在一条消息中不可能面面俱到,选材一定要符合主题的要求,即在保证真实性的前提下,有取有舍。消息选择了倒叙的方式讲故事。因为采访报道的时候已经是事件发生多天以后,已经无法拍到事发现场,于是,报道由刁娜的伤痕作为切入口,对事件进行回顾。报道按照"刁娜发现伤者—给予求助—自己撞伤—送医院—他人称赞"这样一个基本框架来展开。为了充分体现主题,报道强调了重要的场景和细节,特别是发现伤者时的细节回顾,救助的细节、被撞的细节、施救者与被救者相见的场景,这些细节和场景无疑能够增加报道的温度。这些部分基本上是以"解说+同期声"的方式来进行着重描写的。细心的人可能会注意到,消息没有关于王园园为什么会被撞伤、撞伤王园园的肇事者的情况、为什么马路上灯光不好等问题的报道,这就体现了对素材的选择。如果把这些材料都放进来,一方面不符合新闻一事一议的要求,另一方面也会冲淡救人助人的温暖主题。与主题无关的问题,如果确实能够引发观众关注,可以另外写一篇进行报道。

2. 改进突发事件的报道

消息具备"新、短、快、活、强"的特点,最适合用于突发事件报道,对于突发性新闻事件的报道,是电视消息的一个薄弱点。要改变"没有结果不报道",或不列入报道计划就不启动摄像机的老观念。突发性事件是否报道、如何报道,当然要从全局出发审慎考虑,不过音像素材稍纵即逝,当你考虑成熟时它可能已经无影无踪。所以,无论报道与否,不失时机地把有关音像素材记录下来,任何时候都是电视记者的职责,这是改变突发性事件报道薄弱状态的前提条件。突发性事件的报道,多数属于事件仍在发展变化之中的同步报道。例如电视长消息《一堆木头与一连串车祸》就是记者在整改现场一边联系交警求助一边摄制现场图像与音响,保留住现场的音像材料,以至于能够采制出正在发生的新闻事件的电视消息,电视画面现场感极强。

报道的同步性,既赋予这类新闻强大的吸引力,也是采制这类新闻的难点所在。攻克这个难点,除了从宏观角度权衡事件本身的新闻价值和以最快速度赶赴现场以外,在具体采制过程中,还需要着重把握以下几点。

第一,尽最大努力获取事件始发时的音像素材,包括反映事件现场情景和采访当事人、目击者和有关人士的音像材料。第二,尽量运用画面和同期声,具体、客观地再现基本事实,适当留有余地,避免过早地做判断性的报道。第三,随时进行跟踪报道,及时提供有关事件的最新信息,必要时还可以做连续报道的安排。把握这几点,既是恰当报道突发性事件的保证,也有利于摆脱"没有结果不能报道"的老观念束缚的方法。第四,坚持"量体裁衣"的原则。电视新闻有多种不同类型,一定要根据内容的需要,选择合适的表现形式。如图像新闻、口播新闻、字幕新闻各有各的表现功能,只要与内容相适应,就是恰当的形式;厚此薄彼是不足取的,当前尤其要注意防止轻视口播新闻的倾向。从长度来说,要从表现新闻题材的需要出发,该长则长,该短则短,不能单纯考虑拥有多少音像,更不能一味拉长。

示例中的电视消息虽然是事件发生之后才采制的,仍然尽可能地搜集电视画片与同期声。比如,在导语叙说此事之后,记者展开了:【画面:医院,刁娜,腿伤,X光片】由此倒叙事情的经过,又采集【画面:街道夜景,车流】,讲述事情是如何发生的,接着引用刁娜的同期声:"我看到她时,我就想到了'小悦悦'那个事件,我就想我就这样走了的话,是不是就昧了自己的良心了。"正是这样尽最大努力事后弥补的音像素材才充分展示了电视消息的优势,栩栩如生地再现了当时情景。

3. 多种符号的综合表现效应

如何发挥多种符号的综合表现效应,是电视新闻的一个十分重要,而且不能一劳永逸解决的课题。面对着这一课题,每则电视新闻都得从零开始,认真处理以下几个问题。

第一,精心策划,融声画为一体。电视图像新闻只有把画面和声音有机结合,才能达到传播新闻的最佳效应。然而这种结合不是自动实现的,而是精心组织的结果。从具体操作的层面上说,有两种基本处理方法,即声画合一和声画对位。

声画合一是指新闻中的画面和声音自然结合,共同为表现同一内容服务。声画合一中的声音有两种:一是同期声,这种与画面同时采录的声音,本来就与画面融为一体,可以说是声画合一的自然形态;另一种是解说词,这种声音则既要说明、解释和揭示画面的内涵,又不能重复画面已经明白、确切表现的内容。也就是说,画面和解说词应在明确分工、各司其职的基础上相互配合,共同为内容服务。而对于现场实况音响,则要求既是同期声,又善于采撷和突出有助于丰富画面形象、强化视觉感染力的片段。

声画对位是指声音和画面在各自独立的基础上有机结合起来,形成声画对位效果。这种方法是把画面的蒙太奇作用,引用到处理声音和画面的关系中来。声画对位,是有声电影新进展的重要标志。它突出了声音的作用,使声音成为独立的电影元素。电视画面本身有一个弱点,它无法表现过去,很难描绘人的复杂内心情感,采用一定的声音(解说词、同期声或音响)手段可以弥补这一不足。运用声画对位的方法,通常是为了弥补与主题有关的可视形象不足的缺陷。新闻的基本内容,主要通过解说词或当事人的同期声来表达,画面一般只起到象征、衬托等作用。不过,这绝不是说画面无关紧要。恰恰相反,如果轻视画面的作用,那就无所谓声画对位的表现效果。因此,要特别注意画面的选择,尽可能选用最富于关联性的画面,突出其可视性的特点,画面节奏不宜太快,动感强的画面也不宜多,以便观众的听觉能发挥最大的接收功能。

声画合一、声画对位，都是为了强化电视传播效果，必须为主题服务。一个事件发生之后，新闻报道可以通过不同的角度挖掘出不同的主题，这样一场车祸，可以是救人的温暖主题，也可以是谴责肇事逃逸的主题或追究灯光安全设施隐患的主题。但是，如果一篇报道将主题切中社会热点，符合主流价值观，上升到道德的高度、人性的高度，就能够获得社会的广泛认同。示例中的电视消息正是在展现主人公不顾自己安危奋勇救人的关键时刻展现声画合一和声画对位的。

【同期声】刁娜：我看到她的时候，我就想起来小悦悦那个事件了，我就想如果我就这样走了的话，是不是就昧了自己的良心了。【画面：车流】此时，刁娜的车已驶出十多米远，她毫不迟疑地让丈夫停车营救。【同期声】刁娜：她当时头部严重受伤，然后满地是鲜血。然后我就下车帮忙，帮她指挥过往的车辆往旁边绕行，怕她再被碾压。【同期声】刁娜丈夫隋美正：我说太危险了。她说，你去把车上的三角指示牌拿下来。【画面：车流，动画演示】几分钟时间里，许多车辆在刁娜的指挥下绕行，然而，当刁娜的丈夫回车上去拿警示牌时，危险发生了。一辆汽车因超车躲闪不及，重重地撞上了刁娜。

第二，着力挖掘、捕捉和利用富于特点的画面素材。每次采访所获得的摄像素材，不可能全部用在新闻报道之中，一般都要经过"去粗取精"的淘汰过程，最终过滤出那些信息含量高、构图优美、富有情绪张力的画面，重点是发掘以下两种画面。一是记录新闻主体形象的画面，记录和提示是电影、电视的本性，纪实性是新闻画面的特征。它要求镜头前的一切物体都必须是生活中真实的形象，真人、真事、实景、实物。在这一点上，它比其他可以脱离所指事物的传播符号（如语言、文字等）更具体、更直观，更能准确地把新闻事实的本来面目如实地传达给观众。如前面引述的刁娜救人时的画面与同期声。二是揭示事实本质的画面。在电视新闻中，画面揭示事实本质的功能是通过画面选择和组接体现。事实上，在新闻现场也不可能拍摄所有的场景，拍什么，用什么景别，取什么角度，这本身就表现出价值取向乃至立场、观点。比如拍一条大江截流成功的新闻，如果把画面表现重点放在庆功宴上，而忽略了截流瞬间惊心动魄的场面，以及建设者"与天斗其乐无穷"的种种细节，那就无异于缘木求鱼了。

4. 加强后期制作

俗话说"人靠衣裳马靠鞍"，不能忽视形式对内容反作用的合理成分。如同商品需要适当包装一样，作为精神产品的电视消息，为了达到更好的传播效果，同样不能忽视形式上的美化。电视消息应该善于利用电视的各种表现手段，去优化信息、强化主题。画面、解说词、同期声自不必说，而图表、动画、字幕、标花设计，以及必要的特技处理，凡是专题片可以使用的技术，电视新闻同样可以兼收并蓄。后期制作、包装的手段很多，这里着重讲讲配音和字幕。

示例中的电视消息报道的是一件已经过去了的突发事件，能够如此激动人心地讲述这个故事，的确与该消息的后期精心制作分不开。这里很多画面与音响都是后期拍摄和录制的,后期的精心编辑将这些零散的素材连缀成篇。比如,为了强化温暖的主题,在话语使用和选择上,该消息用心良苦,其中的大量篇幅是关于车祸、重伤,但是整篇消息没有一句一词表达抱怨、责怪、追究的意思。相反,为了体现温暖,该消息使用了表现勇敢、大度、感恩、赞美的话语与词汇。当然,选择的这些话语与词汇比较朴实,能够在叙事的过程中让受众自己去体会,从而自然接受。为体现刁娜的勇敢,报道使用了对刁娜和刁娜丈夫的采访:

> 我就想我就这样走了的话,是不是就昧了自己的良心了。我说太危险了。她说,你去把车上三角指示牌拿下来。

解说词则是:

> 她毫不迟疑地让丈夫停车营救。

为体现刁娜的大度,使用了刁娜的采访:

> 腿断了可以再康复,这人命没了就没了。

为体现感恩,两次出现了感谢的话语。一句是王园园丈夫说的:

> 没有她的话,我们家庭就会破碎。

另一句是王园园说的:

> 我真的,我特别幸运,遇见了你。我希望所有的好人都一生平安。

值得指出的是,报道选用了王园园与刁娜见面的对话中的一段感激话语,而不是王园园接受记者采访的话语,这样让感激之情体现得更自然。为体现赞美,引用市民的话语:

> 怎么说呢,叫我真是竖起大拇指夸奖。

配音,指把解说词文字稿转化为声音的制作环节。为了增强新闻的时效和现场感,记者出镜采访和报道的新闻越来越多。这种新闻是由记者自己口头叙述所见所闻的形式,整条新闻的解说也由记者自己配音,这样既能保持声音的统一,对解说基调的把握也会比较准确。记者没有出镜或者有多位记者出镜的新闻(如有些综合报道),一般由播音员或主持人配音解说。不管是记者自己配音,还是播音员、主持人配音,配音都是一个二度创造的过程。把文字符号所蕴含的种种信息和情感,用有声语言恰如其分地表达出来,绝不是一件轻而易举的事,往往是没有经过专门训练的记者、编辑难以做到的。当然,记者自己配音有很多好处,而且是世界电视新闻发展的大趋势,理应受到鼓励。但配音的记者首先要加强自己的声音训练,向书本学习,向老播音员学习,从掌握呼吸要领、吐字归音这些基本功做起,逐步学会正确使用各种播音技巧。记者自己配音,应符合下列条件:①内容上需要,如记者在现场出镜或现场直播;②时间上需要,为了争取时效;③记者对事件有深刻理解,能比播音员更好地传达文字稿的底蕴。除了上述三种情况,一般还是由播音员为新闻解说配音为好。

字幕,在电视新闻中,是传递信息的重要辅助手段。不仅口播新闻常用字幕提示新闻要点,图像新闻中的人名、地名、人物身份及职务,新闻发生的地点和时间,重要数字,以及对带有方言的人和外国人的同期声采访,也需用字幕加以说明。字幕不仅可以引导观众深入理解画面内容,还可以有效地增加信息量。电视消息发展到今天,字幕已经成为与图像、解说、同期声共同营造气氛、深化主题和表情达意的重要手段,而不是可有可无的点缀品。有些消息中的字幕是无声的画外音,它与画面、解说构成一个完整的信息场,表达了更丰富的内涵。在字幕的制作上,字体、字号、颜色的选择,字幕与衬底如何搭配,字幕的位置,是直接打在画面上还是用特技的方式导入,都要细心琢磨,反复推敲。记者要和字幕员讲清自己的意图,使字幕美观鲜明、赏心悦目,成为消息的有机组成部分。

第三节 电视新闻专题写作

一、电视新闻专题概述

电视新闻专题是综合运用各种电视表现手段与播出方式,通过对重大新闻题材或围绕重大主题的详尽、深入或独特视角的报道,为观众提供深度信息的新闻报道形式。[①]

电视新闻专题片的基本特征是新闻性较强,反映当前重大新闻事件或社会普遍关注的热点和难点问题;有明显纪实风格,不允许外加虚假操作,同时讲究艺术性。电视新闻专题片与电视新闻一样,强调解说词与画面的有机组合,是所谓的"双主体"并重。

电视专题制作工序比较复杂,包括标题拟制、画面剪辑、音响合成、字幕设计,以及所有构成这些要素的子要素。在制作过程中,要本着形式为内容服务的宗旨,在"以视为主,以听为辅"的原则指导下,协调和处理好画面、同期声、字幕、解说词等方面的关系,使电视专题片诸要素及构成诸要素的子要素之间优势互补,形成合力,共同为突出主题服务。只有构思精巧、制作精良,才能制作出内容、形式俱佳的电视专题片。

二、电视新闻专题示例

老兵,回家

【字幕】2012年5月24日云南盈江县昔马镇黄伞坡村

【解说词】

这里是云南盈江县昔马镇黄伞坡村,距中缅边境只有10多千米,95岁的邱联远老人在这个村庄已经生活了30多年。大部分时间,老人就这样独自坐着。一间四处透风的竹屋、一个简陋的灶台、一张桌子、一把椅子、一个橱柜和几只鸡蛋,是老

---

① 王振业.广播新闻与电视新闻[M].武汉:武汉大学出版社,2001:264.

人现在全部的家当。

几十年来,村里人只知道他是外乡人,直到一个多月前,一名志愿者来到这里,老人心底尘封了几十年的往事才被一点点打开。

【同期声】

关爱老兵网志愿者滇西月:我看了很辛酸的,一个抗日的英雄,95岁的时候,一身伤疤,还在透风的房里,难道你会不心疼吗?

【解说词】

72年前,只有23岁的邱联远从老家外出买米,这一去,便成了他与家人的别离。

【同期声】

远征军老兵邱联远:我离开家,我去当兵,我的家人,我的叔叔,我的父亲都不知道,我的哥哥都不知道。

【解说词】

1942年,抗日战争进入最艰难阶段,邱联远加入了中国远征军,为保卫中国西南大后方和抗战"输血线"而出征滇缅印、抗击日本,他从昆明巫家坝乘飞机飞越驼峰航线去往印度兰姆咖集训。

到达印度后,他被编入新1军38师112团3营7连,训练后与战友一起从印度打回缅甸,几次与死神擦肩而过。

【同期声】

远征军老兵邱联远:三枪,子弹打通了我的背包,子弹这样打过来,如果直直地过来,脑袋就开花了。

【解说词】

中国远征军在滇缅战场上打得极为惨烈,在云南腾冲县城,87岁的原远征军54军198师593团上尉黄应华生活已经不能自理,耳朵也很难听到东西。1942年,腾冲被日本军攻陷时,他还不足17岁,是腾冲第一中学初三年级的学生。那时候,腾冲的百姓几乎倾城而逃,而他和李炳福、彭文德三人留了下来,他们结为兄弟,拍照留念,相约胜利后相见,而没想到这竟是三人最后的合影。

【同期声】

远征军老兵黄应华:我是腾冲人,我第一个冲出去。

【解说词】

1944年9月13日,也就是腾冲抗战胜利前一天,李炳福牺牲了,牺牲之地距他家仅有500米。

彭文德,是在攻城时在南门街遇敌人炮击身亡,虽然已经过了70年,但一想到兄弟二人,黄应华还是忍不住落泪。

【同期声】

远征军老兵黄应华:想念战友,这些人都是为国家牺牲的,我现在就想好好活下来。

【演播室主持】

如今,当年的远征军们大多已离开人世,剩下的也都是像邱联远、黄应华这样已到垂暮之年的老人。而与他们曾经所付出的血泪极不相称的,是一些远征军老兵如今贫苦的生活状况。

【解说词】

战后,邱联远定居云南瑞丽,与缅甸女孩阿兰结了婚,生了三个儿女,后来邱联远去农场劳改,阿兰就带着孩子回了缅甸。

从农场回来后,邱联远和妻子李林正结婚。2005年,在邱联远89岁的时候,妻子去世,房子又在一场大火中烧毁了,那是他最为艰难的一段时间。

【同期声】

远征军老兵邱联远:过去我的东西很多,现在都烧完了。

【解说词】

一场大火几乎烧掉了老人的全部,包括他曾经极为珍视的抗战时的证件和照片。至今,他只能靠低保维持生活。

【同期声】

云南盈江县昔马镇黄伞坡村村民李如强:公家一个月给我50元。

【解说词】

靠着做点打铁的手艺活,邱老攒了点钱,在村里给妻子修了一个体面的墓碑。他说,日后,他会和妻子合葬在一起。

【同期声】

远征军老兵邱联远:她埋在这里,我准备在这里铺水泥,将这坟墓建成我们广东的样式。

【解说词】

虽然,早已经考虑好了自己的身后之事,但对于95岁的邱联远来说,对故乡的离愁却是愈来愈浓烈。上次回家,已是1971年。对于已到垂暮之年的他来说,故乡近在眼前,却远在天边。

【同期声】

远征军老兵邱联远:我回去安排我的孙子孙女,找点我家乡顺德的口味,螃蟹和鱼生,我吃点家乡菜。

【字幕】2012年5月24日上午广东顺德龙江镇

【解说词】

顺德龙江镇南坑村,这几天的气氛有些不太寻常。村里人时常会聚集在一起议论着什么。因为有人过来打听,有个多年前出去抗战的老兵是不是曾经生活在这里,还能不能寻找到认识他的亲人。这里,就是邱联远魂牵梦绕的故乡。

70多年过去,时光流转。村口的池塘已经不再,两棵大榕树却还是枝繁叶茂。

曾经的农家院落已变成一栋栋崭新的楼房,邱联远曾经的故居也经历了多次修葺。

【现场同期声】

龙江镇南坑村村民:以前这里就是一条路,全部都是鱼塘。现在我们这里建设都挺好的,这间房子就是他们姓邱的,都知道这房子是他的。

【解说词】

如今,邱家的后人仍居住在村子里。但与邱联远同辈的老人已经不多了。这位80多岁的老人是邱联远的堂弟。说起哥哥当年离家时的情景,老人依然历历在目。

【同期声】

堂弟邱俭有:那年日本人过来了,大家都四散东西了,鸡飞狗走,所以他就去了。

【同期声】

邱联远的侄女:以前有联系过,但是之后就没有联系了,现在个个都觉得很开心,他90多岁了能认祖归宗。

【同期声】

南坑村村民:老人家90多岁,能够回到家里寻根,他一定很高兴。

【字幕】2012年5月24日上午10:00 云南盈江县昔马镇黄伞坡村邱联远妻子墓碑

【同期声】

远征军老兵邱联远:你要好好保佑我。

【解说词】

70多年前,一次偶然的外出,他加入远征队伍。

【同期声】

为了抗日救国,保护老百姓,数十年坎坷飘零、颠沛流离,却割不断对故乡的思念。

【同期声】

我要回去找点我家乡顺德的美食。

【同期声】

一个抗日的英雄,95岁的时候,一身伤疤,还住在那个透风的房子里。难道你会不心疼吗?耄耋之年,95岁远征兵落叶寻根,这归家的路,会牵出怎样的人间冷暖?

《老兵,回家》,《社会纵横》正在播出。

【字幕】2012年5月24日下午4点

【解说词】

老人想要回家的消息几天前就传到了顺德龙江镇的南坑村。村里人商量,要让老人体体面面地回来,他们派出了邱氏族人的代表来接他回家。

【同期声】

远征军老兵邱联远:高兴,相当的高兴,心情很激动。

【字幕】云南盈江县昔马镇黄伞坡村

【解说词】

邱联远要回老家了，黄伞坡村的乡亲们来到了老人的小竹屋，在乡亲们的心里，此地更是邱联远的家乡。老人远去寻亲，这淳朴浓郁的山歌，既是替老人欣喜、对老人祝福，更是期盼着他能顺利归来。

【同期声】

远征军老兵邱联远：我的想法是，自己一定要回来，个个群众对我相当的关心，他们也不舍得我。

【字幕】2012年5月25日上午9:00

【同期声】

云南盈江县昔马镇黄伞坡村村民：保重，保重！在外面要注意身体啊，早点回来。

【字幕】2012年5月25日下午15:00 云南腾冲县国殇墓园

【解说词】

2012年5月25日，在飞赴家乡前一天的下午，邱联远和云南腾冲县的三位远征军老兵一起来到国殇墓园，拜祭牺牲的远征军亡灵，这些为了祖国牺牲的热血儿女们，墓碑上或只一个名字，或只一个军衔，他们的故事似乎已经慢慢湮灭，只剩下这些当年共经生死的战友在墓前默默相望。

【同期声】

远征军老兵邱联远：很多人都不在了，我们团就我独一个了。

【同期声】

腾冲县黄埔军校同学会会长卢彩文：我们的老同学们，现在还健在的，只有15个人了，今天能够参加的人只有3个。

【解说词】

时光无情，每年，都有远征军老兵死去，和邱老一样，他们中的很多人也都面临着生活的困境。

郭自益老人，今年90岁了，他身体残疾，老伴患病，一家六口都挤在这狭小的阁楼里，屋门口这个刻章的摊位，是他们生活的全部来源。

【同期声】

关爱老兵网志愿者贞妮：他今年已经有90岁了，这是他老伴。他老伴今年85岁，每个月就是靠低保，还有爱心人士志愿者的捐助过生活。

【解说词】

关爱老兵网网友滇西月是抗战老兵的后代，正是他最先发现了邱联远老人的故事。近年来，他拜访了不少在滇西的老兵，老人们的境况令人担忧。

【同期声】

关爱老兵网志愿者滇西月：这个老兵他瘫痪在床，他孤身一人，他没有任何经济来源。这个是,四川籍的刘富有老兵,是四川大竹县的,到现在没回过家,爹妈怎么样,他的村子怎么样他都记不住了。

【演播室主持】

回家,是这些远征军老兵们共同的希望。当年,他们从全国各地来到滇西为国奋战,如今很多人却只能带着一身的病痛孤独终老,对家乡只能在心里远远地遥望,也许永远也没有机会再踏上故乡的土地了。这样看来,邱联远老人是幸运的,他就要回家了,儿时的大榕树还在吗?乡音依旧,容颜已老,家乡的亲人还认得他吗?

【字幕】2012年5月26日下午14:30　广州白云国际机场

【同期声】

远征军老兵邱联远:过去在昆明坐飞机到印度,现在坐飞机来广州,很感激。

【解说词】

时隔40多年,双脚再次踏上了故乡的土地。近乡情更怯,此时此刻,老人安静地靠在座位上,他又在想些什么呢?

【同期声】(村里欢迎现场,亲人相见)

这个是我妹,我小妹,阿英。

对对对(哭),你不要再走了,不要走了。

【同期声】

邱联远的外甥女:我一直以为他死了,我姐姐看报纸看到的,当时得知,他还在世的时候心情是怎样?

【解说词】

告别家乡40余年,故乡的景致已经大变了模样。家门前的两棵老榕树却是更加繁盛。

【同期声】

中国远征军老兵邱联远:我上次回来,我的家、庙堂都还在,现在回来,我认都认不得了。

【解说词】

在这里,邱联远实现了一个多年来的心愿吃上了顺德的家乡菜。

【同期声】

中国远征军老兵邱联远:你回来最想吃什么菜,我回来迟点就要去吃鱼饼,鱼啊,切鱼腩的地方。蒸点酱油拌一下就吃。

(一组老人画面,接歌曲《故乡的云》)

【主持】关键词:为了忘却的纪念

虽然顺德家乡亲人们希望他能在故乡养老,也表示愿意承担他的生活,但是邱联远老人说,他还是要回到云南,回到黄伞坡村。那里,不仅是他洒下热血的地方,更长眠着他的妻子。待自己百年之后,他要与妻子合葬在一起,生死相守。虽说落叶归根,但是他乡已是故乡。邱老的归乡之路,坎坷却也温暖,这已不仅仅是他一个人的回家，更代表着现在还活着的远征老兵的心愿。我们需要铭记的也不仅仅是他们个人命运的悲欢离合，更有那些不能忘却的历史。让我们欣慰的是现在有越来越多的人，加入关爱老兵的行动中。在此，我们祝福所有的老兵能够安度晚年，健康平安。

来源：广东卫视

三、电视新闻专题写作

专题报道，是对现实生活中某些具有典型意义和较高新闻价值的新闻人物、事件、问题，以及社会现象等，进行记录调查、分析、解释和评述的报道形式。它深入、系统而又生动地反映其发生、发展和结果，以及影响的全过程，揭示主题的深刻意义。这种报道类似报纸、广播的通讯，是电视新闻深度报道的主要形式之一。

（一）写作特点

广东卫视的《社会纵横》栏目播出这则长达19分30秒的电视新闻专题《老兵，回家》时，距离中国抗战胜利已有60多年，然而在这繁荣太平之下，却有这样一群从抗战第一线退下来的老兵，他们没有办法如期回到他们的家乡，只能留在他乡，远离亲人，靠着国家微薄的救济金艰难地生活着。《老兵，回家》通过对远征军老兵个人命运沉浮的报道，穿越时空的真实记录，展示了历史与现实的厚重感。节目真实、感人，文本细腻，画面优美，看后令人感动落泪。此专题获第二十三届中国新闻奖一等奖。通过对此专题的分析，了解新闻专题的写作叙事要求有下述特点：

1. 内容真实，手法客观

专题类新闻节目属于新闻节目的范畴，需要符合新闻报道的内在规定性、新闻性、真实性、客观性。新闻专题的内容要具有新闻性。新闻性体现在题材的时效性、重要性、知名性、异常性、接近性、实用性、人情味、趣味性等方面。对于某一事实来说，其具备的新闻价值要素越多，事实的新闻价值越高。专题报道一般都有一定的观点统筹，但节目的观点不是通过说理、议论来表达的，而且是需要通过大量的有说服力的事实来反映。涉及矛盾、争议这类问题时，记者应客观报道各方的意见，以建设性的态度探究矛盾形成的原因，探讨问题的解决方案。与内容相应的是专题节目形态的纪实性，创作者不仅要对报道内容进行判断和选择，还要用客观纪实手法呈现事物原貌。

纪实，是一种特殊的记录形态。这种形态强调记录行为空间的原始面貌，强调记录形声一体化的行为活动。对于以展现活动影像为优势的电视来说，在专题节目中展示动态"过程"更胜于静态地讲述事件结果。电视新闻专题创作常运用跟拍手法来记录过程，在撰稿时，也可以充分运用纪实影像段落来叙事。专题开始的镜头特写，将远征军今天艰难的现实生活客观地展现在我们的视线里，同时也唤起了社会对他们的关注和关爱。邱联远老人，是在那段特殊的历史里，众多失散在他乡的远征军中的一员。

受众的视线紧紧跟随镜头的移动，镜头所到之处我们不仅清晰地看到，也清楚地听到这样一段对老人的描述：

大部分时间,老人就这样独自坐着。一间四处透风的竹屋、一个简陋的灶台、一张桌子、一把椅子、一个橱柜和几只鸡蛋,是老人现在全部的家当。

几十年来,村里人只知道他是外乡人,直到一个多月前,一名志愿者来到这里,老人心底尘封了几十年的往事才被一点点打开。

在这一场景中,通过对细节细致入微的描写,通过对这间四面漏风的小屋里全部的家当进行真实采集,镜头不漏过任何一个角落,让人更直观地感受到老人生活现状困苦的同时,被深深震撼。专题片综合运用纪实段落、解释说明性字幕、同期声来完成对事件过程的呈现,其叙事手法最大限度地保留了现场真实的氛围。这篇报道最大的特点是不回避问题、不掩饰矛盾,如实报道这种对环境的细节描写,在如今的专题报道中已经很流行,原因在于,其更能引导观众内心的想法,让人们有身临其境之感。这些不着痕迹的刻画,将一个个微小的细节真实地摆在我们面前。节目的报道手法是客观和平衡的。

2. 叙事详尽深入

专题新闻区别于消息的一大特点是叙事详细深入。受时效和篇幅的约束,消息一般是对新闻基本要素的简要播报,而专题节目需要对新闻事实的来龙去脉、过程情节、前因后果进行较深入的报道。专题节目往往是在消息播发之后,围绕事实中有价值的新闻点进一步展开,展开的方向主要是"怎么样(HOW)"和"事件的原因(WHY)"。围绕这两个要素,可以采写如:新闻事件是怎样发生的,其发生的详细经过,有何重要情节和细节,其发生的背景、深层原因是什么,等等,以满足人们"欲知其详"的需要。"详尽"和"深入"是两个不同方向的追求。"详尽"主要是对事件过程、情节、细节等做细致入微的报道。

作为报道中的主要人物,邱联远从自己的角度,用自己对过去的记忆,用最质朴的语言,将自己在这场战争中的所见、所闻和所感以一种内聚的视角,用讲故事的方式,向观众还原了那段随时间埋葬在原始森林里的历史。

> 我离开家,我去当兵,我的家人、我的叔叔、我的父亲都不知道,我的哥哥都不知道。

老人一边简单地说着,一边尴尬地笑笑,看似轻松的讲述,却是在掩饰内心的那份对家人的交代的缺失,同时也是在掩饰这么多年来积压在心里的对家人的思念。

> 过去我的东西很多,现在都烧完了。
> 她埋在这里,我准备在这里铺水泥,将这坟墓建成我们广东的样式。

这发自内心的自述和面对记者时的倾情述说,让人们也同样感受到了对老兵的真切、迫切和不由自主的同情。

"深入"可以从两个方面来衡量:一是信息层面,二是事实之间的联系层面(逻辑链)。专题节目不单单是要提供关于新闻事件、人物的基本信息,或表面的、孤立的、零散的信息,而是要构建立体的信息链,把事件周围与之有关联的事实联系起来,并能从这种联系中形成某种价值判断。深入的报道需提供可直接观察到的信息之外的信息。也就是说,要深入挖掘、寻找、发现相关联的信息,不仅仅是将易得的、表层的、随机的、无序的信息点简单堆砌,而且是将相关的事实有序排列,形成立体的信息网。从事实与事实的组接中体现出信息的结构、事实之间的关联,以及信息之间的逻辑联系,这样受众对新闻事件才能有比较清晰深入的认识,或形成某种判断。

3. 强调视听结合

和消息相比,专题节目拥有更充裕的时长,这既让专题能容纳更丰富的内容,同时也带来挑战:如何在较长的节目中持续吸引受众收听收看?比之消息短片的冲击力,专题节目更要重视节目内容、结构的吸引力,强调视听语言的艺术性。专题节目的真实性和艺术性是不可分割的。节目的真实性不是要求创作者简单地"照搬"事实,而是要求把现实生活的存在方式和本质意义通过创作者的创作活动体现到作品中。

邱老的内心世界与外部环境的种种冲突完美结合,通过让当事人亲自讲述自己的经历,报道淋漓尽致地展现这位抗日老兵的真实现状和内心真实想法。

> 我回去安排我的孙子孙女,找点我家乡顺德的口味,螃蟹和鱼生,我吃点家乡菜。

离乡72年的他,脱不去那特有的乡音,割舍不掉那对家乡、对亲人的牵绊和思念,更难忘家的味道。拮据的生活、孤苦的守望、在大火里丧失的家园以及对亡妻不变的爱,都在这一位普通老兵毫无修饰的讲述中,我们看到了一种质朴的坚定和无怨无悔。画外音对整个事件的讲述,有力地掌控了整个事件的线索和人物的内心世界,同时也将现场聚焦人物的讲述与历史资料自然地衔接起来,整个事件的叙事节奏和发展都在画外音的把控之下。在本报道中有这样一段叙述:

> 1942年,抗日战争进入最艰难阶段,邱联远加入了中国远征军,为保卫中国西南大后方和抗战"输血线"而出征滇缅印、抗击日本……

叙事语言的自然过渡,将画面从现场自然地转场到了历史资料;异叙事者的叙事凌驾于整个故事之上,以故事之外的人物角色向观众全面而详尽地讲述故事中邱联远老人的经历以及当时的历史大背景。现场与历史的穿插衔接,更丰富了整个故事的内容,重现了那让人无法遗忘的年月里老兵所经历的点点滴滴,重新将今天的我们带回那段让人无限感叹的岁月中。同时,异叙事者到位的语言叙述,也将邱老的现居地云南盈江县和他的故乡广东佛山市这两个毫不相交的空间完美地连接起来,并自然地转换。在整个专题片中,适时的背景音乐更加重了整个节目的感情基调,也让电视机前的观众在画面的叙述和背景音乐的渲染下读出了一份来自他乡游子的思乡之情。

(二)写作方法

1. 题材的选择和发掘

明确选择题材的依据。新闻专题的题材源于社会生活,但并非所有新近发生的新闻事实都能成为报道题材。一般来说,新闻专题选择题材除坚持真实性原则外,还需要认真遵循以下标准。一是题材本身的重要性或典型性。新闻题材多种多样,大到党和政府的决策、部署、方针、政策,以及政治、经济、军事、文化领域的发展变化;小到一山一水,一人一事。前者属于重大或重要新闻题材,当然是专题报道的首选题材。二是宏观实际的需要。恰当选择题材还必须从宏观实际出发,把注意重点集中于报道党和政府关注的、群众关心的、亟待解决的问题。这就要求记者熟悉党和政府的专题报道题材。三是与报道形式相适应,即根据各种专题类型的特点,选择相应的题材,或根据题材的性质选择相应的专题类型。

2. 主题的提炼和体现

提炼主题的基本原则是从实际出发。作为作品的中心思想,新闻专题的主题不是自然形成的,而是采制者观察和思考的结果,是其对客观事物、现实生活及其历史的认识、评价和思考的集中概括。

一是围绕主题组织材料。专题节目表现主题的材料,不外乎通过画面、同期声、解说、字幕等表现出来的事实、情节、细节、见解、看法。专题报道的采制者以主题驾驭材料,而观众则通过具体内容理解主题。所以,善于围绕主题组织材料呈现新闻,不仅是充分表现主题,而且也是观众理解主题的关键。

二是恰当调动各种手段为处理材料、表现主题服务。这里所说的"手段",指材料或内容的外化,包括形式、方法和技巧。除画面、同期声、解说词和整体包装以外,经常用来凸显主题的手段还有标题。标题向来有"节目的眼睛"之称。对于电视新闻专题来说,标题既是强化、深化主题的重要手段,也是引导观众进入节目的通道。

三是处理好切入点、情节与细节。切入点又称突破口,即专题报道的开头。恰当的切入点就像磁石,能够一开始就引起观众的接收兴趣,吸引观众进入专注收视状态。另外,恰当运用情节和细节表现主题,可以有效地增强主题的吸引力。情节有两种,一种本来就是新闻事实的一部分,另一种是对某些事实按它们固有的联系做情节化处理。这两种情节只要同主题有必然的联系,都可以作为表现主题、赋予主题以特殊经过的凸显处理,都发挥了强化主题表现效果的作用。不过,运用情节和细节要特别注意与主题的必然联系;如果游离于主题,就可能导致喧宾夺主、分散观众注意力之类的负面效应。

3. 精心拍摄

电视新闻专题需要精心拍摄,否则就难以获取详尽、深入反映客观实际的音像素材,应恰当配置画面要素,增强画面表现力。记者应对拍摄对象及各种造型元素加以有机的组织、选择和安排,以便更突出地塑造视觉形象,发挥画面表现内容、体现主题的独特作用。画面要素按其表现内容划分,主要包括主体、陪体、前景、后景、环境等。恰当配置画面要素,主要是处理好画面主体及其与陪体等的相互关系。画面主体,即画面所表现的主要对象——人物或事物。画面主体既是专题报道的内容和主题的主要载体,也是画面构图的结构中心。明确画面主体,并通过构图设计和构图配置突出主体,是增强画面表现力的关键。

突出主体一般有两种方法。一是直接表现法,即直接运用一切可能因素,在画面中给主体以最大的面积、最佳的照明、最醒目的位置,把主体以引人注目的结构形式突出呈现在观众面前。如运用中景、近景或特写等景别表现主体,用跟随镜头的拍摄方式将主体始终摆在画面的结构中心,或把主体安排在光线最好的照明光区等。另一种是间接表现法,一般拍摄远景,利用环境烘托和气氛渲染凸显主体。

画面陪体,指与画面主体有紧密联系,在画面中与主体构成特定关系,或辅助主体表现主题思想的对象。作为画面构图的重要部分,陪体在画面中主要起陪衬、烘托、突出和解释、说明主体的作用。

陪体可以与主体同时出现,也可以分别出现在前后画面中。在前一种情况下,务必把陪体置于与主体相应的次要位置,使其既能与主体构成呼应关系,又不致分散观众对主体的注意力。后一种情况又有主体在先、陪体在后和陪体在先、主体在后两种不同表现。这两种表现只要恰如其分地反映拍摄对象的客观关系,都能收到陪体为主体服务的表现效果。如在后的陪体可以起烘托或诠释主体的作用,而在前的陪体则往往可以造成某种悬念,增强对观众的吸引力。

配合其他画面要素。这些要素包括前景、后景和环境。前景指在画面中位于主体之前的景物、人物等,有时可能是陪体,但多数是环境的组成部分。后景与前景相对应,指那些位于主体之后的景物或人物,主要用来表现主体所处的环境、位置及现场氛围,同时也具有结构作用,如使画面产生多层景物的造型效果和透视感、空间纵深感等。环境指画面主体周围的人物、景物和空间,除了作为它组成部分的前景、后景以外,还包括背景。背景是位于主体背后、距离摄像机最远的景物,既可以是山峦、大地、天空、建筑,也可以是一面墙壁、一块幕布或一扇窗户。它能够表现人物、事物的时空位置,增强画面气氛、情调,与画面主体构成了"图"与"底"的关系。这三种要素都与主体处于同一画面空间,又都是烘托主体的辅助因素。明确这一点,才能更有效地发挥它们为烘托主体、表现内容和主题服务的作用,否则就可能适得其反。但要把精心拍摄的愿望,变为获取精美画面和同期声的实践,还得注意以下几个问题。

第一,精心拍摄的前提。电视摄像不是单纯的技术性工作,而是富于创造性的思维活动,是摄像记者通过摄像机选择、评价事物的过程。因此,为了获取新闻专题报道所需的音像素材,除了自觉实践新闻摄像采访的基本要求以外,还需要为实现拍摄构想准备必要的条件,尤其是感染人的手段,要做到以下几点:

首先,熟悉题材和报道意图。只有熟悉题材和报道意图,包括熟悉采访对象和采访现场,才能真正拥有拍摄的主动权,才能避免错过拍摄时机或盲目拍摄。

其次,估计各种可能情况,设计多种拍摄方案。这是发挥现场应变能力和即时创作能力的先决条件。估计越充分,就越能随机应变,在复杂多变的现场,不失时机地抢拍、抢录到最能反映事物本质、体现主题思想的音像材料。

最后,领会编辑意图,树立前期剪辑观念。在明确了拍摄对象、表现内容和创作主题之后,摄像师并不是机械地执行编辑意图,而是在深入领会意图的基础上,将其与拍摄现场的实际情况结合起来,以开放的思维方式和创作心态进行画面取材。这样,进入摄像机镜头的就不是上级耳提面命的拍摄内容,而是融入了摄像记者二度创造的生机勃勃的画面形象了。

第二,着力捕捉富于特点的画面和声音素材。

首先,要捕捉能够表现事物发展各个阶段的代表性画面。如电视新闻专题片《还母亲河以清流》的拍摄过程就是如此。该专题片就有反映治理前姚江污染状况的画面,治理中污染企业关停并转的画面,治理后的姚江碧波荡漾、轻舟点点的画面……这些画面繁简有致、主次分明,相当充分地表现了治理污染的努力和成果。而这种表现效果,显然得益于记者有着明确的注意重点,或者说是记者有意识地选择拍摄的结果。

其次,捕捉饱含情感的画面。这类画面多数含有同期声,具有声画结合的强烈感染力,往往可以收到以情动人、引发观众共鸣的表现效果。在这种画面中,除了凸显面部表情外,还要注意拍好人的"第二张脸"——手,因为手在表现人的情感方面具有独特的功能,有时还是人物内心冲动的直接反映。

最后,捕捉具有"以一当十"作用的细节。这些或是表现人物动作、神态,或是勾勒事物、环境特点的细节,以特写画面呈现在观众面前,时常可以形成强烈的感官冲击力。记录好最能表现人物内心世界的声音素材,如上引邱联远的话直接再现了老人的内心世界,是任何转述不能取代的。这个例子说明,选录采访同期声应当把重点放在捕捉最能表现人物内心世界的音响上。

4. 精心撰写解说词

解说词是新闻传播主体的话语,一般分为现场解说和演播室解说两种;按播出方式,还可以分为出镜解说和画外解说(即画外音)。多数解说词先写成文字稿,然后再转化为声音,但也有直接诉诸声音的即时解说。无论哪一种解说词,都是电视新闻专题表现内容、体现主题的不可或缺的手段。

解说词有多方面的表现功能,归纳起来主要有四种:一是叙述功能,包括叙述新闻事实、背景材料,介绍环境和各种有关知识,一般以声画对位的方式与画面相互呼应;二是揭示功能,也就是升华画面和同期声所表现的内容,借以揭示事物的实质、深化主题的功能;三是解释、补充功能,即解释、补充画面和同期声,完善它们对于内容的表达;四是衔接、转场功能,包括整合画面,衔接上下表意段落,以及从一层意思过渡到另一层意思等,也可以称之为结构功能。

5. 讲究整体包装

整体包装,指报道播出时的整体形态,包括片头、片尾的设计,同期音响的选择、剪裁和组接,图表、动画示意图的制作,解说词的内容,画面的影调,字幕的字体、位置及必要的特技处理等许多具体包装环节。

整体包装要十分重视策划,因为它是具体包装的基础。正如盖一座大厦,必须将主体工程的施工和内外装修通盘考虑,包装策划也需要着重注意处理两方面的关系。一是其与采访报道计划的关系。包装策划可以是采访报道计划的一部分,也可以是在采访过程中逐步酝酿形成的。但无论如何,它与采访计划都应该是相互呼应、相辅相成的。

二是其报道主题和结构的关系。主题和结构是包装策划的依据,而完整清晰的包装策划则是最后实现有关构想的保证。恰当处理这个关系的关键在于分清主次,任何时候都把体现主题和结构目标置于首位。整体包装的环节多,手段也多,而下面这几个方面必须做好:①设计能够凸显主题、吸引观众收视注意力的片头;②确定节目画面的色彩基调;③确定解说词写作风格及播音风格;④确定字幕文字内容、字体、位置和显示方式、速度;⑤确定是否需要运用三维动画示意图和特技处理,及相应的设计意向。这些乍看像是细枝末节,但其实对报道效果都具有不可忽视的影响作用。如果说完美的整体包装可以为报道增色,那么包装上的疏忽则可能使报道功亏一篑。

本章小结

电视新闻写作特点表现在综合调动多种元素传递信息,电视新闻文本需要调动多种元素完成新闻叙事,现场感强但有时空限制,其叙述无须像报纸文本那样详尽。电视新闻的画面与解说之间是组合与互补关系,在缺乏新闻现场画面时、画面难以表现新闻事实时、画面难以确切交代叙事要素时、画面难以表现抽象内容时需要解说。解说词应设置悬念吸引观众收看,避免简单重复画面,补充背景提供画面之外的信息,运用指示代词提示观众看画面,适当重复强化画面中的主题,尽量口语化、通俗化,谨慎使用简称,综合运用电视元素。

电视消息分为电视短消息和电视长消息两种子形态,具体形式有口播新闻、图像新闻、现场直播新闻。电视消息的写作要求符合消息文体特点,扩大消息的有效信息容量,改进突发性新闻事件的报道,发挥多种符号相互配合的综合表现效应,加强后期制作。

电视新闻专题具有新闻性、专题性、重要性的特点,其叙事要求内容真实、手法客观,叙事详尽深入,强调视听结合。广播电视专题类新闻节目包括纪实性专题、分析性专题、调查性专题、访谈性专题。电视新闻专题的采写和制作要注意选择和发掘题材,提炼和体现主题,精心拍摄,精心撰写解说词,讲究整体包装。

思考与练习

1. 电视消息与报纸、广播消息有何不同?
2. 将报纸上的一条消息改写为电视消息的文本。
3. 用手机拍摄一条电视新闻,处理好画面、同期声和解说词的关系,并使其发挥应有的作用。

第十九章　网络新闻写作

> **学习目标**
> 1. 掌握网络新闻写作特点。
> 2. 了解网络新闻超链接形式。
> 3. 了解网络滚动新闻写作,以及网络专题新闻写作。

网络新闻是指媒体网站上新闻频道所涵盖的所有栏目的内容,狭义的理解则是仅指互联网上发布的时政类新闻信息。网络媒体的内容可以划归三大类:信息类、互动类、服务类。在网络环境的各种信息传播形式中,网络新闻占有非常重要的地位,并随着网络传播渠道的建立和成熟,逐步成为网络化写作的重要方面。

第一节　网络新闻写作特点

一、网络新闻写作特征

网络新闻的写作明显地区别于传统大众传媒,例如报纸、广播电视的新闻写作,这是由互联网作为新闻传媒的特殊性决定的。

（一）互联网传播介质自身的特点

1. 光速传播

传统的各类大众传媒依据其介质和传播机制,时效性有一定区别。报纸是以日为单位,需要采写、编审、印刷、分发等多个环节;广播电视新闻的时效性要强一些,但是节目制作好后,需按计划程序播发;而网络则编审程序简单,几乎可完全做到与事件同步。

2. 易于复制,信息量大

网络新闻有易复制的特点,只要点击鼠标,一切工作就可完成。网络的介质便于存储,只要服务器上有一点空间,就能存下成千上万的文字。网络新闻可使用跳转链接,不需要考虑版面问题。网络新闻的信息可以尽可能地全面,综合各家之所长,把背景信息一一道来,写作呈放射状、蛛网状。

3. 多媒体化

网络可使用几乎所有的传播符号,无论是语言、文字、图片、音乐、视频,都可以成为网络新闻的素材。

4. 便于互动

传统大众传媒的互动性差,形成了所谓"传者中心论"。网络传播则彻底打破了这种局面,只要愿意,任何一条新闻后面都可以加评论板块;只要愿意,可以把个人博客的内容作为新闻深度讨论的一个部分。善于和网民互动,善于根据反馈做新闻,是网络新闻作者必须具备的基本素质。

(二)网络新闻写作的特殊性

1. 螺旋性

不同于传统大众传媒的网络有互动的特点,网络新闻的写作要根据网民的互动不断调整。随着网民的评论,随着网民在网上对事件的推动,新闻要不断融入网民的观点,结合评论和个人博客展开讨论,在互动中把报道内容向前推进。这使得网络新闻写作呈现出螺旋推进的特点。

2. 高时效、延展性

网络新闻的时效性十分强,正因为这样,网络新闻的写作是动态的,按照新闻事件发生的阶段,可以不断更新新闻、增加内容。随着新闻事件的不断发展,新闻写作也呈现出延展性的特点。

3. 多媒体写作

所谓多媒体写作,就是指除了文字之外,还要利用图片、音乐、动画、视频等其他素材写作新闻,给受众声、光、电的全息体验。

4. 非线性

在网络上普遍存在的"跳跃性阅读"中,超链接打破了过去那种从前往后、通篇阅读的习惯。同样,超链接也改变了网络新闻写作的习惯。网络新闻的写作不是直线的,是多线性放射状的。

5. 注重策划

随着信息技术的发展,"信息爆炸""信息超载""信息焦虑综合征"这些名词开始产生。如今,全世界每年 900 多万个电视台、几十万个微波通讯塔、几万个雷达站、30 多万个民用电台,以及随时在增加的移动电话和终端电脑时刻提醒人们全世界任一角落发生的大事件。[①]

在这样一个时代里,人们被铺天盖地的海量资讯包围着,任何一条新闻标题在网络上都可能搜索得到成千上万个几乎重复的新闻内容。要想做好网络新闻,仅仅做好新闻事实的报道是不行的,要从成千上万的雷同信息中脱颖而出,做好策划是很重要的。这里的策划有网络新闻版面策划、网络新闻专题策划、网络新闻话题策划等。网络新闻作者对策划的统辖能力要比单纯的写作能力更加重要。此外,也应具备对图像、动画、视频等多媒体元素的综合调度能力。

---

① 熊培云.自由在高处[M].北京:新星出版社,2015.

（三）网络新闻写作的新形式

1. 动态写作

网络新闻写作是随着新闻事件的发展不断充实、不断更新的。这种绵延性的写作方式就叫作动态写作。网络新闻作者必须紧紧跟随事件的发展,从新闻事件的发生到结束,全程更新报道、更换版面、策划话题,这种灵活的报道形式是过去传统媒体很难做到的。

2. 多媒体写作

多媒体写作的特点是由网络本身的特点和网络新闻的特点决定的,要求网络新闻的写作者突破传统新闻写作的定式,把新闻写作拓展到更广阔的范围,能够使用图片、音乐、动画、视频等多媒体元素来写新闻,全息地让读者了解新闻。网络新闻作者要具备使用不同符号来写新闻的能力,对网络图片、音乐、视频的制作和编辑,甚至网页代码的书写都要有一定的了解。因为网络媒体本身具有开放性的特点,所以网上的新闻作者也必须具备应用多媒体的能力。

3. 蛛网式写作

网络新闻的写作必须按照网络新闻传播规律,通过各种链接形成一个如蜘蛛网般的新闻及相关信息群组。读者在阅读某一新闻的同时,还可以阅读到其中新闻人物的相关介绍、新闻事件的相关背景、其他各种相关的新闻事件,再通过选择来阅读其他相关信息。这种结构不但能使读者更好、更全面地理解新闻,同时能够把他们长时间吸引在网站上,引发他们大范围关注,使他们在网站上停留的时间越长,就越能为网站带来好的效益。

4. 互动写作

互联网本身就是一个灵活的互动平台,网民更欢迎那些贴近生活的信息。和让人被动接收信息的电视、报纸不同,网络新闻是读者自主选择的,只有被人需要才有人看,如果一味使用说教的口吻,干巴巴地进行宣传,就完全没有任何效果。网络新闻的写作要平民化,从普通百姓的角度去看问题。同时要充分利用互动,利用网民的评论,利用个人媒体,把网络新闻的写作和读者的反馈结合在一起,形成板块,组织讨论,让网民自动自发地去再加工新闻内容,使网民对网络新闻有一种参与意识,能够不断关注、不断参与讨论,形成网络影响力。

二、网络新闻写作技法

（一）强化"标题意识"

在网络新闻传播中,新闻标题被称为"新闻的眼睛",是新闻制作工作的重要环节,是决定受众索取网站深层内容的第一引导力量。新闻标题在网络传播中的作用极为突出,其在网络新闻传播过程中不断引导和提示读者,具有导读价值和检索价值。在新闻网站的页面上,大部分新闻内容的标题和正文分别安排在不同层级的网页上,题文分家,网络媒体为突出网络的链接功能,标题在首页一般通过一行链接的形式呈现,采用单行标题且只能是实题,题文相符和突出重点这两点始终是不能改变的。

为了适应受众扫描式阅读的需要,首先应该精心写作新闻标题,新闻标题除了要符合制作原则外,题目要直白,准确生动,言简意明,让受众一目了然,使受众看了标题后产生阅读内文的欲望,引导阅读。拟制网络新闻标题表述内容要精准无误,用简洁的语言表述最核心的信息,即使是细节也要完整精确。标题要精准地把握和提炼新闻主体内容,用词要生动、紧扣矛盾,语态直陈,善于用最恰当最贴切的表现或评价。

新闻标题想要得到受众的关注,要善于标新立异,富有耸动性。标题第一个词对于描述新闻或内容是非常重要的,不要用过分渲染的词汇制作标题,也不要使用隐喻、暗喻、比喻。标题要点出文章精华,用最少的字数把文章最有价值的新闻事实内容集中体现出来,引人入文。网络新闻往往并不推崇短标题,一则新闻需要有一个单独一行的不要超过25字的文字标题。例如,新浪的标题规范以中标题为主,标题字数规定为14~20字。"两微一端"大多数标题为14~28字,以中长标题为主,其中19字、22字标题最为常见。[①]

(二)制作容易检索的导语和概要

导语是一篇网络新闻的开头,鲜明地提示新闻的主题思想。好的新闻导语会抓住事情的核心,用精炼的文字传递最主要信息,做到"抢耳""抢眼",吸引受众继续阅读的兴趣,起到开门见山、立竿见影的效果。在网络新闻中,"超链接"显得尤为重要,搜索引擎成为受众检索网上信息的重要工具。

在写导语的时候要巧妙构思,善于运用生动形象而又朴实的语言来润色,提高导语的精粹度,制作便于容易检索的导语和概要。导语要求凝练、醒目、明快、生动,引人入胜,一般应开门见山,突出重要事实,概括新闻内容的精髓及其主题思想。但也可根据新闻特点,突出最新鲜事实,或者最生动的事实,提出问题,制造悬念。要使导语写得简洁明晰,就要求作者对新闻信息的内容进行提炼、概括,突出精华,抓住重点,选择最适当的词句,要适应情境、题旨,创造意境。导语和概要既不能啰唆,也不宜拐弯抹角;同时,避免导语写作一般化、老一套等毛病,防止千篇一律套用政治性术语和口号。要吸引受众继续阅读的兴趣,新闻信息中那些最突出、最新奇、最本质、最能吸引受众的部分需能通过搜索引擎清晰地显现出来。

导语和概要的写作方法:一是将为新闻制作的,能让新闻更容易被受众注意的,容易检索及查询的导语和概要,置于页面的最前端。其中,长篇报道要制作一个新闻概要,作为在一些搜索引擎中显示这页新闻内容的最精要的提示。这个概要应精心设计超链接,让受众在搜索引擎上检索出来,增加新闻报道信息量和自主性。二是制作的导语和概要必须准确地表明新闻事实,鲜明地提示新闻消息的主题思想,客观反映内在本质,集中精力于事实,不能泛泛而谈,选用肯定、确切的语言,不用夸张和模棱两可的语言。三是概要描述应该控制在150字以内。

---

① 连煌.新媒体时代网络新闻写作的技巧[J].西部广播电视,2016(10):50-51.

（三）分层写作正文，突出重点新闻要素

不同类型的网络新媒体为用户提供个性化服务，新闻写作也分别呈现不同的要求和特征。超链接打破了传统信息文本的线性结构，实现新闻内容的跳转及表达方式的转换，受众根据需求能了解到更多的延伸性信息。网络新闻写作应适应受众搜寻信息和深入阅读的需要，让受众在最短的时间内准确、完整地了解最重要的新闻因素。

随着传播分众化趋势的发展，受众与传播者之间的互动加强，受众对新闻选择的自主性更强。按照受众的关注度和需求度，记者应差异化报道新闻、多元化挖掘新闻角度。以"对受众有用的"的方式写作，写出内容新鲜、形式新颖、语言清新、主题深厚的新闻，使新闻更具可读性、趣味性和权威性。

首先，在新闻主体中，要正确把握正文的分层写作，在写作上充分满足受众的多元化信息需求，让受众能够迅速精确地捕捉到新闻的核心内容。要注意突出重点要素，对最重要、最引人关注的新闻要素进行合理有序排列，用最清晰的文字完成对最重要的新闻事实的概括与描述。同时，在网络新闻正文的写作中，受众很难在一个段落中同时注意到两个重点，因此需要把握正文分层写作，划分段落层次，明确采用一段落描述一个内容，理清文章的结构层次。其次，每一段开头安排一个段旨句，突出重点新闻要素，便于受众在阅读每段的第一个词后就能够清晰、准确地捕捉该段所要传达的基本新闻信息。再次，遵循"重要信息优先"的原则，按照新闻内容的重要性进行内容排序，把最重要的新闻要素置于最前端。最后，采用排行榜的形式将内容逐条排列出来。

（四）灵活安排新闻背景，合理使用链接

灵活安排新闻背景是实现新闻立体化的重要组成部分。深度报道文本的灵魂在背景，延伸性文本也是一篇新闻中不可或缺的重要组成部分，成为受众了解新闻信息的主要途径。深度报道文本的写作成功与否的关键在于是否能运用好综合背景、拓展报道内容和深度。超文本超链接是实现网络新媒体新闻特色的一个原因，它挣脱了传统媒体在时间、空间上的受限情况，在力所能及的范围内全方位地、纵横结合地、图文并茂地报道发生的或备受关注的事件。

从目前新闻情况看，背景材料主要有对比性材料、说明性材料、注释性材料三种。在新媒体盛行的大环境之下，在浩如烟海的网络信息数据库中，复制、粘贴随处可见，受众在互联网上高速阅读新闻时，对于搜寻更多的新闻背景材料的需求比以往任何时候都更加强烈，网络新闻写作要实施联动的"信息群落"，注意链接与新闻相关的背景和延伸性阅读。在报道较复杂的新闻事实或一项新事物，如一项新技术、新设备在采用时，由于受众不熟悉，记者应灵活使用背景材料、安排新闻背景，以提供给受众更多更丰富的素材。

网络新闻"超链接"有如下结构特征。信息传播多元化和个性化使网络新闻的内容在理论上具有无限的扩展性与丰富性，这为在报道中提供广泛多样的新闻报道相关的背景材料与整体新闻信息创造了条件。网络新闻背景写作的第一种方式是对新闻背景材料的链接，将新闻背景与新闻事实融合穿插在主体部分，也可插在导语或结语之中，

而不要成为独立的结构。第二种方式是链接相关新闻讯息，是把丰富的新闻背景材料与主要新闻事实区分开来，放在不同的网页上，通过链接提供相关新闻报道的延伸性阅读。

（五）新闻语言更富亲和力与平民化

新媒体的语言偏向网络化，网络词语是新词语的组成部分或延伸，与我们的生活相互渗透、相互交融，要吸取其简洁灵活的优点，使其新闻价值逐渐凸显。在各种网络流行语盛行的今天，新闻写作风格变得更加言简意赅、朴实无华、通俗易懂，使受众易于接受，在语言表述上则更为口语化、轻松活泼，流畅而有条理地表达丰富的内容。新闻题材表现出明显的多样性以及平民化特征，大大增加了网络新闻报道的可读性、趣味性和知识性。

利用网络新闻的多媒体化这一特征，要用贴近群众的语言写新闻、用规范的网络语言报道新闻，在选题、采访视角和制作方式等方面呈现出平民化特征。要善于在新闻事件中寻找选题，选题要紧跟当前时政热点、难点。按贴近群众、引导舆论的要求，把坚持正确舆论导向与增强网络新闻可读性更好地结合起来。这种新闻报道方式不仅可以增强媒体与受众之间的亲和力、吸引力，还可以增添新闻生动性，提升新闻价值，增强新闻传播效果。新媒体时代到来，受众已经养成了视听结合的阅读习惯，视觉化已成为网络新闻的特色发展趋势。网络新闻视角多元化，题材多样性，色彩浓烈、对比鲜明、图像清晰的视频更是抓人眼球，让受众感受到过程情景、动作情感等富有冲击力和动态感强的场面。新闻信息以直观生动的方式呈现，给受众带来震撼。

第二节 网络新闻超链接形式

超链接（hyperlink）是指文本中的词、短语、符号、图像、声音剪辑或影视剪辑之间的链接，或者与其他的文件、超文本文件之间的链接，也称为"热链接（hotlink）"，或者称为"超文本链接（hypertext link）"。词、短语、符号、图像、声音剪辑、影视剪辑和其他文件通常被称为对象或者文档元素，因此超链接是对象之间或者文档元素之间的链接。建立互相链接的这些对象不受空间位置的限制，它们可以在同一个文件内也可以在不同的文件之间，也可以通过网络与世界上的任何一台联网计算机上的文件建立链接关系。

网络新闻的写作形式，建立在超文本这一核心技术思想之上。而超文本的技术核心则是超链接，因为超文本（hypertext）这个词的本来含义就是"链接"的意思。人们用链接来描述计算机中的文件组织方法，并把用这种方法组织的文本称为"超文本"。

超链接既是一种技术手段，也是一种新的写作思维方式。从网络新闻的发展方向来看，超链接大量而有效的使用将直接影响网络新闻写作的思维方式，将对传统新闻文本进行彻底的改造。深入研究超链接的使用，对网络新闻的理论研究和写作实践有着重要的指导意义。

一、网络新闻文本超链接形式

网络新闻的超链接有两种形态。一是本文中的关键搜索词（关键词），其所链接的是与关键词相关的内容，这些内容的形式多样，可以是文章，也可以是注释性的材料（文本、图表、声音、图像等）。二是篇末与本文内容相似或相关的内容链接，其链接的是其他的文章或其他形式的材料。关键词是网络新闻超链接的主体，反映的是作者对文本内容的处理，在新闻写作实践中，主要体现为对新闻背景材料的处理和对文本结构的安排。

新闻背景是对新闻事件发生的历史、环境与原因所做的说明，解释事件发生的主客观条件及其实际意义，具有烘托和发挥新闻主题的作用，是新闻报道中不可或缺的重要组成部分。但在传统的写作中，新闻背景材料的运用，一直受到诸多限制。而在网络新闻中，新闻信息不再仅仅是线性的，而是网状的，这为在报道中提供更多的与报道相关的新闻背景材料创造了条件。

网络新闻交代背景的方式有两种。第一种是将新闻背景与新闻事实融会在一起，而不作为独立的结构，穿插在导语、主体或结尾中。第二种是将新闻背景与主要新闻事实区别开来，放在不同的网页上，通过链接的方式供读者随时查阅。这不仅增加了新闻的深度和厚度，也能帮助读者更好地了解新闻事件。

在对文本结构的安排上，超链接体现着自由的结构理念。超链接的结构方式实际上是一种思维流向的重组。因超链接的存在，记者在文本结构的形式上有了更多的自由。在网络新闻文本的写作中，记者可以按照传统的方式结构成篇，也可以对叙事流程进行一定程度上的颠覆，让读者在阅读时进行事件重组。但就目前而言，绝大多数的网络新闻记者并没有很好地使用超链接。其主要原因是目前网络新闻的提供者还主要是传统媒体的从业人员，由于线性写作思维习惯影响，他们很少主动地使用超链接。同时，这也反映出现有的网络新闻记者对网络新闻写作的规律没有深入的认识，其知识和能力还不能适应网络新闻写作。

网络新闻文本篇末的链接，一方面可以将整个互联网作为其背景资源库，让相关链接帮助读者快速建立整体的认识。事实上，很多情况下，一条新闻没有办法告诉人们全部的事实，它只传达出最新的、部分的真实信息，有时也容易给人造成误导，使"一叶障目"，而网络新闻的相关性有效地避免了这一点。另外，网络新闻的互动性，即网上对新闻的评论，记者与读者的交流，为新闻文本信息的拓展提供了广阔的空间。但在现阶段，网络新闻文本篇末的链接更多的是网络新闻编辑所为，还缺少记者的主动参与。因此，就目前网络新闻文本而言，超链接的使用还处于初级阶段，甚至可以说是萌芽阶段，还不能充分发挥网络媒体的优势，也影响了网络新闻优势的发挥。

二、超链接对传统新闻的影响

（一）新闻内容本身的拓展

由于互联网对新闻的背景、解释和分析的报道往往能在超大容量的超链接文件中不断延伸,因而网络对于每日点击率较高的精彩新闻,可以进一步做追踪报道或深入报道。作者可以通过这种超文本结构,在力所能及的范围内既有声有色、图文并茂地,又全方位地、历史地、客观地报道新闻事件和现实生活。用超链接对一些重要的人物、事件、背景或概念进行扩展,既可以用注释的方式,也可以直接链接到相关网页。这有助于读者更直接接触新闻的深层背景,获得丰富的相关信息,对于发挥读者的能动作用,扩展报道面,加强报道深度等有着重要意义。

（二）新闻内容呈现方式的改变

利用超链接,可以改变传统的写作模式。传统的文本写作总是在单一层面上完成,所有信息与材料都是一次性接触。尽管传统新闻写作方式中有"倒金字塔"的结构模式,便于读者的阅读,但事实上的确有很多读者没有从头到尾阅读完这些信息,即对他们来说,有一部分信息属于冗余信息。而超文本的利用,在一定意义上可以改变这种状况。在进行写作时,我们可以采用将材料分层的做法,把最关键的信息作为第一层次写作,而相关详细信息作为第二或第三层次提供。此方法即用一个"骨架"描述对象,而有关的细节,用超链接给出,读者可以根据自己的需要挑选一个方面的细节阅读。特别是对突发事件的报道,报道对象本身十分复杂,角度很多,材料也十分丰富。如果不加区分地把所有材料都堆在一篇报道里,显然是不现实的。超文本写作用梗概的方式一一列出相关超链接,条理清晰,既符合读者的视觉习惯,又能满足不同读者对各种材料的选择,从而取得更好的传播效果。

（三）对作者能力和知识有更高要求

超链接的大量使用,大大增加了新闻的内容容量。这无疑会对作者的知识容量和采写能力提出更大的挑战。同时,网络新闻的即时更新性和信息容量的无限性,使得一则新闻的阅读消费变得更为短暂。为避免在众多的新闻信息里被淹没,网络新闻的写作要求更高,对作者的能力和知识也提出了更高的要求。[①]

三、系列写作与动态更新

由于时间和版面所限,传统的新闻写作在某一期中,一般只能发一篇文章,除非特殊情况,一般不发系列稿件。在这些一次性的报道中,一些记者往往不是为了用尽材料而使文章内容庞杂,篇幅冗长,就是为版面所限而舍弃过多的材料感到痛心和无奈。网络新闻的超链接方式由于其层次清晰,加上发表空间的庞大,因而很容易在原有报道的基础上,将深度报道、连续报道、评论、相关新闻搜索等都作为链接的内容,随时进行动态更新,对该事件做更深入、详尽的报道,从而形成一个系列性、立体性的新闻报道"网"。这不仅消除了材料过于丰富而无法使用的遗憾,而且使记者在新闻写作时更容易做到内容重点突出,结构简洁。

同时,网络新闻的互动性为记者与读者的交流,以及后续写作提供了广阔的空间。

[①] 郭毅. 超链接在网络新闻文本写作中的运用[J]. 安徽文学:下半月,2008(11):314-315.

网络新闻读者可以及时与记者互动,添加评论。在一条新闻后面的评论往往有数千条之多,这是任何其他媒体所不能比拟的。记者也可以就新闻事实进行补充的叙述,或与读者进行交流。这往往使读者能够获得大量在新闻正文里没有报道的信息,帮助他们更深入地了解事件。

第三节　网络滚动新闻写作

一、网络滚动新闻概述

（一）滚动新闻含义

滚动新闻是因网络媒体而产生的,其实就是以前俗称的连续报道。一般而言,连续报道要求记者以最快的速度将报道对象的情况及时写成消息或其他体裁的稿件发出,并要求事件发生地以外地区的记者都围绕事件及其影响发出消息。

2008年的"5·12汶川大地震",2010年的"青海玉树地震",中央电视台新闻频道都采用了连续滚动报道的方式,及时、有效地将灾难现场的实时状况反馈给民众,让民众在第一时间了解灾区的现状,需要哪些救援和帮助,同时也赢得了社会各界对灾区人民的关心和爱心。

突发事件爆发时,新闻信息在短时间内迅速传递,单位时间爆发出来的信息量十分巨大,最重要的信息往往在瞬间传递,同时也可能在瞬间消失或成为过去。这种落差极大的变化,要求新闻记者以最快的速度,抓住事物瞬间变化的短暂"定格状态",将信息传递给受众,紧接着又必须迅速地去抓住另一瞬间短暂的"定格状态"。这就需要新闻记者具有高度的新闻敏感和准确的判断力、对采访领域的熟悉和必要的专门知识,及时抓住机会。

滚动新闻发端于网络媒体。网络媒体人在对网络传播规律深刻理解与把握的基础上,经过长期的新闻实践,摸索出了一套能发挥出网络快速、及时、海量、多媒体优势的报道方法,给出了专属于网络媒体的报道形式。滚动新闻就是其中之一。

滚动新闻是网络新闻中最能体现新闻时效、反映网络报道特色的形式之一,也是新闻网站快速、及时处理突发新闻、最新动态消息的重要方式。当网站获得最新新闻后,一般有两种处理方式,一种是直接删除现存页面中的内容,替换上最新新闻,还有一种就是利用动态的滚动条,将最新、最近的新闻以滚动的形式发布出去。大多数网站会选择后者,滚动新闻既能保持新闻的新鲜度,又能保证新闻的信息量。

（二）滚动新闻特点

1. 全时性发布,全时性知晓

网络新闻是全时性新闻,但只有发布环节才体现这种全时性,即由编辑将新闻发布到互联网服务器、数据库中。由于页面空间有限,在网站首页、频道主页等主要浏览区域,用户并不能实现全时知晓。不受时间和空间限制的是滚动新闻,与网页上的其他新闻相比,其一般可以根据新闻的价值和网站的需要,随时发布,随时替换。

2. 新闻量大,单位页面承载新闻条数多

一方面,网站可以在滚动新闻区发布大量的新闻,在相同的网页空间,能发布的滚动新闻数量比能发布的固定新闻数量多出2～3倍;另一方面,滚动新闻的更新频率相比其他新闻要高,这也就意味着单位页面能承载更多的新闻,传递出更多的信息。以新华网首页滚动新闻区为例,每一轮次发布的新闻为20条,每天大约要轮换6次,仅滚动新闻区每天就能发布新闻120条。

3. 以跳动性吸引网民的眼球

滚动新闻一般采用自左至右滚动或者自下而上滚动两种方式,无论哪种方式都不需要在网页中占据大块的面积。因此,滚动新闻吸引用户不是依靠面积、位置,而主要是依靠滚动的跳跃性来吸引眼球。滚动报道与实时报道、文字直播都建立在互联网快速及时、超时空以及海量无限的基础上,三者本质上有相通性,均力求第一时间报道新闻,动态追踪新闻事态的演进与变化。不同点在于,滚动新闻可以是对同一事件,也可以是对不同事件的报道,实时报道和文字直播都是针对同一新闻不间断的连续报道;在时效性上,滚动新闻最弱,它更强调新闻发布的呈现形式,实时报道和文字直播的时效性则更强,有时甚至是同步报道。

(三) 滚动新闻的类别

根据网络新闻的性质,滚动新闻分为两类:一类是常态报道的滚动发布,另一类是突发事件的滚动报道。常态报道采用滚动的方式发布,是互联网海量信息与网页有效页面有限的矛盾造成的一种必然结果。虽然网络能够容纳海量新闻,但网页的容量,特别是网站首页首屏的容量非常有限。因此,网站在设计、编排网页时,会将大部分的位置和空间留给重要新闻,且保证重要新闻的停留时间。对于一般价值的新闻则只能采用滚动的方式发布,这样既能保证新闻的时效性,又不占用太多的网页空间。针对日常报道,滚动可以理解为一种表现新闻的形式,是按照网站新闻选稿标准,在已录入网络新闻发布系统中的稿件中挑选出有价值的,以逐条滚动的方式呈现出来。这类滚动新闻侧重于编辑,考量的是网站编辑选稿把关能力和标题制作能力。网站编辑要从海量信息中选择次重点新闻或需要推介的新闻到滚动列表,在选择时要从真实性、时效性、显著性、地域性等价值要素方面进行判断,在选择后要根据网络新闻编辑特点对标题进行修改制作。

由于滚动新闻需要在第一时间快速发布,因此,留给编辑选择、处理稿件的时间并不多,如果编辑没有良好的新闻处理能力,就会出现稿件重复、新闻价值参差不齐、标题缺少亮点等问题。

二、网络滚动新闻示例

下面是人民网2017年8月15日16时的滚动新闻栏目里的新闻(截取20条):

- 英国高校申请人数减少　录取门槛降低 2017-08-15　15:38:30
- 宝马车冲进巴黎比萨店致1死13伤　已排除恐袭因素 2017-08-15

15:26:58
- 旅客乘车行李夹层藏刀　侥幸心理终被拘留 2017-08-15　15:21:16
- 蒙古国境内一处摩崖石刻被确认为《封燕然山铭》2017-08-15　15:06:39
- 中曼水井项目助力埃及开垦荒漠 2017-8-15　15:04:21
- 我军新型战略投送力量建设取得长足发展 2017-08-15　14:54:12
- 专家：参拜靖国神社是日本政客对世人的公然挑衅 2017-08-15　14:53:05
- 阿斯塔纳世博会中国馆举办海南活动日 2017-08-15　14:41:47
- 联合国安理会和秘书长谴责马里稳定团遇袭事件 2017-08-15　14:33:41
- 少女离奇被绑？原是花式电诈！2017-08-15　14:33:31
- 经济ABC："CRS"为何让某些富豪恐慌？2017-08-15　14:31:12
- 中国与挪威将互免外交人员短期停留签证 2017-08-15　14:27:28
- 181名柬埔寨学生获中国政府奖学金将赴华留学 2017-08-15　14:23:31
- 苏丹要求联合国为该国收容的200万难民提供资金 2017-08-15　14:20:54
- 广西百色市靖西市发生4.0级地震　震源深度6千米 2017-08-15　14:14:13
- 陈晓东任外交部部长助理 2017-08-15　14:10:36
- 文在寅表示未经韩方同意不得在半岛动武 2017-08-15　14:06:14
- 14岁学生因涉谣"上海星巴克爆炸"被训诫 2017-08-15　14:01:13
- 2017中国国际福祉博览会将举行 2017-08-15　13:58:28
- 保安偷拿涉传人员被扣手机微信转走万余元后获刑十个月 2017-08-15　13:57:42

滚动新闻也有按专题发布的，如下面是新华网对于昆山爆炸事故所发的滚动新闻：

- 昆山中荣工厂爆炸已致68人死亡187人受伤 2014-08-02　17:26:19
- 江苏昆山一企业发生爆炸疑因粉尘爆炸引发 2014-08-02　14:38:30
- 昆山爆炸企业两名负责人已被控制 2014-08-02　14:38:30
- 昆山爆炸事故已致65人死亡150多人受伤 2014-08-02　12:43:06
- 王勇紧急赶赴昆山事故现场指导事故抢险和应急处置工作 2014-08-02　14:14:31
- 江苏昆山爆炸事故疑因粉尘爆炸引发 2014-08-02　12:28:33
- 昆山爆炸事故现场已封锁　江苏主要领导赴现场 2014-08-02　13:17:01
- 昆山一企业发生爆炸　这是8月2日拍摄的事发现场 2014-08-02　11:45:23
- 昆山爆炸现场家属雨中焦急等候　公交车变救护车 2014-08-02　13:09:49
- 昆山工厂爆炸现场员工超200名　系企业安全生产责任事故 2014-08-02　13:02:40

- 昆山特大爆炸致多人烧伤 上海5名烧伤专家赶往昆山 2014-08-02 13:11:44
- 昆山金属加工厂特大爆炸致百余人伤亡 急需血浆 2014-08-02 13:02:40
- 江苏昆山一工厂爆炸数百人受伤 伤者全身烧黑 2014-08-02 13:02:40
- 昆山一企业发生爆炸已造成40余人死亡 120多人受伤 2014-08-02 13:17:30
- 江苏昆山一企业发生爆炸已致40余人死亡 2014-08-02 11:05:40
- 江苏昆山一金属制品厂发生爆炸伤亡人数待确认 2014-08-02 11:01:14

下面是一则滚动新闻实例：

交警昼夜值守保障震区7万余名滞留人员安全疏散

人民网北京(2017年)8月10日电(记者张雨) 8月8日晚四川省九寨沟县发生7.0级地震和8月9日早新疆维吾尔自治区精河县发生6.6级地震后，公安部交通管理局迅速启动应急机制，实时跟踪掌握地震灾区道路通行情况，并指导四川、甘肃、新疆公安交管部门全力做好抗震救灾交通保障工作，截至目前，从四川绵阳、甘肃文县通往地震灾区的主要道路全线有序畅通。为贯彻落实中央和部委领导关于切实做好地震抢险救援工作的重要批示，公安部交管局迅速研究措施，及时了解掌握灾区道路交通情况，加强对灾区及周边地区的指导协调和支持帮助，全力保障生命救援通道的安全通畅。

来源：社会——人民网

"正在进行时"是滚动新闻的第一生命。

2007年6月，广州日报报业集团成立了全国报纸第一家滚动新闻部。滚动新闻部以《广州日报》下属的大洋网为平台，以报纸记者为采访主体，利用快速、机动机制为网站和报纸同时提供内容。滚动新闻部的新闻报道就主要是针对重大、突发新闻进行的采写与编发。

一般而言，拥有多种媒介的报业集团或传媒集团，都具备融合平面媒体的采访力量和网络媒体的渠道优势，以及第一时间快速滚动播报突发新闻的条件。

《杭州日报》城市新闻中心记者张龙，如下描述过他的一次滚动报道经历：

滚动新闻永远是正在进行时。作为滚动新闻记者，我们永远在路上。可以说，24小时里，不论是什么时间接到报料，我们都是第一时间赶到现场进行采访。

2011年8月29日2:51，读者朱鑫华来电：在南山路柳浪闻莺门口一辆出租车和马三轿车相撞。我打车赶往事发现场，并在2:57发出第一条文字滚动新闻播报；将现场看到的情况及时打电话给后台编辑(凌晨3:11)；随后，通过采访目击者，将看到的情况同上述步骤更新到网上(凌晨3:24)；再之后，我们采访事故当事人(凌晨3:29)；双方并无受伤，马三车的女司机坐在路边哭(凌晨3:52)；女司机的妈妈赶到了，交警也赶来处理事故现场(凌晨3:54)；到了白天，我们还可以继续将交警的通报内容发布到网站上。到这里，我们在网上的滚动播报基本上就完成了。接着，根据报纸版面的定位,组织素材写一篇稿件供明天的报纸见报,整个报道完成。

对于滚动新闻,我必须多做的一个步骤就是:在出发前,将新闻报料核实准确后,就把消息发布在《杭州日报》在线的滚动新闻频道网页上。之后根据采访的进展保持实时更新。

时间短的时候可能三五分钟播报一次,时间长的时候可能需要十几二十分钟播报一次。这个时间没有严格的限制,完全根据前方记者面临突发事件时了解到的最新信息而定。现在有一些同行跟我说,你们的滚动新闻几乎成了杭州媒体的一个新的报料平台。①

三、网络滚动新闻写作

（一）写作特点

网站具有快速、及时报道突发事件的先天优势,拥有新闻采访权的网站又具有原创、独家、首发的优势,两方面密切结合,媒体就能在重大突发新闻发生的第一时间组织采访、报道队伍进入新闻现场,以短讯、快讯、现场连线、手机图片等方式滚动发布事件的最新进展。

滚动新闻实际上属于动态消息,应该具有动态消息的以下特点:

1. "短、平、快"

文章要短,用几句话甚至一句话描述一个新闻事件或者事件的一个片段,不要求完整的新闻"五要素",不追求整体事实的全面性。但是,单条滚动新闻要表述完整、交代清楚,对于一时不能完整表述的,要在文中给出解释并及时追踪、随时更新,不能停留在碎片化的信息传递上。在新闻现场与后方连线介绍的情况下,记者可以用手机发送微博直接上传到网站,还可以用带有传输功能的相机拍摄照片,迅速传回后方。

2. 语言平实

用简洁的、白描式语言介绍新闻现场的所见所闻,不"穿靴戴帽",不浓墨重彩。重大突发事件中的滚动新闻处于事态发展之中,不仅有前一段的铺陈,还有后续的报道,因此不是孤立、单独的报道,而且滚动新闻写作是一种在高节奏状态下的新闻写作,追求的是对新闻现场、新闻事件或新闻人物的直接描述。

3. 多媒体形式

在条件许可的情况下,尽量采用多媒体的报道形式。随着网站经济实力的增强,各种采访设备的配备也渐趋完善,录音笔、无线网卡,以及即拍即传的照相机、摄像机也都成为记者的日常装备。因此,滚动新闻的写作要尽可能采用多媒体报道,特别是那些无法用文字描述的场景,用几幅图片或几个影像片段就能传递出全部信息,也能丰富新闻报道的形式。

---

① 张龙.滚动新闻如何滚动——一个全媒体记者的自述[J].传媒评论,2012(01):17－18.

4. 标注清楚时间、地点和背景

每一条滚动新闻的格式可以基本统一,适当情况下可以增加辅助阅读的新闻超链接。标注时间能反映出新闻的更新速度和频率,标注地点则方便网民从不同的角度了解事态的进展与变化,时间可以精确到分、秒,地点可以精准到街道、路段。而在滚动报道过程中适当穿插新闻背景,将背景资料作为滚动新闻的有益补充,可以帮助阅读者一次性完整了解事实的全貌。[①]

(二) 写作方法

滚动报道在写作上应掌握下述技巧:

1. 着眼点:事件的最新变动

新闻事件的滚动报道往往仅截取其最新的变化,并迅速报道。换言之,滚动报道往往注重刚才发生、正在发生或即将发生的新闻事实,以此作为报道的重点。对于以往的事实,则一般作为新闻背景处理。也就是要以新带旧、由近及远,遇事先从眼前的最新变化写起,然后再回溯事件起因和发展。

2. 价值取向:时新性与重要性

在新闻价值诸要素中,滚动报道特别注重时效性与重要性,总是把最新鲜、最重要的内容,突出地写入新闻导语之中。在突发新闻"竞争战"中,各新闻单位也往往以滚动报道中动态新闻的时效性与其内容的重要性来一决高下。

3. 报道内容:最新事件

滚动新闻报道的内容以突发性事件为主。例如反映自然界最新变化状态的地震、海啸以及其他灾变,反映人类社会最新变化状态的经济危机、政权更迭、人事变动、政策变化等,往往与社会各界都有利害关系,因此格外引人注意。

4. 基本特征:客观叙事

滚动新闻报道以提供新闻信息为其主要任务,因而在写作上要以客观叙事为主,一般不允许记者出面发表议论。记者的倾向性往往表现在新闻背景材料的选择与报道角度的确定上,是借助事实材料的组织来影响读者,即"让事实说话",给读者以潜移默化的影响。

5. 写作原则:开门见山,一事一报

滚动新闻报道既然以事物的最新变动为主要着眼点,就要力求采用迅速快捷的报道形式,因而要求开门见山,把最有新闻价值的内容突出地写入导语。同时又要求简洁明了,一篇报道一般只集中记叙一件事、一个侧面,这样易于缩短篇幅、快速报道,也容易给读者以清晰深刻的印象。

6. 读者感受:"动感"与现场感

滚动新闻少则不足百字,多则几百上千字,要吸引读者,必须注意事件现场的某些最生动的细节,用白描的手法加以刻画,在叙事过程中注意多用动词,展示事件原貌,叙

---

① 詹新惠.网络新闻写作与编辑实务[M].北京:中国传媒大学出版社,2011:37—40.

述要准确生动;要有强烈的新闻敏感性,准备连续报道;运用"客观笔法"报道新闻事实,使所报道的人物与事件生动地展现在读者面前。

第四节　网络新闻专题写作

一、网络新闻专题概述

(一)网络新闻专题定义

中国记者协会对网络新闻专题的定义是:用多媒体手段和多种体裁从不同角度全面报道同一新闻事件或同一主题的作品,页面不少于两页,并要求网络新闻专题主题重大、新闻性强、特色鲜明,发挥网络容量大、采集广、时效快、交互性强等优势,页面设计体现新闻性、可视性与艺术性的完美统一。[①]

(二)网络新闻专题评价标准

在具体操作中,评价的基本标准可以归纳为政治性、新闻性和技术性。政治性和新闻性是各种新闻作品的共同标准。网络新闻专题是网络媒体最具特色的新闻形式,技术性特色非常鲜明。因此,在政治性和新闻性的基础上,作品的技术性就非常重要。

(三)网络新闻专题引导网络新闻的发展方向

作为同互联网一起发展起来的新闻形态,网络新闻在短短几年间的迅速成长有目共睹。但随着人们对新闻网站认识的日趋成熟,一直以来被认为是发挥网络优势的、简单粘贴的新闻处理方式开始显露出不足。另外,过分关注社会新闻、猎奇性新闻,对重大社会问题关注不多、不全、不深——这种网络新闻题材的现状极大地制约了网络新闻的影响力。于是,以集纳性强、超文本解读、全程转播、互动性强为特色的网络新闻专题在网络新闻传播中异军突起,成为当前各大新闻网站的关注点和生长点,指引未来网络新闻的发展方向。

1. 解读新闻是网络新闻的发展方向

互联网的多媒体和超文本技术大大弥补了传统媒体的缺憾,它集报纸、广播、电视三者之长,兼具数据、文本、图形、图像、声音,使得信息的联结不再仅仅是线性的,而是立体的、网状的、多维的。此外,在网络媒体中,受众可以对感兴趣的概念、话题,通过网络的超文本链接进行跟踪。

超文本结构可以使新闻报道中的每一个关键词都链接成另一个文字文本、声音文本、图片文本或视频文本,将相关内容的新闻组织在一起,提供新闻的同时也提供相关背景和信息,然后以用户友好的方式提供经过组织的新闻内容,使读者在有条理阅读的同时获得更深层次的信息,为人们"解读新闻"。另外,解读新闻符合网络受众的需要,在这个信息爆炸的年代,传统网络新闻的简单"粘贴新闻"的形式从质量上无法

---

① 罗华.浅谈网络新闻专题的策划[J].新闻爱好者,2010(12):68-69.

满足人们对网络新闻日益提高的需求,也无法体现出网络新闻的真正优势。

青年是网民中的重要组成部分,这些年轻人大多受到良好的教育,相对较高的受教育水平决定了他们在接收信息时不是简单地接收,而是习惯于从中进行比较分析,借助网络全方位的报道形成对某种社会现象、热点问题的较为深刻的理解。随着全民素质的提高,解读新闻必将是网络在未来媒介发展中成为主流的决定性因素。

解读新闻是网络媒体自身发展的需要。我国网络媒体的前期发展势头虽然很猛,但其社会影响仍然与传统媒体存在差距。当传统媒体的新闻报道方式悄悄地革故鼎新并日趋成熟时,拥有整合资源优势的网络媒体仍停留在动态消息占绝大多数的情况。当重大事件发生后,很多受众仍苦于无从找到相关的整合的调查性报道、解释性报道、预测性报道,即使最终找到也往往是粗制滥造、时效性差。网络新闻在体裁和题材方面的现状是制约网络新闻影响力、竞争力的主要因素。

2. 网络新闻专题引领网络新闻发展方向

网络媒体在版面扩张上具有先天优势,这种版面资源的丰富性导致了网络媒体的编辑理念偏重于对信息的丰富、全面。互联网新闻的超容量、超文本使受众对网络新闻较之于报纸、电视有更大的视觉漂移性。超链接文本的使用在方便信息查寻的同时,往往也使受众陷于新闻的枝枝和细节方面以至完全迷失,背离了文章思路的主线,妨碍清晰印象的形成。此外,网络新闻的贡献在于它揭示了以往新闻形态所不具有的"全天候"的新闻观,单条新闻的短、平、快虽然能体现时效性,却造成了信息的简单堆积。有关事件发展的信息条目之间缺乏有机联系,很难使受众形成对事件的整体而有深度的解读。网络新闻专题弥补了上述网络新闻信息提供方式的不足,成为网络媒体表现形式的集大成者。网络专题融合了其他各种网络报道形式,以集中统一的平台把同一主题的相关新闻信息集纳在一起,对它们进行提炼和加工,让事实经过理性的过滤,并对新闻表现形式进行创新。

网络新闻专题引领网络新闻朝"解读"的方向发展,使受众在有限的时间里获知有关新闻事件或现象的来龙去脉、前因后果,在节省时间的同时,形成对新闻的全面认识和完整印象。

3. 网络新闻专题需要"深"和"活"

网络新闻专题应注重向传统媒体学习,加强内容上的挖掘,发挥媒介优势,真正做出属于网络媒体自身的深度报道。

网络新闻专题要脱离早期那种堆砌素材的原始模式,更多地深入观点态度的交锋、背景知识的学习之中。应对素材进行必要的内容组织和形式革新,使素材运用能有效地体现专业的编辑理念,使用户能够有条理地阅读,达到对新闻消化的"深"和"透"。

网络新闻专题具有互动优势。增强互动性可以使网络专题真正"活"起来,网络媒体应充分把这个优势运用到专题的制作中去。通常的做法是,针对一个事件,设置当事双方、媒体报道栏目,分别表述来自不同方面的消息和态度,此时专题主持者并未多做加工,但观点的交锋、对受众的刺激业已形成。此外,重视网友的反馈信息,把网友的留言直接纳入专题报道中,也是增强互动性与贴近性的好办法。新技术的应用一直在影响网络媒体的表现形式,对网络新闻专题也不例外。在报道探月工程的网络新闻专题中,搜狐网以3D动画形式出现的"探月全程三维模拟演示"受到网民的强烈关注,此外,专题还设置了"玩转月球"环节,里面收入包括搭载音乐、探月电影、探月游戏等多媒体内容供网友享用,增强互动性的同时,大大增强了专题的表现力。

网络媒体应具有品牌意识,把网络新闻专题当作一个品牌来打造,以报道结构的设计创新实现新闻信息资源的优化配置,打造出网络新闻专题报道的品牌栏目。品牌栏目的最大特征在于不可替代性和不可复制性,即自身独特的新闻表现力在媒体竞争中形成特殊优势和个性,区别于其他媒体,使自身的栏目是"这一个",而不是"这一群"或"那一批"中的一个。这种不可替代性可以使受众产生对栏目及网站的依赖感,赢得"注意力"资源。

二、网络新闻专题示例

荆楚网的专题报道《信义兄弟接力送薪》中的事件为:武汉市黄陂区建筑商人孙水林,为抢在大雪封路前给民工发工钱,连夜从天津驾车回家时遭遇车祸,一家五口不幸遇难,后弟弟孙东林为了完成哥哥的遗愿,让农民工们凭着良心报领工钱,后将工钱送到60多名农民工手中。这件事引起了社会上的广泛关注,大家纷纷赞誉这对兄弟的"信义"的道德品质,也牵动了对当今社会道德缺失问题的思考和反省。《楚天都市报》曾就此做过系列报道,荆楚网专门就这个事件做了专题报道,获得第二十一届中国新闻奖三等奖。

《信义兄弟接力送薪》这个专题分为六个板块,第一个板块就是"事件回放",该板块主体有三个部分,中间部分以时间为线索介绍了信义兄弟的事迹细节,从2010年2月9日孙水林遇难开始,到最后信义兄弟于2011年2月14日被评为"2010年度感动中国人物"为止,清晰明了地向受众呈现了整个事件过程。下面是该板块的代表作品:

为了哥哥的遗愿　弟弟代兄发工钱

　　本报讯(记者舒均、楚田)　2月10日凌晨,南兰高速上发生重大车祸。谁也没想到,这起车祸却牵出一个感天动地的故事:为抢在大雪封路前给已回武汉的民工发工钱,武汉市黄陂区建筑商孙水林连夜从天津驾车回家,一家五口不幸在车祸中遇难。为替哥哥完成遗愿,弟弟孙东林在大年三十前一天,将33.6万元工钱发到60多名民工手上。

　　现年50岁的孙水林在北京做工程,2月9日,孙水林从北京工地回到天津,原定与暂住在天津的家人和弟弟孙东林聚一天再回武汉,但他查看天气预报了解到,此后几天,天津至武汉沿线的高速公路,部分地区可能因雨雪封路。他决定赶在封路前,赶回武汉,给民工发放工钱。春节前发放工钱,是他对民工的承诺。而此时,先期回武汉的民工也正渴盼着孙水林回来。

　　当晚,孙水林提取26万元现金,带着妻子和三个儿女出发了。次日凌晨,他驾车驶至南兰高速开封县陇海铁路桥段时，由于路面结冰，发生重大车祸，20多辆车追尾，孙水林一家五口遇难。

2月10日早上，孙东林打电话回家，发现哥哥仍未到家。预感不妙的孙东林开车沿途查找，结果在河南兰考县人民医院太平间发现了哥哥及家人的遗体。

由于处理哥哥的后事尚需时日，沉浸在巨大悲痛中的孙东林和家人商量决定，先替哥哥完成遗愿。除夕前一天，孙东林拿出哥哥遗留在事故车中的26万元，又从银行提取自己的6.6万元，加上母亲拿出的1万元养老钱，发放到了60多名民工手上。

"哥哥离世后，账单多已不在，我也不知道该给每个民工发多少钱。我们让民工们凭着良心领工钱，大家说多少钱，我们就给多少钱！"孙东林说。

20多年前，孙水林就开始到外地打工，现已成为家乡有名的建筑商，如今每年跟着他打工的民工，高峰时达200多人。

"真没想到啊，老板遭遇车祸后，工钱还能照样结回来！"昨日，曾跟着孙水林做活的工人宋国清动情地对记者说。

上面为《信义兄弟接力送薪》专题的核心故事。专题的选材在当下社会是很具有代表性的，也能反映很多社会存在的问题。

首先突出了"信义"兄弟的高尚品德，他们的义举足以感动中国，一方面能起到诚信的模范作用，另一方面也能引起我们对自身诚信和责任的反思，诚信是社会的道德标准，也是时代的要求。因此，该专题的选材很符合当下的社会道德要求，能够体现人民群众的内在要求，起到了很好的舆论和模范作用。

从新闻性标准来看，作为网络新闻专题的新闻性标准有三点：一是要全面立体呈现事实细节，二是要及时动态更新，三是要丰富信息。

该专题除了有一个专门的板块介绍整个事件以外，还设有"社会反响""信义传承""评论"等板块，不仅仅是单纯地报道事件，更是从社会各个层面来对该事件进行描述与评论，这里有多家之言，受众面对的是来自不同群体的不同声音，而不是片面的一家之言。因此，作为一个新闻专题，《信义兄弟接力送薪》是很符合新闻标准的。此专题随时更新后续的报道反响，不断有最新报道：

"信义兄弟"获选"感动中国十大人物"

"信义兄弟"守信践诺的事迹受到中央、省、市领导及社会各界的高度评价，省委书记李鸿忠近日亲切接见了"信义兄弟"孙东林，称赞"信义兄弟"为湖北人民争了光。

孙东林实名注册荆楚网社区 上网帮扶农民工

5月10日，"信义兄弟"孙东林在荆楚网东湖社区实名注册了用户，并成为该社区"爱心之旅"版块的"斑竹"。

孙东林与白岩松面对面：传承信义 永不欠薪

在2010"感动中国"颁奖晚会录制过程中，本报记者全程参与，孙东林与央视著名主持人白岩松面对面，铿锵承诺。

罗清泉盛赞信义兄弟等典型
信义兄弟获湖北省劳动模范称号
武汉市委号召 学习信义兄弟
"信义兄弟"再行义举 设立农民工意外伤害帮扶基金
湖北非公人士倡议 学"信义兄弟"做"信义企业"
湖北电信与荆楚网发起"讲述身边信义故事"有奖征文
"信义兄弟"受省文明委表彰

《信义兄弟接力送薪》专题板块右侧是其他主要媒体对于信义兄弟的报道，每个报道的链接都分别对应中间部分对信义兄弟的介绍，按时间顺序，每一个时间点事件的简介都在左侧设有相关报道的链接，这样，受众可以全面了解整个事件的来龙去脉，信息很丰富。

从技术性标准来看，网络新闻专题作品的技术性特点可以从多个角度去考虑，多媒体运用是网络媒体的优势之所在，对文字、图片、图表、漫画、音频、视频、动画等多种媒介形式的运用是网络的长项，一个优秀的网络新闻专题应该尽可能地利用多种媒介形式，丰富自身的媒介表现力。《信义兄弟接力送薪》这个专题主要利用文字和图片的形式向受众呈现，该专题的首页有一个"影响记录的板块"，链接了很多关于信义兄弟事迹的图片报道，在首页下方有一个"孙东林做客荆楚网嘉宾访谈"的视频，可以在视听方面向受众传达更多的信息。

互动性是网络与生俱来的特点，也是网络区别于其他媒介形式的本质特点之一。在该专题的首页，有一个板块是"短信悼念"。将网友的短信内容展示在悼念板块，这是一个比较人性化的环节。在首页的最下方，有一个祝福区，设计得很温馨，供网友发布自己的祝愿，充满了人性化。

在该专题的板块中，有一个板块是"网友互动"，可以给网友提供一个很好的平台来阐述自己的观点，交流意见。这个板块主要是"有奖征文"，征集网友身边的信义故事，它已经不局限于对"信义兄弟"的思考，而是把目光放到整个社会，鼓励民众寻找身边的信义义举，通过这个活动可以鼓励民众发现美，从而达到民众一起行动的效果。

三、网络新闻专题写作

（一）写作特点

1. 重视选题策划

（1）可预知重大事件

可预知重大事件指的是已经有明确的发生时间或者时间段，整个事件的大体安排和走向都已基本明确的或预知的新闻事件。比如对于"神舟七号"的专题报道,其火箭的发射时间、宇航员名单、在太空中的停留时间、具体的出舱时间等都是非常明确的信息。

也有学者称可预知重大事件是一种"命题作文"。各大新闻网站在此类事件的报道中都是处在同一起跑线上,新闻资源在一定程度上是共享的。这也就使得专题的策划人员面临更多的竞争压力,需要寻找新闻的差异性。但是,并不是每个新闻网站都会参与到类似的"战争"中,有的新闻网站则会适当地放弃制作专题,而是换作一般新闻的形式来报道。这需要媒体根据自身财力资源、人力资源来做出决定。

可预知性重大事件的策划重点不是报道的事件和对象,而是报道的时机、规模和角度、手段等。

(2) 重大突发事件

重大突发事件对于媒体品牌的塑造作用不言而喻,但是,重大突发事件也带给新闻网站更多的压力,因为它要在最短的时间内做出最快的反应。做专题还是一般新闻,专题应该如何做,怎样才能与众不同,这些问题需要策划人员在第一时间做出回答。

对于重大突发事件的报道应当首先强调时效性,其次是突出后续报道的跟进。事件突发时,受众最想获知的是事件的"五要素",在获知这些信息之后,受众更为关注的是事件背后的诱因及事件的发展态势。

新闻专题人员必须尽可能快地获取突发事件的各方面信息,将其充分整合并及时传播出去。在追踪事件发展态势的同时,应当着手搜集整理事件的相关资料。由于大部分新闻网站不具备独立采访权,因此大部分新闻来源于通讯社或者由网民自发提供。

重大突发事件的前期策划重点在于内容的跟进而不是对版面、声像、包装等方面的雕琢。专题策划人员的精力是有限的,需要注意编辑的有序性,遇事不乱、突出主次轻重。在与同类型的专题网站竞争时,最快、最全的网站势必会成为竞争中的佼佼者。

(3) 重要社会话题

不同于事件性报道,重要社会话题的专题策划更侧重于社会生活中受众普遍关注的重大社会问题。此种话题大致分为两种类型:一类是受众讨论最多、关注度最大的社会热点话题,另一类是不为受众关注但具有重大社会意义的"冰点"问题。

对于重要社会话题类的隐性话题的挖掘需要从编辑方针、栏目构架等诸多因素出发,整合已有的新闻资源,进行"再加工"。因此,策划人员的解读观点、解读思路对于网络专题的特色化极为重要,独辟蹊径、与众不同的策划是网络专题脱颖而出的制胜法宝。

非事件性的专题策划需要记者有敏锐的新闻观察力和分析判断能力,报道倾向于"程式化",重点在于对新点、热点、冰点的推陈出新,策划上趋于主动(可预知重大事件和突发重大事件的策划在某种程度上趋于被动),其报道重点更为明确,报道效果也更为显著。

(4) 网站的宣传活动

借助商业活动是网站扩大品牌知名度常用的手段之一,对于此类活动,网站也会推出相应的网络新闻专题。这种专题在某种程度上应该称为宣传而不是报道,其宣传性和针对性极为突出。此时的网站拥有双重身份——活动的主体和媒介的报道者。宣传专题重点在于突显网站的特色,扩大品牌效益,尽可能多地创造经济效益。同时,与受众的互动也是保证专题充满"活力"的重要因素。

2. 讲究结构形态

网络新闻专题的结构扩散是从逻辑结构出发,充实和扩散专题内容与栏目,是确定好新闻专题之后需要考虑的问题,策划人员需要与各个部门(技术、视觉、编辑等相关部门)通力合作,来完善专题的架构和内容。

受框架理论的影响,策划人员的思想维度是有限的,甚至是带有偏见的。要摆脱已有的行事经验,就需要集思广益,征询不同人的意见。因此,一个成功的新闻专题需要策划人员与技术、编辑、视觉等相关部门讨论并确定专题的内容与形式。

网站的策划团队通常会采取"头脑风暴"的方法来发散思维,以期获得让受众最意想不到也是最有效的传播内容。笔者根据逻辑结构概括出的思维拓展方法主要如下:

(1) 纵向进程延伸

纵向进程延伸是指专题以事件发生的时间为原点,向前或者向后推移时间轴、寻找新闻点,或者依照事件的发展态势来顺次拓展。纵向延伸的方法多适用于事件性新闻专题的报道。这种方法使得网络专题脉络清晰,容易策划,读者易于理解。例如,新浪网对于"神舟七号"的专题报道大致是按发射过程、星箭分离、太空行走、返回地球的时间顺序来进行栏目设置,各大新闻专题也是按这个逻辑来进行编排的。

(2) 横向维度拓展

横向维度拓展是指搜索与专题相近的话题和资料,包括对事件背景的搜集整理、对事件发展态势的前瞻,以及寻找类似发生的过往事件,等等。

腾讯网的"神舟七号"专题,除了 3D、滚动、图集、视频、花絮、评书几个大专题外,下分栏目分别设置:大策划大制作、飞天科学院、天行漫记、神舟家族、太空第一人、航天传奇、飞天特训、太空 72 变等子栏目。其专题维度扩散极广,几乎涵盖了多媒体的各方面内容。

(3) 多点聚合与单点分解

多点聚合是指将多个零散的新闻点或者新闻事件加以整理加工,找寻出共同点,筛选出所需的新闻话题。单点分解则是将某一新闻主题分解细化,对细化的新闻点深入报道,进行尝试性挖掘。多点聚合与单点分解多适用于非事件性报道,例如分析形势、解读政策等。

以上三种思维拓展方法并不是相背离的,在某些时候是可以整合、交叉使用的。

(二) 写作方法

与其他类型的传播媒介不同,网络是一个多媒体的聚合体,网络新闻专题传播效果的实现不单单是编辑内容的全面、深入,还依赖于其他方面的配合。网络新闻专题的内容包括文字、图片、视频等,其使网络新闻专题传播效果的实现更为系统和复杂。

1. 用户体验

用户体验,英文为 user experience,缩写为 UE,或者 UX。它是指用户访问一个网站或者使用一个产品时的全部体验,包括用户的印象和感觉:是否成功、是否享受、是否还想再来或者继续使用等。

现在流行的设计过程注重以用户为中心,例如,界面、语音、文字表达、用户操作、交互等方面,这些都是专题策划人员与技术人员需要考虑的问题。网络新闻专题呈现给受众的第一印象是专题的版面设计,包括网页的色彩运用、栏目的设置、互动性平台的开发等方面。亲切友好的界面对于吸引受众、凸显品牌价值功不可没。互联网时代"内容永远落后于视觉",受众更倾向于接受最简单的传播形式,这就使得图片和视频在专题中占据越来越重要的地位。

2. 标题制作

网络媒体的超链接方式,使得新闻标题承担了吸引读者的全部重任。网络标题以单行为主,多行题也会被压缩为一行题。受版式和技术制约,标题字数也是有一定限制的,并且标题本身与标题之间讲究美观、平衡,一个长标题通常会被分为两个分句。针对网络技术而言,网络新闻标题的表现手法多样化,例如,使用发光字、加色、悬浮等。

在网络上,读者可见的只是新闻标题(某些会有简略的内容),标题的吸引力成为"拉拢"读者的关键。在网络信息过剩的背景下,吸引读者眼球的最有效手段就是利用人的本能——猎奇、欲望,日本学者清水几太郎称之为兴趣的"拷贝"。①

3. 专题包装

营销学中的 4P 理论将产品的营销分为产品(Product)、渠道(Place)、价格(Price)、推广(Promotion)四个方面。将这一理论借用到网络新闻专题的包装上,4P 便分别对应专题内容、发行渠道、收费服务、促销方式。专题内容是专题包装的核心,是其他三方面的基础条件,丰富、生动的报道内容能够创造出更多的衍生产品(信息产品或者实物商品)。发行渠道在网络上则表现为直销方式,即专题内容直接传播至受众,方式是通过网页浏览或者 RSS 等订阅器的客户端浏览。价格方面,网络新闻专题多为免费服务,如果涉及手机报等形式的订阅则需要支付费用。新闻网站更多是采用免费的方式来扩大市场占有率。网络新闻专题的促销实际上是为专题打广告,提高网站和专题的知名度,其方法可以是在其他网站上打广告或者借助电视、户外等其他广告形式。2008 年北京奥运会时,各大新闻网站纷纷给自己的奥运专题做广告,其中搜狐的口号是"看奥运上搜狐"。这条广告语不仅在网络上、电视上大量传播,而且还见诸各个城市的公交车上。外挂其他网站的促销方式使得新闻网站获得更高效益的同时,也需要支付一定的广告费用。

---

① 郭庆光.传播学教程[M].北京:中国人民大学出版社,1999:172.

本章小结

网络新闻有及时性、多样性、空间无限性、内容海量性的特点。网络新闻的写作特征凸现互联网传播介质的特点,具有螺旋性、高时效、高延展性、多媒体写作、非线性和重策划的特征,包括:动态写作、多媒体写作、蛛网式写作、互动写作等形式;写作技巧包括:强化"标题意识",制作容易检索的导语和概要,分层写作正文和突出重点新闻要素,灵活安排新闻背景和合理链接延伸性,新闻语言更富亲和力与平民化。

滚动新闻是网络新闻中最能体现新闻时效、反映网络报道特色的手段之一,也是新闻网站快速及时处理突发新闻、最新动态消息的重要方式。滚动报道是符合网络新闻特点的一种报道方式,具有全时性发布、全时性知晓,新闻量大、单位页面承载新闻条数多,以跳动性吸引网民的眼球的优势。滚动报道的写作主要体现在重大新闻上,要求"短、平、快",语言平实,以多媒体形式,标注清楚时间、地点和背景。

网络新闻专题引导网络新闻的发展方向,要注重选题策划、结构形态,以实现传播效果。

思考与练习

1. 网络新闻有哪些特点,分析一下本校网站上的新闻,提出改进意见。
2. 对比分析同一新闻事件在不同网站上的新闻专题,分别说明其特色与不足之处。
3. 针对校园的一项活动写三条滚动新闻。

第二十章　新媒体新闻写作

> **学习目标**
> 1. 理解新媒体新闻写作的特点。
> 2. 掌握博客新闻、微博新闻、微信新闻写作方法。

新媒体被称为"第五媒体",具有数字性、交互性、超文本性、虚拟性、网络化工作等特征,它的出现引起了人类社会的革命。新媒体写作不同于传统写作,除文字外,还可以通过图片、音频、视频、符号等手段进行写作,可分为新媒体文本写作、新媒体视图写作和多媒体写作。这里介绍的新媒体写作方式主要指博客写作、微博写作、微信写作等的方式,由于微信在新媒体新闻报道中异军突起,这里将作为重点介绍。与此同时,报纸、杂志、广播、电视等传统媒体也在大胆地借鉴和利用新媒体写作,使新闻报道的形式和手段更加多元化,二者在融合过程中实现了双赢。

新媒体是最近20多年发展起来的新生事物,相对于传统意义上的报纸、杂志、广播、电视这四大老媒体而言,新媒体被形象地称为"第五媒体"。新媒体的出现与发展对信息传播起到了革命性的推动作用,它使各种信息在全球得以最广泛地传播,同时使人们的生活方式和价值观念发生了变化。进入新媒体时代以后,传统形式的新闻报道必定受到冲击,新媒体写作方式必然带来新闻报道的改变,新媒体与新闻报道的联姻是时代发展的必然要求。

第一节　新媒体新闻写作的特点

一、新媒体定义

由于新媒体出现时间短,并且在不断发展变化,因此,对新媒体的定义至今众说纷纭,没有定论。联合国教科文组织对新媒体下的定义是:"以数字技术为基础,以网络为载体进行信息传播的媒介。"[①]

新媒体是一个综合性概念,是在报纸、杂志、广播、电视等传统媒体之后出现的各种媒体形态的总称,它是利用网络技术、数字技术、移动技术、无线通信技术等高科技手段,通过电脑、手机、数字电视等媒体终端,向普通大众提供各种信息和娱乐方式的传播形

---

① 匡文波.关于新媒体核心概念的厘清[J].新闻爱好者,2012(19):37—39.

态和媒体形态。

二、新媒体新闻写作的特征和类型

（一）新媒体新闻写作特征

与传统媒体相比，新媒体新闻写作有以下 5 个特征：

第一，数字性（digital）。与传统的平面媒体和声像媒体不同，新媒体都是基于数字化技术来处理文本内容，通过数据压缩来存储和传输，传播速度快，传播距离远，非线性的处理方式简单易学。

第二，交互性（interactive）。传统媒体采用的是"你传我收"的模式，受众永远处于被动接受的地位；而新媒体实现了传播者与受众之间的互动沟通，用户与用户之间实现了个性化交流，传播者和接受者都是平等的交流主体。

第三，超文本性（hypertextual）。新媒体采用超链接技术，将不同空间的文字信息组织在一起成为网状文体，实现了资源共享，用户能以快捷简便的方式获取各种需要的信息和文本资料，其典型代表就是数字图书馆和搜索引擎的广泛使用。

第四，虚拟性（virtual）。新媒体的虚拟性体现在网络环境、社交空间、用户身份等各个方面，它们都是网络世界对现实社会的拟态模仿，比如电子游戏中的身份、婚恋场所等，都是虚拟的。如果虚拟性不断侵入人们的现实生活，部分用户会难辨真假，给他们的社会生活带来困扰。

第五，网络化工作（networked）。新媒体的出现不仅是对传统媒体的冲击，更重要的是给人们的生活和工作方式带来了革命性的改变。人们可以在网上学习、网上工作、网上购物、网上支付、网上消费、网上交流、网上娱乐，整个社会、整个世界已经网络化，不会上网将无法生存。

与报纸、杂志、广播、电视等传统媒体写作相比，新媒体的传播媒介形态特殊，其写作方式也有所不同。所谓新媒体写作，是指写作主体以电脑、手机、数码照相机、数码摄像机、数字电视等新兴媒介为载体，以文字、图片、音频、视频、符号等文本为写作手段，在网络、户外、移动等虚拟平台上进行的互动式的写作行为和过程。

（二）新媒体写作主要类型

根据写作手段和媒介传播的文本不同，新媒体写作主要分为 3 种类型：新媒体文本写作、新媒体视图写作和多媒体写作。

1. 新媒体文本写作

新媒体文本写作主要是利用传统的语言文字在新媒体上进行写作，这是普通大众使用最广泛的一种写作方式，它又可以细分为网络新闻写作、手机写作、博客写作、微博写作、微信写作等。这种写作虽然采用了普通的语言文字，但与传统媒体的文本写作有很大的区别。新媒体文本写作可以不受语法规则的限制，经常出现生造词语和新鲜词汇，语言风格简洁明快，幽默风趣。写作手法可以运用拼凑、粘贴的方式，甚至可以把文字与符号进行融合写作。新媒体文本写作具有互动性的特征，采用的是多个"点"对多个

"点"的写作传播形式,降低了写作门槛,实现了"全民皆作者"。

2. 新媒体视图写作

新媒体视图写作是指写作主体利用新媒体设备拍摄图片或视频,并对图片或视频进行编辑、加工、传播的活动过程,它还可以细分为新媒体图片写作和新媒体视频写作。新媒体视图写作的主要工具是数码照相机、数码摄像机和手机,写作主体可以用Photoshop软件对自己拍摄的数码图片进行加工处理,也可以用Premiere软件对自己拍摄的数码视频进行编辑,还可以把图片或视频传播到网上,或者传给亲友进行分享。新媒体视图写作具有多种感官体验的特征,由于写作工具的便捷性和传播的方便性,写作主体可以做到随时随地拍摄,随心所欲传播,使写作过程变得轻松愉悦。

3. 多媒体写作

多媒体写作是一种整合性写作,是写作主体把文字、图片、视频、符号等各种媒介内容整合在一起的写作活动过程,比较常见的是多媒体新闻和多媒体广告。我们看到的许多网络新闻是文字和图片的结合,看到的电视新闻是文字和视频的结合。多媒体写作最重要的特征是具备超链接技术,常用链接技术有参考链接、注释链接、扩张链接、命令链接。多媒体写作是一种图文并茂、视听兼备的写作方式,目的是吸引受众的眼球,让受众体验到一种全新的阅读快感。

第二节 博客新闻写作

一、博客新闻概述

(一)新闻博客

1. 新闻博客的概念

新闻博客,顾名思义就是在互联网上建立的,利用网页向公众发布自己采集的新闻以及发表自己的观点的博客。它有三种类型:一是专业新闻网站开设的新闻博客,如中国新闻博客,新华网、人民网的传媒博客等;二是新闻工作者的博客,例如央视的"名嘴"白岩松、水均益、张泉灵等都有博客;三是非新闻工作人员自行建立、独立发布新闻的博客,如美国的"德拉吉报道网站"。

2. 新闻博客的传播特征

第一,双向反馈的传播模式。传统的大众传播是由少数传播者对不确定的大众进行的一种自上而下的点对面传播,即传者—信息—受众。新闻博客的出现使新闻信息"点到点、点到面、面到面、网到网"的散布型双向传播模式得以实现,意味着每个读者都能成为作者,人们不再只是被动阅读新闻,而是更主动地寻找正在发生的新闻。这样,新闻博客就赋予了个人前所未有的主动参与性。

第二,"传受合一"的传播形态。传统的大众传播是由少数传播者对不确定的大众进行的"一"对"多"信息传播,传播的传者与受者界限分明,而在新闻博客传播模式中,每位博主一方面不断地通过直接表达自己的思想、引用他人的评论信息、链接网络地址等方式为其他博主提供信息；另一方面，又都不断地获取信息。每位博主既充当信源又充当信宿的角色，可以说，"传受合一"是新闻博客传播中最根本的特征。

第三，公共领域的个人化传播。对博客而言，分享、交流是其赖以存在的基础，博主们在新闻博客上采写和发布新闻，以公众化的形式发表私人的内容，通过文字、图片和链接，将个人对新闻的感悟、思考等全面地展示给公众，也在新闻博客网站上浏览他人发布的新闻信息，博客是公共领域的个人化传播。新闻博客成了公共领域与私人领域的交集，其对于链接的利用，又把个人交流发展为公共交流，把别人的成果整合在自己的信息和知识发布中。当每个博主以自己的网页组成新闻博客的共同主题时，无数的分享构成了共享，共享是存在于新闻博客中的一种普遍的价值观和内在精神。

第四，延伸信息空间的多维度传播。个性化与共享性是博客信息空间中的一对矛盾关系。一方面，博主们把自己的新闻公布出来，寻求自我价值的实现；另一方面，人们的独立思维在这里又得到了剧烈碰撞，独有的、偏激的乃至片面的新闻评论正是新闻博客的魅力所在，也是新闻博客和主流新闻媒介的根本区别。有着共同主题兴趣的博主，在新闻博客网站里建立起共享的社区，并在其中不断把新闻再生产出来，继续与他人共享。

3. 聚合博客新闻平台的新闻博客

新闻博客是博客所具有的媒体属性在新闻领域的应用。新闻博客作为博客的应用领域之一，其实质是以博客为平台，以全体网民为"信源"的新闻信息聚合系统。新闻博客作为自媒体的一种形式，其主要表现为非专业化的新闻信息聚合，而不是专业化的新闻信息创作。新闻博客以全体网民为信源的特性，保证了新闻来源的丰富及新闻报道角度和方式的多样，很大程度上避免了职业新闻人在把关时的暗地操作，增加了公众了解事件真相的可能性，增强了舆论监督的针对性，也提高了新闻来源和受众之间信息的对称水平。

（二）博客新闻

1. 博客新闻的特性

第一，互动性。博客是交互性的，传者和受者可以实现真正意义上的实时互动，每个读者都能成为作者，"传受合一"在实时互动中可以成为现实。

第二，接近性。博客新闻一般是博主把发生在自己身边的事情记录下来传到自己的博客上，个性化、地域化、分类化的新闻是其主要内容，从而使新闻更贴近读者和受众。

第三，延展性。在互联网和博客时代，有了搜索引擎和超链接，所有的信息互为补充和参照，谬误或缺陷更易被发现并得到及时修正，资讯被赋予更长久的活力和生命。

第四，个人性。博客是完全意义上的个人传媒工具，博客新闻完全是个性化的，因此，博客新闻也就更倾向于以个人的观点和视角来报道新闻事件。

第五，开放性。博客成为一种传媒工具，意味着个人空间直接变成公共领域，博客新闻的出现，使得每一个普通人借助网络的力量得到了前所未有的话语权。

2. 良莠真假并存

任何事物都有两面性,博客新闻也是一样。

第一,网络的虚拟、匿名性质与简单的剪贴转载技术帮助它轻松跨越了传统媒介的层层把关而让新闻信息的生产过程变得异常随性和任意,故而新闻信息生产的客观真实原则很难有效贯彻到其生产过程中,不具备传统媒体新闻传播的权威性和可信度。因此,虚假新闻和不负责任的言论充斥在博客新闻中。

第二,博客新闻虽在社会舆论领域发挥着积极作用,但作为自发舆论,通常只是以自我为中心,相对狭隘,并且情绪化色彩明显,导致新闻博客过于感性,或主观性太强,甚至盲目偏激。

第三,博客新闻的确在揭露事件的真相方面有明显的优势,但如果把握不好"度"就很容易走向极端,例如侵犯他人隐私、捏造虚假新闻乃至恶意中伤他人等。

博客的出现与迅速发展迎合了当代社会对信息的大量需求。博客写作依存于网络,广泛存在,它的出现对传统媒体造成的冲击力不容小觑。有人认为,未来博客会取代传统媒体成为主流媒体,但是,网络对信息"来者不拒"的态度使其可信度大大降低。博客写作形式多样,所发布的信息仅是个人见解,内容随意,缺乏公信力及权威性,它需要借助报纸、广播、电视等传统媒体才能够获得更大范围的传播。

二、博客新闻写作

(一) 写作特点

1. 内容形式的自由开放性

博客写作是一种开放的网络交流形式。这种自由开放性引导人们从生活中寻找题材与灵感,让人们更加注重生活、感受生活。

传统写作的条条框框较多,写出的文章往往带有虚构色彩。而博客写作可以任作者自由发挥,给人们的写作带来更多的个人性和亲历性。此外,博客写作的语言也是自由开放的。"人类有史以来,言论的自由公开发表恐怕没有一个时期比现在更开放便捷,这一切,都是因为互联网的产生。"[1]

博客写作内容上的自由带来了形式上的开放。传统写作的规定体裁不利于作者想象力的自由发挥,而博客写作的体裁多样化、个性化则给了作者更多的选择空间。在博客的舞台上,每个人既是"观众"也是"表演者"。这体现在博客写作的主体中,博客写作是一种大众的写作。

2. 信息反馈的及时性

2001年美国遭遇"9·11"事件,博客首次成为主流媒体的新闻来源。2005年伦敦地铁发生大爆炸事故的几个小时之后,在博客检索网站上已经出现了数千条日志。[2] 这都

---

[1] 张玉超,刘海波.博客:一种新的网络言论写作模式[J].语文学刊,2008(05):89—91.
[2] 胡春阳.博客现状与亟待研究的议题[J].新闻记者,2006(03):13—15.

体现了博客写作的信息反馈的及时、全面、多元。

传统媒体报道新闻还需要印刷出版，而网络媒体只需要一个简单的按键就可以在第一时间准确地将新闻发布出来。但是网络信息承载内容包罗万象，发布信息者不一定是专业媒体或媒体工作者，而博客写作的自由开放性使得网络信息的真假虚实难以分辨，这就需要读者在阅读时进行甄别，汲取有益的信息。

博客写作的及时性还体现在博文的更新速度。进行博客写作不需要长篇大论，可以是一句话，可以是流水账般地记录生活，也可以是在行走的途中看见的趣事，随时随地都可以发表博文，而读者可以很快地阅读、评价这些文章，既方便了作者也方便了读者。博客写作可以及时地记录个人的行为、信息和思想，有利于读者学习到更多的知识，同时也丰富了作者的业余生活。

3. 写作主体的全民性

博客写作的全民性真正体现了写作的平民化、草根化。不是只有名人、学者才可以开博客写文章，普通老百姓也可以拥有一个属于自己的博客。方兴东对博客的总结是：零技术、零成本、零编辑、零形式。① 正是因为这种零门槛，博客写作成了普通民众生活中的一部分。

博客可以被看作是个人的舞台，因为写作主体的大众性，作品呈现平民大众化的特点，这种通俗易懂的作品满足了大多数普通网民的审美需求。

4. 大众交流的互动性

博客写作的全民性决定了其具有互动性的特点。博客写作是分享式的写作，它将作者与读者联合在一起，是一种全新的写作模式。博客写作中的互动包括作者与读者、读者与读者、作者与作者之间的交流。作者与读者的交流是寻常的交流方式。这种交流不是一对一的互动，作者发表博文后，读者跟帖发表各自的观点看法，从而又形成了读者与读者之间的交流。读者与读者的交流是博客写作中较为普遍的一种互动方式。不同的读者对同一篇文章具有不同的观点和看法，而观点相仿的读者由此便开始更为密切的互动。作者与作者之间的交流是一种角色的转换。在博客交流中，很多读者其实本身就是作者，两者之间随时变化、相对存在。

博客写作中的互动较频繁且人员众多，每个人都可以看到其他读者对这篇文章的评论，这对读者反思自身言语、作者提高写作水平，都具有较大价值。作者与读者之间一直保持着的这种及时和开放的交流互动是传统写作方式无法给予的。

（二）写作方法

1. 标题技巧

网络阅读很大一个特征之一，就是标题式阅读。很大一部分读者，尤其是新读者，很可能只是先看下标题，然后就决定看不看内容。可想而知，一个好的标题，能够给博主带来多少的流量。

---

① 杨晓辉. Blog 文化对信息化教育的影响及其应用前景展望[J]. 赤峰学院学报（自然科学版），2007(01)：79—80.

标题的写作,有下面的一些原则可以遵循:一是在标题中提及关键词和热点,二是多用动词,三是一句话概括文章的全部内容,四是使用引导式问句,五是使用数字。最后记住非常重要的一点,标题不要哗众取宠,更不要做标题党。一个好标题的最高境界就在于,用最准确的字词来表达最精确的内容。如果文章的标题给了读者想要的东西,但在内容里面没有找到,读者可能会失望,再不关注该博客。

2. 正文技巧

第一,尽量使用常见的,通俗易懂的,不含歧义的字词。尽量避免使用行话或者专业词汇。如果一篇文章充满了行话或者专业词汇,很容易让读者产生挫败感,甚至恐惧感而离开。

第二,多用短句,少用长句。多用主动语态,少用被动语态。

第三,多分段,每一段的行数不宜过长。如果一屏内只有一段,甚至一段超过一屏,很容易把读者吓跑,哪怕文章再好也没有多大的效果。

第四,每篇文章不宜过长,亦不宜过短。如果一篇文章只有十几二十个字,不如不写。但如果每篇文章都是五六千甚至上万字,也影响阅读体验。文章篇幅在一屏到一屏半比较合适,如果篇幅实在很长的话,可以把一篇文章拆成几篇贴出。如果合适的话,甚至可以把它们写成一个系列。

3. 细节和个性化要求

博客概念主要体现在三个方面:频繁更新、简短明了和个性化,而这正好涵盖了博客新闻的某些特征。博客新闻的核心是亲历的见闻,新闻的真实细节和个性化的采集,决定了一个新闻博客的成功。当这些"博客记者"触及他们专长的领域时,或者面对他们亲历的新闻源,他们提供的信息常常比报纸更贴近事实。在这种个人化的体验与表述中,埋藏着革命性变化的种子,在这种环境中,媒介经常招致批评的权力欲和与大众的距离感都不复存在。

私人性质的新闻细节描写,使新闻博客具有无可比拟的优势。在2002年的莫斯科剧院劫持人质事件中,俄国博客LiveJournal不断发布一手的现场报道,其新闻细节来自被困在剧院内的一名舞蹈演员,后者通过手机不断通报劫持现场的真实情况。

博客新闻写作的个性化和细节描述还体现在博客新闻远离传统新闻的表述方法,以及表述规范。这在传统媒体的新闻人员撰写的博客新闻中,很能够显示博客新闻的特色。著名的学院派博主金·罗曼斯科(Jim Romensesko)认为:博客"使得新闻工作者脱掉外套,更轻便地展现新闻机构轻松的一面"。[①] 传媒是一种大生产、大协作,博客只能是相应的补充。个人不可能承担起大众传播的重任。但是,放弃传统媒体的新闻模式或是报道限制,让每个记者都能把采访所得但没有见报的内容存放到博客上去,扩充新闻资源,自由表述,将给博客新闻带来无可比拟的精彩。

---

① 方兴东,孙坚华. Blog:个人日记挑战传媒巨头[N]. 南方周末,2002-09-05.

4. 小众写作与大众接受

博客新闻是"多点对多点、面对面"的传播,这决定了博客新闻的写作面对的是接收者的评论。网络新闻不需要说服编辑、出版者,就能将信息流布于天下,迅速地找到成千上万的潜在读者,传统的大众传媒正演变为个人化的双向交流,媒介不再是唯一的信息源。这一变化对于博客新闻写作极具意义。

第一,博客写作的合理表述尺度是以受众的需求为标准。由于博客新闻写作既要能够被传播,还要接受反馈信息的评论,有时甚至被抨击。在制作与发布信息简单化的同时,新媒体同样简单地受到了对于信息真实性的批评。虚假新闻或是"独家"的片面新闻评论,甚至会使博客信誉顷刻间倒塌。这给博客新闻提出的难点是,写作过程应始终遵循真实性原则。此外,小众的博客新闻写作和新闻评论,要适应大众,接受平台的检验,公共领域的新闻发布要让公众评论。

第二,在小众表述和大众接受面前,博客新闻的合理表述尺度是符合道德规范的。方兴东等发起的《博客道德规范》倡议书虽然表达的是一部分博客的焦虑,其中一些原则还是值得注意的。其一,诚实和公正原则,指的是博客在收集、报道和编写信息和文章时应该诚实和公正。其二,伤害最小化原则,指的是博客对待消息来源和报道对象要给予应有的尊重。其三,承担责任原则,指的是博客应该敢于承认错误,并且及时纠正。

第三,博客新闻合理的表述尺度是个性化的底线。博客新闻写作形态之一是"原生态",即博客提供的内容完全不是传统报刊新闻,也不是任何纸媒意义上的编辑组织起来的文章,而仅仅是博客自我写作与上传的文章。这种原生态的写作与文字、图片、电影和音乐上传都是过去任何一种媒体不能够单独完成的,只有互联网时代媒体,才能广泛地聚合人们的意见与书写内容。博客既是内容生成者,同时也是阅读的消费者,它改变了原先纸媒的新闻传播方式。

第四,博客新闻合理的表述尺度是一定的规范。博客新闻往往观点极为鲜明,语言尖锐。报刊有版面限制,广播和电视有时间限制,而博客新闻在容量和时间上没有任何限制。因此采访的前期准备和思考、完稿后的后续追踪都能在这里找到充分的空间。博客新闻在互动性方面强于现在的所有媒体,在作者与读者的互动中往往就能激发新的切入点和新闻线索。网络媒体快捷迅速的互动性为博客的写作提供了一个很好的纠错机制。网络媒体的编辑者们可以充分利用网络媒体的互动性,一方面充当信息的过滤者和整合者,另一方面可以建立起一整套快捷的纠错机制。在博客成为网络媒体主体之后,网络媒体的编辑也会利用网络媒体的互动性建立起类似的纠错机制,从而规范博客写作。

第三节 微博新闻写作

一、微博新闻概述

新闻文体不是一成不变的,每一次重大的传播媒介变革都会对新闻文体造成深深的影响,使之不断创新、发展。微博作为一种互联网的新技术,成为近年媒体报道的重要传播途径。相应地,通过微博发布的新闻报道表现出其独特的文体特征和写作手法。

"两会"作为年度最重要的会议,全国各家媒体会穷尽各种手段,利用各种技术来参与报道,而近年来兴起的微博就成为2010年两会报道中的一个新武器。据统计,通过微博报道两会的主流媒体多达26家。本节将以新华社"新华视点"栏目开办的"新华视点两会微博"为样本,分析通过微博发布的新闻所表现出的文体特征。

(一)篇幅很短

多不过一百来字,少则只有几个字,短小精炼是微博消息的主要特点,但是微博新闻比消息还要简短。这是因为,大多数微博对博文有字数限制,如新浪微博、腾讯微博等的字数限制是140个字以内,网易微博的字数限制是163个字以内,所以,一句话、一幅图片都可以成为一条新闻。

(二)结构简单

使用过微博的网友都知道,微博是没有换行功能的,不管输入多少段文字,在点击"发布"之后,都会自动合并成一段。这就导致了单篇微博新闻的结构非常简单,它就是一句话,或者一段话,最多再配上一幅图片,更别提标题、导语和结尾了。另外,微博报道角度单一。一篇微博新闻只报道一个事件、一个情境、一个观点。这样的新闻就略显琐碎,信息量不足。微博有一个"关注"功能,网友可以对其感兴趣的微博设置"关注",也可以随时取消"关注"。如果媒体不能吸引他们继续关注的兴趣,那么很可能流失一批受众,也就会削弱媒体的影响力。

(三)文字直播式

与传统媒体相比,网络新闻的时效性不是以日计算,而是以小时计算的。而微博比一般的网络新闻还要快,前一分钟的新闻在下一分钟可能就成了历史。原因有两个:一是微博可以与手机、电脑等绑定,各家媒体可以随时随地通过网络发布新闻;二是微博新闻篇幅短,结构简单,为记者节省了思考、编辑的时间。

(四)内容原生态

"原生态"可以理解为没有经过修饰、雕琢的事物的最初状态。两会是严肃的政治会议,媒体对两会的报道通常是比较严肃的。与以往两会报道不同,这次微博增加了一些对花絮的报道,对现场细节的"原生态"记录,充满了生活的"原汁原味"。

3月2日的一条"微照"可能会让看到的读者都忍俊不禁。照片上著名演员濮存昕骑着自行车,戴着红色的御寒帽,穿着灰白色的羽绒服,笑眯眯地看着照相机镜头。照片上面配着一行字:"3月2日,全国政协委员濮存昕在北京国际饭店报到后骑自行车离开。'我从王府井骑车过来的,近得很。'濮存昕一边开车锁一边回答记者提问,'要是方便停车,我都想骑车去大会堂。'"①如果不看这条图文并茂的微博,读者们肯定不知道濮

---

① 薛国林,胡秀.新媒体写作谈之二 微博新闻的写作及其文体特征——以2010年两会微博报道为例[J].新闻与写作,2010(05):88—90.

存昕日常生活中是这样的装扮,更不知道他会骑着自行车去参加政协会议,原来明星也和普通人一样过着普通的生活。

(五) 以叙述为主

以叙述为主,辅之以抒情、描写、议论,微博新闻在篇幅上比通讯要短很多,但是在表现手法上和通讯一样丰富。总的来说,在跟进事件发展状态的时候主要用叙述,像"现场微报""代表委员一言"这些栏目的大部分报道使用的都是叙述的表现手法,还有给"两会微照"照片配的文字,也大多为叙述的表现手法。

微博新闻在报道现场花絮和记者感触时兼有抒情、描写、议论,既重新闻性,又重艺术性。比如一篇博文,用描写的手法,形象、生动地写出了陈道明外貌特征:

他戴着黑色棒球帽,帽檐压得很低……这次陈道明保持了沉默,并在工作人员引导下迅速进入会场,脸上露出了难得的笑容。①

像"两会微评""两会感言"这类栏目,因为是抒发记者内心感想的报道,大多使用了抒情的表现方法。在微博新闻中,议论相对其他表现方法而言使用不多,但是却是报道必不可少的。如这篇微博同时使用了抒情和议论两种表达方法:

房子有商品和民生的双重属性,不能将其商品属性发挥到极端。正如特殊商品的药品,当你生病时,你会同意药商把它的价格炒到天价吗?你会说"这药不是给刚毕业学生吃的"吗?而关于给房地产利润设限也不是乱开处方,当少数人利益与公众对立时,你赞同奥巴马给华尔街巨头限薪吧?

(六) 多媒体传播

网络媒体的一个重要优势在于它具有多媒体的表现手段,它能够将文字、图片、视频、音频等手段融为一体,突破了传统媒体只依靠其中一种或几种手段的局限性。但是,在此次微博报两会中,新华社对两会的报道主要采用两种形式,即单纯文字式和文字图片式。是因为微博不支持视频、音频功能吗?当然不是。打开新浪微博的发布页面,就可以看到除了能发布表情和图片,还可以在微博中插入视频或者音乐。所以,不是微博没有音频、视频、链接等功能,而是新华社在报道中没有使用这些功能。②

由此可见,微博的新闻报道功能仍有可供媒体挖掘的空间,而传统媒体在新闻报道中如何做到与新兴传播媒介完美结合,是一个值得深思的问题。

二、微博新闻写作

(一) 迅速发稿,多媒体呈现

微博的传播优势之一在于其即写即发,传播迅速。微博新闻写作要善于利用微博

---

① 薛国林,胡秀.新媒体写作谈之二 微博新闻的写作及其文体特征——以2010年两会微博报道为例[J].新闻与写作,2010(05):88—90.

② 同上。

这个传播优势,要求在进行写作时,有较快的速度,能够在第一时间将微博新闻发布出去,把最新鲜热乎的新闻呈现在受众面前。此外,微博是一个多媒体信息呈现的平台,记者要充分利用多媒体传播的优势,除文字外,还要善于运用图片、音频、视频等多媒体形式展现新闻事件,使微博新闻更加立体化、全面化。人民网于2013年2月15日发布了一则微博新闻,这条微博新闻不仅用文字叙述了陨石坠落的概况,还附上了陨石坠落的现场照片和俄罗斯电视台整理的视频资料。

(二)要素齐全,语言简洁

微博新闻虽然篇幅短小,但在写作的过程中不能遗漏任何一个新闻的基本要素,否则这条微博新闻就不完整。这就要求记者在写作的过程中要时刻关注新闻基本要素是否齐全,在完成之后,还应认真检查。在短短的140个字左右的篇幅内完整地展现新闻的基本要素是一项颇具难度的工作,要求记者善于运用简洁的语言对新闻事件进行高度的概括和描述,用词准确到位,行文不能拖泥带水,避免内容重复拖沓。

微博新闻依然要有"五要素"。如以下这篇报道:

【四川古蔺大客车坠崖已致7死22伤】人民日报记者王明峰消息,1日17时30分左右,泸州市一辆金龙牌大客车途经古蔺县石堡镇小坝路段时,侧翻至100余米的斜坡下,造成7人死亡,22人受伤。据泸州当地媒体报道,该车属于古蔺县畅通运输有限公司。目前,伤者已送往医院,事故具体原因进一步调查中。

以上是《人民日报》官方微博在2013年2月1日刊发的新闻,虽然这则新闻只有短短的138个字,但新闻的基本要素完整,没有遗漏。

(三)标题精炼,信息明确

一般的微博新闻都需要制作标题,但与报纸等传统媒体不同,报纸上的新闻可以有双行标题、甚至三行标题,囿于篇幅,微博新闻一般只制作单行标题,且字数不宜过多。所以记者在制作微博新闻标题时,要用最少的字数将新闻事件的核心内容集中体现在标题之中。所以,在涉及某些名词时,该用缩写的就用缩写,但不能违反相关规定,更不能引起歧义。比如"蒙古族"不能简称为"蒙族","省人大常委会副主任"不能简称为"省人大副主任"。再比如,中国人民大学如果简称为"人大"容易使人理解为"全国人民代表大会"。值得特别指出的是,由于微博新闻没有版面设计,为了将标题和正文区别开来,可以用一些特殊符号比如"【】"隔开,以突出标题的重要性,使读者一目了然。

下面是人民网官方微博于2013年2月1日发布的一则微博新闻:

【新交规满月 闯灯降4成 驾考理论合格率仅55%】新交规实施已满一个月,公安部数据显示,今年1月以来,全国严重交通违法行为大幅减少,违反交通信号灯指示通行同比下降40%。新交规还对驾驶人考试制度进行改革,考试合格率普遍较低,其中理论考试合格率为55.7%。(记者张洋)

在这则微博新闻中,作者合理地将"交通规则"简称为"交规",将"驾驶员从业资格证考试"简称为"驾考",使得标题语言精练,且在标题中作者突出了"理论合格率仅55%"

这一新闻事实的核心,这就使标题完整地突出了整则新闻最重要的地方,读者一看便心中有数。

(四)选材典型,善用细节

微博用户一打开屏幕,满屏都是各式各样的微博,那么微博新闻如何从众多微博中脱颖而出,抓住读者的注意力呢?其中很重要的一点就是微博新闻写作时要善于运用典型材料表现新闻事实,刻画新闻人物。此外,还要高度重视细节的作用,用细节去打动读者的心。

(五)善用"@",注意版权

如果在微博新闻写作中提到了某个人或某个机构,可以用微博独有的功能"@"加以标示,这样的做法不仅可以扩大新闻的信息量,还可以让读者循着这条线索了解到更多的新闻背景,此外,在转载其他新闻媒体发布的新闻时,要清晰地标明该新闻出处,涉及照片的,不能将原照片的水印随意去除,以免引起版权纠纷。[①]

第四节 微信新闻写作

一、微信新闻概述

(一)什么是微信

微信是腾讯公司为智能手机终端提供的一种即时通信服务的应用程序。它可以跨运营商,跨平台地发送文字、语音、图片等信息,也可以实现视频通话、即时通话等功能。相对于短信,微信使用基于流量,无通信费用;相对于QQ,微信将使用者更加牢固地锁定在手机通讯录中,建立了强关系;相对于微博,它的圈子更加私人,内容更加隐蔽,关系更加牢固。

(二)微信传播的社会影响

微信诞生之初,仅作为一种个人信息发布工具,用户利用微信进行更便捷的信息搜索、即时交流与个性展示。随着它的不断成熟,微信发展出基于互联网的强连接关系,使信息的传播效果得到空前提升。信息通过圈子和公众平台的传播逐渐得到人们的重视,微信介入的领域也越来越宽泛,在政治、经济、文化等各方面都显示出了不可忽视的社会影响力。

1. 移动端社会舆论表达入口

微信在不断提升社交能力的基础上,借助口碑营销实现了用户数量的爆发式增长,逐渐成长为人们在手机客户端最重要的社交媒体。"临邑利用手机微信化解潜在矛盾""独龙江边防村官微信述职""微信成立'3·15'晚会投诉新平台"等诸多社会事件的影

[①] 白贵,彭焕萍.当代新闻写作[M].北京:中国人民大学出版社,2013.

响,不断凸显着微信的社会价值。①

随着微信媒体属性的不断加深,众多政府部门纷纷入驻微信,借助微信平台实现政府信息传播。众多政府机构均已开通微信公共账户,未来政府信息将成为微信信息传播的重要组成部分。

2. 企业营销的新渠道

通过二维码识别、LBS定位服务等技术,用户可以方便地对企业的微信进行关注。企业账户需要微信用户主动添加才能被关注,而添加本身就是信任的象征。因此,企业在微信平台中的粉丝是一批质量和忠诚度更高的人。目前已经有许多企业通过微信建立起旗下品牌的官方账户,不断给网友推送丰富的信息,与他们实时互动。企业通过二维码扫描,将线下部分营销内容在线化,实现了"消费群体与商家之间的对话",提升了用户体验,增加了品牌的影响力。

3. 自组织下的多场域互动

微信公众平台的信息传播平行且互不干扰,共同构成了一个多维的流动空间。用户平等地在不同的地方进行自我表达,将星罗棋布的平台中关于同一事件的信息整合起来,构成一个相对完整的公众意见,这大大提高了事件的影响力。在这样一个非平衡、非线性的相对开放的系统中,总有一些人将关于社会现象的信息输出,其他受众会予以关注和回应,同时也会自发地加入信息的传播中来,在不断的信息交换过程中形成信息的多场域互动。

与现有网络应用的不同在于,微信中的一些讨论并不存在于一个固定的机构,所有的信息交流看似松散,但都有可能汇聚为强大的力量,似乎有一双看不到的手在指挥全局。究其原因,微信公众平台上的信息流动是一个自组织的过程。微信的信息自组织特点及其难以实现预防式监管的特性,使得人们担心这种即时的大众狂欢式的信息发布会产生意想不到的效果。随着微信用户数量的增多和不断稳定,微信舆论场的形成只是时间问题。任何一种大众媒介的出现都具有双刃剑的效应,如何有效监管与利用,是相关机构必须重视的问题。

(三)微信报道新闻的优势

在各类传统媒介激战信息时代的今天,微信作为改变新闻报道方式的工具也被推到这场传播战争的前沿。正如上文所述,便利的声音传递正是微信的一大特点,甚至可以说是其最大的特点。在音响新闻、音响信息传播越来越受到局限的今天,微信让不能发声的传统媒体发声。正如《纸媒"发声"——浅谈钱江晚报对腾讯微信的运用》一文所说:"直至目前,免费的语音传播,依然是微信最主要的特点。《钱江晚报》在运营官方微信平台时,认真研究并利用了这一声音属性。我们将成龙、延参法师、冯小刚等一批年轻受众喜爱的明星的声音搬上了微信平台;2012年10月麦加等文艺明星的'喊你起床'以

---

① 谢新洲,安静.微信的传播特征及其社会影响[J].中国传媒科技,2013(11):23-25.

及2013年春节期间,众影视明星及《钱江晚报》编委会成员"向你拜年"的活动,饱受微友好评;利用浙江方言众多而举办的'浙江方言好声优',也在粉丝中掀起了一股展示家乡方言的小高潮。"①

可见,传统纸媒既无电视的"声情并茂",也无广播独占专业性的优势,但仍然利用微信独特的多媒体功能打破了纸媒的局限,扩大了影响力,增强了传播效果——正如保罗·莱文森在其《软利器》一书中提出的"弥补性媒介"这一概念所陈述的那样,微信作为传统媒介和传统人际传播工具的弥补性媒介,能够被传统媒介所利用弥补自身的缺点,这也是未来媒介应用微信进行新闻活动的重要发展方向。②

对于广播、电视、网络等依赖技术程度较高的媒介来说,微信除了信息、内容推送的大众传播要求之外,更重要的一点是能拉近媒介与受众之间的距离,继微博之后,微信成了更好的大众媒体反馈工具,其文字功能在反馈用途上与微博、短信等传统互动参与方式相同。多地的广播电台建立了官方微信,并通过节目中的互动,广播节目主持人能够快速地播出受众对其节目的各种反馈,无疑更增添了收听节目的乐趣,达到了加强传播效果的目的。

(四)微信的新闻推送

在2011年1月21日,腾讯大力推出了基于手机通讯录、QQ好友的微信。微信凭借"语音对讲""摇一摇"等功能迅速获得了广大用户的青睐,2013年1月15日晚,腾讯微信宣布,已达到3亿用户,自2011年1月21日发布第一个微信版本的发布,耗时不到两年。在风生水起之际,微信于2012年4月推出了新闻服务,即新闻的推送服务。③

(五)微信新闻操作案例

2013年两会期间,央视新闻频道开始微信的试运营,并于4月1日正式推出认证公众账号。在央视新闻频道播出微信公众账号上线的消息后,仅第一天订户增长数就超过22万,收到用户回复信息12万多条。目前,"央视新闻"微信公众账号的订阅用户已经超过60万,成为最具影响力的微信公众账号之一。④

1. "央视新闻"微信公众账号的功能

首先,推送频道优质资源。"央视新闻"公众账号编辑团队经过多次调整,先后向订阅用户推送过央视主持人口播语音信息、独家视频信息,最终形成了目前"早晚推送精选新闻图文专题,随时推送重大突发新闻独家资源,以图文素材为主,注重多媒体搭配"的推送模式。

在日常精选新闻的选取上,"央视新闻"一般为订阅用户选择四条消息,包括一条重大新闻、一条央视的独家报道、一条民生消息、一条网络热点信息。在实际操作上还会灵

---

① 刘硕,蒋梦桦,李晓鹏.纸媒"发声"——浅谈钱江晚报对腾讯微信的运用[J].新闻实践,2013(07):19-21.
② 李卓林.微信在新闻报道中的应用[J].记者摇篮,2014(11):40-41.
③ 吴凯.试论微信平台下的推送新闻[J].新闻窗,2013(06):50.
④ 蔡雯,翁之颢.微信公众平台:新闻传播变革的又一个机遇——以"央视新闻"微信公众账号为例[J].新闻记者,2013(07):190.

活变通，比如新闻中心重点项目的推介、互动话题等。

其次，和电视节目开展互动。电视媒体封闭的传播形态使它在新媒体环境下流失了一部分受众。无论将微信定位为即时通信工具还是具有潜力的社交媒体，依托强关系的互动性都是微信最突出的特征之一，这为弥补传统电视节目互动性不足提供了一种解决思路。

在两会期间，"央视新闻"与晚间的《24小时》节目组合作推出"微观两会"，每天对一个两会热点话题征集微信评论，每天的回复量都在2万~3万条。与微博互动的"留言板"效果不同，在微信平台上的互动更为私密，类似于"小纸条"的功能。从编辑团队的整理结果看，相比于微博的网友评论，微信网友的回复质量要更高。

最后，增强突发新闻的报道时效。微信在重大突发性新闻面前展现出了惊人的力量。以"央视新闻"频道对于"4·20"芦山地震的报道为例，"央视新闻"官方微博于当日8时09分发出了地震的第一条微博。经过简单编辑，第一条微信信息"四川雅安发生5.9级地震"于8时16分向所有订阅用户推送，在媒体微信账号中是最快的。随后，"央视新闻"又陆续推送了其他6条信息给订阅用户。考虑到微信消息在发送的同时几乎就被接收，在当日订阅用户微信直播信息，订阅用户可以通过微信实时收看新闻频道地震直播节目，接收到有关地震报道的信息中，"央视新闻"推送的信息在客观上占有一定的优先度。与此同时，"央视新闻"频道在20日晚间将微信二维码挂在了电视屏幕上，吸引观众关注微信直播消息。这期间，"央视新闻"公众账号订阅用户增加了10万，微信辅助地震新闻报道收到了很好的效果。[①]

2. 媒体在微信公众平台上发展的阻力

首先，同质化现象严重。尽管对推送的信息内容进行了严格把关，但是很多媒体公众账号在选材上并没有跳出新闻选题重要性、显著性等要素羁绊。以2013年4月9日为例，根据不完全统计，有"央视新闻"《新京报》《京华时报》《南方日报》等12家主流媒体的微信为订阅用户选择推送了"撒切尔夫人逝世"的相关新闻，《京华时报》《南方日报》甚至将其作为当日推送的唯一消息。同样的情况也出现在波士顿爆炸案、复旦投毒事件等议题上。[②] 事实上，相关信息在当天被各类媒体多次曝光，订阅用户对此已经非常熟悉。各个媒体公众号之间选题的同质化、微信与其他媒体平台信息内容的同质化，不但会造成受众的信息过载，也不利于微信媒体化长期发展环境的营造。同时，传播形式也同质化。微信平台即时语音消息等特色并没有被更多媒体重视，单一的组合图文专题并不能体现微信公众平台的媒体功能优势，也很难一直吸引受众的好奇心。相比前几年大热的彩信手机报，除了运营成本低廉以外，组合图文专题并没有更多优势。

其次，数据分析匮乏。当前版本的微信公众平台功能设计尚不完善，如每日微信订阅用户的增减只有一条简单的曲线显示。虽然经过历次版本的更新，已经能获取一定

[①] 蔡雯，翁之颢. 微信公众平台：新闻传播变革的又一个机遇——以"央视新闻"微信公众账号为例[J]. 新闻记者，2013(07)：190.

[②] 同上。

的用户基本个人信息,但使用终端、浏览内容及阅读高峰期、低谷期等重要信息仍然无法从后台获取。此外,每条内容被点击的情况、哪些人做了二次转发、信息有没有形成爆发点等值得媒体关注的数据,公众账号后台尚无法获取。

最后,推广力度不足。相对于商业类公众号,目前媒体公众号缺乏有吸引力的推广手段,如"央视新闻"目前主要依靠"粉丝沙龙""语音对话"等基于订阅用户兴趣的手段。这意味着媒体公众号很难触及媒体兴趣圈以外的订阅用户;当订阅用户量达到相对饱和以后,一旦订阅用户的兴趣点发生变化,就会出现负增长。

3. 网媒微信新闻推送中的议程设置

随着移动互联网的蓬勃发展,微信凭借着"点对点"的传播模式、精准的内容推送、强大的社交功能,以及作为集图片、文字、声音、视频等表现形式为一体的多媒体传播方式,对公众生活产生着重要的影响。因此,无论是传统媒体还是网络媒体,纷纷抢占微信公众平台账号,以获得与公众的精准而深入的沟通。以门户网站为例,各大网站都开通了微信公众号,并且每个网站根据提供内容资讯的不同而开设多个账号,而其中用户关注度高的是新闻推送号,如腾讯新闻、凤凰新闻、网易新闻、搜狐新闻等。它们每天以相对固定的形式和精选的内容与公众见面,在喧嚣的网络环境中成为现代人接触世界、了解资讯的有效渠道。

各个网媒的微信公众平台设置固定时间进行新闻推送,定时的方式可以使公众的注意力聚焦,从而养成接触习惯。推送时间多集中于早、中、晚三个时段,这符合公众对新闻资讯类信息的关注习惯。网媒微信平台以固定频率进行新闻推送,固定频率与固定时间配合,有利于公众形成良好的习惯体验。不同网络媒体根据媒体定位等情况进行不同的新闻推送组合,不同的组合方式也呈现出各自媒体的特性与风格。微信推送新闻每次4~5条,此种组合方式符合了公众利用微信浏览新闻信息的要求,一般4条新闻正好占据整个手机屏幕,公众在快速浏览时能够一览无余,有利于有效地选择自己需要的内容。

网络媒体通过微信平台推送的新闻内容经过选择后以精准的方式送达给受众,因此,对于关注者来讲,新闻的内容决定了他们的所思与所想,媒体的议程设置功能较为明显。腾讯、凤凰、网易、搜狐的新闻在内容设定方面主要以社会、娱乐新闻为主,聚焦于社会热点事件,如腐败、犯罪、灾害等相关事件;科技、体育方面的新闻较少涉及;而民生、财经、文化教育类严肃性新闻基本不涉及。并且,新闻选取的范围都以面向全国的内容为主,没有专门面向地方的地域性新闻。新闻的编排方式主要以文字和图片为主,这符合网络媒体的基本需求。

媒介通过议程设置的选择与传播建构能引起公共讨论和关注的话题,受众会因为媒介提供的议程而改变对事物重要性的认识,优先关注媒介认为重要的事情。

二、微信新闻示例

臊子书记

2018年10月17日,在国家扶贫日之际,津云新媒体重磅推出短视频作品《臊子书记》。该短视频通过津云客户端、北方网等平台推出后,30多家中央新闻网站、省级网站和商业网站对其进行转载。共青团中央等多家新媒体进行转发。天津地铁1、2、3号线通过5197块屏幕滚动播出。综合计算,视频累计曝光量超过1亿。此短视频获得2019年第29届中国新闻奖短视频新闻奖一等奖。

用手机微信扫一扫上面的二维码,就可以看到这个短视频。手机屏面的上端是短视频,下端为如下一则短消息。

津云新闻讯 2015年,80后青年教师宋鹏响应国家号召,奔赴甘肃陇南的大寨村担任第一书记。宋鹏积极挖掘地方特色,以沙湾臊子为切口,带领村民打造全链条式电商产业,因地制宜走出一条带不走的幸福路。他也用心系人民的赤子之心,不负韶华的青春时光抒写着最燃的青春宣言。2018年10月,宋鹏被授予全国脱贫攻坚"创新奖"。(津云视频记者:齐竞竹、李家乐、潘德军、苗超戴涛、明朗)

这个微信短视频讲述了天津大学80后青年教师宋鹏,利用"互联网+扶贫"为偏远山村打造脱贫之路的故事。他也因此被网友和村民亲切地称为"臊子书记"。2015年8月,受中央组织部、天津大学的联合选派,宋鹏远赴甘肃省陇南市宕昌县沙湾镇大寨村担任党支部第一书记。为了帮助村民们早日脱贫,宋鹏积极挖掘地方特色,以沙湾臊子为切口,带领村民打造全链条式电商产业,因地制宜走出一条"带不走的幸福路"。他也用心系人民的赤子之心、不负韶华的青春时光抒写着最燃的青春宣言。

2018年7月初,津云新媒体派出6人组成的摄制团队奔赴大寨村。津云记者与村民们一起同吃同住半个月,拍摄到了基层一线最鲜活的素材。津云新媒体努力在创新上下功夫。在设备上,采用高清画质的摄像机作为主要拍摄设备,为了丰富画面表现,还全方位运用了无人机、滑轨、运动摄影机等设备,以及纪录片的拍摄手法,真实记录,娓娓道来。后期包装方面,运用了3D效果、MG动画等新颖的特技全面展现"互联网+扶贫"的成果。3D效果的"扶贫日志",MG动画诠释的"扶贫创意",使微视频呈现出更多趣味性。而片尾运用3D技术制作的营盘山上不断生长的花椒树,用"隐喻"手法表现出大寨村美好的明天。

讲平凡人的不凡故事,以小切口阐述大情怀。用心体验、用情感悟,真实讲述、艺术表达。记录扶贫干部宋鹏心路历程的短视频《臊子书记》,不仅是媒体践行"四力"的典型代表作品,更是新舆论生态下守正创新生产优质新媒体产品的有益探索。

该短视频运用了MG动画和3D建模,显得包装得体。它既符合当前传播环境的转型特点,又能对抽象的事物进行生动形象的描述。这部短视频讲述的是宋鹏3年的扶贫故事,很多场景不可能再还原,运用受访者叙述的方式又显得枯燥乏味,巧妙地运用一些MG动画是最好的表达方式。于是,网友们看到了视频开篇出现的宋鹏刚进村时经过的桥后期制作时被包装成动画,与实景结合,过渡得非常完美(见下图)。

在宋鹏决定带村民们外出考察的片段中,MG动画也发挥了巨大作用,天津、北京、西安、兰州,几帧动画就能"游走四方"。而大寨村成立第一家集体企业、成立沙

湾电商扶贫服务中心等,则通过3D建模的形式直观呈现,立体感强,搭配有节奏感的音乐更使画面入脑入心。

在结尾处,通过3D建模让花椒树在营盘山上长出来,一幅希望的景象让短视频更加生动、富有灵气。另外,在短视频左下方设计的日记本,显示重要的时间节点;根据故事情节需要,适当地出现MG弹幕,增加画面的趣味性等,都为短视频增色不少。

为了让视频更感人,编导组把拍摄脚本修改了一遍又一遍;为了让画面更立体,许多镜头摄制组拍了五六遍;为了让特效更饱满,制作组尝试了十余种办法……凡人在基层,大爱撼人心,有温情、有细节、有故事的优秀短视频,就需要这样的工匠精神——用眼发现,用情感受,用心制作。

该微信短视频情节流畅。要讲好一个长达3年的扶贫故事,短短几分钟很难满足。津云编导团队最后决定采用"连续蒙太奇"编辑手法,强化放大在不同时间段宋鹏的扶贫心路和帮扶群众的感受,在正序的叙事逻辑中向网友展现最精华的内容。经过反复权衡和多次剪辑,将长度降至6分58秒。

三、微信新闻写作

（一）微信写作特点

微信作为新兴的社交媒体,不仅是社交应用的基本工具,也是新闻生成的空间。微信写作从私密性的应用到公共化新闻的生成,这种转变打破了大众传媒在新闻生产中的生产与消费、主体与客体的二元对立。微信新闻生成以互文的方式呈现,形成了多重连接、多重时空、交叉并置的关系。同时,微信写作的新闻生成改变了传统新闻的核心观念,模糊了真实性、时间性、模式化、专业性等传统新闻生产所固有的边界,形成了一种全新的新闻生成范式。

1. 写作主体的改变

微信主体已然不是与客体对立的主体,也不只通过客体而存在,用户沉浸于朋友关系和各种互文之中,在多重意义的网络中重构自身的存在。在对微信写作的评论、点赞、转发的过程中,人们创造了新的自我和新的生存方式。

2. 新闻生产范式的改变

大众传播的新闻生产范式,建立在线性时间和静止空间的基础之上,微信新闻生成软化了时空边界,重组了多重时空,实现了提要、场域等各种文本的互文性。微信写作的新闻生成已经与传统的大众媒体的新闻形式大相径庭。在新媒体时代,新闻的边界与区隔已经遭遇了极大的挑战,微信新闻的含义和价值需要重新界定,传统意义的新闻观需要拓展和重构。

大众传媒时代定义新闻的模式化、时间性、真实性、专业性等核心价值,在微信写作中遭遇了侵蚀与模糊,原先代表着真实、专业、权威的新闻生产者在微信写作上变成了和个体一样的普通节点。作为一种新闻生成观,微信新闻生成的范式对传统新闻业的影响已经是有目共睹的事实,面对新媒体的"危机",传统新闻业需要改变经验,寻求与新媒体的融合发展,以应对越来越严峻的威胁。

(1) 模式化

传统媒介的新闻记者都知道,新闻生产有自成体系的模式化规范:由标题、导语和主体构成的倒金字塔结构;由 5W+1H(WHO,WHAT,WHEN,WHERE,WHY,HOW)构成的写作六要素。这些写作模式被应用后,无论是报纸,还是广播和电视,都一直沿用和遵循。微信写作的自由性就在于突破了传统新闻生产的模式,自由点赞、随意转发转帖、即兴评论回复等,都进入了新闻生产的环节和产品形式之中,甚至符号、变异的数字、图片、网络新词汇、不规范词语都被大量使用,成为微信新闻生成的场景和内容。微信写作无模式可言,新闻写作和新闻阅读同时在朋友圈中完成,在无数转发、点赞、评论之中创造新闻意义,形成了意义的增殖和无期限延伸。

(2) 时间性

传统新闻把时间性作为存在的意义和标志,新与旧的对立、快与慢的赛跑成为传统新闻的核心价值。相反,微信新闻生成中的时间是平行并置或穿插交错的,微信新闻生成的时间是多重的、交错的,新与旧、快与慢并不是衡量新闻价值的重要标准。在朋友圈或聊天群中,人们可以发布新闻,也可转发朋友不知道的"旧闻",大家点赞、评论和转发,像病毒一样传播和扩散。微信新闻生成中弥漫的大量信息不必遵循特定的时间顺序,可以随时开始,任意接触,拼凑出的新闻事件可能颠三倒四、含混不清,个人时间和朋友圈的关系时间纠缠交错,使得传统新闻的时间观念被稀释、重新界定。

(3) 真实性

从新闻生产的角度来看,真实性被认为是传统新闻的生命。传统新闻真正追求的是事实再现的真实,而微信写作的真实是主观意识的真实。微信写作的原初新闻信息是真实的,不过,在朋友圈的转发过程中加入主观因素,越转发距离事实越远,于是虚假的"谣言"就出现了。还有一种"绑架"式的信息转发:只要在朋友圈转发会带来好运,不转发会灾祸临门。这种"绑架"式的信息明明是带有迷信色彩的虚假内容,可是仍然有不少人相信其"真实性",于是病毒式地扩散和转发。

(4) 倾向性

大众传媒时代,新闻记者的职业要求是对发生的新闻事件进行客观真实的报道,客观性是新闻必须遵守的基本原则,从业者和新闻机构处于所谓的中立、超然的立场,主观倾向性并没有在新闻写作中表现出来。在微信写作中,客观新闻事实与用户的主观意见混杂交织,不存在新闻事实与用户意见分离的技术和机制,转发、点赞、评论等关系设计方式,本身就蕴含了主观倾向性的特殊价值。倾向性在朋友圈和聊天群中体现得十分充分,对某个新闻事件,要么公开表态,要么积极点赞,大家讨论争辩得相当激烈,即使默默围观,也是一种无声的态度。可以说,倾向性本身就是微信新闻生成的重要方式,每个用户都是一个主体,主体在微信朋友圈中发表意见不可能绝对的中立和超然,这些意见就形成了个性鲜明的微信新闻。

（5）专业性

众所周知，新闻记者在大众传媒时代需要经过专业学习、培训、考核之后才能成为合格从业者。然而在新媒体的环境下，人人拥有手机，"人人都是记者"的浪潮极大地冲击了新闻专业主义，给传统新闻业带来了危机。微信是一个开放的平台，专业性和业余性的界限已经变得模糊不清。专业性如今只停留于技术层面，不再占据权威高地。微信写作具有非专业性的个人色彩，但写作者对新闻事件的亲历和在场，使这种非专业性写作更凸显出新闻生成的价值，一张照片、一段视频、一句简单的话语，也许并不专业，却能在朋友圈中广泛传播，引起社会关注。在这种语境下，专业性和非专业性已经不重要，重要的是新闻生成的社会意义，以及由此引发关注的新闻价值。

（二）写作方法

微信传播的范围相对比较封闭。QQ空间、微博等社交软件很开放，容易产生不信任感，而微信就不一样了，大家不是朋友就是熟人，而这些熟悉的人所分享的微信内容就很容易被接受，就会形成转发、传播。微信写作不同于微博写作的段子化和碎片式，需改变思维习惯和刻板模式，以攻破朋友圈的信息壁垒为目标。一般认为，微信写作是多图文递进结构。

1. 标题

首先要有吸引人或者具有颠覆性的标题。新闻标题是新闻的眼睛，好的标题，可以很好地表达新闻主题，强化传播效果，带动受众的积极性。同样，在微信新闻写作中，人们接触新闻就是第一眼看到其抢眼的标题，然后才有点进去看内容的欲望。而新闻标题的拟定要做到以下几点：不夸大其词、标新立异、语言简洁明了。

微信订阅号能展示的标题很短，只能看到前面约17个字，必须紧扣热点，比如《爆料：中关村卖场和运营商营业厅手机强买强卖黑幕》。语词讲究口语化、通俗易懂。

在句式和标点方面，长不如短，使用否定句或疑问句，话题闭合不如话题开放，比如，高考结束期间，教育类的标题《什么样的家庭才能培养出高考状元？》或关联最新的热门事件和话题《优衣库算什么，明星片场那些事儿才真的叫会玩》。或使用情感色彩强烈的符号，比如，"独家重磅！""惊！""惨！"。使用对比，在对比中设置悬念，《如何用一个鸡蛋做出7个煎蛋，改天试一试》。也可以在原因和结果之间对比，隐去事件的原因，只给出结果，用巨大的落差触动用户情绪。

2. 提要

微信写作的提要一般在100字内，以简述背景、提出问题、引发思考为目的。比如，澎湃新闻官微7月23日推送《上海机场火车站全面封杀打车》用蓝色字体标识提要；或一张非新闻图片和一句话简要提示，用彩色分割线或框架标识出来，在排版上突出重点。

3. 正文

要有打动读者的内容，巧用"直接引语"。新闻事实就摆在那儿，优秀的记者应当学会用故事化的方式来讲述一则新闻。一篇好的新闻作品，如果能像视频一样呈现出当事人的神态、语言、动作，那么这样的新闻就具有说服力，所以在文字中，合理地运用直接引语,会让作品更具血肉,更加立体。

正文写作更应讲究信息的图文分布和叙事的逻辑展开。内容要有诉求重点,或实用信息或情感共鸣。大多数微信号的资讯来源于传统媒体。素材有些来自央视的视频、新华社的消息、新华网的图片等,这些新闻来源权威可靠,资讯丰富,制作相当快捷。

采用强烈的对比,突出两者的矛盾。因为需要增加新闻点击量,记者在写作过程中应当以数据来说话,通过相关数据的罗列,形成强烈的对比,这样会给读者造成一定的心理上的冲击,使读者自发地将这条新闻分享传播出去。

写作应该紧跟时事热点。时事、大事不应当只由官方媒体来跟进,也需要这些大型门户网站来参与,微信本身就是腾讯的产品,依托其强大的力量,微信可以很轻易地获取最新的国内外各领域的消息,这就需要编辑记者灵敏地发掘这些事件,及时报道,以最快的速度将事实呈现给广大的用户。

微信新闻写作既要有深度,也要通俗。应当对受众,年龄、受教育程度、喜欢的事物等方面做深入的分析,如果报道的深度太深,观众就不能很好地理解,这就要求在写新闻报道时考虑用通俗的手段来表达。

4. 排版

整洁的排版,让文章条理清晰。微信用户在关注公众号时,总会因为其整个界面和风格而被吸引。记者应当在形式上下好功夫,条理清楚,适当、美观的排版可以增加印象分,也能增加点击率和传播率。微信平台不应只作为推送资讯的平台。微信的文本内容制作,不仅要专注图文内容,也应重视排版风格。

本章小结

新媒体被称为"第五媒体",具有数字性、交互性、超文本性、虚拟性、网络化工作等特征。新闻博客的传播有双向反馈、"传受合一"、个人化传播、多维度传播的特征,其写作特征包括:内容形式的自由开放性、信息反馈的及时性、写作主体的全民性、大众交流的互动性。微博新闻传播的特点有真实性、即时性、公共性、高效性、不规范性,文体特征为篇幅短,结构简单,及时性强,文字直播式。微博新闻的写作手法主要有三个:内容的原生态的记录;叙述为主;文字、图片、音频、视频等多种手段综合运用;写作技巧要求迅速发稿、多媒体呈现,要素齐全、语言简洁,标题精炼、信息明确,选材典型、善用细节,善用"@"、注意版权。微信传播是结合线下熟人关系建立的强关系连接,微信圈子成员数量呈滚雪球式的增长,传播内容具有隐蔽性。移动端社会舆论表达入口、企业营销的新渠道、自组织下的多场域互动是微信传播形成社会影响的方式。微信推送新闻的成本低,微信平台建立了一个较强的社会关系链条,形成移动终端的便捷和精炼化的信息推送模式。微信新闻的写作首先要有吸引人的标题或者具有颠覆性的内容,巧用"直接引语",采用强烈的对比,突出矛盾,紧跟时事热点。

思考与练习

1. 搜索博客新闻、微博新闻和微信新闻各一篇,从中分析新媒体新闻传播的特点。
2. 在上述分析的基础上,探讨新媒体新闻写作的特点与技巧。
3. 练习用微博与微信写作校园新闻事件,用手机传播并互相点评。

第二十一章 融合新闻写作

学习目标

1. 掌握"融合新闻"概念。
2. 了解融合新闻写作能力构成,掌握写作技巧。

融合新闻是文本、图片、视频、音频、图形及互动手段等组成的非线性的有机信息结构。"非线性"和"有机结构"是指融合新闻的叙事线索演变为多种形态信息组合所构成的逻辑关系。融合新闻的主要特点包括新闻业务整合化、新闻载体数字化、视觉传达多样化。媒介融合促使新闻传播的三方面产生变化:新闻信源结构与新闻传播主体,新闻媒介组织结构与工作流程,新闻载体性能与新闻传播方式。[①]

第一节 "融合新闻"概述

新闻媒介结构组织方面最大的变化应该是跨媒体新闻编辑部的成立。这是一种全新的、融合型的新闻编辑部,其核心部分是超级指挥台(superdesk)。新闻工作者不但要掌握好新闻采集、制作、生产、加工与传播的各项本领,还要善于进行信息的搜索与验证、网民互动、数据的挖掘和整理。新闻机构的信息传播渠道呈现多样化趋势,包括传统的广播、电视和报纸,还包括微博、微信、手机电视、手机短信、电子杂志等新媒介产品;信息形态也呈现多样化趋势,包括文字、音视频、图片、图表等。

融合新闻的实现涉及新闻的生产与传播、经营与管理,需要考虑新闻载体的特点、受众话语权、新媒体管理,需要探索新媒体语境下新的生产方式、叙事手段和传播路径。融合新闻的实现需要成立内容集成平台,在这一平台上,记者和编辑以多媒体手段完成新闻信息的采集、加工与发布,实现"一次生产、多次加工、多功能服务、多载体(渠道)传播",这样就可以降低成本,也可以多途径满足不同受众的信息需求。

媒介融合趋势下的新闻写作发生下述变化。

一、写作思维方法融合化

在媒介融合的趋势下,媒体集合各种传播方式,形成一种新的竞争合力。其多功能一体化的发展态势要求新闻写作改变思维模式,以新的融合性思维和写作理念从事新

---

① 谭世平."融合新闻"背景下新闻业务能力的培养路径[J].传播与版权,2014(03):24—26.

闻写作。要改变墨守成规的新闻写作旧习,认清媒介融合下新闻传播事业发展的新要求,了解不同传播形式的传播优势,掌握不同媒介新闻采编的特殊要求(制作新闻使用的主要技术手段,传播新闻的介质要求等),分析不同传播方式在新闻传播上的互补性、关联性和区别性,力求使新闻写作和媒体新闻采编需求,同新闻制作、新闻受众的资讯需求方式相一致。从新闻写作的总体要求出发,分析、找准各种传播方式的特点,针对不同的传播形式,选择恰当的新闻文体和新闻写作技法,以适宜的科技手段完成、完善新闻写作,多角度、全方位地展示新闻内容。充分利用媒介融合的优势提升新闻写作的影响力和感染力,让受众在不同的传播形式中感知新闻的全貌,品味新闻写作的魅力。

二、写作资源深掘常态化

在媒介融合趋势下,"不同类型的媒体利用介质差异,将同一新闻内容生产出多样化的媒介产品,以不同的新闻形式有梯度、有层次地传播出去"[①]。显然,这种"以不同的新闻形式"传播新闻方法,绝非新闻写作的一稿多投或一稿多用,而是同一新闻事件在新闻写作时空上的机遇叠加。通过新闻写作生产出"多样化的媒介产品",其关键之处就是实现常态化的新闻资源综合利用,由此凸显对新闻写作资源内涵深度认识、发掘的重要性。[②] 深度发掘新闻写作资源最重要的一点就是对资源多重价值的再认识、再发现。其形式表现包括新闻写作视角的转换、材料的取舍、相关信息的补证、事件演进的情况等。通过深度发掘,盘活新闻采访材料存量、提升新闻写作素材增量,丰富新闻写作内涵,拓展新闻传播渠道,实现新闻资源深度发掘与跨媒介新闻写作同步,扩大新闻信息传播效果。

三、写作行为构建集成化

以网络技术为标志的现代信息技术推动了媒介融合的发展,改变了人们获取新闻信息的终端形式。新闻资讯传播方式和新闻信息呈现方式的改变,带来了新闻采编要求的改变,这必然会促使新闻写作产生相应的变化。当新闻信息载体从单一走向多元集群时,新闻写作的文种构建、写作技法和写作角色定位等都将发生变化。在媒介融合趋势下,不同媒介对新闻写作的差异化需求,增大了新闻写作的复杂性,对新闻写作的系统性、综合性要求愈来愈高,促使新闻写作文种、写作技法、写作进程都向集成化方向发展。

四、写作知识运用多元化

媒介融合使深度报道、新闻调查、新闻分析、新闻背景等深度内容报道,成为新闻写作的一种常态。非新闻专业领域的知识大量、广泛地运用于新闻写作之中,使新闻写作

---

① 刘寒娥.媒介融合背景下新闻业务形态的整合与发展[J].内蒙古大学学报(哲学社会科学版),2008(04):94—97.
② 同上。

实现了从适应单一媒体向适应平面、广播、电视、网络等多种媒介领域的转变,跨媒体的新闻写作已成为一种现实的必然。而随着媒介融合的进一步加强,新闻传播手段更加多样化,新闻人才"需要既有广博人文知识和良好素质,又能突破媒体界限,同时掌握不同媒体(平面媒体、广电媒体及网络媒体)工作技能"[①]已成为一个不争的事实。具有多学科、多领域的专业知识水平和研究能力,又有扎实的新闻专业技能,能够运用多种技术工具写作,是媒介融合时代记者从事新闻写作的基本条件。

第二节 融合新闻写作能力构成

一、多媒体信息采集与传播能力

(一)融合新闻的跨媒介传播

信息传播途径的多样化要媒体提高媒介内容转化能力,也就是说能够根据传播媒介自身特点来进行信息生产的能力。同样的信息内容、题材,应根据不同媒介的特点进行改写,满足时效性和多样化要求,以降低生产成本,提高传播效果。

杭州电视台的《新闻60分》节目所着力打造的我国首个云媒体新闻栏目,值得关注。其获得中国新闻一等奖的作品《抗击台风罗莎5小时直播》,将卫星直播(SNG)、记者自采、马路探头录像、互联网图片、电话连线、手机直播、QQ平台互动、市民DV等结合形成一个官民参与、极为开放、互动交流的全媒介融合空间,实现了电视新闻改革的重大突破。[②]

(二)超文本写作与多媒体报道的能力

超文本结构,是指文本的构成不仅有文字文本,而且有声音文本、图像文本、动画文本甚至影视文本。媒介机构工作从新闻产品的生产到传输的全过程,将实现全过程电脑化。这要求媒介工作者不仅具有关于电脑、网络、多媒体的硬件和软件的一般知识,而且能熟练进行文字处理、表格处理、图形图像处理甚至音视频处理。如电视新闻,以前出去一个采访小组,要有灯光,要有录音,要有剪辑师,要有编辑,还要有主持人。现在这些职业的界限越来越模糊,这就要求记者成为复合型的人才,要求一专多能。现在记者出去做一篇报道的时候,会注意做成跨媒体的报道,哪些放文字,哪些放图片,哪些放音频,哪些放视频,采访时脑中已经有一个大概的想法。2002年出现了"背囊记者",一个记者出去采访,背着一个工作站,背囊里应有尽有,电脑、照相机、录音机、摄影机、iPad……这就是一个全能记者,一个人出去能把所有的任务都完成。

(三)写作风格的多样化。

写作风格与技术因素、大众信息需求、社会文化发展分不开。在新闻事业发展过程中,新闻工作者探索出不同的新闻规范,这些来源于社会实践的经验总结,在很长的时

---

① 张璐.新媒体时代新闻人才的培养[J].太原城市职业技术学院学报,2011(03):102—103.
② 顾颖捷,于晓青,周建.杭州电视台《新闻60分》在国内首推"云媒体"[J].视听纵横,2010(04):33—35.

期内规范着新闻从业人员的职业行为。网络传播技术的普及、新闻业的激烈发展、社会需求的多样化,为新闻风格的变化创造了条件。1995年乔希·奎特纳在撰写的《新新闻报道方式的诞生》中呼吁网络记者与编辑建构他们自己独特风格的文章,"写法诙谐、率性且具有挑战性,同时又不仅仅局限于陈述事实"。乔希·奎特纳认为"优秀的记者不再羞于表达他们的意见和观点;但最优秀的记者仍然用坚实的报道、确凿的事实来支持他们的观点",其结果是"直接、打破程式、吸引全世界"。①

（四）信息核实、辨别能力

网络埋藏新闻富矿,需要用心挖掘、辨别。网络信息铺天盖地,真假难辨,泥沙俱下。新闻工作者必须意识到其中存在的不确定性,做到多源求证。

二、信息的深度解读能力

（一）做好深度报道

深度报道是一种系统反映重大新闻事件和社会问题,深入挖掘和阐明事件的因果关系以揭示其实质和意义,追踪和探索其发展趋向的报道方式。海量信息时代,浅阅读盛行,碎片化信息流行,网络推手、打手横行,出于各自立场、目的和需要来歪曲事实。新闻工作者需要坚守职业操守,深入调查,用事实说话,做好深度报道,提高新闻品质。

（二）深度解读,引导舆论

新闻评论是新闻宣传的旗帜和灵魂,是媒介内容不可缺少的重要部分。技术因素和社会因素的结合使得媒体人的新闻评论工作任务更为繁重艰巨,其关系到人心向背、社会稳定。风险社会、群体极化、蝴蝶效应、两个舆论场等都是描述舆论引导面临处境的概念。做好新闻评论工作,是媒体竞争力的重要体现,公民新闻兴起,虽然做独家新闻难,但做独家评论、解释是发展方向。

三、媒介融合需要高素质全媒体人才

媒介融合需要什么样的人才？2016年底,浙江日报报业集团的《浙江日报》《钱江晚报》先后开启了全面融合步伐。他们认为:媒体全面融合,离不开高素质的全媒体人才。浙江日报报业集团需要对采编队伍进行全面重构。《钱江晚报》推出全媒体中心制,将采编、运营、分发合而为一,相融相促,旨在提升采编人员原创能力、精品生产能力、产品运营能力、用户集聚能力,同时要求采编人员能够适应全天候、全媒体、全流程作战。以《钱江晚报》为例,除了传统板块,如新闻中心、编辑中心、特别报道等领域的全媒体化以外,新的部门架构大破大立,进行了全媒体、全流程、全方位的打通与整合,成立教育全媒体中心、卫生全媒体中心、浙商全媒体中心、旅游全媒体中心、房产全媒体中心、汽车全媒体中心、运动全媒体中心等,全部要求采编、运营一体化运作。比如,有的记者转型为项目负责人,有的记者转型为产品经理,有的文字记者要向视觉记者转型,还有的具备高精

---

① 谭世平."融合新闻"背景下新闻业务能力的培养路径[J].传播与版权,2014(03):24-26.

尖素质的记者要学习了解 H5 制作、VR 运用、无人机拍摄、网络视频直播等技能,有的记者要了解剧本写作,有的记者则要学着成为一名"网红"……更重要的是,所有采编人员要从以往长期形成的以纸媒为核心的生产理念与生产能力,向以移动互联网为终端的生产理念与生产能力转化。除了要对新闻资讯理念、内容、体裁、呈现形式等方面进行彻底的创新甚至创造,还要熟练运用并掌握新媒体武器。

第三节 融合新闻写作技巧

一、融合新闻为新闻写作提供的机遇

美国学者杰弗瑞·威尔克森(Jeffrey Wilkerson)等著的《融合新闻学原理》一书列举了媒介融合为新闻报道提供的四种机遇:第一,它扩张了现有新闻报道的数量,使其远远超过了报纸和广播电视新闻领域的限制;第二,它有机会发布几乎所有符号类型的内容,包括文字、图片、图形、音频和视频;第三,它允许交互性的存在,使用户能根据自己不同的体验,重构或更改信息内容;第四,它可以比其他任何媒体都更快、更频繁地更新信息内容。媒介融合为新闻报道的形式和内容的变革提供了空间,媒介融合让新闻报道可以无限接近用户。[①]

二、融合新闻写作的新变化

传统新闻报道在经历辉煌后,虽在形式和内容上偶有创新,但创新力度不大,整体而言陷入了模式化的困境。随着新闻报道的载体从纸端转为 PC 端再转到移动端,新闻报道的革新有了广阔的空间。例如数据新闻、地图新闻、图片集新闻、Flash 新闻等,这些都是在媒介融合背景下的报道方式的革新,这些创新完全突破了传统新闻报道的条条框框,给人新鲜感、活泼感。随着媒体微信公众号纷纷建立,新闻表达方式又有了新的变化,更加短小、轻松和愉悦。媒介融合还在发展过程中,新闻的表达还会有很大的变化,可能会涌现出更多的新闻报道品种。移动端让新闻报道时时刻刻接近用户。移动端将传统媒体时代新闻传播的接收障碍降到最低,新闻报道无孔不入。同时,媒介融合让新闻报道实现了实时、全面的互动传播,让媒介更了解用户对新闻的看法,更精准地写作新闻。

三、融合新闻案例

八月桂花遍地开

——追记湖南省桂东县人民法院院长钟江武(选段)

3 个月前,记者在桂东走基层,采写桂东法院践行司法为民的通讯《传家宝》(本报 8 月 4 日 4 版),曾与桂东县人民法院院长钟江武多次交流。

---

① 杨慧霞.媒介融合带来新闻写作的新变化[J].青年记者,2016(08):41—42.

10月23日,四中全会胜利闭幕的日子,记者再赴桂东,没见着钟江武,却见到了法院干警胡剑联写的一首诗《八月桂》:"……树干挺亦直,树伞美而正。根根接地气,叶叶聚甘霖。四时叶青翠,八月花满身。无风香自来,有风不染尘。花落碾成土,默默润三春……"

胡剑联告诉记者,钟江武院长已于8月31日不幸病故,这诗是纪念钟院长的。

桂香犹在,钟江武,司法战线的模范,你真的走了吗?

第一准则:公平公正

钟江武是为守护法治"定制"的人才。

1997年8月,北京大学法学学士钟江武来到郴州市中级人民法院,任经济庭书记员。

"漆老,我今后要多向您学习。"上班第二天,钟江武叩开新中国成立前从北京大学肄业的郴州中院离休干部漆添鸿的家门。

九十高龄的漆添鸿老人回忆:"那天的情形历历在目,小钟戴着眼镜,很腼腆。谈史谈法谈时政,我们成了忘年交。"

2012年8月,钟江武从郴州中院调任桂东县法院院长。他站在全院干警面前说:"我闻着桂花的清香,唱着《八月桂花遍地开》的红歌来到革命老区桂东,请大家时刻提醒我,是不是做到了公正、廉明,是不是成为合格的桂东人。"

钟江武的言行,大家看在眼里,记在心上。

像一股旋风刮进院长办公室,今年3月的一天,一位姓郭的妇女冲钟江武大声质问:"你们调查、取证和评估怎么要那么久?是不是与我丈夫串通好算计我?"她认为法院故意拖延判决她的离婚案。

"请放心,我们一定公正办案!"面带微笑耐心听郭某嚷了好一阵,情绪平复了,钟江武才开口说话。

离婚案结案后,郭某和前夫都对100余万元财产的处理结果表示满意。得知钟江武逝世,她落泪了:"上次我情绪不好,一直想去给钟院长说声对不起。"

2011年6月8日,郴州中院民事审判第三庭新参加工作的书记员李敏和李明刚捏着工作证委屈得直掉泪,郴州市九天银河网络会所这最后一家的传票愣是送不进去。

"法院的传票,跟我有什么关系?我不签。"网吧老板盛气凌人,3个壮汉撸着袖子围上来,把李敏两人"逼退"门外。

过了一会,钟江武带着李敏两人又回到网吧。这次,钟江武走在前面,义正词严:"法院书记员来送传票,你们不接收还赶人。传票上盖着法院的印章,你们这是对法律的亵渎!"

李敏回忆,那是他听到钟江武最严厉的声音。

网吧老板被震慑住了,赶紧签收文书并道歉。

"你们没经传媒公司授权,就下载播放电视剧用于网吧商用,侵犯了知识产权,人家有权告你们。"见对方态度好转,钟江武放缓语气,耐心讲解法律常识。

因未经授权播放某电视片,100多家郴州本地网吧成了被告。网吧老板悄悄串通起来,威胁传媒公司方委托的郴州本地律师,使其不敢接案子。原告方不得不从北京请律师。

开庭第一天,涉案各网吧请了大批人围在法院门口堵住律师,幸好控制及时才没发生肢体冲突。后来,每次开庭前,钟江武都打电话询问律师到达法院的时间,安排警车接送。庭后,法院方面一家家做网吧方的思想工作,不厌其烦解释法律规定,同时又做传媒公司方的工作,请他们考虑网吧经营状况降低赔偿标准。

最后,90%以上的网吧达成了调解协议。传媒公司为郴州中院送去了锦旗,赞扬院方公正审判,不搞地方保护主义。

钟江武赴任桂东后,桂东法院在全市率先开通法院官方微博,同时利用庭审观摩、庭审网络图文直播等多渠道向社会公开司法工作,定期开展"与司法零距离"法院开放日、"见证司法"新闻发布会,邀请人大代表、政协委员、执法监督员和村干部进行监督,增加司法透明度。

桂东法院干警雷动说:"钟江武是个创新的领导。他创建每月一次的审判例会,没有职权之分,法官们畅所欲言,'辣味'十足,既可指出有的案件程序不完善、文书说理不透彻等现象,也可讨论复杂案件办理方式,更可直接对院长的工作提出建议,会议形成的表扬或批评意见都向全院通报。潜移默化,大家的责任心和工作水平都提升了。"

邱修荣大学毕业后来到桂东法院,办案思维敏捷但写作文案不得要领。钟江武指导他阅读,与他一起调研,分析案例,修改材料。邱修荣回忆:"我们院里有许多桂花树。清晨和黄昏,钟院长喜欢在桂花树下散步、读书。他教导我们,'案子办得精彩也要写得恰当。要脚沾泥土,更要仰望星空。一本好书就是一片星空。'院长每月开一次读书交流会,要求每人写出一篇以上读书心得。大家养成了阅读和写作的好习惯。"

2010年的一天,6岁的儿子钟声扬放学回家,满腹委屈向钟江武告状,一位同学把别人的文具藏到他的书桌,还冤枉他偷东西。"爸爸,你不是法官吗,把那人抓起来坐牢吧。"

钟江武把来龙去脉弄清楚后,对孩子说:"爸爸是法官,但法官是不能随便抓人的,要有证据。你同学不是坏人,只是跟你开了个过分的玩笑。你要学会'找证据'说清楚,你已有喜爱的文具盒,一个就够了,没必要拿别人的。你今天去学校,比那位同学去得晚离开早,你在场时他都在场,怎么有机会当面拿他的东西呢?"

父亲一分析,儿子破涕为笑:"我长大了也要当法官。"从那以后,声扬坚持看央视《今日说法》,钟江武在家时,父子俩边看边讨论。

钟江武生前制订了桂东法院院训:"三大纪律:一切办案要公正,一切程序要规范,一切结案要事了。八项注意:说话和气,举止端庄,办案公平,执法公开,接待热心,调解耐心,不接受当事人吃请,不泄露审判秘密。"

钟江武常说:"法官第一准则:公平公正。不能让老百姓失去对法律的信任。"

......

11月3日下午,郴州中院召开党组会议,作出了在全市法院开展向钟江武同志学习活动的决定。

桂花树下,白坪小学的孩子们唱起钟江武叔叔最喜欢的那首歌:"八月桂花遍地开,鲜红的旗帜竖啊竖起来。"

歌声,花香,散向四面八方。

来源:《光明日报》

四、融合新闻的写作方法

(一) 超文本写作

在媒介融合背景下,新闻写作的内涵和外延都发生了改变。媒介融合下的新闻写作包含文字、图片、音频、视频等多种文本形式,还包括制作 Flash 动画和图表、超链接等,即超文本写作。

2014年11月26日,《光明日报》在头版头条刊登了《八月桂花遍地开——追记湖南省桂东县人民法院院长钟江武》(后简称《八月桂花遍地开》),包括视频作品、相关文章、开放评论等内容的光明网专题页面也同步上线,在该融合新闻作品中,作者唐湘岳运用了文字和视频两种形式:文字报道以巧妙的语言逻辑和想象空间,再现了昔日一老一少在桂花树下散步、聊天的情谊;视频报道则声画合一,真实地勾画出如今故人离世后,漆添鸿老人孤独前行的忧伤情感。两种报道形式可谓各显神通、相得益彰,将这一人物题材作品的重要场景展现得淋漓尽致、感人至深。

(二) 语言去严肃化

人民日报微信公众号曾就2014年习近平与奥巴马瀛台会谈做过一篇报道《习奥瀛台夜话,到底聊了什么》,是这样写的:

两人谈得特别好,特别深入。每一个环节都大大延迟,原定30分钟的会见持续了90分钟,习大大说,吃饭去吧,不想让客人饿肚子,奥先生说,还想和你谈几个问题。散步的时候,习大大向奥先生详细介绍了瀛台的历史变迁。习大大说,瀛台建于明朝,在清朝是皇帝批文、避暑和宴客的地方。清朝的康熙皇帝曾经在这里研究制定评定内乱、收复台湾的国家方略。后来光绪皇帝时,国家衰败了,他搞百日维新,失败后被慈禧太后关在这里。奥先生悟性不错,马上接话说:"中美历史上这一点是相似的,改革总会遇到阻力,这是不变的规律,需要我们拿出勇气。"[1]

---

[1] 杜小杜.习奥瀛台夜话,到底聊了什么[EB/OL].(2014-11-14)[2020-01-10]时政——人民网 http://politics.people.com.cn/n/2014/1114/c1001-26025214.html.

这样的一种写作方式与传统媒体正统的时政报道迥然不同,短小、亲近、活泼,去严肃化,叫人喜爱。

随着媒介融合的发展,微信公众号成为用户接收新闻的重要渠道,而用户浏览微信公众号的新闻和阅读纸媒等是不同的。首先是随时随地无准备阅读状态,而且是间歇式碎片式阅读。如果一打开是黑压压严肃的文字,用户只会皱起眉头。现在,很多传统媒体记者就同一个新闻会写两个版本的稿件,一个版本供给传统纸媒,另一个供给纸媒的微信公众号,这就是媒介融合给新闻写作带来的变化。

(三) 非线性叙事

融合新闻突破传统报道的线性叙事,呈现出微内容组合式结构的特征。报纸、广播、电视一般是线性叙事结构,读者、听众或观众处于相对被动的状态,主要依据媒体提供的接收顺序接触内容。而媒介融合时代,用户接收新闻是非线性和跳跃式的,传统新闻写作中的线性叙事不适合媒介融合时代的用户。融合新闻叙事的结构是微内容组合式,媒体将报道内容拆分出多个微内容单元,赋予关键词,组合编排,用户可以更为自主地选择自己感兴趣的内容进行阅读或观赏。

《八月桂花遍地开》突破传统报道的线性叙事表现在"立体传播",除了以影视艺术手法呈现文字与视频报道外,作者及背后的支持团队通过二维码,将文字与视频放到光明网这个更加开放的平台上,集成了更加丰富多彩的专题页面,"融媒体的报道形式让新闻作品实现了立体传播,8000余字的文字报道加上25分钟的视频报道,将主人公钟江武的感人事迹与精神风貌全方位、立体式地展示出来,并深入人心"[①]。

虽然是非线性叙事,仍然讲究内容集中、主题鲜明和讲究意境,如《八月桂花遍地开》在标题、内容和人物之间的配合密切而默契。作品里还有一个细节:钟江武生前常向法院离休老前辈漆添鸿请教工作上的事,两人总是到桂花树下散步、聊天。在视频报道中,制作人也多次插入桂花树的镜头。"两人年龄虽然相差将近50岁,但基于对法治的忠诚和信仰,成为莫逆之交。桂花树下漆添鸿的孤独守望,寄托了老人对故人离世的悲伤、不舍,抑或是对昔日场景的追忆。"记者解释道。

无论是文字报道还是视频报道的结尾,都定格在这样一个场景:桂花树下,桂东县白坪小学的孩子们唱起《八月桂花遍地开》。文章开头,记者反问:"桂香犹在,钟江武,你真的走了吗?"文章结尾,记者是这样写的:"歌声,花香,散向四面八方。"首尾呼应,作品在各种文本中着意展示的这个细节与意境,都在强调主题,似乎在暗示:虽然钟江武离开人世了,但他的精神却如孩子们的歌声和桂花的香气,广泛流传,驻留在老百姓的心中。"其实,这对于文章的标题也是一种呼应,用桂花象征钟江武的品质,用'遍地开'隐喻主人公精神的传承。标题、内容和人物之间的配合密切而默契。"[②]

(四) 超链接写作

媒介融合下的新闻写作是一种超链接写作,新闻写作的素材不仅仅是事件本身的

---

① 李政葳.融媒体为新闻作品插上翅膀——唐湘岳融媒体作品《八月桂花遍地开》赏析[N].光明日报,2014-12-06.
② 同上。

信息,还包括设置超链接将各种背景资料吸纳进新闻报道中。媒介融合背景下的新闻报道不是扁平的,而是立体的。不同层次的信息通过不同的文本样式展现在用户面前,主要通过超链接方式供用户选择是否接收,不会因为信息量太大给读者带来浏览新闻的困扰和压力。

超链接作为融合新闻中的一个关键的技术,以其可以在多个信息节点之间随意跳转的特性,实现了对传统新闻信息文本的重塑。超链接的加入可以将不同位置的信息联系起来,实现对新闻信息的重新组合,为用户提供与主体新闻相关的更多样化的内容。超链接通过对多种形式的信息进行链接,可以实现对融合新闻的多媒体呈现。传统新闻报道都是以线性结构来传达信息,例如报纸,一篇新闻稿件的展现空间就是纸张平面,是一维的。而超链接则将最关键的信息放在第一层,在第二层或者是更深一层,将新闻的相关信息通过超链接的形式进行链接,形成了一个立体多层的结构。超链接在文本塑造上,改变了传统文本单一、线性的文本模式,形成了多元立体的文本模式。而这种文本模式的变迁也最终影响了用户对于文本的阅读,对用户的阅读产生了深远的影响。超链接技术加入新闻的表达,将原本新闻的一维平面变成了有层次的、延展的三维空间。

在融合新闻中应用超链接应遵循以下几点。第一,做有意义的链接。记者所设置的链接一定要和本文的主题严密相关。第二,设置明链接。明链接是一种有"标记"的链接,是在有超链接的地方,通过改变被链接的文字颜色或者以加底线等方式提示读者,起到积极的引导作用。第三,增加关键词超链接的运用。运用关键词超链接恰好是一种在合适的地方直接引入参考文献,为用户提供及时、有用的信息扩展的方式。第四,严格限制超链接的数量。过多的超链接会造成信息的超载。为了追求超链接的数量,会产生很多无意义的链接,从而消解用户的信任,流失客户。[①]

(五) 实时写作

传统的报纸、广播、电视都有截稿时间,媒体人都有截稿的时间意识。媒介融合背景下的新闻报道通过网络、手机等没有发稿时间限制的信息平台实时地、不间断地为用户提供新闻事件的即时报道,可以说,媒介融合下的新闻写作是实时新闻写作,没有截稿时间,当然这并不意味着什么时候交稿都可以,"最快报道"就是截稿时间。随着新媒体技术的发展,如可穿戴设备的问世,媒介融合和融合新闻都还在发展过程中,这个过程必然会继续带来新闻写作的变化。

本章小结

融合新闻是文本、图片、视频、音频、图形及互动手段等组成的非线性的有机信息结构。新闻媒介结构组织方面最大的变化应该是跨媒体新闻编辑部的成立。媒体融合是指媒体组织重构、资源重整和流程再造的探索过程。媒介融合背景下新闻

---

① 李静茹. 超链接在融合新闻文本中的应用研究[J]. 新媒体研究,2019(14):13—14.

写作已综合运用各种传播形式，全方位、立体地展示传播内容，以文字、声像、网络、通信等多种手段来传输新闻内容。在媒介融合趋势下，新闻写作能力已不再是一种单一的文字写作能力，而是体现为与各种新闻传播方式适应的、具有融合特性的能力，在媒介融合的时代，新闻写作变得更加富有艺术魅力；其理念、思维、技能也需要更新，写作思维方法融合化、写作资源内涵深度发掘常态化、写作行为构建集成化、科技和学科知识运用多元化。融合新闻写作能力构成要求多媒体信息采集与传播能力，信息的深度解读能力，媒介融合需要高素质全媒体人才。融合新闻写作的新变化有超文本写作、语言去严肃化、非线性叙事、超链接写作、实时写作。

思考与练习

1. 分析新闻作品在报纸、广播、电视、网络和融合新闻中各自的特点。
2. 从融合新闻的生产特点谈谈应培养怎样的全能记者和团队？
3. 写作一篇融合新闻作品。

后 记

我从长江日报报业集团退休后,在武昌首义学院新闻与文法学院教书10年。主要担任新闻实务方面的课程,上的课程有"新闻写作""突发新闻报道""全媒体新闻采写"和"新闻作品评析"。我在自己的讲义基础上出版了三部教材,《突发新闻教程》《全媒体新闻采访写作教程》和《全媒体新闻作品评析教程》。前两本为新闻作品完成前对新闻采访写作的特殊规律和一般规律的研究,后一本为新闻作品完成后对新闻采访写作及传播效果的研究,三本书可视为一个整体。

写作本书的初始念头源于2013年5月,华中科技大学及华中科技大学武昌分校(现名武昌首义学院)联合北京大学出版社,在华中科技大学举办"全国高校网络与新媒体专业学科建设"研讨会。我参加了此会,报了两个选题,即关于突发新闻报道与全媒体新闻采写。前一个选题于2015年完成出版了《突发新闻教程》一书,后一选题,经与北京大学出版社的李淑方老师商量,确定书名为《全媒体新闻采访写作教程》。

本书写作从2017年开始,延续三年之久,由于新闻传播技术的飞速发展,书稿也不断修改,并汲取了不少最新的研究成果,加之本书从刘明华、徐泓、张征著《新闻写作教程》和王振业主编《广播新闻与电视新闻》两书中获益匪浅,在此一并感谢诸位专家学者的研究成果对本书的贡献。

我还要感谢武昌首义学院新闻与文法学院院长石长顺、副院长余林,网络与新媒体专业教研室郑传洋主任和其他老师们的大力支持,特别要感谢北京大学出版社的李淑方老师帮我敲定此书选题,以及责任编辑刘清愔的精心编辑。

李 军
2020年9月28日于武汉

北京大学出版社
教育出版中心 精品图书

21世纪高校广播电视专业系列教材

书名	作者
电视节目策划教程（第二版）	项仲平
电视导播教程（第二版）	程 晋
电视文艺创作教程	王建辉
广播剧创作教程	王国臣
电视导论	李 欣
电视纪录片教程	卢 炜
电视导演教程	袁立本
电视摄像教程	刘 荃
电视节目制作教程	张晓锋
视听语言	宋 杰
影视剪辑实务教程	李 琳
影视摄制导论	朱 怡
新媒体短视频创作教程	姜荣文
电影视听语言——视听元素与场面调度案例分析	李 骏
影视照明技术	张 兴
影视音乐	陈 斌
影视剪辑创作与技巧	张 拓
纪录片创作教程	潘志琪
影视拍摄实务	翟 臣

21世纪信息传播实验系列教材（徐福荫 黄慕雄 主编）

书名	作者
网络新闻实务	罗 昕
多媒体软件设计与开发	张新华
播音与主持艺术（第三版）	黄碧云 睢 凌
摄影基础（第二版）	张 红 钟日辉 王首农

21世纪数字媒体专业系列教材

书名	作者
视听语言	赵慧英
数字影视剪辑艺术	曾祥民
数字摄像与表现	王以宁
数字摄影基础	王朋娇
数字媒体设计与创意	陈卫东
数字视频创意设计与实现（第二版）	王 靖
大学摄影实用教程（第二版）	朱小阳
大学摄影实用教程	朱小阳

21世纪教育技术学精品教材（张景中 主编）

书名	作者
教育技术学导论（第二版）	李芒 金林
远程教育原理与技术	王继新 张 屹
教学系统设计理论与实践	杨九民 梁林梅
信息技术教学论	雷体南 叶良明
信息技术与课程整合（第二版）	赵呈领 杨 琳 刘清堂
教育技术学研究方法（第三版）	张 屹 黄 磊

21世纪高校网络与新媒体专业系列教材

书名	作者
文化产业概论	尹章池
网络文化教程	李文明
网络与新媒体评论	杨 娟
新媒体概论	尹章池
新媒体视听节目制作（第二版）	周建青
融合新闻学导论（第二版）	石长顺
新媒体网页设计与制作（第二版）	惠悲荷
网络新媒体实务	张合斌
突发新闻教程	李 军
视听新媒体节目制作	邓秀军
视听评论	何志武
出镜记者案例分析	刘 静 邓秀军
视听新媒体导论	郭小平
网络与新媒体广告（第二版）	尚恒志 张合斌
网络与新媒体文学	唐东堰 雷 奕
全媒体新闻采访写作教程	李 军
网络直播基础	周建青
大数据新闻传媒概论	尹章池

21世纪特殊教育创新教材·理论与基础系列

书名	作者
特殊教育的哲学基础	方俊明
特殊教育的医学基础	张 婷
融合教育导论（第二版）	雷江华
特殊教育学（第二版）	雷江华 方俊明
特殊儿童心理学（第二版）	方俊明 雷江华
特殊教育史	朱宗顺
特殊教育研究方法（第二版）	杜晓新 宋永宁等
特殊教育发展模式	任颂羔

21世纪特殊教育创新教材·发展与教育系列

书名	作者
视觉障碍儿童的发展与教育	邓 猛
听觉障碍儿童的发展与教育（第二版）	贺荟中
智力障碍儿童的发展与教育（第二版）	刘春玲 马红英
学习困难儿童的发展与教育（第二版）	赵 微
自闭症谱系障碍儿童的发展与教育	周念丽
情绪与行为障碍儿童的发展与教育	李闻戈
超常儿童的发展与教育（第二版）	苏雪云 张 旭

21世纪特殊教育创新教材·康复与训练系列

书名	作者
特殊儿童应用行为分析（第二版）	李芳 李丹
特殊儿童的游戏治疗	周念丽
特殊儿童的美术治疗	孙霞
特殊儿童的音乐治疗	胡世红
特殊儿童的心理治疗（第三版）	杨广学
特殊教育的辅具与康复	蒋建荣
特殊儿童的感觉统合训练（第二版）	王和平
孤独症儿童课程与教学设计	王梅

21世纪特殊教育创新教材·融合教育系列

书名	作者
融合教育本土化实践与发展	邓猛 等
融合教育理论反思与本土化探索	邓猛
融合教育实践指南	邓猛
融合教育理论指南	邓猛
融合教育导论（第二版）	雷江华
学前融合教育（第二版）	雷江华 刘慧丽

21世纪特殊教育创新教材（第二辑）

书名	作者
特殊儿童心理与教育（第二版）	杨广学 张巧明 王芳
教育康复学导论	杜晓新 黄昭明
特殊儿童病理学	王和平 杨长江
特殊学校教师教育技能	昝飞 马红英

自闭谱系障碍儿童早期干预丛书

书名	作者
如何发展自闭谱系障碍儿童的沟通能力	朱晓晨 苏雪云
如何理解自闭谱系障碍和早期干预	苏雪云
如何发展自闭谱系障碍儿童的社会交往能力	吕梦 杨广学
如何发展自闭谱系障碍儿童的自我照料能力	倪萍萍 周波
如何在游戏中干预自闭谱系障碍儿童	朱瑞 周念丽
如何发展自闭谱系障碍儿童的感知和运动能力	韩文娟 徐芳 王和平
如何发展自闭谱系障碍儿童的认知能力	潘前前 杨福义
自闭症谱系障碍儿童的发展与教育	周念丽
如何通过音乐干预自闭谱系障碍儿童	张正琴
如何通过画画干预自闭谱系障碍儿童	张正琴
如何运用ACC促进自闭谱系障碍儿童的发展	苏雪云
孤独症儿童的关键性技能训练法	李丹
自闭症儿童家长辅导手册	雷江华
孤独症儿童课程与教学设计	王梅
融合教育理论反思与本土化探索	邓猛
自闭症谱系障碍儿童家庭支持系统	孙玉梅
自闭症谱系障碍儿童团体社交游戏干预	李芳
孤独症儿童的教育与发展	王梅 梁松梅

特殊学校教育·康复·职业训练丛书（黄建行 雷江华 主编）

信息技术在特殊教育中的应用	
智障学生职业教育模式	
特殊教育学校学生康复与训练	
特殊教育学校校本课程开发	
特殊教育学校特奥运动项目建设	

21世纪学前教育专业规划教材

书名	作者
学前教育概论	李生兰
学前教育管理学（第二版）	王雯
幼儿园课程新论	李生兰
幼儿园歌曲钢琴伴奏教程	果旭伟
幼儿园舞蹈教学活动设计与指导（第二版）	董丽
实用乐理与视唱（第二版）	代苗
学前儿童美术教育	冯婉贞
学前儿童科学教育	洪秀敏
学前儿童游戏	范明丽
学前教育研究方法	郑福明
学前教育史	郭法奇
学前教育政策与法规	魏真
学前心理学	涂艳国 蔡艳
学前教育理论与实践教程	王维 王维娅 孙岩
学前儿童数学教育与活动设计	赵振国
学前融合教育（第二版）	雷江华 刘慧丽
幼儿园教育质量评价导论	吴钢
幼儿学习与教育心理学	张莉
学前教育管理	虞永平

大学之道丛书精装版

书名	作者
美国高等教育通史	[美]亚瑟·科恩
知识社会中的大学	[英]杰勒德·德兰迪
大学之用（第五版）	[美]克拉克·克尔
营利性大学的崛起	[美]理查德·鲁克
学术部落与学术领地：知识探索与学科文化	[英]托尼·比彻 保罗·特罗勒尔
美国现代大学的崛起	[美]劳伦斯·维赛
教育的终结——大学何以放弃了对人生意义的追求	[美]安东尼·T.克龙曼
世界一流大学的管理之道——大学管理研究导论	程星
后现代大学来临？	[英]安东尼·史密斯 弗兰克·韦伯斯特

大学之道丛书

书名	作者
市场化的底限	[美]大卫·科伯
大学的理念	[英]亨利·纽曼
哈佛：谁说了算	[美]理查德·布瑞德利

书名	作者
麻省理工学院如何追求卓越	[美]查尔斯·维斯特
大学与市场的悖论	[美]罗杰·盖格
高等教育公司：营利性大学的崛起	[美]理查德·鲁克
公司文化中的大学：大学如何应对市场化压力	[美]埃里克·古尔德
美国高等教育质量认证与评估	[美]美国中部州高等教育委员会
现代大学及其图新	[美]谢尔顿·罗斯布莱特
美国文理学院的兴衰——凯尼恩学院纪实	[美]P.F.克鲁格
教育的终结：大学何以放弃了对人生意义的追求	[美]安东尼·T.克龙曼
大学的逻辑（第三版）	张维迎
我的科大十年（续集）	孔宪铎
高等教育理念	[英]罗纳德·巴尼特
美国现代大学的崛起	[美]劳伦斯·维赛
美国大学时代的学术自由	[美]沃特·梅兹格
美国高等教育通史	[美]亚瑟·科恩
美国高等教育史	[美]约翰·塞林
哈佛通识教育红皮书	哈佛委员会
高等教育何以为"高"——牛津导师制教学反思	[英]大卫·帕尔菲曼
印度理工学院的精英们	[印度]桑迪潘·德布
知识社会中的大学	[英]杰勒德·德兰迪
高等教育的未来：浮言、现实与市场风险	[美]弗兰克·纽曼等
后现代大学来临？	[英]安东尼·史密斯等
美国大学之魂	[美]乔治·M.马斯登
大学理念重审：与纽曼对话	[美]雅罗斯拉夫·帕利坎
学术部落及其领地——当代学术界生态揭秘（第二版）	[英]托尼·比彻 保罗·特罗勒尔
德国古典大学观及其对中国大学的影响（第二版）	陈洪捷
转变中的大学：传统、议题与前景	郭为藩
学术资本主义：政治、政策和创业型大学	[美]希拉·斯劳特 拉里·莱斯利
21世纪的大学	[美]詹姆斯·杜德斯达
美国公立大学的未来	[美]詹姆斯·杜德斯达 弗瑞斯·沃马克
东西象牙塔	孔宪铎
理性捍卫大学	眭依凡

学术规范与研究方法系列

书名	作者
如何为学术刊物撰稿（第三版）	[英]罗薇娜·莫瑞
如何查找文献（第二版）	[英]萨莉·拉姆齐
给研究生的学术建议（第二版）	[英]玛丽安·彼得 等
社会科学研究的基本规则（第四版）	[英]朱迪斯·贝尔
做好社会研究的10个关键	[英]马丁·丹斯考普
如何写好科研项目申请书	[美]安德鲁·弗里德兰德等
教育研究方法（第六版）	[美]梅瑞迪斯·高尔等
高等教育研究：进展与方法	[英]马尔科姆·泰特
如何成为学术论文写作高手	[美]华乐丝
参加国际学术会议必须要做的那些事	[美]华乐丝
如何成为优秀的研究生	[美]布卢姆
结构方程模型及其应用	易丹辉 李静萍
学位论文写作与学术规范（第二版）	李 武 毛远逸 肖东发
生命科学论文写作指南	[加]白青云
法律实证研究方法（第二版）	白建军
传播学定性研究方法（第二版）	李琨

21世纪高校教师职业发展读本

书名	作者
如何成为卓越的大学教师	[美]肯·贝恩
给大学新教员的建议	[美]罗伯特·博伊斯
如何提高学生学习质量	[英]迈克尔·普洛瑟等
学术界的生存智慧	[美]约翰·达利等
给研究生导师的建议（第2版）	[英]萨拉·德拉蒙特等

21世纪教师教育系列教材·物理教育系列

书名	作者
中学物理教学设计	王霞
中学物理微格教学教程（第三版）	张军朋 詹伟琴 王恬
中学物理科学探究学习评价与案例	张军朋 许桂清
物理教学论	邢红军
中学物理教学法	邢红军
中学物理教学评价与案例分析	王建中 孟红娟
中学物理课程与教学论	张军朋 许桂清
物理学习心理学	张军朋
中学物理课程与教学设计	王霞

21世纪教育科学系列教材·学科学习心理学系列

书名	作者
数学学习心理学（第三版）	孔凡哲
语文学习心理学	董蓓菲

21世纪教师教育系列教材

书名	作者
教育心理学（第二版）	李晓东
教育学基础	庞守兴
教育学	余文森 王晞
教育研究方法	刘淑杰
教育心理学	王晓明
心理学导论	杨凤云
教育心理学概论	连榕 罗丽芳
课程与教学论	李允
教师专业发展导论	于胜刚
学校教育概论	李清雁
现代教育评价教程（第二版）	吴钢
教师礼仪实务	刘霄

家庭教育新论	闫旭蕾 杨 萍
中学班级管理	张宝书
教育职业道德	刘亭亭
教师心理健康	张怀春
现代教育技术	冯玲玉
青少年发展与教育心理学	张 清
课程与教学论	李 允
课堂与教学艺术（第二版）	孙菊如 陈春荣
教育学原理	靳淑梅 许红花
教育心理学	徐 凯

21世纪教师教育系列教材·初等教育系列

小学教育学	田友谊
小学教育学基础	张永明 曾 碧
小学班级管理	张永明 宋彩琴
初等教育课程与教学论	罗祖兵
小学教育研究方法	王红艳
新理念小学数学教学论	刘京莉
新理念小学音乐教学论（第二版）	吴跃跃

教师资格认定及师范类毕业生上岗考试辅导教材

教育学	余文森 王 晞
教育心理学概论	连 榕 罗丽芳

21世纪教师教育系列教材·学科教育心理学系列

语文教育心理学	董蓓菲
生物教育心理学	胡继飞

21世纪教师教育系列教材·学科教学论系列

新理念化学教学论（第二版）	王后雄
新理念科学教学论（第二版）	崔 鸿 张海珠
新理念生物教学论（第二版）	崔 鸿 郑晓慧
新理念地理教学论（第三版）	李家清
新理念历史教学论（第二版）	杜 芳
新理念思想政治（品德）教学论（第三版）	胡田庚
新理念信息技术教学论（第二版）	吴军其
新理念数学教学论	冯 虹
新理念小学音乐教学论（第二版）	吴跃跃

21世纪教师教育系列教材·语文教育系列

语文文本解读实用教程	荣维东
语文课程教师专业技能训练	张学凯 刘丽丽
语文课程与教学发展简史	武玉鹏 王从华 黄修志
语文课程学与教的心理学基础	韩雪屏 王朝霞
语文课程名篇名课案例分析	武玉鹏 郭治锋 等
语用性质的语文课程与教学论	王元华
语文课堂教学技能训练教程（第二版）	周小蓬

中外母语教学策略	周小蓬
中学各类作文评价指引	周小蓬
中学语文名篇新讲	杨朴 杨旸
语文教师职业技能训练教程	韩世姣

21世纪教师教育系列教材·学科教学技能训练系列

新理念生物教学技能训练（第二版）	崔 鸿
新理念思想政治（品德）教学技能训练（第三版）	胡田庚 赵海山
新理念地理教学技能训练（第二版）	李家清
新理念化学教学技能训练（第二版）	王后雄
新理念数学教学技能训练	王光明

王后雄教师教育系列教材

教育考试的理论与方法	王后雄
化学教育测量与评价	王后雄
中学化学实验教学研究	王后雄
新理念化学教学诊断学	王后雄

西方心理学名著译丛

儿童的人格形成及其培养	[奥地利]阿德勒
活出生命的意义	[奥地利]阿德勒
生活的科学	[奥地利]阿德勒
理解人生	[奥地利]阿德勒
荣格心理学七讲	[美]卡尔文·霍尔
系统心理学：绪论	[美]爱德华·铁钦纳
社会心理学导论	[美]威廉·麦独孤
思维与语言	[俄]列夫·维果茨基
人类的学习	[美]爱德华·桑代克
基础与应用心理学	[德]雨果·闵斯特伯格
记忆	[德]赫尔曼·艾宾浩斯
实验心理学（上下册）	[美]伍德沃斯 施洛斯贝格
格式塔心理学原理	[美]库尔特·考夫卡

21世纪教师教育系列教材·专业养成系列（赵国栋 主编）

微课与慕课设计初级教程	
微课与慕课设计高级教程	
微课、翻转课堂和慕课设计实操教程	
网络调查研究方法概论（第二版）	
PPT云课堂教学法	
快课教学法	

其他

三笔字楷书书法教程（第二版）	刘慧龙
植物科学绘画——从入门到精通	孙英宝
艺术批评原理与写作（第二版）	王洪义
学习科学导论	尚俊杰